프란시스 윌라드

Frances Willard

A BIOGRAPHY BY **RUTH BORDIN**

________________________ 님께

아낌없이 베풀어주신 사랑에 감사드립니다.

________________________ 드림

프란시스 윌라드

현대여성운동의 창시자 * 세계기독교여자절제회 창설자

Frances Willard

A BIOGRAPHY BY **RUTH BORDIN**

JCR

Frances Willard
A Biography

by Ruth Bordin

서문 Preface

기독교여자절제회 전국 회장이었던 프란시스 윌라드가 미국에서 절제의 여왕으로 영향력을 떨치고, 미국 여성들 사이에서 성(St.) 프란시스로 존경받던 시대로부터 100년의 세월이 흘렀다. 이 위대한 19세기 영웅의 삶을 그린 전기가 마지막으로 출판된 것도 이미 40여 년이 지났다. 최근에 이르러 세 가지 새로운 사실이 발견됨에 따라 그녀의 생애도 새롭게 그려야 할 필요성이 대두되었다.

무엇보다, 1980년 이후 일리노이주 에반스톤에 소재한 윌라드 기념도서관(Willard Memorial Library)의 사서 로젤리타 레오날드(Rosalita Leonard)에 의해 중요한 원자료들 – 20세기 초까지만 해도 구하지 못했던 – 이 재발견되었다. 이 자료에는 윌라드의 일기장과 몇 편의 서신들, 그리고 20권의 스크랩북 중에서 〈절제와 금지에 관한 문서(Temperance and Prohibition Papers)〉를 마이크로필름 판으로 만들 당시 잃어버린 단 한 권을 제외한 모든 스크랩북이 포함되어 있다.[1] 이제 이 자료들은 윌라드도서관에서 빌려볼 수 있을 뿐 아니라, 마이크로필름 판의 부록으로 구입하거나 대출할 수 있게 되었다. 윌라드에게 언제나 충직하고 신실한 비서이자 동료였던 안나 고든(Anna Gordon)이, 고대 성인전들이 그랬던 것처럼, 윌라드의 문서들을 하나도 파기하지 않고, 자신의 친구이자 동료의 모든 중요한 사건들과 사적인 글들을 잘 보존해 둔 덕분에 후손들이 그것을 열람할 수 있게 된 것이다.

이제 우리는 현존하는 윌라드의 일기장을 모두 볼 수 있게 되었다. 비록 윌라드의 성인 시절에 관한 기록은 많이 알 수 없긴 하지만, 일지를 지속적으로 쓸 수 없었던 이유에 대해 윌라드가 직접 밝히고 있다. 윌라드는 1870년대와 1880년대 대부분의 기간 동안 일기를 쓸 만한 시간적 여유가 없었다. 하지만 윌라드의 자서전 〈50년 회상(Glimpses of Fifty Years)〉에 따르면, 한때 존재했던 1874년 일기장에 윌라드가 노스웨스턴대학교를 사임하던 기간이 포함되어 있다. 그러나 이 일기장은 현존하는 윌라드의 문서에 들어 있지 않다. 그럼에도 불구하고, 새롭게 추가된 40권에 달하는 일기장과 일지는 윌라드의 어린 시절과 젊은 시절의 내면세계에 관한 풍부한 정보를 전해줄 뿐 아니라, 이제까지 그 어떤 글에서도 찾아볼 수 없었던 윌라드의 마지막 10년에 관한 귀중한 정보도 들어있다. 일기장에 덧붙여 최근에 다시 볼 수 있게 된, 윌라드의 동료이자 친구였던 한나 윗톨 스미스(Hannah Whitall Smith)의 개인적인 글들도 추가되었다.[2)]

윌라드의 일기장은 영국 여성운동가 레이첼 스트래치(Rachel Strachey)가 1913년 윌라드의 전기를 출판할 때 마지막으로 사용하였다.[3)] 윌라드는 1889년 자서전을 쓸 당시 자신의 일기장을 매우 폭넓게 인용했다. 그러나 1890년대 이후의 일기들은 이 자서전에 포함되어 있지 않다.[4)] 안나 고든이 윌라드 사후 그녀를 격찬하는 전기를 출판하면서 윌라드의 일기를 많이 인용했지만 모두가 윌라드의 자서전에서 재인용한 것들이었다.[5)] 메리 이어하트 딜런(Mary Earhart Dillon)은 1944년에 출판한 전기에서 현재 다시 열람이 가능해진 윌라드의 각종 서신들과 스크랩북을 인용했지만 일기를 참조하지는 않았다.[6)] 윌라드의 일기들은 수잔 다이 리(Susan Dye Lee)가 자신의 박사학위 논문에 사용하기 위해 뒤늦게 발견하였기 때문에, 필자

가 WCTU에 관한 최근 연구를 발표할 당시에는 이 자료들의 존재를 알지 못했다.7)

이 책의 첫 5장(章)은 필자가 이 일기들을 참고할 수 있다는 것을 알기 전에 집필한 부분이다. 따라서 필자는 윌라드의 초기 생애가 그녀의 성인기에 어떠한 영향을 끼쳤는지를 설명하기 위해 주로 윌라드의 자서전에서 인용한 초록에 의존했다. 윌라드의 일기들은 그녀의 소녀 시절로부터 성인에 이르기까지의 과정을 더 깊이 이해함으로써 이 기간을 재구성하는 데에 매우 중요한 자료이다. 때로는, 확실한 증거 자료로 정보에 근거했던 추측을 대체해야 했다. 윌라드는 〈50년 회상〉에 자신의 일지들을 인용하면서 놀라울 정도로 솔직하다. 일기들의 원본이 재발견되었을 때, 윌라드가 자신의 일기들을 아무런 재해석 없이 얼마나 정직하게 인용했는지 놀라지 않을 수 없었다. 윌라드가 편집을 가한 곳은 비교적 중요하지 않은 부분이었다. 그러나 어떤 경우에는 그녀가 일부러 생략한 곳이 드러나기도 했다.

한편, 1890년대 두 권의 일기장은 새로운 연구의 길을 열어 주었다. 윌라드와 헨리 서머셋(Henry Somerset) 여사의 관계, 윌라드가 세계적인 무대로 발을 넓히게 된 계기 등을 이해하는 데에 큰 도움을 주었기 때문이다. 더욱 중요한 것은, 이 일기장들이 19세기 말 미국과 영국 사이에 오갔던 국제적인 교류를 이해하는 데에 중대한 공헌을 했다는 점이다.

이처럼 새로운 자료들이 발견됨은 윌라드에 관한 또 다른 연구가 필요한 여러 이유 중 하나일 뿐이다. 메리 이어하트(Mary Earhart)는 절제회 운동이 나쁜 평판을 얻던 시절에 윌라드의 전기를 출판했다. 이어하트는 절제회 운동을 하나의 반자유주의운동, 즉 도시 사회에서 이미 세력을 잃어가던 근본주의적 기독교 농경 미국 사회구조에 뿌리를 둔 마지막 몸부림이라고 폄하하던 시대의 학문적 풍토를 소개해주었다. 학문의 흐름은 이제 또 다른 방향으로 나아가고 있다. 현대 학자들은 19세기의 알코올 남용 문제를 깊이 연구하면서 그 문제가 실제로 심각하게 존재했음을 알게 되었고, 일반 여론도 음주를 현대의 위협적인 문제로 또다시 염려하고 있다. 어느 논평가가 지적한 바와 같이, '불과 얼마 전까지만 해도 이 문제는 새로운 지평을 손바닥으로 가리려는 것에 지나지 않았다. 그러나 이제는 신문의 좋은 기사거리가 되고 있다.'[8] 실제로, 〈타임(Time)〉지도 1985년 봄호에서 '새로운 절제'라는 제목을 붙여 이 문제를 매우 중요한 쟁점으로 다루었다.

동시에, 1960년대 후반과 1970년대의 여성운동과 그에 동반한 여성학의 발전은 여성역사에 관한 폭발적인 연구가 이루어지게 하는 데 크게 기여했다. 이러한 흐름은 우리에게 신선한 지식을 제공해주었을 뿐 아니라 새로운 개념적 틀을 제시해 줌으로써, 우리가 지난 세대의 여성들과 사회 안에서 그들의 역할을 이해하려는 시도를 할 수 있게 했다. 다시 언급하지만, 윌라드에 관한 이전의 전기들은 이러한 새로운 통찰을 담지 못했다.

불가피하게도, 전기 작가들은 객관성과 자기분석 그리고 자기탐닉 사이에서 위험한 줄타기를 할 수밖에 없다. 전기는 그 특성상 주관적인 매개체이며, 전기 작가는 주인공이 가진 정체성과 열망으로부터 개인적인 필요들을 가려낼 수밖에 없다. 필자의 경험은 프란시스 윌라드를 연구 주제로 삼아 몰두하는 데에 자연스럽게 영향을 끼쳤다. 역사가이자 기록보관인으로서의 필자의 훈련과 연구는 이 전기의 집필 방식에 결정적이었다. 필자는 각종 사본 사서로, 19세기의 광범위한 개인 문서들에 정통하게 되었고, 그러한 경험이 프란시스 윌라드와 19세기 여성들에 대한 이해에 새로운 전망을 제공했기를 기대한다. 필자는 역사가로서 프란시스 윌라드와 그녀가 살았던 사회를 어떤 면에서는 더 큰 그림을 그려 적절하게 연관 지을 수 있었다고 생각한다. 뿐만 아니라, 개인적인 면에서도 프란시스 윌라드는 필자에게 여러 면에서 큰 감동을 주었다. 윌라드 생애의 상당 부분, 즉 윌라드의 종교적 헌신, 여성과 남성의 평등에 대한 신념, 그리고 자신의 가족에 대한 사랑 등이 필자의 젊은 시절의 삶과 비슷했다. 세상을 바라보는 그녀와 필자의 관점이 서로 일치함을 부인할 수 없었다.

완전히 진실만을 말한 전기도 없고, 실제로 존재했던 인물을 재창조한 전기도 없다. 그럼에도 불구하고, 윌라드 사망 직후 전기를 집필한 안나 고든은 윌라드가 그녀의 동료들과 동시대의 사람들에게 어떻게 평가되었는지에 대해 많은 것을 말해준다. 레이첼 스트래치는 윌라드와 그녀의 할머니가 함께 앵글로-아메리칸 여성운동을 벌이던 당시 할머니가 보았던 윌라드의 모습을 소개해주었다. 메리 이어하트는 여성들의 가치가 급격하게 변하던 시대의 끝자락에 서 있는 윌라드를 보여주었다. 바라건대, 이 전기가 후기 여성운동 시대에 새로운 통찰을 제시해줄 수 있기를 기대한다.

〈여성과 절제(Woman and Temperance)〉에서 필자는 여자기독교

절제회가 최초의 미국 여성운동 조직이었다는 점과, 1900년에 이르러 여성들이 공적인 삶에 광범위하게 진출할 수 있게 된 것이 바로 절제운동의 주요한 업적이었다는 점-그리고 이 운동이 19세기의 신분에 관한 통념과 잘 맞았다는 점-을 피력했다. 필자의 견해에 따르면, 이 과정에서 프란시스 윌라드의 공헌은 두 가지이다. 윌라드는 리더십과 사회적인 비전 그리고 타고난 지성과 함께 19세기 백인 중류사회가 매우 소중히 여기던 여성의 가치, 즉 가정과 가족에 대한 사랑 그리고 소위 여성다움이라고 불리던 특별한 자질을 적절하게 고루 갖추었다. 윌라드는 또한 미국 복음주의 교회 안에서의 여성들의 독특한 위치를 이해하고 그것을 활용했다. 프란시스 윌라드는 성공적인 지도자였다. 왜냐하면 여성이 입법부와 각종 공관 그리고 여러 전문 직종으로 나아갈 수 있게 하면서도, 당시 사회가 받아들이던 가사 숭배에 대한 통념에 도전하는 것처럼 보이지도 않았기 때문이다.

또한 윌라드에게는 자신의 지도력을 배가시킬 수 있는 특별한 카리스마가 있었다. 윌라드의 오랜 친구이자 동료였던 한나 스미스(Hannah Smith)는 윌라드의 죽음에 대한 슬픔을 달래고 위로하기 위해 올리브 슈라이너(Olive Schreiner)에게 보낸 편지의 한 대목에서 이렇게 적고 있다. '윌라드는 내가 아는 그 어떤 사람보다도 가장 순수한 영혼을 지닌 사람이었습니다. 또한 당신이 한 말에서 윌라드가 얼마나 탁월하고 고상한 영향력을 끼쳤는지 알 수 있습니다. 윌라드는 그녀의 말과 행동에 상관없이 영혼이 내뿜는 뭐라 말할 수 없는 힘을 지녔기 때문에, 사람들은 그 이유를 알지도 못한 채 윌라드의 존재만으로도 힘을 얻었습니다.'[9)]

필자가 이 전기를 집필하게 된 것은, 10년 전으로 거슬러 올라가 여자 절제회 운동에 관한 연구를 시작하고 두 권의 책을 출판하기로 결심한 것이 계기가 되었다. 그러나 프란시스 윌라드는 여자 절제회 운동의 영역을 넘어 19세기 미국 사회에 큰 역할을 감당했고, 절제회 운동 내에서는 여성들의 몫이 윌라드의 몫보다 훨씬 더 컸다. 각각의 영역은 서로 다른 책으로 출판될 가치가 있었다. 이 오랜 작업에는 수많은 도움의 손길이 있었다. 이 책을 가능하게 해준 사람들과 기관을 모두 나열하기는 어렵다.

가장 큰 도움을 주신 분들은 미시간대학교 벤틀리역사도서관에 있는 필자의 친구와 동료들이다. 프란시스 블로윈(Francis Blouin), 다이앤 햇필드(Diane Hatfield), 메리 조 푸우(Mary Jo Pugh), 케네스

쉐펠(Kenneth Scheffel)에게 특별한 감사의 말을 전하지 않을 수 없다. 또한 벤틀리도서관 자체에도 감사를 돌려야만 한다. 〈절제와 금지에 관한 문서(Temperance and Prohibition Papers)〉의 마이크로필름 판이 없었더라면 이 작업은 엄두도 내지 못했을 것이며, 더더욱 불가능했을 것이다.

또한 WCTU 시리즈의 마이크로필름 판 제작과 윌라드의 일기들을 포함한 부록 제작을 가능하게 해준 전국여자절제회 임원들에게도 감사드린다. 절제회 회장인 마르다 에드가(Martha Edgar)는 모든 면에서 도움을 주었고, 에반스톤의 윌라드기념도서관의 사서 로잘리타 레오나르드(Rosalita Leonard)도 많은 도움을 주었다. 윌라드의 일기와 관련 문서를 잘 정리해 마이크로필름 판의 부록으로 첨가할 수 있도록 도와준 두 사람의 역할은 학자들에게 오래도록 큰 축복으로 남을 것이다. 또한 그들이 속한 기관과 마찬가지로, 그들은 미국 여성사에 끼친 윌라드의 중요성을 잘 이해하고 있었다.

뿐만 아니라, 한나 휫톨 스미스(Hannah Whitall Smith)의 문서들을 열람할 수 있도록 자상한 배려를 해준 바바라 스트래치 핼펀(Barbara Strachey Halpern)에게도 감사의 인사를 빼놓을 수 없다.

에블린 브룩스(Evelyn Brooks), 조안 브룸버그(Joan Brumberg), 진 캠벨(Jean Campbell), 알렌 데이비스(Allen Davis), 잭퀼린 고긴스(Jacqueline Goggins), 머조리 랜싱(Marjorie Lansing), 주디 파피크리스투(Judy Papichristou), 레나 루에가머(Lena Ruegamer), 로즈마리 밴 아스데일(Rosemary Van Arsdale), 마르다 비씨너스(Martha Vicinus)는 원고의 전부 또는 일부를 읽으면서 유용한 조언을 해주었으며, 때로는 상당한 공헌을 하기도 하였다. 또한 미국역사협회(American Historical Association)는 베버리지(Beveridge)보조금을 지원해주었으며, 미시간대학교 여성평생교육학과도 필자에게 큰 도움을 주었다. 이 단체들은 1983년 스미스대학의 여성과 사회 변화 프로젝트(Project on Women and Social Changes)가 후원하는 여성 전기 및 자서전 워크숍에 필자가 참석할 수 있도록 도와주었다. 다른 문서들을 보관하고 있는 도서관 및 개인도 필자에게 다양한 방법으로 자료를 수집할 수 있도록 도움을 주었다. 주석과 참고문헌 목록에 이들을 언급하는 것으로 인사를 대신한다.

루스 보딘 Ruth Bordin

펴내는 글

세계절제운동의 효시, 프란시스 윌라드

21세기 한국 여성들은 누구나 투표권을 행사하며 가정과 사회에서 교육의 균등한 기회를 가지고 사회 진출과 직업 선택의 자유를 누리고 있다. 그러나 100여 년 전, 한국 최초의 장로교 선교사인 언더우드 목사의 부인이며 의사인 릴리아스 호톤 언더우드가 본 조선시대 말 여성들은 노예와 다름없었다. 교육 기회가 여성들에게 주어진 것은 선교사들이 1880년대 후반 여성교육기관을 시작하면서부터였다. 성경은 여성을 남성과 같이 하나님의 피조물이며, 죄로 인한 죽음의 권세로부터 구원받아야할 존재로 본다. 이러한 성경적 여성관을 가진 기독교 가정에서 자라나, 미국 노스웨스턴여자대학의 첫 학장으로 존경받았던 프란시스 윌라드는 1880년대 미국 사회의 알콜 중독과 가정 파괴 현상을 심각하게 여겼다. 윌라드는 동료 여성들과 힘을 합하여 절제운동을 추진하였고, 인류 역사의 새 페이지를 쓰기 시작하였다. 당대 여성들에게는 참정권이 없어서 술로 인해 가정이 파멸로 달려가도 제도적으로 막을 길이 없었다. 그래서 여성들은 술 유통 불법화를 요구하며 '가정 보호'를 기치로 참정권운동을 시작하였다. 절제운동은 20여 만 명의 회원을 모집함으로써 당시 미국뿐 아니라 세계에서 가장 큰 여성단체가 되었다. 세계 각국의

호응을 얻었고 1883년 세계기독교여자절제회를 결성하기에 이르렀다. 5년 후에는 세계여성단체협의회를 조직했고 1893년 뉴질랜드 절제회는 세계 최초로 여성참정권을 통과시켰다. 미국 여성들은 절제운동의 노력으로 1920년에, 한국 여성들은 해방과 더불어 참정권을 획득했다.

50여 년간 생명을 바쳐 헌신하신 대한기독교여자절제회 연합회 회장이셨던 어머니, 여귀옥 권사님 덕분에 필자는 술과 담배, 마약의 해독을 알게 되었다. 절제운동으로 한국교회는 일찍이 술과 담배를 금지하여 큰 부흥을 이루었다. 성결한 성도가 되려면 지속적으로 술 취하지 말고 성령으로 충만하여야 한다. 그러므로 루스 보딘이 많은 자료를 세밀하게 정리해서 쓴 프란시스 윌라드의 생애를 한국에 처음 번역하여 소개함을 기쁘게 생각한다. 이 책은 여성 운동가들뿐 아니라 모든 독자들에게 기독 여성운동의 과거, 현재, 미래를 바로 이해하도록 도울 것이다. 프란시스 윌라드처럼 한국의 기독여성들도 인류의 새 역사를 써나가는 중요한 역할을 감당하게 해주시기를 기도드린다.

김정주 연세대학교 용재특임교수

추천의 글

사회를 변화시킨 여성 리더의 참된 모델

대한민국은 지난 50여 년 동안 경제 성장을 거듭하여 GNP 2만 불에 이르는 시대를 살고 있습니다. 그러나 오늘날 지나치게 물질적인 가치를 좇고 쾌락을 추구하면서 여성들 사이에서도 음주와 흡연이 일반화되었습니다. 절제와 순결은 현대 사회에 어울리지 않는 고리타분한 구시대의 유물쯤으로 여기게 되었습니다. 한국에는 잘 알려져 있지 않지만, 19세기 미국의 대표적인 여성 리더였던 프란시스 윌라드 여사는 물질주의가 팽배하여 부패해가던 사회에서 금주 · 금연 · 마약퇴치 등 절제운동을 통해 무너져가는 가정을 세우고 여성의 지위와 인권을 위해 평생을 바친 선구자입니다. 팽창가도만 달리고 있는 혼란한 한국에 선한 가치관을 심고 진정한 여성운동을 펼치기 원하는 여성들이라면 프란시스 윌라드의 생애를 아는 것은 필수적이라고 생각합니다.

이 책을 통해서 모든 여성들이 각자가 지닌 재능과 능력을 발견하고, 하나님께서 주신 나의 참된 가치를 실현시키며 사회를 적극적으로 변화시키고 공헌할 수 있는 길을 찾게 되기를 진심으로 바랍니다.

김성주 MCM 그룹 · 성주그룹 회장

추천의 글

고결함과 너그러움을 회복시키는 여성 지도자

저는 〈정직한 나, 감사하는 우리, 정감 넘치는 우리 사회〉라는 슬로건을 걸고 '정직과 감사(정감)운동'을 추진하고 있습니다. 이 운동은 노예매매, 비리와 거짓, 부정부패 등의 악습으로 얼룩진 18세기 후반의 영국 사회에 노블리스 오블리주를 정착시키고 사회개혁을 주도한 '윌버포스와 클레팜 공동체'를 모델로 하고 있습니다.

프란시스 윌라드의 삶을 읽으며, 하나님이 또 한분의 위대한 모델을 우리에게 보내주셨음을 깨닫습니다. 윌버포스가 기독교 사회운동을 통해 영국 사회를 개혁했다면, 윌라드는 기독교 여성이 중심이 된 사회운동으로 미국 사회를 변화시킨 인물이라 할 수 있습니다. 프란시스 윌라드는 하나님과 가정과 나라를 위하여 가난한 사람들에게 복음을 전하며 어린이와 여성의 인권 신장에 헌신한 분입니다. 프란시스 윌라드가 이끈 절제운동이야말로 우리 시대에 가장 필요한 사회운동이 아닌가 생각합니다. 오늘날 대한민국을 도탄에 빠트리는 어둠을 물리치고 이 땅에 고결함과 너그러움을 되찾기 위해서, 다시 한번 프란시스 윌라드의 삶을 주목해야 할 것입니다.

이화숙 사랑의교회 정감운동기획위원, 연세대 법과대학 교수

Frances Willard

A BIOGRAPHY BY RUTH BORDIN

차례 CONTENTS

삽화 목록

세계기독교여자절제회 초대회장 프란시스 윌라드의 생애

프란시스 윌라드

Frances Willard

A BIOGRAPHY BY **RUTH BORDIN**

최고의 전성기를 구가하던 1889년의 프란시스 윌라드

(윌라드의 〈50년 회상〉과 보딘의 〈여성과 절제〉로부터 재인쇄)

Chapter 1. 평가

1898년 2월 17일, 프란시스 윌라드는 한 호텔방에서 잠을 자던 중 숨을 거두었다. 엿새 후, 윌라드의 시신이 시카고로 들어오자 그녀의 죽음을 슬퍼하는 수많은 군중들이 관을 맞이하였다. 윌라드의 시구(屍柩)가 시카고 루프 예배당 사무실 건물에 있는 윌라드홀 강단에 안치되자 의장병들이 그 주위를 호위하고, 일리노이 여성들이 오래된 성가 '만세 반석 열리니(Rock of ages, Cleft for me)'를 연주했다. 미국에서 두 번째로 큰 도시의 깃발은 조기(弔旗)로 게양되었다. 하루에 3만 명이나 되는 시카고인들이 그 도시의 가장 유명한 시민에게 작별을 고하기 위해 운구 곁을 지나쳐갔다. 눈이 내리는 중에도 군중들은 이 가냘픈 중년 여성에게 마지막 경의를 표할 수 있는 차례를 기다리며, 바람 불고 축축한 윌라드홀 밖 도로에 몇 시간 동안이나 서 있었다.

윌라드가 죽은 후 가장 먼저 그녀에게 조의를 표한 사람들은 시카고인이 아니었다. 장례식은 이미 뉴욕의 브로드웨이 태버너클(Broadway Tabernacle) 교회에서 거행되었다. 일곱 명의 목사들이 장례식을 집례했다. 천천히 움직이는 행렬이 수 시간에 걸쳐 윌라드의 관 옆을 지나쳐 간 후에야, 비로소 이 담홍회색 관은 서부로 향할 특별열차에 안치되었다. 장의열차는 기념 예배를 위해 윌라드의 출생지 뉴욕 처치빌(Churchville)에 멈추어 섰다. 그리고 버팔로에 이르자 '흰색 리본을 단 대규모 대표 사절단(기독교여자절제회 회원들)이 슬픔에 잠겨 사랑과 충성의 상징인 백합을 올려놓으면서 장의열차 곁을 지나갔다.'[1] 워싱턴 D.C.와 시카고의 시기(市旗)는 윌라드의 장례식이 있던 날에 조기(弔旗)로 게양되었다.[2] 마지막 예배는 윌라드의 모교회인 에반스톤 제일감리교회(First Methodist Episcopal Church of Evanston)에서 드려졌다. 인근에 있던 노스웨스턴대학교 학생들 수천 명이 예배당을 가득 채웠으며, 강단 후면에는 1893년 세계 콜롬비아 박람회(Columbian Exposition) 때 헌정 행렬의 선두에 섰던 하얀색 실크 깃발이 걸려 있었다. 윌라드의 시구는 장미와 제비꽃이 수놓아진 융단 위에 안치되었으며, 꽃으로 장식한 무지개 아치가 그 위를 덮었다. 윌라드의 장례식은 그녀가 지지하던 사회 운동을 발전시키는 데 있어서 그 누구도 필적할 수 없는 한 여성에게 걸맞은 화려한 빅토리아식으로 치러졌다. 윌라드는 최고의 흥행가였다. 또한 개혁운동을 이끌던 윌라드의 리더십은 '내 생애의 마지막 순간까지 미래의 진보적 운동들을 돕기 위해'[3] 매장이 아닌 화장(火葬)을 하겠다던 그녀의 결심에서 상징적으로 드러났다.

19세기에 널리 미국의 '여성 영웅'으로 불렸던 이 여인은 단 한 번도 공직에 선출된 적이 없었다. 윌라드가 내걸고 싸운 모든 사상은 아직 미완성된 목표에 불과했다. 그러나 이 나라 전체는 위대한 국가 영웅이나 순교한 대통령에게나 합당한 깊은 슬픔과 칭송과 존경으로 윌라드의 죽음을 애도했다. 전후의 어떤 여성도 그녀만큼 영예로운 장례식을 맞이한 사람이 없다. 이전까지의 미국 여성들 가운데 그렇게 열렬한 존경과 애정을 불러일으켰던 사람은 없었다.

윌라드는 또한 엘리너 루즈벨트(Eleanor Roosevelt)가 1930년대와 1940년대에 그랬던 것처럼 19세기 마지막 10년 동안 그녀의 고향 사람들에게도 잘 알려졌다. 윌라드는 신문 기사의 주된 주인공이었다. 신문과 잡지들은 이 위대한 여성과의 인터뷰나 그녀의 생애, 또는 공적인 문제에 관한 그녀의 의견에서 발췌한 내용을 기사로 다루었다. 윌라드의 일거수일투족이 언론의 관심이었다. 그녀의 사진은 신문 스크랩의 대상이 되기도 하고 개혁 단체들이 구입하기도 했으며, 절제회에 기여한 공로에 대한 포상으로 주어지기도 했다. 또한 부유하든 검소하든 간에 많은 미국 가정에서 선물로 오가기도 했다. 윌라드가 세상을 떠난 후 그녀를 애도하기 위해 편지를 보낸 사람의 명단은 100페이지가 넘는다.

이 찬사들 중에는 사소한 것들도 있었다. 예를 들어, 시카고의 어린이들이 동물원에 있는 두 마리의 새끼 사자에게 프란시스 윌라드와 마르다 워싱턴이라는 이름을 붙인 경우이다. 그러나 대부분은 윌라드의 명성과 영예가 고스란히 묻어나는 것이었다. 그중에서 19세기 미국의 가치를 가장 잘 이해할 수 있는 대표적인 사례는, 에드워드 에버렛 헤일(Edward Everett Hale)이 매년 두 개의 연설문을 반드시 읽었는데, 미국 대통령의 연두 교서와 프란시스 윌라드의 WCTU 신년 연설이었다는 것이다.[4] 1880년대와 1890년대에 여자 절제회 전국 모임에서 행한 윌라드의 연두 교서는 널리 읽히며 영향을 끼친 연설문이었다. 언제나 이 교서는 국가 전체에 대한 전망과 미국의 강점과 약점, 그리고 현 미국 여성들의 지위에 대한 평가를 담고 있었다. 유명한 잡지인 〈리터러리 다이제스트(Literary Digest)〉의 편집장 에드워드 J. 휠러(Edwar J. Wheeler)는 윌라드의 사망에 즈음한 사설에서 다음과 같이 지적했다. '윌라드는 여성참정권 옹호자였지만 이는 아직도 완전히 실현되지 않았다. 윌라드는 금주론자였지만 이 또한 완전하게 실현되지도 않았다. 그러나 윌라드는 다른 무엇보다도 참된 여성다움의 가능성을 일깨운 사람이었으며, 전 세계의 여성들이 자신의 능력을 적절히 깨달을 수 있도록 이제껏 그 누구보다 많은 일을 한 사람일 것이다.'[5] 휠러의 찬사는 윌라드의 사망에 대한 진보 정치 단체의 입장을 가장 잘 보여주는 대목이다.

그러나 일반 여성들에게도 비평적이지 않으면서 다분히 감상적인 찬사를 받기도 했다. 그중 어떤 사람은 윌라드의 죽음에 대해 다음과 같은 송가를 바쳤다.

윌라드가 오고 있다! 하늘의 천사들이
수정문으로 달려 나오며 말한다.
해와 달이 침묵하며
밤하늘의 별들이 기다린다.

'윌라드가 오고 있다. 그녀를 부르는 소리가 들린다'
호위하는 천사들이 날아오른다.
깊은 밤하늘을 헤치며
눈부신 날갯짓을 하고 있다.

윌라드는 언론과 강단에서 진심으로 '성 프란시스' 또는 우리의 '절제회 여왕'으로 불렸다. 〈뉴욕 인디펜던트(New York Independent)〉지는 '영어권 국가에서 영국의 여왕을 제외하고 윌라드 여사만큼 잘 알려진 여성은 없다. … 윌라드의 죽음에 대해 이 나라의 공직에 있는 여성 중에서 가장 탁월한 여성이 떠났다고 해도 결코 과장이 아니다', 또 다른 사망 기사는 프란시스 윌라드를 '빅토리아 여왕 다음으로 당대에 가장 영향력 있었던 사람'이라고 쓰면서, '대대로 윌라드를 더욱더 존경하게 될 것이다'[6]라고 예견했다.

그러나 이 예견은 성취되지 않았다. 미국 절제회 여왕으로 군림하고, 모든 미국 여성들에게 사랑받는 성 프란시스로 추앙받던 기독교여자절제회 전국 회장 프란시스 윌라드가 떠난 지 백년이 지났다. 윌라드는 잊혀진 지도자일 뿐이다. 최근 수년 동안 윌라드가, 특히 여성을 연구하는 미국 역사가들에 의해 적지 않은 학문적 관심을 받고 있긴 하지만, 더 이상 온 국민의 영웅은 아니다. 오히려 윌라드의 먼 시사촌인 교육가 엠마 윌라드가 중학교 교과서에 더 많이 언급되는 것 같다. 캔사스의 금주운동가 케리 네이션(Carrie Nation)이 윌라드가 25년 동안 주도했던 절제회 운동과 관련해서 언론에 더 많이 언급되고 있다. 그 외 수잔 B. 앤소니(Susan B. Anthony)와 엘리자베스 캐디 스탠턴(Elizabeth Cady Stanton)이 오늘날 더 잘 알려진 인물이다. 그러나 1890년대 당시 윌라드의 명성은 이 두 사람의 명성을 무색케 할 정도였다.

윌라드가 이처럼 대중적인 명성과 열렬한 찬사를 받았음에도 불구하고, 그 명성이 오래 가지 못한 이유는 무엇일까? 필자의 경험에서 비롯된 두 가지 사건이 이 딜레마에 대한 실마리를 제공해줄 것이다. 청소년 시절 필자가 워싱턴 D.C.를 처음 방문했던 1930년, 가족들과 함께 국회의사당 건물을 관광하던 중에 제복을 입은 한 남자 가이드가 조상들이 전시된 홀에서 프란시스 윌라드의 대리석 조상을 보여주던 기억이 난다. 가이드는 짧은 설명에서 윌라드가 어떻게 자신의 주(州)에서 그렇게 존경받는 유일한 여성이 되었는지를 강조했다. 그 자리에 있는 동안 필자는 여자로서 강한 자부심을 느꼈다. 금주운동은 그때까지도 영향력을 끼치고 있었다. 비록 예전의 탁월함은 사라졌지만 여전히 개혁가로서 그리고 국가적인 영웅으로서 진심으로 인정받고 있었다. 그러나 20여 년이 지난 1950년대, 필자가 자녀들을 데리고 똑같은 관광을 했을 때는 사정이 달랐다. 이번에는 가이드가 링컨의 고향인 일리노이주가 어떻게 해서 금주운동가였던 WCTU 윌라드 회장을 일리노이주 대표로 국회의사당 스테튜어리홀에 두게 되었는지 우스꽝스럽게 소개했다.

국회의사당 스테튜어리홀을 방문한 이 두 사건 사이에, 19세기의 많은 개혁운동 가운데 보석과도 같은 금주운동은 폐지되었을 뿐 아니라, 이상적인 사회가 건설되기는커녕 각종 범죄와 불법 노상 총기 사고가 만연한 사회가 되어버렸다. 금주에 대한 기대는 매우 높았다. 그러나 절제운동이라는 이상주의가 한낱 중서부 지역의 경건한 지역운동이었다는 식의 국가적 웃음거리로 인식될 만큼 대중 각성 운동이 하찮게 취급되었던 것을 볼 때, 이 운동은 수치스러운 실패를 맞이한 것 같다. 1905년, 윌라드의 대리석상이 처음 국회의사당에 세워질 때, 상원의원 앨버트 베버리지(Albert Beveridge)는 헌정식에서 윌라드를 '19세기의 최고의 여성이며, 당대에 가장 사랑받은 인물'[7]이라고 묘사했다. 50년 후, 윌라드는 위대하고 탁월한 인물 가운데 이례적인 사람이 되어버렸다. 왜냐하면 윌라드가 가장 가깝게 몸담았던 개혁운동이 완전히 거부당했기 때문이다. 윌라드는 미국의 영웅 대열에서 사라지게 되었다.

미국헌법 제18조 금주법 조항은 윌라드 업적의 직접적인 결과 중 하나이다. 금주법은 또한 윌라드의 소멸 원인이 되었다. 여러 형태의 개혁 운동에 영향을 미쳤던 윌라드의 신념과 공헌은 그녀가 세상을 떠난 후, 한 가지 영역 곧 금주운동에 한정되게 되었고, 그녀가 온 생애를 바쳤던 이 영역조차도 후대에 의해 명백하게 배척되었다. 윌라드가 지속적으로 공헌했던 운동들 – 예컨대 여성 투표권, 공립 유치원, 독립된 여성 감호소, 개신교 연합운동 – 은 미국인들의 삶에 영구적인 위치를 차지하게 되었다. 그러나 이 운동은 후대에 그녀와는 전혀 상관이 없게 되었다. 왜냐하면 윌라드는 그녀의 공적인 생애나 언행 대부분에서 절제운동을 다른 개혁운동이 자라날 수 있는 모판이라고 생각했기 때문이다.

이러한 점에서 윌라드는 다양한 가치들을 창출해냈다. 예를 들어, 위스콘신의 존경받는 경제학자이자 개혁가인 리차드 엘리(Richard

Ely)는 '깊고 넓은 사회 개혁 운동'이 '금주운동'을 중심으로 하고 있으며, 이 중심으로부터 '사회의 모든 생활에 미치는 훨씬 더 포괄적인 범위로 확장되어 갔다'[8]라고 평가했다. 19세기 노동지도자 테렌스 파우덜리(Terence Powderly)는 노동기사단(Knights of Labor)의 연설에서 동료들에게 '노동자들이여, 전갈을 피하듯 독주를 멀리하십시오. … 나는 술꾼들에게도 차이가 있다고 생각하지 않습니다. 그들은 모두 위험합니다'[9]라고 말했고 영국페이비언협회(British Fabian)의 사회운동가 시드니 웹은 1892년 베아트리체 포터(Beatrice Potter)와 함께 주고받은 편지에서 '데트포드에서 내가 목격한 바로는 음주가 굉장한 적이라고 생각합니다'[10]라고 적었다.

음주는 큰 적이었다. 윌라드가 음주를 중요한 사회 문제로 다루던 반세기 동안 미국인들은 과도한 알코올 사용으로 치달아가는 사회 풍조로 말미암아 개인적, 사회적 혼란과 싸워야만 했다. 금주 옹호론자들은 주 입법가들에 의해 통과된 금주법의 도움으로, 1850년대에 미국인들의 술 의존도를 낮추는 데 성공했지만 곧바로 일어난 남북전쟁과 함께 그 수치가 다시 상승했다. 19세기를 통틀어 미국인들은 엄청난 알코올 소비자였고, 이는 어느 시기보다도 극심했다. 이러한 현상을 목도한 개혁가들은 당시 술에 취하거나 술 취하지 않은 사람들이 권좌에 앉아 있는 공화국이 직면한 위험한 특징으로 보고 이에 대한 해결책을 찾기 위해 애를 썼다. '음주 개혁' 옹호자들이 비록 알코올 남용으로 인한 개인적이고 가족적인 불행에도 깊이 관여하긴 했지만, 중요한 원동력은 자치제에 관한 공화국의 대 시도에 위협이 된다는 점이었다. 세기말 산업화가 가속화되면서 안전이라는 요소도 크게 부각되었다. 술 취한 일꾼들에게 기계를 맡길 수 있었겠는가? 제 정신이 아닌 사람들의 손에 철도를 놓게 할 수 있었겠는가?

정치적 진보주의자들의 금주운동 참여는 20세기까지 널리 퍼지게 되었다. 1902년 앨리스 루즈벨트가 백악관에 처음 들어온 날, 샴페인이 아닌 뉴욕 스테이트 사이다가 제공되었다. 진보당 시대에 어떠한 개혁적인 대통령도 젊은이들이 알코올을 마음껏 사용하도록 격려하거나 이를 묵과할 수만은 없었을 것이다. 그러나 약 20년 후, 루즈벨트의 남편 니콜라스 롱워스(Nicholas Longworth)가 하원의원 대변인으로 재직하는 동안, 또한 미국헌법 수정 제18조와 금주법이 시행되는 중에, 워싱턴에 있는 앨리스 루즈벨트의 집 지하에서는 밀주가 빚어지고 있었다.[11] 그만큼 미국의 관습이 빨리 변했던 것이다. 그러나 1890년대에 금주(또는 적어도 술 매매에 관한 엄격한 규제)는 개신교 교회들과 기업 단체 그리고 매우 유동적인 중산층에 속한 대다수 사람들의 분명한 목표였다. 절제운동은 또한 많은 가톨릭 단체의 강한 지지를 얻었다. 특히 아일랜드인 사이에서 더욱 그러했다. 1890년 WCTU는 15만 명의 훈련된 여성 회원을 보유하게 되었다. 이것은 미국을 넘어 세계에서도 최초의 대규모 여성 단체였을 것이다. 윌라드는 절제운동의 리더로서 주요한 설립 가치들을 강조하였다.

최근까지 여성 연구에 관련된 역사가들은 개혁 단체들 가운데서 절제운동의 견실한 노력을 충분히 높게 평가하지 않았다. 메리 조 불(Mary Jo Buhle)은 윌라드가 절제운동을 통해 여성들을 점차적으로 방대한 개혁 운동에 동참시킨 전략적인 재능을 가졌다는 점과 훈련된 여성운동가들을 발굴한 절제운동의 중요성을 인정한다 하더라도 '술 매매의 종식'이라는 WCTU의 목표가 절제회의 여느 목표들에 비해 '매우 김빠지는' 것으로 보았다.[12] 메리 이어하트(Mary Earhart)가 1940년대에 저술한 윌라드 전기에서는, 이 탁월한 지도자의 재능과 능력과 헌신으로 볼 때 너무 사소한 것처럼 보이는 금주운동에 윌라드가 전념한 것을 거의 당황스러워 했다.[13] 또한 1979년, 줄리아 워드 호우(Julia Ward Howe)의 연구는 호우가 '아버지의 강령들에 속한 교의들'[14]을 받아들였다는 말로 자신의 금주운동에 대한 헌신을 변명했다. 이것이 마치 자신의 정치적 신조에서 하찮은 것이라는 듯이 호우는 금주가였다. 그러나 실제로 호우는 금주운동을 개혁의 근본적인 요소라고 생각했으며, 이는 그녀의 아버지의 신념과 상관없이 그렇게 되었을 것이다. 금주운동은 19세기의 대부분의 개혁가들에 의해 사회 변화에 중요한 요소로 인식되었다. 호우, 메리 리버모어, 수잔 B. 앤소니, 클라라 바튼 외에도 19세기 후반의 '존경받는 여성'으로 불렸던 이들은, 금주운동이 비록 자신들과 기꺼이 연관시킬 수 없는 이차적인 운동이었음에도 불구하고 이 운동을 적극적으로 지지했다. 이 여성들은 당대 많은 존경과 칭송을 받았지만, 윌라드가 가졌던 명예와 명성에는 미치지 못했다. 절제의 여왕이었던 윌라드는 두 말 할 것 없는 미국 여성의 여왕이었다.

윌라드가 당대에 떨쳤던 명성은 적절한 시기에 견고한 절제운동가였다는 데에 부분적인 원인이 있지만, 여성에 대한 윌라드의 태도 역시 당대의 가치들을 반영했다는 점이 결코 작지 않은 원인으로 작용했다. 미국은 여성의 특별한 책임 영역, 즉 가정과 자녀 양육에 대한 개념을 소중히 여기는 사회이다.[15] 프란시스 윌라드는 이러한 가사예찬론을 열정적으로 찬성했다. 또한 여성의 특별한 가치들을 칭찬했으며, 그 세기가 마지막 십 년을 향해 갈 때에 점점 더 많은 여성들이 뜻을 같이 하게 되는 당연한 결과를 도출해냈다. 그것은 바로 여성들이 반드시 자신의 가치를 공적인 영역으로 향상시키고, 여성 특유의 공의와 순결을 가지고 정치와 시민의식을 고취시켜야 한다는 것이었다. 여성사를 공부하는 학생들은 여성들이 공적인 영역으로 진출하기까지 영역이론이라는 매우 냉혹한 장애물을 넘어야 했음을 대체적으로 인정한다. 첫 단계는 여성들이 기본적으로 몸담고 있는 교회에서의 여성의 역할이었다.[16] 만일 이들이 가정에서 윤리적 기강을 지탱하는 머릿돌이고, 교회(그 본질상 준 공적 기관인 교회)의 사역을 지원하는 주요 수단이라면, 다른 공적인 활동으로 여성의 영역을 확장시켜야 할 이론적 근거가 이미 존재하는 것이다. 한편 이 영역이론은 19세기 전반에 걸쳐 매우 진부한 사상이었다.[17]

하지만 프란시스 윌라드는 이 과정에 훨씬 더 박차를 가하고 대중화하는 데 주력했다.[18] 만일 여성이 도덕적 탁월함의 화신이요, 진리와 선과 아름다움의 공인된 보고(寶庫)라고 한다면, 프란시스 윌라드는 다른 어떤 여성보다도 1890년까지 대중들의 마음속에 이상적인 우상으로 존재했다. 윌라드의 사망 기사들이 이를 입증해준다. 브루클린 이글(Brooklyn Eagle)은 '윌라드의 정신적인 능력은 그녀의 성품 중에서 더 부드러운 면을 희생하면서 계발된 것이 아니었다'라고 적었다. 캐나다 신문은 '윌라드는 무엇보다 좋은 여성이었다'라고 말했으며, 또 다른 사망 기사는 '윌라드의 여성스런 감각들', '여성의 덕목에 관한 고결한 모범'[19]이라는 표현을 사용했다. 윌라드에게 성(St.) 프란시스라는 칭호를 붙여 성인시한 것은 윌라드가 절제운동에 깊이 관여했을 뿐 아니라, 참된 여성성에 대한 교리를 주의 깊게 다루었기 때문이다. 만일 윌라드가 당대의 통념된 가치들을 수용하지 않았다면, 그녀의 명성은 앤소니나 스탠턴 또는 호우를 능가하지 못했을 것이다. 남녀 불문하고 윌라드를 보편적으로 인정했던 이유 중의 하나는, 윌라드가 공적인 영역에 전념함에도 불구하고 언제나 '여성스러움이 우선이고, 그 다음이 당신이 원하는 것이다'[20]라고 설파했다는 점이다. 성 프란시스(프란시스 윌라드의 별명 – 역자 주)에 따르면 이것이야말로 복음이 말하는 핵심 구절이었다. 윌라드에게 있어서 우선순위는 '세상의 생명이 우선이고, 나의 생명이 다음이다. 일이 우선이고, 사랑은 다음이다'였다.[21] 여성사 역사가들은 절제운동의 핵심을 이해하려 하기보다는 윌라드가 여성들을 공적인 삶으로 내보내기 위해 사용한 영역이론의 중요성에 더 관심을 기울여왔다. 엘렌 두보아(Ellen DuBois)는 WCTU가 대중적으로 성공할 수 있었던 것은 이 운동이 여성들의 개인적인 영역에 기초하고, 여성의 가정에서의 위치를 그 출발점으로 할 때에야 비로소 여성들이 행동주의와 항거에 편안함을 느낄 수 있다는 사실에 기인한다고 설명했다.[22] 바바라 엡스타인은 윌라드가 여성들의 영역을 이용한 것은 중요하다고 생각하지만, 한편으로는(또는 양면적으로) 여성의 평등성이 결과적으로 가정의 개혁을 요구한데다가, 윌라드의 '가정의 보호'라는 원칙이 남성 주도의 가족 구조를 옹호하는 것이므로 윌라드가 관습적인 윤리와 여성의 평등성을 동시에 지지한 것은 서로 모순된다고 지적했다.[23] 메리 조 불은 영역이론이 여성의 행동주의에 중요하다는 점을 인정하면서도, 사회주의자 여성들조차도 '여성의 힘의 전통적 근원으로서의' 가정에 '매였다'는 점을 지적했다.[24]

여성 역사가들조차도 여성들을 공적인 삶으로 인도한 영역이론의 중요성에 대해 비슷하게 생각했다는 점은 당대의 보수적인 여성들에게서 발견된 현상을 반영한다고 볼 수 있다. 공적인 활동에 대한 '여성다운' 접근을 강조한 점에서 윌라드가 필리스 쉴라플리(Phyllis Schlafly)보다 앞선다고 할 수 있으며, WCTU가 엄밀하게 묘사한 도덕 규칙과 여성다움을 동등하게 강조했다는 점에서 쉴라플리의 추종자들의 선구자라고 말할 수 있을 것이다.[25] 그렇다면 프란시스 윌라드는 보수주의자였는가? 또는 윌라드가 여성다움을 강조한 것은 헌 옷에 새 조각을 가져다 붙이는 것과 같은 방식이었는가? 윌라드는 여성들이 가정에 대한 헌신과 공적인 일 사이에서 절제라는 주요 연결고리를 만들어 냄으로써 가정에 매이도록 한 것이 아니라, 여성들이 평등한 권리를 찾도록 해주었다는 점에서 쉴라플리와는 달랐다. 윌라드가 가정에서의 여성의 역할이 중요하다는 점을 거듭 강조했다는 점에서는 쉴라플리와 닮았다. 또한 쉴라플리와 마찬가지로 윌라드는 가정생활을 강조함과 동시에 공적인 삶을 그녀의 영역으로 삼고, 여성의 사회 참여를 조직화하는 일에 다른 여성들도 동참하도록 독려했다.

가정과 여성다움에 대한 윌라드의 애착은 진보적인 사회사상들과 짝을 이루었다. 윌라드의 운동에 참여한 다른 많은 여성과 같이, 윌라드는 개혁의 최첨단에 서 있었다. 에드워드 J. 휠러는 윌라드를 정당한 명분이 없는 기독교 사회주의자로 부르지 않았으며, 윌라드의 화장(火葬) 역시 좋은 옛 시절을 그리워하는 메들리의 한 대목이 아니었다. 윌라드는 진보적인 목표를 증진시키기 위해 보수적인 가치들을 사용했다.

그럼에도 불구하고 그러한 가치들을 존중했다. 윌라드는 평등한 권리라는 차원에서 여성들의 공적인 역할을 확장해야 한다는 자신의 주장을 공개적으로 표현하지 않다가 생애 말 그녀의 운동이 자신을 그 방향으로 몰아가게 되었을 때, 그리고 행동주의 여성들이 전반적으로 그러한 지위를 수용할 수 있는 준비가 더 잘 되어 있을 때에야 비로소 자신의 주장을 드러냈다. 1894년에 이르러 WCTU는 분명하게 여성의 투표권을 주장했다. 그리고 그 기세는 주 협회들로부터 나타났다.[26] 그러나 윌라드가 1870년대와 1880년대에 대중화시킨 가정보호투표권은 여성들에게 공화국 시민으로서 결코 양도할 수 없는 투표권을 행사하도록 하는 요구는 아니었다. 그 대신 '미국의 어머니와 딸들'이 '그들 집 주변 술집들의 개업과 폐업'[27]을 결정할 수 있는 권리를 가져야 한다고 주장했다. 윌라드가 여성 안수 및 여성과 남성의 동등한 교회 사역 참여를 주장했을 때 그녀는 '여성들이 목회 사역이라는 신성한 업무에 잘 부합'될 수 있는 '여성 특유의 섬세함과 사려 깊음 그리고 상냥함'[28]을 제시했다. 윌라드가 공적인 자리에서 입는 의상은 언제나 상황에 맞게 정숙했지만, 목에 레이스를 두르거나 섬세하게 돋보이는 색상 또한 기꺼이 받아들였다. 여성은 물론 남성들도 여성다움에 대한 이러한 융통성을 주목했고 이에 반응했다. 윌라드는 귀에 거슬리는 언어는 피했다. 그녀의 연설 중 하나는 '거의 한 편의 시'[29]라고 불릴 정도였다. 윌라드의 연설은 가정과 가정에서의 여성의 일을 예찬했다.

윌라드는 가정의 영역을 소중히 여겼을 뿐 아니라, 더 포괄적인 목표를 위해 이를 솜씨 있게 다루었다. 그러나 윌라드의 비전은 쉘라플리와는 달리 보수적이지 않았다. 윌라드의 관심은 현상을 유지하거나 시계를 조금 더 단순한 시대로 되돌리는 데에 있지 않았다. 굳이 말하자면, 오히려 윌라드는 해묵은 문제들에 대한 혁신적인 해법을 찾기 위한 자신의 열정에 지나치게 낙관적이었다. 그것은 바로 윌라드 정신을 가능하게 한 여성다움, 기독교 사회주의, 평등권 그리고 양육에 대한 관심의 결합이었다. 여기에 윌라드의 정치적 성공과 여성에 의한 공적인 업무가 수많은 사람들에게 받아들여지도록 하고, 심지어 매력을 갖도록 한 그녀의 능력에 대한 열쇠가 있다. 교회 사역과 마찬가지로 절제운동은 여성에게 적합한, 즉 여성의 역할이 언제나 용인되는 영역으로 인식되었다. 참정권과 여성의 권리, 교도소 개혁 그리고 또 다른 절제운동을 통해 1890년에 이르러서 윌라드는 많은 여성들이 공적인 영역으로 쉽게 나아갈 수 있는 길을 열어놓았다.

프란시스 윌라드의 생애는 19세기 여성들의 가정 의존도를 잘 보여준다. 당시 중류 여성들은 가정의 영역에서 한 부분을 차지할 때 안정감을 느꼈다. 윌라드는 이 여성들이 그렇게 할 수 있도록 했다. 가정을 의존하고 가족의 필요를 지원하는 것과 역으로 가정과 가족의 지원을 받는 것은 윌라드가 구체화하려고 했던 운동 속에 서로 잘 엮여 있었다. 윌라드는 여성들에게 가정의 필요와 공적인 영역을 연결할 수 있는 수단들을 제공해주었다. 그녀는 '가정보호'라는 구호에 담긴 조용하고 사적인 권고로부터 공적인 목소리를 끌어내기 위한 궁극적인 방편을 제시했다. 그리고 '무엇이든 하라'는 구호 속에서 여성들의 영원한 딜레마를 보여주었다.

윌라드가 대단한 명성을 얻은 데에는 그만한 이유가 있다. 그녀는 19세기에 점차 증가하는 여성들의 야망의 정상을 향해, 즉 공화국의 위대한 실험이었던 민주화를 여성들도 함께 누려야 한다는 데까지 끌어올렸다. 동시에 가정의 영역에서 여성들의 특별한 지위가 제공해주는 안정감에 대한 필요도 인식하고 있었다. 윌라드는 이에 동의하는 여성들과 남성들에게 두 세계의 최선을 보여주었다. 윌라드는 현존하는 문화적 가치에 거리낌 없는 여성다움과 가정생활을 설교하기도 하고 몸소 보여주기도 했다. 그러나 가정과 어린이들에 대한 결정적인 보호 장치로 고안된 전투적인 절제회 조직을 통해 여성들이 공적인 영역에서 어떠한 일이라도 할 수 있도록 허락했으며, 남자들에게는 그것을 격려해줄 것을 요청했다.

윌라드가 주장한 것들 중에는 19세기 후반 그녀의 지위에 영향을 미칠 만한 비교적 작은 사안도 있었다. 사회에 대한 윌라드의 낙관주의, 즉 사회가 더 나아질 수 있다는 가능성과 정의롭고 평등해질 수 있다는 생각은, 비록 20세기 후반의 관점에서 볼 때에는 비현실적일 수도 있지만, 그 당시에는 개혁가들 뿐 아니라 많은 보수주의자들에게 공통된 신념이었다. 윌라드의 낙관주의가 항상 그녀의 중요한 신념은 아니었다 해도, 공적인 연설에서 다양하게 표현되었으며 그 시대의 분위기에도 잘 들어맞았다.

그럼에도 불구하고 윌라드의 세 가지 강조점 – 여성다움, 개혁 정책에서의 절제운동의 중추적 역할 그리고 그 과정에 대한 절대적인 믿음 – 은 20세기 중반에 이르러 모두 잊히고 말았다. 새로운 전투적인 시대인 1960년대에 프란시스 윌라드는 인기 없는, 아니 거의 하찮은 운동의 대표 주자로 취급받았다.

그리고 1980년대에 와서 윌라드를 잊히게 했던 여러 가치들 중 한두 가지에 대한 대중적인 반응이 일어난 적이 있었다. 당시 미국 사회는 알코올 남용을 심각한 문제로, 심지어 위험수위로까지 보게 되었다. 또한 마약 중독은 공적으로나 사적으로 그 해결방안을 찾아야만 하는 중요한 사회 문제로 대두되었다. 1950~60년대에는 금주운동을 강제 도덕률이나 개인의 권리 침해로 생각했던 반면, 1980년에 이르러 알코올 규제 조치로서 입법적 해결 방안이 다시 한 번 고려되었다. 1979년 초, 미 상원 알코올 및 마약 분과위원회에 제출된 보고서에는 알코올 판매와 배급이 입법이라는 관점에서 검토되어야 한다고 제안했으며, 알코올 규제가 국민의 자유나 개인의 권리를 위협하는 것이 아니라고 주장했다.[30] 또한 음주 운전을 규제하는 강력한 법 제정을 위한 캠페인이 벌어졌으며, 이 운동의 대부분은 풀뿌리 여성 조직이 선봉에 나섰다. 가장 큰 단체였던 '음주 운전 반대 어머니 모임(MADD)'은 문제 해결을 위해 모성애에 호소했다. 개인의 습관에 대한 새로운 법적 규제는 비단 알코올에만 한정된 것이 아니었다. 흡연도 고려의 대상이 되었다. 이와 동시에 19세기 절제운동이 거의 학문적 관심 이상을 받게 되었으며, 다시 한 번 전통을 개혁하는 완전한 운동으로 인식되었다.[31] 해악한 술에 반대하는 미국인들의 캠페인은 더 이상 당혹스런 일이 아니라, 중요한 사회문제를 제기함에 있어서 이를 사회가 어떻게 진행해야 하는지를 배울 수 있는 교훈의 원천이 되었다.

동시에 여성운동가들은 가정과 가족 안에서의 여성의 지위에 대한 그들의 태도를 재검토하기 시작했다. 베티 프리이던(Betty Friedan)의 〈두 번째 단계(The Second Stage)〉는 여성운동가들의 자기분석에 관한 대중적인 의견을 제시했다.[32] 진 엘쉬타인(Jean Elshtain)의 〈공적인 남성, 사적인 여성(Public Man, Private Woman)〉은 그녀의 또 다른 저서들과 함께 훨씬 더 이론적이고 학문적인 관점을 제공해주었다. 이 책들은 남성과 여성의 차이점을 수용하려는 19세기의 경향을 재확인하고 전통적인 여성의 자질들, 특히 양육과 가족 보호와 관련한 자질들을 재발견함으로써, 전통적인 가치에 훨씬 더 친숙한 가정 안에서의 남녀평등과 여성의 역할을 재검토하기 위한 제작물 중 하나였다.

새로운 보수적 여권주의는 어느 비평가가 지적했듯이 훨씬 더 절제된 표현을 사용했다.[33] 예를 들어, 19세기에 '어머니의 몸부림' 또는 '조직화된 어머니 사랑'이라고 불리었던 표현들을 프리이던은 1981년에 '여성의 방식'이라는 말로 바꿔 사용했다.[34] 그러나 윌라드와 프리이던은 남자와 여자 모두가 여성의 자질, 즉 프리이던의 표현대로 사회를 발전시킬 수 있는 '민감하고 부드럽고 직관적이며, 생명을 소중히 여기는 자질'을 잘 활용하게 되리라는 소망을 품었다는 점에서 공통적이다.[35] 같은 맥락에서, 윌라드는 '사회와 정부라는 더 큰 가정에서 여성들의 능력이 효과적으로 발휘되어 보편적인 평화와 순결과 형제애가 실현되는 데에 이바지하기를 바라는'[36] 자신의 열정적인 소망을 종종 말이나 글로 표현했다.

그 무렵, 프란시스 윌라드는 현실에 안주하지 않고 변화와 운동을 주장하기 위하여 당대에 널리 퍼져 있던 가치들을 성공적으로 이용하는 것이 얼마든지 가능하다는 사실을 자신의 삶으로 증명해 보였다. 윌라드는 이러한 가치들을 이용하여 자신의 영향력을 극대화했다. 그녀가 얼마나 성공했느냐는 죽음 이후 사회가 그녀를 어떻게 평가했는가를 통해 알 수 있다. 당대 사람들이 윌라드를 성인으로 추대한 것은 참된 여성다움에 관한 신조를 효과적으로 다룬 능력과 절제운동을 대중적으로 이끌었던 리더십 그리고 그녀의 낙관적인 세계관 등에서 나온 결과였다.

Chapter 2. 출생

프란시스 윌라드는 1839년 뉴욕주 로체스터 인근의 작은 마을인 처치빌(Churchville)에서 태어났다. 자서전[1]에서 윌라드는 자신을 가리켜 '환영받은 아이'라고 부르고 있는데, 이것은 35세인 어머니가 프란시스가 태어나기 1년 전 14개월 된 딸을 잃는 등 두 아이를 먼저 보낸 점을 생각할 때 당연히 짐작할 수 있는 부분이다. 어머니인 메리 힐 윌라드(Mary Hill Willard)는 죽은 아기들을 떠올리며 그들의 죽음을 깊이 슬퍼하면서 훗날 프란시스에게 이 아기들을 '빛과 지혜로 가득한 눈'과 '흠 없는 성품'을 가진 '기쁨의 화신'[2]이라고 표현했다. 프란시스는 그 죽은 딸을 대신한 것처럼 보였기 때문에 때때로 무거운 부담을 가져야만 했는데, 그녀가 남보다 탁월한 능력을 가지기 위해 치열하게 노력하며 살았던 것이 혹시 그 때문은 아니었나 생각한다.

새롭게 얻은 딸의 이름은 프란시스 엘리자베스 캐롤라인(Frances Elizabeth Caroline)이었다. 프란시스는 영국의 소설가이자 사무엘 존슨 단체의 회원인 프란시스 버니(Frances Burney)와 미국의 시인 프란시스 오스굿(Frances Osgood)의 이름을 따서 지은 것이었다. 프란시스는 분명 메리 힐 윌라드의 염원이 담긴 이름이었다. 캐롤라인 엘리자베스(캐롤라인은 프란시스 아버지의 막내 여동생의 이름에서, 엘리자베스는 어머니의 여동생 이름에서 가져옴)는 메리의 세 번째 아이 이름이었다. 행운을 기원하기 위해 그 순서를 바꾼 듯한 두 개의 이름이 프란시스에게 주어졌지만, 실제로는 프란시스의 일반적인 축약형이었던 프랭크로 불렸다.[3)]

프란시스 윌라드는 온전한 중서부 사람이지만, 뉴잉글랜드의 혈통을 이어받았다. 31세에 메사추세츠 만(灣)에 정착하여 17세기 식민지 시대의 저명한 인물이자 영국 청교도인 사이먼 윌라드(Simon Willard)의 후손이기 때문이다. 그러나 이 가문에서 분가해 뉴햄프셔로 이주한 다른 집안은 18세기에 이르러서야 침례교 신앙을 받아들였다.[4)]

프란시스의 어머니의 조상은 약간 불분명하다. 힐 가문의 시조는 아마도 1636년 초에 미국에 도착했던 것 같다. 프란시스의 외할아버지 나다니엘 톰슨(Nathaniel Thompson)은 침례교도 선장으로서 18세기 초에 뉴햄프셔에 정착했으며, 메리 힐 윌라드는 18세기 후반 뉴잉글랜드 변경에서 생겨난 교파인 프리윌 침례교회(Freewill Baptist Church)에서 성장했다.[5)]

프란시스 윌라드가 뉴잉글랜드의 명망 있는 가문 출신인데다 조상 중 일부가 미국 땅에 정착한 첫 영국인이라고 해도, 헨리 애덤스(Henry Adams), 캐서린 비이처(Catharine Beecher), 샬롯 퍼킨스 길먼(Charlotte Perkins Gilman) 등과 같은 저명한 가문은 아니었다. 윌라드 가문과 힐 가문은 독립혁명의 영웅이나 연방정부의 대통령을 배출하지는 못했지만, 미국의 사회와 문화에 큰 공헌을 하기도 했다. 19세기 중반의 교육가였던 엠마 윌라드(Emma Willard)는 프란시스의 시사촌이며, 법률가이자 정치가로서 상원의원 활동을 한 엘리후 루트(Elihu Root)도 먼 친척뻘이었다. 프란시스 윌라드는 훗날 자신의 조상이 탁월했기를 바라는 마음으로, 자신의 재능을 어떻게 계발할지에 유념하면서 주의 깊게 족보를 연구했다. 그러나 프란시스가 알고 있는 가까운 친척들은 근본적으로 순수한 시골 사람이었을 뿐, 유명하거나 좋은 가문은 아니었다. 더욱이 프란시스의 삶에 역할 모델이 될 만한 조상도 없었다.

오히려 훗날 윌라드가 택하게 될 삶의 방향에 부모님과의 관계가 훨씬 더 의미있었다. 윌라드의 육친은 서로 긴밀하게 연결되어 있었는데, 특히 외부 세계가 가족 공동체에 거의 영향을 끼치지 않는 위스콘신에 머물던 시절에는 더욱 그러했다. 그러나 윌라드의 아버지인 조시아 윌라드(Josiah Willard)는 공적인 활동에 매우 적극적이었다.

원래 민주당원이었던 조시아는 자유토지당의 창단 시절 그 당에 합류했고, 1848년에는 위스콘신 주의회에 선출되었다. 시각 장애인들을 위한 국가 시설 제안은 입법부의 지지를 얻는 데 도움이 되었고, 수년 동안 그 이사회에서 봉사했다. 그는 농촌을 공정하게 관리한 그 사회의 회장이었으며 농업 사회인 위스콘신의 탁월한 의원이었다. 또한 1859년 당원들을 위한 연설에서 아브라함 링컨을 소개하기도 했다. 원예와 자연 과학에 대한 조시아의 관심은 평생 동안 이어졌다. 그는 항상 돋보기와 줄자, 온도계를 가지고 다니면서 나무들의 둘레, 공기와 물의 온도 그리고 근처 연못의 미세한 생물들을 끊임없이 관찰했으며, 그 결과를 신실하게 워싱턴 D.C.의 스미스소니안 협회로 보냈다. 비록 일정 기간 동안 장소와 직업을 바꿔야 하는 불안한 상태에도 불구하고, 그는 성공한 사업가이자 농부로서 일생을 보냈다.

조시아 윌라드의 아내는 그를 '우정에서 진실한, 종교에서 독실한, 사업 관계에서 존경할 만하고 정확한', '자연과 책들을 좋아하는', '아마추어 예술가' 그리고 '앤드류 잭슨 다운닝(Andrew Jackson Downing)의 안목이 있는 학생', '19세기 중엽 미국 건축학의 이론가요, 양식의 전도자로 봉사한 원예가'로 묘사했다.[6)]

프란시스 윌라드의 최초 전기 작가이자 평생의 동료, 안나 고든은 조시아 사후에 윌라드를 만났지만, 성인 윌라드가 그녀의 아버지를 어떻게 이해했는지에 대해 반복하여 접할 수 있었다. 안나 고든은 조시아를 '인격에서 품위 있고 몸가짐에서 매력 있고', '독실하게 종교적이며', '만족할 줄 모르는 독서가'이자 '강직한 의지 그리고 사고와 연설에서 비범한 능력'을 가진 사람으로 서술한다.[7)] 이 모든 특성들은 그의 유명한 딸인 프란시스에게 고스란히 적용된 것으로 보인다. 조시아 윌라드는 다재(多才)하고 총명한 지성인이었지만, 그를 알고 지내던 사람들은 그가 과묵하고 내성적인 것으로 평가했다. 그의 한 친구의 연설을 통해 그가 대담하지만 행동에서만큼은 보수적인 약간 성마른 사람이었다는 것에 역시 동의했다.[8)]

프란시스는 그녀의 자서전에서 아버지에 대해 그리고 아버지와의 관계에 대해서는 거의 언급하지 않는다. 프란시스의 기억 끝자락에 남아 있는 '아버지'라는 단어에 관한 어렴풋한 회상은 조시아에 대한 어머니의 설명이 전부였다. 즉 원예가와 의원으로서의 공적인 생애 그리고 지긋지긋할 만큼 오래도록 지병을 앓다가 윌라드가 스물한 살이 되던 1868년에 세상을 떠났다는 이야기뿐이었다. 쉰이라는 나이에 윌라드는 아버지에 대한 기억을 쉽게 되살려내지 못했다. 윌라드는 어머니에 비해 아버지와는 거리감을 두었고 가깝거나 친근하게 느끼지는 못했던 것 같다. 윌라드는 아버지에 대한 언급에서는 어머니를 기록할 때 썼던 풍부한 표현과 따뜻한 애정, 이해와 사랑을 거의 드러내지 않았다.

윌라드의 일기장에는 그녀가 아버지를 실제로 어떻게 생각했는지 보여주는 대목이 적혀 있다. 아버지는 집안의 관리자이지만 때로는 독재자로 그려져 있다. 그는 가정의 모든 일을 결정했고 가족들의 물건을 구입하는 것도 혼자서 했으며, 가족들의 지출을 세세하게 감독했다. 딸들의 옷과 학용품, 심지어 고무공뿐 아니라 어머니의 옷까지 다 아버지가 사왔다. 아버지는 책과 각종 정기 간행물들을 탐독했다. 동시에 아내와 딸들과는 가까이 지내지 않았다. 프란시스의 일기장에는 매일같이 '아버지는 오전에 글을 쓰시고, 오후에는 시내에 나가셨다'[9]라고 기록되어 있다. 아버지는 관대했지만 때로는 엄격했다고 말한다.

* 8세 또는 9세 때의 프란시스(왼쪽)와 여동생 메리 윌라드. 1837년 은판사진으로, 사진틀 속에 들어 있었음 (윌라드의 〈열아홉 해의 아름다운 생애〉에서 가져옴)

조시아는 애정을 드러내 보이는 것을 유약한 것이라고 생각했으며, 이제 겨우 여섯 살과 두 살 반 된 딸에게 '너무 자라서 이제 더 이상 잠들기 전 뽀뽀를 해줄 수 없다'고까지 말하였다.[10] 윌라드는 생애 말에 아버지의 냉담함에 대한 유감을 드러냈으며, 어머니가 아버지의 부족한 애정 표현에 맞섰다고 생각했다.[11] 프란시스는 아버지와는 전혀 다르게 행동했다. 그래서 성인이 되었을 때에는 적극적인 애정 표현을 했다. 비록 그녀는 아버지를 '사랑을 표현할 줄 모르는 사람'으로 생각했지만, 그녀의 어머니는 '예나 지금이나 다른 남편들이 하던 것보다 훨씬 더 많이 우리 아이들을 양육하는 일에 함께 마음을 나눈 훌륭한 가장이었다'[12]라고 묘사했다. 아버지는 밤중에 젖병을 따뜻하게 데워 어린 딸에게 우유를 먹였으며, 조시아와 그의 아들 올리버가 종종 번갈아가며 부엌일을 맡기도 했다.[13] 윌라드의 가정에서는 남성과 여성의 역할이 분명하게 구분되어 있지 않았으며, 프란시스는 이러한 생활 방식을 성인이 되었을 때까지 유지해나갔다.

윌라드와 아버지와의 관계는 복잡했다. 어린 시절의 일기는 스미스소니안에 보고하기 위해 아버지와 경쟁하며 관찰한 온도와 날씨에 관한 기록들로 가득하다. 프란시스는 아버지를 따라 공적인 삶에 발을 들여놓았고, 그런 의미에서 아버지를 긍정적인 모델로 삼았다. 하지만 어린 소녀로서 프란시스는 결코 아버지의 후원을 받지 못했다. 특히 프란시스가 처음으로 공적인 영역에 진출했을 때 더더욱 그러했다. 아버지는 딸들을 멀리 위치한 학교에 보내는 것을 허락지 않았다. 아버지는 교사가 되고자 하는 프란시스의 꿈에 반대했고, 친구와 함께 유럽으로 공부하러 가는 것도 허락하지 않았다. 그러나 프란시스의 첫 책 출간을 위해 출판사를 알아보려고 뉴욕으로 가는 여행에 프란시스와 동행했으며, 평생 동안 자신이 가르치는 모든 사역에 프란시스와 함께했다. 하지만 아버지는 열아홉에 세상을 떠난 자신의 여동생에 대한 더 깊은 애정과 견딜 수 없는 상실감 등을 프란시스에게 고스란히 내보였다.

윌라드는 아버지를 동경하고 존경하며 그에게 인정받고자 노력했지만 그에게서 따뜻한 애정을 기대할 수는 없었다. 윌라드를 이해하고 사랑해주며 그녀의 희망과 실망, 훗날의 명성 등을 충분히 함께 나눈 사람은 바로 어머니였다.

메리 윌라드는 지적이며 따뜻한 마음을 가진 여인이었다. 메리는 평생 동안 딸의 절친한 친구이자 동료가 되어 주었고, 탁월한 재능을 지닌 한 유명인의 어머니로서의 역할도 충실하게 감당했다. 메리는 노래를 잘 부르고 멜로디언 연주도 잘했으며, 생애 말에는 유명한 딸로 인해 자신 또한 대중적인 영역으로 나아갈 수 있게 되었을 때에는 맛깔 나는 말솜씨를 자랑하는 훌륭한 강사가 되었다.

또한 메리는 〈50년 회상〉에 인용된 그녀의 일지 한 대목에 나타나 있듯 탁월한 작가였다. 여러 해 동안 윌라드 가정에서 함께 살았던 안나 고든은 메리의 마음이 '그가 종종 암송하던 최고의 영산문과 시구들로 가득했다'라고 회상했다.[14] 메리는 결혼 전 11년 동안 학교 교사로 일했으며, 결혼 후에도 평생을 교사로 일했다. 메리는 위스콘신 농장에서 딸들을 직접 가르쳤으며, 저녁 시간에는 문맹인 일꾼들에게도 읽고 쓰는 것을 가르쳤다. 훗날 메리는 에반스톤에서 스웨덴 출신 하인들에게 읽기와 쓰기 및 산수를 가르쳤으며, 마침내는 자신의 작은 학급에 이웃집 하인 5명도 받아주었다.[15] 어머니 윌라드는 마음씨 좋은 선생님이었다. 딸들에게 어려운 소론을 쓰도록 요구하기보다는, 그들이 좋아하는 숙제를 하고 일기를 쓸 수 있도록 격려했다.[16] 이제는 열람이 가능한 딸들의 일지는 어머니 윌라드가 어떻게 가르쳤는지를 잘 보여준다. 어머니는 딸들에게 집안일을 강요하지 않았다. '너희는 요리를 해야 한다. 청소와 바느질도 해야 한다'라는 말을 결코 하지 않았다.[17] 윌라드 집안의 딸들은 스스로의 판단에 따라 자신이 원하는 것을 할 수 있도록 허용되었다.

프란시스 윌라드는 어머니와의 친밀한 유대관계를 결코 끊지 않았다. 또한 남은 생애 동안 윌라드의 주변에는 그녀를 사랑하고 존중해주는 많은 여성들이 있었다. 윌라드와 남성들과의 관계는 우호적이고 건설적이었지만 때로 격렬하기도 했다. 대체로 윌라드는 아버지를 동경하고 존경했던 것처럼 남성들을 동경하고 존경했다. 하지만 아이들이 어머니에게 매달리듯, 주로 여성들에게 마음을 열었고 위로와 애정을 구했다. 교사가 되어 집을 떠나 생활하는 동안 적은 일기에서 윌라드는 '나는 다른 어떤 선물이 아닌 내 어머니로 인해 하나님께 감사한다. 나의 존재는 어머니와 깊이 연결되어 있기 때문에, 내 삶과 밀접한 그분과의 관계가 끊어지는 것은 나에게 죽음과도 같다고 생각한다'[18]라고 적고 있다. 또한 어머니 윌라드는 프란시스를 통해 자신의 꿈을 이루고 싶어 했다. 훗날 어머니는 '나는 많은 꿈을 가지고 있었지만 그 모든 것은 사라지고, 미래의 어느 날 나의 자녀들이 살게 될 세상에서 다시 나타나게 될 것을 꿈꾸었다'라고 기록했다.[19]

어린 시절 부모와의 관계는 윌라드의 공적인 삶에 큰 도움이 되었다. 어머니와 아버지는 모두 야심이 있었고, 외부 세계를 의식했으며, 자신들의 사회적 책임에 민감했다. 아버지 조시아는 평생 동안 정치와 공직에 헌신했고, 어머니 메리 윌라드 역시 단순히 가정적인 사람만은 아니었다. 그녀는 오랜 세월 학교에 몸담았고, 한 가정의 아내이자 어머니로서 대학 공부까지 했다. 남편과 사별한 후에는 대중적인 운동에도 열심히 참여했다. 모전여전(母傳女傳)이었다.

윌라드가 두 살 되던 1841년, 아버지는 값비싼 농장과 뉴욕의 사업체들을 팔아 꽤 많은 돈을 마련하여, 8년 전 개교한 오벌린 단과대학이 있는 오벌린으로 가족과 함께 이주했다. 조시아는 목회를 하고 싶은 열망에 청년 시절, 한 번 거절당한 적이 있는 전문 훈련학교를 찾아갔다. 메리 윌라드에게 오벌린에서의 삶은 딸 메리를 낳은 것 외에, 대학에 입학하여 리디아 피니(Lydia Finney)의 유명한 '어머니 모임'에 참여할 수 있는 즐거운 시간이었다. 그러나 1846년 조시아 윌라드는 목회 공부를 단념하고 가족들과 함께 다시 위스콘신 변경으로 이주했다. 조시아는 그 전 해에 자신을 평생 괴롭히게 될 결핵에 걸리게 되었고, 의사가 시골의 맑은 공기를 쐴 것과 전원생활을 권했기 때문이었다. 그로 인해 프란시스는 제인스빌 인근 가족 농장에서 11년의 세월을 보내게 된다. 윌라드 가정의 위스콘신 농장은 황무지에 있는 작은 개간지가 아니라 소출이 풍부한 큰 기업이었다. 본래는 360에이커의 땅이었지만, 1858년 윌라드 가족이 위스콘신을 떠날 때에는 1,000에이커의 아주 큰 농장으로 발전하게 되었다. 프란시스의 일지에 따르면, 아버지는 관리자의 역할만 하고 일하는 농부들을 따로 고용했음을 알 수 있다. 때로 아버지가 손에 쟁기를 들기도 했지만, 주로 농장의 경영적인 면과 공부에 관심을 두었다.

위스콘신 대평원에서 여성으로 자라나던 그녀는 어떤 아이였을까? 오랜 세월 후 옛날을 회상하면서 어머니는 프란시스에 대해 '책에 대한 엄청난 애정'과 '학문과 연구를 향한 두드러진 집착'이 있었으며 '애정이 깊고 신뢰를 지키는, 직관적이고 조숙하며 독창적인' 그리고 '자신과 스승들'을 신뢰했던 아이였다고 말했다. '심지어 자기 방에 혼자 있는 동안에도 종종 미래에 대한 꿈에 도취되어 있었다'라고 기록한 것으로 보아, 프란시스는 어쩌면 자기 자신을 가장 신뢰했는지도 모른다.[20]

자서전에서 프란시스 윌라드는 유순하고 고상하며 착한 여동생 메리와는 달리, 자신은 장난기 있고 불순하며 거친 말투와 자신감과 독립심을 가진 아이였다고 회상한다.[21] 어머니 윌라드 여사 또한 이러한 평가에 부분적으로 공감했던 것으로 보이는데, 왜냐하면 성급하고 성마르기로 유명했던 아버지의 성품이 어린 프란시스에게도 쉽게 발견되었기 때문이다.[22] 은판 사진에 들어 있는 프란시스에게서 열정과 명민함, 용모의 빈틈없음과 섬세함(불거진 광대뼈가 그 증거이다) 그리고 어머니를 닮은 머릿결 등을 볼 수 있다. 사춘기 시절의 프란시스는 다른 사람들, 특히 여동생 메리에게서 나오는 전통적인 아름다움을 갈망했고, 다른 사람들이 그렇게 말하지 않음에도 불구하고 자신을 못생겼다고 생각하여 눈물을 흘리곤 했다.[23]

조시아 윌라드는 여자 아이들과 여성들은 자신의 영역을 가정에서 찾아야 한다고 생각했다.[24] 프란시스보다 네 살 반이 많은 올리버는 제인스빌에 있는 학교에 입학했지만, 다른 딸들은 몇 년 동안 어머니와 함께 공부해야만 했다. 그러다가 마침내 동부 지역 여러 학교에서 교육 받은 한 이웃이 윌라드 가정에 교실을 꾸미고 네 명의 학생들을 가르쳤다.[25] 그로부터 2년 후 지역 교사(校舍)가 세워지고, 예일대에서 공부하고 오벌린에서 개인교습을 한 경험이 있는 인근의 농부가 교사로 오게 되었다.[26] 한참 후, 윌라드 가족은 딸들이 사립학교에 다닐 수 있도록 하기 위해 겨우내 제인스빌로 이사했으며, 프란시스와 메리는 선생님 댁에 사는 여름 동안 음악과 불어를 공부했다. 또한 두 사람은 제인스빌 인근에 있는 시각장애인 학교에서 피아노 교습도 받았다.[27] 이 모든 것은 비록 적절한 교육임에도 불구하고 기형적일 수밖에 없었다. 윌라드 집안의 여성들은 규정된 수학과 과학 교육을 전혀 받지 못했다. 대신 오빠가 벨로이트(Beloit) 단과대학에서 가져온 책이나 부모님의 강한 지적 관심사들을 접할 수 있었다.

프란시스는 평생 집안일만 하는 것을 반대했는데, 어린 시절에도 예외는 아니었다. 프란시스는 열네 살이 되어서야 비로소 요리를 했고, 열다섯 살에 바느질과 다림질을 배웠다.[28] 집안 청소는 '인류의 저주'라고 일기장에 기록되어 있다.[29] 여동생이 바느질과 설거지를 하는 반면에 프란시스는 손수레, 썰매, 채찍 손잡이, 화살총을 만들 수 있는 목수였다.[30] 남성적인 일을 좋아하는 것이 프란시스에게도 더 마음이 쓰였다. 프란시스는 '나는 내 총을 고쳤다. 열다섯 살 된 소녀가 화살총을 좋아하는 것이 이상하지만 어쩔 수 없었다'라고 기록했다.[31] 일지에 따르면 농장일과 농사일에도 관여했던 것이 분명하다. 프란시스는 네 명의 농장 인부의 하루 작업량을 기록하고, 식물들의 성장 주기와 관련된 날씨를 자주 언급하며, 대평원의 처녀지를 쟁기로 개간하는 과정을 생생하게 묘사하고 있다.[32]

프란시스는 오빠와 노는 것을 더 좋아해 오빠의 놀이와 오락을 흉내 냈다. 팽이를 돌리고 죽마를 타며, 나무에 기어오르고 고리를 던지며 화살총까지 쏘는 등 오빠의 놀이와 생각을 자신의 것으로 삼았다. 사냥, 뱃놀이, 수영, 승마 등은 여자 아이에게 금지된 놀이였지만 프란시스는 어머니의 중재로 말 타는 것은 허락받았다.[33] 훗날, 프란시스 윌라드는 남녀가 똑같이 활동할 때 남녀평등이 발전한다고 생각했으며, '남자들이 너무 잘난 척 하지 않도록' 하기 위해서 '소년 소녀들이 똑같은 것들을 아는 것이 유익하다'고 했다. 말의 마구를 채우고 노를 젓고 또는 체조를 하는 누이를 가진 소년이 '훨씬 더 겸손하고 상냥하며 남편감으로 좋을 것'이기 때문이다.[34] 자유로운 정신을 갖도록 해준 어린 시절의 놀이가 여성문제에 대한 윌라드의 헌신에 간접적으로 영향을 준 것이다.

프란시스는 오빠를 따라다니며 종종 그의 행동들을 흉내 내는 한편, 동료이자 친구이기도 한 동생 메리와는 서로 경쟁 관계였다. 둘의 관계는 위스콘신에 살던 시절, 서로에게 많이 의존하면서 특별히 더 가까워졌다. 가장 가까운 이웃이라야 1마일이나 떨어져 있는 데다, 마을 안에는 학교도 없던 시절이라 학교 친구란 있을 수도 없었다. 그러므로 두 자매의 관계는 절친한 친구이면서 동시에 라이벌이었다. 그런 메리가 열아홉 살에 세상을 떠났다. 그리고 곧 〈열아홉 해의 아름다운 생애(Nineteen Beautiful Years)〉라는 책에서 프란시스는 그녀를 크게 추앙했다.[35] 그러나 어린 시절 분명히 메리를 '모든 경쟁자들을 능가하는 아버지의 총아'로 생각했다.[36] 메리는 미인이었을 뿐 아니라 탁월한 여성적 교양을 갖추었으며, 부모의 권위나 다른 권위에도 주저 없이 순종하던 '착한' 여자 아이였다. 메리의 부드러운 여성적 매력을 프란시스가 부러워하지 않은 것은 아니지만, 여동생을 사랑하고 소중히 여기며 누구와도 견줄 수 없는 사람으로 생각했다. 또한 올리버는 프란시스의 모델이었다.

프란시스 윌라드는 어린 시절의 대부분을 글을 쓰며 보냈다. 즉, 훗날 자신의 사역에서 매우 중요한 요소가 될 재능을 연마하면서 보낸 것이다. 그녀는 집 출입문 근처에 서 있는 검은 참나무에 마련한 '독수리 둥지'라는 자신만의 장소에서 글을 썼다.[37] 일지를 쓰는 것만이 전부가 아니었다. 열여섯 살에 '타이로(The Tyro)'라는 제목의 잡지를 제본했고, '루퍼트 멜빌과 친구들: 모험의 이야기(Rupert Melville and His Comrades: A Story of Adventure)'라는 소설도 쓰기 시작해 매일 한 두 페이지를 써내려갔다.[38] 그녀는 비록 운율에 맞지는 않더라도 생생한 이미지를 담은 시를 쓰곤 했는데, 특히 자기가 잘 알고 있는 대초원과 숲에 대해 써내려갔다. 프란시스는 출판을 기대하며 어느 정도 지명도가 있는 지역 신문사들과 농장 관련 잡지사에 많은 소작품을 보내기도 했다. 그리고 그 글들은 〈초원의 농부(Prairie Farmer)〉나 다른 지역 간행물에 실리게 되었다. 거절당할 경우 쉽게 받아들여지지는 않았지만 '진정한 천재를 알아보지 못하는 편집장을 어찌하겠는가!!!'하며 유머 감각을 잃지 않았다.[39]

윌라드는 문학과 글쓰기에서만큼은 지적으로 성숙해 있었지만, 사회적으로나 정서적으로는 나이에 비해 어렸다. 열여섯 번째 생일에 윌라드는 스스로를 반성하며 자신을 '정신적으로나 육체적으로 내 나이에 비해 작다'라고 기록한다.[40] 일부 소녀들이 청혼자와 결혼을 생각하던 때에, 프란시스와 여동생은 겨우 두 명의 회원을 가진 '예술가들'이라는 클럽의 세부 규칙을 만들고, 서투른 그림과 수집한 예쁜 돌을 전시하기 위해 낡은 덮개로 교실 한쪽을 막아 임시 작업실을 만드느라 여념이 없었다.[41] 시골에 묻혀 살던 생활이 이들을 마냥 사춘기에 묶어 두었던 것이다.

그럼에도 불구하고 프란시스에게는 야망이 있었다. 훗날 마침내 '절제의 여왕'이라는 칭호를 받게 된 이 어린 소녀는 한때 '빅토리아 여왕의 시녀가 되기를 꿈꾸었다가 다음에는 예술가가 되기를 원했고, 그 다음에는 사냥꾼이 되길 소원했다가 이제는 그런 헛된 생각에서 나와 음악 교사가 되기로 결심했으며, 그 이상은 바라지 않았다.'[42] 그러나 더 넓은 세상을 꿈꾸는 용틀임이 있었다. 윌라드는 여성의 권리에 관한 논문을 빌려와서 그것을 '일급'으로 분류했다.[43] 때때로 시골 생활의 단조로움에 답답함을 느끼기도 했다. '나는 더 높은 것을 위해 창조되지 않았나? 결코 날아오를 수 없는 것인가?'[44] 윌라드의 일기에는 올리버가 처음으로 투표하던 때가 기록되어 있었다. '아버지, 올리버, 마이크와 헨리는 조국을 구하는 일에 도움을 주기 위해 떠났다'라고. 하지만 프란시스와 여동생이 투표에 참여하는 올리버를 부러워하여 서로 마음을 나누었다는 내용은 없으며, 프란시스의 자서전에도 이에 대한 언급은 전혀 없다.[45] 또한 일기에는 자신의 머리를 처음으로 올린 것에 관해 '무미건조한' 시간낭비라고 매우 간략하게 기록하고 있다. 그러나 프란시스가 〈50년 회상〉에서 '크게 오랫동안' 울었고, '머리는 괴로울 만큼 아프고' 정신은 '엄청난 불안'[46]에 휩싸였다고 기록했던 충격적인 경험에 대해서는 언급하지 않았다. 성인이 된 윌라드의 마음에는 실제로 어린 시절에 표현했던 것보다 훨씬 더 큰 반항심이 자리 잡고 있었던 것이다.

윌라드는 행복한 어린 시절을 보냈다. 그녀는 항상 위스콘신에서의 생활을 즐거운 시절이었으며 자녀들을 양육하는 데에 최고의 환경이라고 회상했다. 어릴 때에도 이러한 느낌을 가졌던 윌라드는 일지를 통해 다음과 같이 기록했다. '나는 목장으로 내려가 잭과 그레이(두 필의 말 이름)를 깨웠다. 나는 그레이를 타고 올리버와 함께 내달렸다. 오, 얼마나 즐거웠던가! 오, 얼마나 빨리 달렸던가! 그레이는 빨리 달리기를 좋아해서 언덕과 계곡을 전속력으로 달렸다. … 우리는 거의 어두워져서야 돌아왔다. －얼마나 멋진 시간이었던가! 그에 대한 기억마저 나를 황홀케 하며, 그곳에 사는 것 자체를 사랑했다. 자유로운 대초원의 산들바람은 얼마나 고상했던가! 황금빛 햇살이 우리 위에 머물러 있었다. 부드럽게 내리는 이슬은 또 얼마나 신선했던가! 근심도 없고 두려움도 없으며, 슬픔이나 고통도 없이 참으로 아름답고 순수했다.'[47] 윌라드의 어린 시절은 보다 잘 갖추어진 지역의 환경과는 전혀 달랐다. 시골에 묻힌 생활은 가족과 의지하도록 해주었을 뿐 아니라, 그녀의 독립심이나 지혜에 큰 자양분이 되었다.

1857부터 1860년까지의 짧은 기간 동안, 즉 열일곱에서 스무 살이던 시절, 프란시스 윌라드는 거의 모든 공교육을 받았다. 대농장주나 교회와 관련된 중산층 여성들을 위한 2차 교육이 널리 보급되던 19세기 중반, 중서부 지방으로 급속하게 확산되던 여성신학교운동에 자발적으로 그리고 열정적으로 참여했다.

만일 윌라드와 여동생의 경험이 전형적인 것이었다고 한다면, 이 젊은 여성들은 놀라울 만큼 좋은 문학 교육을 받았다. 이들은 공식적인 학과 과정뿐 아니라, 일지와 편지를 통해서도 잘 쓰고 풍성하게 표현하는 훈련을 받았다. 당시 여성들은 폭넓은 독서 생활을 영위했다. 감성적인 소설과 당대의 대중적인 신학 서적 외에도 에머슨, 마가렛 풀러, 비쳐스와 같은 당대 대표 저자들의 사상을 직접 탐구했다. 또한 개괄적으로 식물학, 지질학, 천문학 등을 접했으며 역사와 수학도 조금 배웠다. 외국어 교육은 최소화되어 있어서 철저한 고전어 교육을 받진 못했지만, 이들이 받은 교육은 당시 대부분의 학위 수여 기관의 교육에 충분히 견줄만한 것이었다. 윌라드의 일지를 보면, 예비학교 시절이 탁월한 지성과 창의력 있는 풍부한 사상들을 접하면서 그녀를 성숙한 젊은 여성으로 만들었음을 알 수 있으며, 윌라드가 다른 사람들과 주고받은 편지들은 이것이 비단 윌라드만의 경험이 아니었음을 증거해준다.

프란시스가 열일곱, 메리가 열네 살이던 1857년 봄, 윌라드 집안의 딸들은 학교를 위해 집을 떠난다. 두 사람은 여성교육 선구자인 캐서린 비처가 6년 전 설립한 밀워키보통학교(Milwaukee Normal Institution)에 등록한다. 비처는 서부 지역의 교사들을 훈련하기 위해 여러 학교를 세웠는데, 그 중 밀워키보통학교(후에 밀워키-도우너대학이 됨)만이 유일하게 현존한다.[48] 메리 힐 윌라드는 캐서린 비처의 신봉자였다. 비처의 〈가정의 경제〉는 항상 메리의 책상 위에 꽂혀 있었고, 그 자매편인 〈가정의 영수증〉은 윌라드의 부엌에 비치되었다.[49] 그러나 프란시스와 메리가 밀워키보통학교에 입학할 수 있었던 진짜 이유는 어머니 윌라드의 여동생이 이 학교에 교사로 있었기 때문이었다. 사라 힐은 이미 위스콘신 농장과 포레스트 홈에 두 번 방문한 적이 있는데다, 어머니가 만든 임시 교실에 공헌한 바도 있다. 보통학교에 근무하는 이모에게 가고 싶어 안달 난 조카들을 위해 사라 힐은 부모를 대신하는 대리인 역할을 맡게 되었다.

밀워키에서의 생활은 행복했다. 그래서 겨우 한 한기만을 마치고 집으로 돌아왔을 때에는 몹시 마음 아파했다.[50] 프란시스는 지질학, 역사, 식물학, 작문을 공부했다. 또한 이곳에서 평생의 친구들도 사귀었다. 하지만 아버지 조시아가 밀워키에서의 학교 교육을 반대했다. 아버지는 처음부터 딸들을 먼 학교로 보내고 싶지 않았다. 그러나 이들의 끈질긴 요청에 마지못해 양보했다. 그러나 다시 마음을 바꾸었다.[51] 밀워키에서 한 학기를 마친 후, 프란시스와 메리는 1년 동안 집에 머물렀고, 지역 학교에서 여름학기 동안 잠시 가르치기도 했다.[52] 더 공부하고 싶었던 두 사람은 아버지를 설득해 3년 전 감리교에서 설립한 여자 신학교가 있는 에반스톤에 보내줄 것을 요청했다. 이 학교는 나중에 노스웨스턴대학교(Northwestern University)로 흡수 병합되지만, 당시만 해도 두 대학 간의 공식적인 유대는 존재하지 않았다. 하지만 두 대학은 서로 가까운 곳에 있었고, 실제로도 상당한 교류가 있었다. 노스웨스턴여자대학은 그 이름에도 불구하고, 기껏해야 자칭 3년간의 교과 과정을 가진 좋은 예비학교에 불과했다.[53] 프란시스는 단과 대학부에 등록해 세 학기를 마쳤지만, 학위는 받지 못했다. 졸업장에 '과학 우등생'이라고 새겨졌으며, 졸업반에는 2명의 학생밖에 없었다. 81명의 전체 학생 대부분은 대학 예비 학부에 속해 있었다.

비록 윌라드가 그 이상의 학교 교육을 받지 못했지만, 그녀의 공교육은 1860년까지 상대적으로 꽤 철저했다. 윌라드는 문학과 작문에 능했다. 과학과 수학 그리고 몇 가지 언어에도 약간의 지식을 가지고 있었다. 게다가 철학과 신학에서는 놀라울 만큼 기초가 튼튼했다. 그녀는 감리교 색채가 강한 수많은 삼류 작품뿐 아니라 도전적인 책들도 읽었다. 강의와 여행이 윌라드에게 훨씬 더 폭넓은 세계관을 가져다주긴 했지만, 19세기 중엽 여자 신학교에서의 생활도 나쁜 영향을 끼치지는 않았다.

여자 신학교는 프란시스에게 단지 공교육 자격증만 준 것이 아니다. 프란시스의 인격 성숙과 사회화에도 공헌한 바가 크다. 훗날 프란시스는 에반스톤에서의 6개월을 '경솔했던 기간'으로 묘사했다.[54] 프란시스는 시카고 출신의 '학교에서 가장 거친 여학생'을 특별한 친구로 택했다. 두 사람은 함께 학교 규칙을 우롱했고, 수업 시간에는 대학 첨탑에 올라가 앉아 있었으며, 반 친구들을 즐겁게 해주기 위해 장난을 치곤 했다.[55] 메기 홀리(Maggi Hawley)는 프란시스의 특별한 친구였다. 두 사람은 여러 해 동안 친하게 지냈다. 그럼에도 불구하고 프란시스의 부모님에게 보낸 월간 성적표(깨끗하게 현존해 있다)에는 프란시스가 여러 과목-화학, 철학, 삼각법, 대수학-에서 우수한 점수를 받은 기록이 남아 있다.

윌라드 가족은 1858년 늦여름 위스콘신 농장 소작인들을 떠나 에반스톤으로 이사했다. 이는 아마도 프란시스의 비행을 알았거나, 젊은 여학생은 집에서 생활해야 한다고 생각했기 때문일 것이다. 이제 딸들은 가족과 함께 있게 되었다. 윌라드 가족은 에반스톤의 개척 가족 중의 하나였다.[56] 시카고에서 가깝긴 했지만, 에반스톤의 마을은 불과 4년 전에 설계되고 도시계획이 이루어졌는데, 1857년 타운으로 조직되고 1863년에야 비로소 행정구역에 편입되었다. 1855년에 문을 연 노스웨스턴대학교는 이 타운이 존재하는 진정한 이유였다. 윌라드 가족은 미시간 호수 근처에 집을 얻어, 이곳에서 네 가족은 1858~1859년 겨울을 지났다. 올리버는 벨로이트에서 학위를 마쳤지만, 가레트신학대학(Garrett Theological Seminary)에서 목회자 훈련을 시작한 이듬해에 가족들에게로 돌아왔다.

윌라드는 에반스톤 시절의 학교 친구이자 훗날 올리버와 결혼하여 올케가 된 메리 베니스터(Mary Bannister)에게 〈50년 회상〉의 한 대목 중 노스웨스턴대학 시절에 관한 이야기를 써줄 것을 부탁했다. 메리 베니스터는 프란시스가 자칭 '스포츠'라고 부른 활동의 리더였을 만큼 경솔했던 첫 번째 학기에 대해 증언해주었을 뿐 아니라, 프란시스의 여동생 메리에 대해서는 '선생님들과 학생들의 마음을 즉시 사로잡은' 반면 '프란시스는 첫인상이 도도하고 거만하여 자존심이 강해 보였다'라고 묘사했다. 하지만 암송에 관해서는 프란시스의 '지식에 대한 열정과 탁월함'이 빛을 발하였으며, 학우들은 프란시스의 용기와 능력에 깊은 감동을 받았다. 또한 '학생들 사이에서 모든 지적인 활동에 리더였다.'[57] 1858~1860년 동안 윌라드가 기록한 일기의 내용도 이러한 평가와 일치한다. 프란시스는 즐겨 읽던 책들-카알라일(Carlyle), 에머슨(Emerson), 마가렛 풀러(Margaret Fuller), 토마스 휴즈(Thomas Hughes)의 〈톰 브라운의 학창 시절(Tom Brown's School Days)〉-에서 긴 구절들을 인용했고, 이 작가들이 제시하는 사상을 신중하게 논평했다. 프란시스는 괴짜 여학생이었지만 지적으로 호기심이 강한 젊은 여성이었다.

말괄량이 프란시스 윌라드는 학생들 사이에서 특별한 위치를 차지했다. 메리 베니스터는 프란시스가 노스웨스턴대학 인근 남학생들과의 낭만적인 관심은 보이지 않았다고 지적했다. 프란시스는 '달밤의 데이트'를 전혀 하지 않았다. 그 대신 '자기만의 아름다움'을 추구했다. 마치 그 대학에서 최상급생인 양 다른 평범한 여학생들에게 상당한 매력을 줄 수 있는 자기만의 모습을 만들고자 하는 용감한 도전을 했다'[58] 윌라드는 자신이 너무도 사랑했던 남성의 역할을 할 수 있는 또 다른 출구를 찾아냈던 것이다.

윌라드의 선머슴 같은 성품은 인생 후반에 많이 달라졌다. 대학 학장으로서 그리고 절제운동가로서의 프란시스는 '여성다움'을 자신의 상징으로 삼았다. 하지만 이 여성스런 여성이 연단에 올라가 수백 명에 이르는 청중 앞에서 연설을 하고 조직을 이루며 정치 운동을 했다. 당시에는 주로 남성에게나 부과되던 역할들, 즉 여성들이 감당하면 관습에 대한 도전이라고 생각했던 역할들까지 해냈다. 윌라드는 남성들과 동일한 일을 했지만, 여성스런 장신구로 효과적인 옷차림을 했기 때문에 그녀의 여성성에 대한 의문은 일지 않았다. 어린 시절부터 윌라드는 남성적 역할이 자기와 맞다고 생각했다. 마침내 윌라드는 이러한 재능으로 그 역할들을 잘 수행해냄으로써 모든 반감을 불식시키고 그녀만의 여성스러움이 주목을 끌 수 있도록 했다.[59)]

열아홉 살의 프란시스 윌라드는 명랑하고 야심적이며 유능했다. 농장에서 윌라드는 일반적인 여성의 영역을 벗어난 활동들도 할 수 있도록 허락받았다. 프란시스는 하룻밤 사이에 19세기의 모든 여성의 미덕을 지닌 전형적인 숙녀가 되는 것이 불가능하지는 않지만 매우 어렵다는 것을 알았다. 제한된 역할에 매여 있는 젊은 여성들에게 윌라드의 대담함은 감복할 만하고 부러운 것이며 또한 매력적일 수밖에 없었다. 윌라드의 행동은 단순히 성역할과 관련한 용어들로 설명되어서는 안 된다.[60)] 메리 베니스터 윌라드는 윌라드의 학교 친구들이 윌라드에 대해 '여학생들에게는 거칠고 남자들에게는 옷차림에 신경도 쓰지 않는'[61)] 사람으로 본다고 생각했다. 당시 프란시스가 남성들을 불편하게 느꼈던 것은 사실이다. 한 신사는 프란시스를 '그래머 파티(Grammar Party, 학기말 사교파티)'에 바래다 준 후에, 프란시스는 '혼성 모임이 결코 즐겁지 않다. 나는 그렇게 만들어지지도 않았으며 그런 모임에 적합하지도 않다. 이 점에서 나는 찰스 램(Charles Lamb)과 같다. 램은 자기와 잘 알고 완전히 신뢰할 수 있는 소수의 사람들 혹은 같은 부류의 사람들 그리고 동료하고만 어울렸다'라고 기록했다.[62] 후에 프란시스는 많은 남성 친구들을 갖게 되었지만 사춘기 후반에만 해도 매우 수줍어 했다. 위스콘신의 말괄량이는 상류사회의 삶의 방식을 더 배워야만 했다.

노스웨스턴대학 시절, 윌라드는 마가렛 풀러 오솔리(Margaret Fuller Ossoli)의 회고록을 읽었다. 윌라드는 자기를 풀러와 같다고 생각했다. 풀러의 회고록 제2권에서 다음의 문구를 발췌하여 일지에 적었다. '이들 무리 가운데서 일찍이 인생의 의무에 관한 확고한 견해를 가지고, 그 바보 같은 규율에 도제처럼 복종하는 것이 쉽지 않다는 것을 깨달은 여학생이 있었다. 이 여학생은 '관습'을 사랑할 수 없었고, 마음의 순결을 희생하면서까지 인정받고 싶지 않았다.' 이 구절에 대한 의견을 말하면서 프란시스는 이렇게 적었다.

> 이제 몇 가지 점에서 나는 그러하다. 나에게는 잃어버릴 만한 '사랑스러움'이 없다. 그것이 사실이지만, 그 대신 나에게는 다른 성격, 곧 남다른 개성이 있다. 이 인용문의 마지막 부분은 내가 정말로 되고 싶은 나의 모습이다. 나의 책들, 나의 성품, … 나는 그림을 배울 것이다. 그 외에 오, 내 가까이에 나를 이해하고 참아줄 수 있는 동갑내기 젊은 친구를 원한다! 몇 번 그런 친

구가 있다고 생각한 적이 있었지만, 지독히 유감스럽게도 모두 착각이었다. 그 여학생들은 내가 변덕스럽다고 말한다. 나에 대한 평판은 언제나 그랬다. 그러나 그것이 나의 결점은 아니다.

에머슨이 이에 대해 다음과 같이 대답했다. '남자들은 우리가 그들의 한계를 발견하면, 우리의 관심을 끄는 일을 그만둔다.'[63] 엉뚱한 모험을 즐기는 외로운 한 여성이 있었다. 독립, 친밀, 이해는 모든 사춘기 학생들이 성취하기에 어려운 것들이다. 프란시스도 노력했지만 실망했다. 프란시스가 얻은 것들은 큰 유익을 주지 못했고, 결국 그것들을 모두 버렸다.

윌라드의 반항은 19세기 삶에서 보다 중요한 영역, 곧 종교에서 표면으로 드러났다. 윌라드 가족은 회중정치 형태의 침례교를 다니다가 위스콘신 농장에서 감리교도가 된다. 윌라드 가족은 다소 불규칙적으로 교회에 출석했지만 안식일을 지켰고, 언제나 확고한 기독교 신앙을 고백했다. 스무 살이 된 프란시스는 아직 회심의 경험, 즉 감리교회가 구원에 필수적이라고 가르친 은혜를 받는 신비한 감정을 경험하지 못했으며 세례도 받지 않았는데, 이것은 아마도 윌라드 가족에게 예전의 침례교와의 인연이 남아 있었기 때문으로 보인다. 윌라드의 아버지는 오랜 세월의 무관심을 깨고 스물아홉 살에 회심을 경험했다. 메리 힐 윌라드는 열두 살 여학생 시절에 회심했다.[64] 18세의 어린 여학생이 그리스도에 대한 평생의 헌신을 다짐하며 강단 앞으로 나아가지 않은 것은 흔한 일이었지만, 노스웨스턴에서 프란시스는 종교적인 신앙을 의식적으로 탐구하기 시작했다. 그녀는 학교에 입학했을 당시 신앙에 대한 회의를 품었고 '내가 기독교인인지 아닌지 모르겠다'[65]라고 고백했다. 프란시스는 자신의 회의를 전혀 수줍어하지 않은 채 공공연하게 드러냈고, 이로 인해 학교 공동체에 충격을 주었다. 한 학교 친구는 이렇게 기록했다. '프란시스는 자신이 어떤 것을 알거나 믿는다고 고백하려 하지 않는다. 프란시스는 하나님이 존재하는지 아닌지 모르며, 성경이 사실인지 아닌지도 모른다고 말한다. 그저 발견하려고 애쓰는 중이다.'[66] 유니테리언파 교리에 대한 윌리엄 엘러리 채닝(William Ellery Chamming)의 변증을 읽은 윌라드는 열광적인 신앙부흥운동에 회의적이었다. '내가 결코 회심하게 되지 않을까 두렵다. 나는 이런 집회들에 의해 결코 감동을 받지 않을 것이다.'[67] 한동안 프란시스는 기도모임에 참석하지 않았다. 프란시스의 태도는 교사들의 근심거리가 되었으며, 프란시스가 크게 사모했던 여자 대학 학장 윌리엄 P. 존스(William P. Jones)는 프란시스의 탈선을 대학 기도모임에서 공개적으로 논의하고 기도를 부탁했다. 당연히 프란시스는 당황했다. 이에 프란시스는 자신을 '불신자로 불렀으며 스스로 탐구자라고 생각했다.'[68]

이러한 공개적인 비난이 있은 후, 에반스톤에 늘 있던 것처럼 또 다른 신앙 부흥의 계절이 찾아왔고, 존스는 프란시스에게 강단 앞으로 나아가도록 강요했다. 프란시스에게는 여전히 회의가 남아 있었지만, 존스를 기쁘게 해주어야겠다고 생각했다. 하지만 프란시스는 자신의 위선 때문에 괴로워했다. 프란시스는 그날 저녁 집으로 돌아와 30년 후 자신의 자서전에 인용하게 될 장문의 편지를 존스에게 적어 보냈다. 존스에게 보낸 프란시스의 메시지는 분명했다.

당신이 제게 표명한 관심에 대해 깊이 감사드림과 동시에, 저는 심한 양심의 가책을 느끼고 있습니다. 당신은 제 마음이 얼마나 힘들며, 아무런 감동도 남아있지 않음을 모를 것입니다. 저의 행동에 대해 어떤 변명도 할 수 없음을 압니다. 제 앞에는 세 가지 사실이 있습니다. 그 외에는 없습니다. … 저는 큰 죄인입니다. 제가 하나님을 의심한 것에 대한 생각보다 훨씬 더 큰 죄입니다. … 세 번째 사실은 제가 빙산처럼 냉랭하고 돌덩이처럼 무감각하다는 것입니다. 저는 그것을 자랑하지 않으며 부끄러워하지도 않습니다. 그것은 단지 하나의 진실이라고 생각합니다. … 만일 제가 솔직하게 기도한다면 '오, 하나님. 하나님이 존재하신다면 그리고 제가 영혼을 가지고 있다면, 제 영혼을 구하소서'라고 말할 것입니다. 기독교의 하나님 앞에 무릎을 꿇기 위해 그리고 기독교의 기도를 듣기 위해, 아무런 의식도 없고 아무런 확신도 없이 강단 앞으로 나아가야만 하는 것인가요? 곧 제가 교회에서 말할 거라는 기대가 있을 것입니다. 제가 '교회로 돌아왔다'는 축하인사가 셀 수 없게 될 것입니다. 그러나 이 어둡고 사악한 마음만이 제가 얼마나 방황했고 얼마나 위선적인지 알 것입니다. 비록 저의 과학적 진보에 큰 방해가 되기는 하지만 기꺼이 교회에 출석하겠습니다. 만일 당신이 그것이 제게 도움이 될 거라 생각하신다면 기꺼이 가겠지만, 제가 다르게 느낄 수 있기 전까지는 강대상 앞으로 감히 다시 나아가지 않겠습니다. 만일 제가 나아간다면 누구의 요구도 받지 않고 나아갈 것입니다.[69)]

윌라드는 이 편지가 다시 그녀의 손에 되돌아왔을 때, 전혀 수정을 가하지 않은 채 1889년에 출판했던 것 같다. 이 편지는 놀랍고도 정직하며 또한 솔직하고 사려 깊은 글일 뿐 아니라, 프란시스가 스승들에게 도전하며 그들을 대등한 자들로 대하고 있음을 보여준다.

윌라드는 수개월 동안 더 의심을 품고 살았지만 마침내 평안을 찾게 되었다. 이 경험은 윌라드의 자서전에 기록되어 있다. 1859년 6월 장티푸스로 인한 투병 기간 동안 윌라드는 두 가지 음성을 들었는데, 그 중 하나는 '내 딸아, 나에게 네 마음을 달라…'는 음성이었고, 다른 하나는 '단호하고 강인한 너는 틀림없이 지금의 육체적인 약함으로 인해 결코 무너지지 않을 것이다'라는 음성이었다. 그러나 윌라드는 첫 번째 음성에 쉽게 마음을 열지 못했다. '만일 하나님이 저를 건강하게 해주신다면 그리스도인이 되도록 노력하겠습니다'라고 기도했지만 이 결심은 평안을 가져다주지 않았다. '너는 즉시 이 결단을 선언해야만 한다'는 음성이 마음속에서 들려왔다. 이상한 일이지만, 그리고 사랑하는 어머니에게 언제나 솔직했던 것과 꼭 같은 일이었다. 즉, 어머니와 자녀 사이의 일반적인 관계를 뛰어넘을 만큼의 솔직함이었지만, 내 자신을 포기하면서 했던 그 어떤 결심보다도 그리고 내 인생 전체를 걸고 했던 그 어떤 말보다도 더 큰 자존심을 버리면서 나는 어머니에게 무언가를 말해야만 했다.'[70]

윌라드는 힘겨운 싸움 후에 어머니를 불렀고, 자신의 새로운 결심에 대해 이야기했다. 그리고 벽을 향해 울기 시작했다. 심한 병세 때문에 이 시기에는 일기를 쓰지 못했다. 그 해 여름, 다시 일기를 쓰기 시작했을 때 자신의 질병, 졸업식 불참 그리고 고별사를 읽을 수 없었던 아픔 등을 언급했지만 이 사건에 대해서는 언급하지 않았다. 그 경험이 너무 신성해서 기록할 수 없었을까? 아니면 훗날 쉰 살이 되었을 때, 당시로선 자신에게 별로 중요하지 않던 사춘기 후반의 회심 이야기를 과장한 것일까?

6개월이 흐른 1860년 1월, 윌라드는 감리교 교회에 정식으로 등록했고 '새로운 삶에서 결코 흔들리지 않기를' 진심으로 기도했다.[71] 윌라드는 결코 다시는 공개적으로 의심하지 않았다. 교회를 쉽게 받아들였으며 평생 동안 신실한 감리교인으로 남게 되었다. 윌라드는 이제 모든 의심들은 물리칠 수 있었지만 여전히 독립심만은 남아있었다. 공개적인 헌신이 있은 지 며칠 후, 윌라드는 일기에 놀라운 내용을 기록했다.

> 나는 성경이 가르치는 교리에 대한 감리교의 견해가 다른 어떤 하나님의 전투적 교회들의 교리보다 낫다고 생각했기 때문에, 그리고 그 안에서 자라왔으며 나로서는 다른 교단에 속하게 된다면 내가 피하고 싶은 모든 결과들로 인해 훨씬 더 큰 슬픔과 불만족을 초래하게 될 것이기 때문에 감리교를 선택하게 되었다. … 그러나 하나님의 도우심을 입어 그리스도인의 삶을 살기로 결단하기 이전에, 나는 비종파적인 정신으로 내 자신을 가꾸어가기로 결심했다. 솔직하게 나는 내 스스로 모든 교회들과 모든 교파들이 동일한 애정과 우정을 지닌 하나의 교회라고 생각한다.[72]

윌라드는 중년에 이르러 공식적으로 표명할 기독교 교회 연합에 관한 입장을 불과 20세에 주장할 수 있을 만큼 자유로운 사람이었다.

또한 프란시스 윌라드는 비록 주춤하긴 하지만 성장하고 있던 '여권신장론'을 효과적으로 주장함으로써 자신의 독립정신을 보여주었다. '여권신장론'은 19세기 중반에만 해도 잘 알려지지 않은 용어였다. 여성의 권리, 여성운동, 여성문제 등의 용어는 불평등한 권리와 지위를 가진 여성들의 중요한 불만을 표현하는 데에 사용되었다.[73] 프란시스는 어린 시절부터 여성운동에 매력을 느꼈으며, 오빠와의 놀이나 허드렛일을 하고자 했던 열망과 말괄량이 기질은 당시 19세기 중반의 확고한 성역할에 적응하기 힘들 것임을 보여준 징후였다고 할 수 있다.[74]

노스웨스턴여자대학에서 윌라드는 성역할에 대한 견해를 실험적으로 상세히 표현하기 시작했으며, 사회가 여성들을 불공평하게 억압하고 있음을 제안하기 시작했다. 교회 정기간행물 〈감리교도(The Methodist)〉를 읽은 후 윌라드는 일지에 다음과 같이 적었다.

> 한 아내가 남편에게 복종해야 한다는 해리의 생각을 좋아하지 않는다. 나는 그것을 볼 때마다 무시한다. 나는 내가 비합리적이라고 생각하지 않는다. 나의 신념에 대한 충분한 근거를 가졌다고 생각한다. 만일 에베소서 5장 22~24절이 나에게 문자적으로 이해되고 적용되어야 한다면, 그리고 만일 내가 한 남자의 아내라면, 하나님이 불공평하고 비합리적인 폭군이라는 충분한 근거가 여기에 있다고 생각할 수밖에 없다. … 다른 사람

들은 내가 틀렸다고 말할 수도 있다. 하지만 이것은 나의 생각이며 그렇게 생각할 권리가 있다. 나는 그 권리를 주장할 것이다.[75]

결혼에서의 성역할에 대한 개념은 이 당시 윌라드에게 매우 중요했고, 따라서 자신의 신념에 맞는 모델을 찾길 원했다. 그러한 모델은 노스웨스턴대학교 총장에게서 찾을 수 있었다. 총장의 집에서 열린 파티에 참석한 후 윌라드는 이렇게 기록했다. '포스터 박사의 아름다운 가정생활과 가정의 품격을 볼 때, 칭얼대는 아이를 돌보는 아내를 돕기 위해 손님들의 곁을 떠나던 포스터 박사의 모습을 볼 때, 아이를 재우기 위해 자장가를 흥얼거리며 앞뒤로 몸을 흔드는 모습을 볼 때, 나는 다른 사람들보다 더 포스터 박사에 대해 존경심을 갖게 된다.'[76] 그 당시 오로지 여성들의 몫으로만 여겨지던 가사의 책임을 분담하는 모습이 틀림없이 윌라드의 마음에 들었던 것이다.

윌라드는 결혼 생활에서의 여성의 지위에 대한 느낌을 표현한 것과는 달리, 사회에서의 여성의 지위를 판단하는 것이 훨씬 더 어렵다는 것을 알았다. 현 상태에 대한 의구심을 가졌지만, 그 해결책에 대해서는 여전히 골몰하고 있는 중이었다. '남자들은 교양 있고 훌륭하며 대단하다. … 그들은 숙고하고 탐구하며 발견한다. … 여자들은 고생하고, 노동과 희생에 대한 불평을 말하지 않도록 양육되며, 인생에서의 가장 위대한 교훈이 네글자로 압축된 '인내하자'임을 배운다. … 사회의 대변자 격인 여론은 남자에게 '언제 이것을 했으며, 어디에서 이것을 성취했습니까?'라고 묻지 않고 '무엇을 했습니까? 우리는 과정에 관심이 없으니 결과를 보여주십시오'라고 요청한다.'[77] 비록 그 생각이 약간 모호하긴 하지만, 윌라드는 여자들이 그들의 행동 결과에 의해 평가받지 않고 오히려 언제, 어디서, 어떻게 스스로 영향력이 있다고 느꼈는지에 대해 대답해야 한다. 반면, 남자들은 장소와 시간에 관계없이 업적에 의해서만 평가를 받는 것을 보면서 영역이론에 반대하고 있었다. 이것 자체로는 분명한 여권신장 철학이라고 할 수 없지만, 첫 번째 희미한 움직임이 있었던 것이다.

영역에 관한 관심은 윌라드의 야망과 짝을 이루게 되었고, 그래서 윌라드는 마가렛 풀러에게서 그 모델을 찾았다. '여기에서 우리는 한 여성이 스스로 무엇을 성취했는지 본다. 대단한 명성과 명예가 아니라 작은 업적에 불과하지만, 온전한 인격과 세련된 지성, 올바른 판단과 자기 인식 그리고 자기 행복이 있다. 만일 풀러가 노력해서 해냈다면, 왜 나는 할 수 없겠는가?'[78] 이 무렵 윌라드는 '발전은 노력에 정비례한다'라는 제목의 고별 연사를 준비한다. 윌라드는 '그러나 명성은 주어지는 것이 아니라 노력으로 얻는 것이다'라는 원리에 근거하여 산 정상에 서 있는 사람이 산기슭에 서 있는 사람보다 더 많이 볼 수 있다는 비유를 사용했다. '훈련과 관찰 그리고 면밀한 사고는' 큰 건축물을 세울 수 있는 '마음의 벽돌이며 주춧돌이다.'[79]

그 해 여름은 잘 되는 일이 없었다. 윌라드는 장티푸스로 인해 고별사를 읽지 못했다. 아버지는 음악 교사가 되라고 강요했다. 어머니는 고전을 공부하지 못하게 했다. 윌라드는 집에서 몇 명 안 되는 제자나 가르치는 고상한 여자 음악가가 되고 싶지는 않았다. 그래서 윌라드는 이렇게 기록했다. '내 생계를 책임지기 위해, 나만의 싸움을 싸우기 위해, 세상에서 유력한 사람이 되기 위해 떠나야겠다고 너에게(윌라드의 일기에게) 말하지 않았던가?'[80] 프란시스 윌라드는 학교에서 가르칠 수 있는 기회를 찾아 이제 이 모든 것을 벗어날 수 있게 될 것이다.

Chapter 3. 선택

프란시스 윌라드가 노스웨스턴여자대학을 졸업한 후, 절제 운동 및 WCTU과 본격적으로 관련을 맺기까지는 15년의 세월이 흘렀다. 1874년까지 윌라드는 미국에서 손꼽히는 여성교육자에 속했으며, 중서부 대학의 여성학부 수장이었다. 윌라드의 삶의 방향은 분명하게 정해진 것 같았으며, 남은 생애를 계속 교육자로 살게 될 것이라고 믿을 만한 근거도 있었다. 그러나 이 시절의 초반만 해도 윌라드의 명확한 앞길을 전혀 알 수 없었다. 그래서 훗날 윌라드는 이때를 회고하면서 학교를 떠난 첫해가 '젊은 여인의 인생에서 아마도 가장 힘들었던' 시기였다고 기록했다.[1)]

1860년까지 윌라드는 스스로 만족할 만한 종교적 의심들에 대한 해답을 얻었고, 당시의 시대적 풍토를 넘어선 충분한 교육을 받았다. 아버지의 은행업은 점차 번창하였고 가족들은 재정적으로 넉넉한 환경에 있었다. 그럼에도 불구하고 윌라드는 어떤 진로를 선택해야 하는지 의기소침하고 불확실했다. 그해 가을, 윌라드는 일지에 다음과 같이 기록했다. '내 자신이 영리하다고 생각하곤 했다. 내가 하게 될 그리고 그렇게 될 위대한 일들을 계획하기도 했다. 유명하게 되기를 바랐고, 그러한 능력을 가지고 있다고 굳게 믿었다. 그러나 이제는 아니다. 안개는 걷히고 비록 스물한 살에 불과하지만, 더 이상 꿈꾸지 않는다. … 나는 훌륭하지도 않으며 어떤 면에서든 타고난 재능이 없다고 생각한다. 내가 왜 사랑을 받아야 하는지 알 수 없다. … 내 모든 인생에서 지금까지 나 자신을 그렇게 초라하게 생각해 본 적이 없었다.' 그러나 윌라드에게서 열망의 파도가 완전히 사라진 것은 아니었다. '하지만 정말로 내 생각처럼 내가 거의 무가치한지에 대해서는 의심이 든다.'[2)]

윌라드는 자신의 장점과 약점을 적어내려가기 시작했다. 윌라드는 자신이 '아름답지도 예쁘지도 않고, 심지어 보아줄 만하지도 않다'고 거의 항변하는 듯 했다. 그러나 그녀는 '얼굴과 외모가 못 생기거나 불쾌하지도 않았으며' 어조는 '단호하지만' 사려 깊다. 윌라드는 변덕스러웠으나 '예상치 않게 관대했으며' 다른 사람의 감정을 상하게 하지 않으려고 조심스러웠다. 윌라드는 '훌륭한 지성'과 '빠른 이해력' 그리고 '작가로서의 어떤 재능'을 가졌으며 '눈을 크게 뜨고 결점들을 바라본다면 그것이 나쁘기보다는 훌륭하게 생각될 것이었다.'[3)] 이것은 정직한 평가였지만, 윌라드의 남은 인생에 대해 어떤 실질적인 유익이 되지 못했다. 윌라드는 장문의 일지를 쓰거나 이따금 여러 신문들에 기고할 작품을 쓰는 일에 남은 시간을 사용했다. 윌라드는 독서를 많이 했고, 집안에서 몇 가지 일을 떠맡았다. 결코 게으르지 않았지만 모든 것이 공허하고 무익하게만 느껴졌다.

이듬해에는 젊은 여성들에게 분명하게 보장된 글쓰기와는 다른 직업인 교직으로 자신의 문제를 해결해보려고 노력했다. 윌라드는 할렘(Harlem, 지금은 리버 포레스트)에서 두 학기를 가르쳤는데, 한 학기는 시골 쿡(Cook) 카운티에 있는 교실 하나짜리의 공립학교에서, 그리고 다른 한 학기는 일리노이주 캔커키(Kankakee)의 한 고등학교에서 가르쳤다. 아버지는 교직에 들어선 윌라드를 좋아하지 않았다. 윌라드는 아버지가 '당연히 수치심을 느꼈다'라고 적었다.[4] 윌라드는 아버지의 재정적인 능력에 의심의 여지가 없음에도 불구하고, 다른 사람들이 아버지가 딸을 지원할 수 없을 것이라고 생각할까봐 이를 아버지가 두려워한다고 생각했다. 하지만 아버지의 태도를 '당연하게' 받아들인 것으로 보아, 윌라드는 당시의 보편적 사고방식에 어느 정도 동의하고 있었다. 프란시스의 독립정신과 여성문제에 대한 확신은 아직 미미했다.

1860년과 1861년 여름까지 할렘에 머물면서, 프란시스는 가을 학기 동안 윌라드 집안의 친구들이 운영하던 캔커키고등학교에서 보조 교사로 일했다.[5] 캔커키고등학교로 올 때, 윌라드는 올리버 오빠에게서 빌린 스캇(Scott)의 〈라마무어의 신부(Bride of Lammermoor)〉와 다우빈(D'aubigne)의 〈개혁의 역사(History of the Reformation)〉, 그리고 플라톤의 본(Bohn)판 제1권을 가지고 왔다.[6]

캔커키고등학교는 할렘보다 좋은 학교였다. 학생들도 훨씬 나았고 동료들의 도움과 교제를 기대할 수도 있었다. 그럼에도 불구하고 윌라드는 이 직업에 대해 불만을 가졌던 것 같다. 가족과 헤어지는 것을 염려했고 왜 자신이 이 새로운 직장으로 그렇게 빨리 떠나야 하는지 몰랐다. 그녀는 '아무 말을 할 수 없었다. 단지 그것이 옳고 최선이라는 막연한 느낌만이 있을 뿐이었다.' 캔커키까지 자기를 바래다 준 아버지가 집으로 향하는 기차에 오르는 것을 보고, 윌라드는 '순수한 의지의 힘'으로 '싱긋 웃으며' '이제 스물한 살이나 되었으니 결코 울지 않도록 노력하자'고 다짐했다.[7] 그날엔 울지 않았지만, 나중에 여동생 메리에게 '다시는 너와 함께 집에서 살 수 없단다. 네가 아는 것보다 더 호된 삶을 살아야 한다는 것을 기억하렴'이라고 편지하면서 눈물을 흘렸다. 캔커키에 있는 동안에는 두려움을 느꼈지만 동시에 용감해야 했다. 스스로 일을 잘 해내야 하고, 잘 할 거라고 다짐했다.[8]

하지만 윌라드는 불과 한 학기만 머물렀다. 크리스마스 휴가를 마친 후 '부모님의 간절한 요청 때문에'[9] 캔커키로 다시 돌아가지 않았다. 11월초 어머니는 '겨울 동안 집에서 함께 보내고 다시 이곳으로 돌아오지 말라'고 부탁했다. '내가 변덕을 부리는 것인지 말할 수 없지만, 추위와 서리를 이겨내고 수많은 불쾌한 일들과 이따금 부당한 말들을 들을 때면, 나를 사랑하는 사람들이 있고 내가 따뜻하고 편안하게 느낄 수 있는 집에 살지 않는 것이 종종 이상하게 생각된다.'[10] 에반스톤에서 크리스마스를 보내기 위해 캔커키를 떠나는 윌라드는 매우 행복했던 것 같다(이제 한 번 더 나의 사랑스런 작은 방에서 잘 수 있게 됐다). 그리고 '나보다 더 큰 감사의 제목을 가진 사람은 없을 것이야'[11]라고 생각했다.

젊은 프란시스는 온통 혼란스러웠다. 자신이 웃길 원하는지 아니면 울길 원하는지, 성장하길 원하는지 아니면 어린 아이로 남아있길 원하는지, 독립을 위해 노력하길 원하는지 아니면 가정에 매여 있기를 원하는지 알지 못했다.

윌라드는 또한 결혼 문제로 고심했다. 윌라드가 결혼을 원했을까? 남편의 마음을 사로잡을 만큼 매력적이었을까? 윌라드는 자신이 깨뜨리고 도망가고 싶을 때조차도 자신을 단단히 묶어두고 힘이 되어주었던 사랑의 관계들을 끊고, 자신을 훨씬 더 구속하게 될 또 다른 사랑의 고리로 대체할 수 있었을까? 윌라드는 스물한 살이었고 세월은 흘렀다. 졸업 이후 줄곧 어머니는 사라 이모의 예를 들어 독신의 불행함을 이야기하면서, 윌라드가 결혼해서 '안정을 찾기를' 재촉했다.[12] 그러나 프란시스는 '나는 결코 결혼하지 않을 것 같다. 나 혼자 힘으로 외롭게 세상을 살아낼 것 같다. 어떤 남자도 나를 사랑하지 않을 것 같고, 다른 어떤 여자보다도 내가 더 사랑스럽다고 말해줄 남자도 없을 것 같다'고 염려했다.[13] 몇 개월 후, 윌라드는 '결코 사랑에 빠져 본 적도 없고', '사랑 때문에 눈물을 흘려본 적도 없고 꿈을 꾸어본 적도 없으며, 탄식을 해본 적도 없고 잠 못 이루어 본 적도 없었음'을 슬퍼했다. 오히려 윌라드는 '너무 신중했고, 내 평화를 너무 사랑했으며 내 자신을 너무 높이 평가했다.'[14]

캔커키에서 보낸 한 학기 동안 어느 젊은 남자가 자주 찾아왔다. 그는 윌라드에게 체스를 가르쳐 주었는데, 윌라드가 이 게임을 '지나치게' 좋아해서 '역사와 성경을 읽는 대신'[15] 체스놀이를 하게 되었다. 또한 '12시까지 시시한 잡담을 나누다가 침대로 잠자리로 그리고 우리가 나누던 대화보다 더 사랑스럽고 거룩한 것들에게로 돌아갔다. 왜냐하면 모든 사람의 마음이 각각 그 거룩한 것들을 알고 있고, 모든 마음이 '멀리서 바라볼 수 있는' 자기만의 얼굴을 가지고 있기 때문이다.'[16] 윌라드는 체스놀이 친구, 가족 또는 어떤 다른 것을 생각하고 있었을까? 어떤 경우이든지, 새 친구를 남겨두고 집으로 돌아가는 것이 윌라드에게 서운한 것 같지는 않았다.

에반스톤으로 돌아온 윌라드는 전 생애 가운데 진지하게 낭만적인 사랑을 나눈 몇 안 되는 남자 중 한 사람을 만나게 된다. 베니스터가(家) 친구들 중에서 오빠의 신학교 학생이자 친구인 찰스 파울러(Charles Fowler)인데, 그는 '훌륭한 달변가'였다. 두 사람은 집까지 함께 걸어가곤 했으며 윌라드가 찰스의 팔짱을 끼기도 했다.[17] 두 사람은 윌라드가 할렘의 학교로 떠나기 전까지 그해 봄 여러 번 만나 교제했다. 찰스는 윌라드에게 자신감을 불어넣어 주었다. '다른 사람들과 있을 때보다 찰스와 함께할 때 나는 이야기를 더 잘한다. 마치 나의 모든 지식이 내 마음 속에 잘 녹아져 있는 것만 같다.'[18] 그해 6월, 파울러는 올리버와 함께 윌라드가 가르치는 할렘을 찾아왔으며, 올리버가 윌라드의 학교에서 설교를 했다. 파울러가 오후 산책을 제안했고 윌라드는 이를 받아들였다. 그것은 '내 모든 인생에서 가장 축복되고 아름다운 사건이었다. … 그렇게 고요하고 완전한 평온함을 느껴본 적이 없었다'[19] 윌라드는 결혼을 기대하며 7월에 집으로 돌아왔다.

그해 봄, 파울러는 신학교(지금의 가레트신학대학)을 졸업한 후 시카고 제3감리교회의 목사가 되었다. 같은 해에 파울러는 그의 처녀작 〈콜렌스의 오류들(The Fallacies of Collense)〉를 출판했다. 파울러는 훗날 노스웨스턴대학의 총장, 〈크리스천 애드버킷(Christian Advocate)〉의 편집장 그리고 감리교 감독이 될 사람으로 결코 평범치 않은 재능을 가진 사람이었으며, 윌라드에게는 안전과 안식처가 되어 주고, 그녀가 탁월한 교육자요 작가인 성직자의 아내로서 공적인 영역에 발을 들여놓을 수 있는 통로가 되어줄 만한 사람이었다. 파울러의 전기 작가는 그를 예리한 지성과 번뜩이는 재치 그리고 대담한 언변을 겸비한 사람으로 묘사했다.[20] 파울러는 또한 잘생겼고 총명하며 의지가 강했다. 윌라드의 가족은 친구들이나 에반스톤의 감리교회 내의 모든 사람들이 그랬던 것처럼, 윌라드의 선택을 받아들였음이 틀림없었다. 그러나 1862년 2월, 그녀는 파혼했다.

자서전에서 윌라드는 이 사건에 대해 이상할 정도로 말을 아낀다.[21] 윌라드가 1889년 회고록을 쓸 당시, 찰스 파울러는 탁월한 감리교 지도자였으며, 결혼해 어린 아들 하나를 둔 아버지였다. 과거의 좋은 추억이 윌라드로 하여금 자신의 감정에 대해 침묵하도록 만들었다. 그래서 윌라드는 결혼으로 인해 손상될 것이 자명한 독립을 아직 포기할 준비가 되어있지 않았기에 파울러와의 결혼을 파기했다고 말하고 있을 뿐이다.

파울러와 윌라드의 관계는 독립에 대한 윌라드의 요구로 인해 실제로 어려움을 겪었다. 약혼 후 윌라드는 '가끔 우리가 하나님께 하는 것처럼 두려움 없이 자신을 포기한다면 어떻게 될까? 더 고상하고 더 강한 심성을 가진 탁월함을 느끼게 될지도 모른다. 아! 그 달콤함과 아름다움이여! … 하지만 내 본성이 내 자신을 포기하도록 허락해줄 수 있는지 아직 잘 모르겠다'[22]라고 생각했다.

윌라드와 파울러의 파혼은, 1861년 늦여름 오빠 올리버가 윌라드의 절친한 친구 메리 베니스터와 약혼한 사실과도 밀접한 관련이 있다. 이 사건은 프란시스의 마음에 엄청난 격정을 일으켜 메리와 올리버의 관계에 대해 광적인 질투심을 느끼도록 했다. 프란시스는 가장 절친한 친구가 자기의 가족으로 들어오는 것을 기뻐해야함을 잘 알고 있었지만, 오히려 이성을 잃었다. 프란시스는 자신에게 힘든 감정이 생겨나는 것은 자기가 '찰리에게 잘못하는' 것과 동시에, 어떤 운명과 귀신이 자기를 누르고 있음을 의미한다고 생각했다. 프란시스는 어머니에게 메리 베니스터와의 소중한 정서적 유대감이 깨질지도 모른다는 염려와, 이러한 질투심이 자신과 찰스와의 관계에 어떠한 영향을 미칠 것인가에 대한 염려를 털어놓았다. 어머니는 그녀와 메리가 예전처럼 서로를 사랑하는 것이 정상적이고 옳은 일이라고 이야기해주었다.[23] 그러나 대부분의 사람에게서 들은 이러한 격려는 프란시스에게 충분한 위로가 되지 못했다.

프란시스는 이제까지 어린 시절의 여자 친구들과 여성들, 어머니와 여동생을 비롯한 수많은 친구들을 사귀면서 쌓았던 것과 같은 친밀감을 절실하게 원했다. 어쩌면 프란시스는 찰스 파울러에게서 그와 똑같은 수준의 친밀감을 요구했는데, 찰스는 그 정도의 친밀감을 줄 수 없었는지도 모른다. 프란시스는 비범할 정도로 친밀감이 없는 결혼이나 사랑은 상상할 수 없었으며, 파울러와의 약혼을 결정한 것도 바로 이 필요 때문일 수 있다. 이것은 종종 감정적인 결속보다 형식적이고 경제적인 유대에 근거한 19세기의 확고한 구혼과 결혼 방식들에 개인적으로 타협할 수 없었던 윌라드의 의지를 보여준다. 한 역사가는 19세기의 구혼이 종종 감정을 배제한 관계였으며, 동시에 결혼 또한 '감정은 제거한 채 기능적인 것을 목표'로 보존되었다고 말했다.[24] 이러한 풍습은 결혼 관계에서 기질적인 차이가 발생하고, 그것을 서로 수용할 수 있게 했다. 그러나 프란시스는 이러한 방법을 받아들일 수 없었다. 이유가 무엇이든 간에 프란시스는 파울러를 진정으로 사랑하지 않는다고 생각했고, 그래서 2월에 파울러에게 약혼반지를 돌려주었다. 프란시스는 커다란 안도감을 느꼈다. '나는 이제 옳으며, 매우 행복하고 충분히 만족한다'[25] 프란시스는 오랜 친구의 말을 인용했다. '자신이 사랑하지 않는 남자와 결혼하는 것은, 한 남자를 마치 다른 사람과 마찬가지로 자기 눈에 보기 좋은 대로 이용하는 것이다. 따라서 이것은 매춘이다. 더 나아가 극악무도한 짓이다. 아멘! 따라서 만일 내가 미혼으로 아이도 없이 땅에 묻힌다면, 그리고 내 묘비에 노처녀라는 글귀가 적힌다면, 적어도 다음 세상에서 하나님 앞에 설 때 나는 정략결혼의 죄를 저지르지 않은 결백한 사람이라고 말할 수 있을 것이다.'[26]

하지만 윌라드는 자서전에서 이렇게 적고 있다. '나의 실수를 깨닫지 못한 것이 얼마나 슬픈 일인가! 당시의 일지들을 보면 잘 알 수 있다.'[27] 실제로 윌라드의 일지들은 비록 그녀가 안도하기는 했지만 정말로 슬퍼했음을 보여준다. 윌라드는 파울러를 매우 사모했으며, 그 사모함은 지속되었다. 1863년 피츠버그로 향하는 여행길에 윌라드는 '찰리가 설교하는 것을 들으러 갔다. 그를 만나기 위해 연구실로 찾아갔다. 찰리는 얼마나 지혜롭고 선하며 친절한가. 그는 나의 남자 친구들 중에 가장 좋은 사람이다'[28]라고 기록했다. 파울러도 프란시스 윌라드의 인생에서 결코 떠나가지 않았다. 두 사람은 1860년대에도 계속해서 친구로 만났다. 하지만 두 사람 모두가 노스웨스턴대학교에서 일하던 1870년대에 크게 충돌했다. 각각 영향력 있던 감리교 성직자와 평신도 여성은 비록 서로 다른 입장에 서 있었지만, 1860년대의 복잡한 문제들을 피해갈 수 없었다.

한 가지는 분명하다. 찰스 파울러와 파혼했을 때, 윌라드는 결혼에 관한 고민을 완전히 해결하지 못했다. 한 달 후 윌라드는 이렇게 기록했다. '여자에게 있어 한 남자를 사랑한다는 것은 그 남자를 허락하시는 하나님 다음으로 좋은 일인데, 만일 그 남자 역시 똑같이 그 여자를 사랑한다면 그야말로 가장 좋은 일이다. 그런데 나는 여자의 일생에서 가장 좋은 이것을 잃어버린 듯하다.'[29] 가엾은 프란시스, 다시 한 번 마음의 추가 흔들리고 있었다.

윌라드는 한 번 더 결혼할 기회를 얻게 된다. 1866년 재직하던 뉴욕주 리마신학교의 한 동료 교수가 윌라드에게 청혼을 했다. 이 관계는 덜 열정적이고 덜 무모했다. 파울러와의 사이에서는 파울러가 윌라드의 관심을 받아들인 지 한 달 만에 약혼에 이르렀지만, 다른 관계가 무르익기까지는 수개월이 걸렸다. 한 번쯤 이 청혼자를 괜찮은 남편감으로 생각했을 수도 있다. 그러나 윌라드는 '그는 정말로 내 이상형이다'[30]라고 말했음에도 불구하고 또 다시 결혼에까지 나아가지 못했다.[31]

윌라드는 결혼에 대한 생각을 버리지 않았다. 수년 후에 파리에서 공부하는 동안 윌라드는 어머니에게 보내는 편지에서 '어머니를 초대할 만한 편안한 가정을 꾸릴 수 있게 될지 모르겠어요. 오래전 내 보금자리를 꾸릴 수도 있었는데, 어쩐 일인지 나와 함께 '나뭇가지를 주워다가 둥지를 엮을' 남자가 나타나지 않았어요'[32]라고 적어 보냈다. 그런 남자가 나중에 나타났을까? 자서전에서 윌라드는 파울러와의 약혼에 대해 잠시 언급한 후, 다음의 수수께끼 같은 이야기를 덧붙였다. '절친한 세 친구 외에는 알지 못하는 내 인생의 진정한 연애담에 관해 이 글에서 밝히기는 어렵다. 내가 죽고 난 후에 그것이 알려지기를 원한다. 왜냐하면 그 이야기가 선남선녀들에게 좋은 영향을 줄 수 있을 것이라 믿기 때문이다.'[33] 아직 이 남자가 누구인지 알려지지 않았다. 수수께끼가 풀리지 않은 것이다.

인생을 차분히 계획하던 이 중요한 시기에 윌라드의 마음의 혼란은 외부적인 위기 상황과 밀접한 관련이 있었다. 윌라드가 집을 떠나 캔커키에서 교편을 잡고 있던 가을에 링컨이 대통령으로 선출되었으며, 윌라드가 크리스마스를 보낸 후 가족과 함께 있기로 결정하고 캔커키로 되돌아가지 않았던 때에 분리(secession, 남북전쟁 발발의 원인이 된 남부 11주의 탈퇴 운동 – 역자 주)의 위기가 고조되고 있었다. 윌라드가 파울러의 청혼을 받아들인 1861년 6월초는 포트 섬터(Fort Sumter)에서 남북전쟁이 발발하고 최초의 불 런(Bull Run) 전투가 벌어지기 전으로, 애국주의의 열기와 순수한 낙관론이 미 북부 지역의 반노예제도 단체들을 휩쓸고 있었다.

윌라드 집안은 공화당원으로서 노예제도에 강하게 반대했다. 윌라드는 열다섯 살 때 기록한 일기에서 한 남자가 노예를 구해내는 일에 도움을 준 일로 벌금 1,000불을 낸 일화를 소개하면서 '우리나라 법의 수치'[34]라고 말했다. 1860년, 조시아와 올리버는 링컨에게 표를 던졌으며, 프란시스는 선거 결과에 기뻐하며 다음과 같이 적었다. '링컨이 미국 대통령으로 선출되었다. 만세!'[35] 1861년 4월, 프란시스가 에반스톤에 돌아왔을 때, 섬터에서 발발한 전쟁 소식은 에반스톤 주민들에게도 전쟁의 공포를 가져다주었다.[36] 올리버는 신학생들로 구성된 부대에 약 100일간 입대했지만, 이 부대는 실제로 소집되지는 않았다.[37] 거의 틀림없이 파울러도 같은 부대 소속이었을 것이다. 청혼을 받아들였을 때, 윌라드는 파울러가 자기와 함께 나누었던 비전을 위해 용감히 싸울 것을 기대했을 것이다. 프란시스도 간호병으로 지원하고 싶었지만 아버지가 반대했다.[38]

또한 이 시기에 윌라드 집안은 외부 세계의 사건이나 윌라드의 내면적인 갈등이나 혼란과는 관계없는 사적인 위기에 직면했다. 어린 메리 윌라드가 체력 소진으로 죽어가고 있었다. 1860년, 프란시스가 캔커키고등학교에서 가르치고 있을 때, 메리는 장티푸스 일종인 심각한 질병을 앓은 후부터 건강이 나빠지기 시작했다. 1862년 3월, 프란시스가 찰스 파울러와 파혼한 이후, 메리는 기력이 소진되고 병약해져서 앓아눕게 되었다. 그리고 그해 6월 운명했다.

프란시스와 메리는 항상 친밀했다. 비록 위스콘신 변경에서의 어린 시절에 길러진 것이지만 두 사람의 개성을 잘 보여주는 친밀함이었다. 즉, 메리는 아름답고 여성스럽고 순종적이며 사랑스런 딸이었다. 반면에 프란시스는 강하고 독립적이며 재기가 넘치는 반항아였다. 프란시스는 메리를 사랑하면서도 부러워했다. 메리가 얼마나 '상냥하고 아름답고 상큼했는지' 칭찬하면서도 '메리를 볼 때 나는 상처를 받았다'라고 고백했다.[39] 어린 소녀이던 메리가 죽은 후, 프란시스는 20대가 되어서야 그 사랑스럽고 부드러운 면을 가지게 되었다. 처음에는 프란시스의 슬픔이 격렬하고 그녀의 인생이 산산조각 나는 것처럼 보였지만, 결국에는 프란시스의 갈등을 해소하는 데에 도움이 되었다. 윌라드는 가족과의 기본적인 유대 관계를 끊지 않았다. 윌라드의 노년에까지 살아계셨던 어머니와 특별히 가까웠다. 책임감 있고 사랑스러운 딸이었던 프란시스는 감정적으로 중요한 부분에 대해 마지막까지 어머니를 의지했다. 하지만 이것은 프란시스가 채워야 할 몫을 남겨준 의존이었다. 외동딸이 된 이후, 프란시스는 비로소 자기 자신을 발견했다. 자신을 괴롭히던 의심들이 서서히 사라졌다. 프란시스의 야망은 자유를 얻었고, 자신의 별을 따라갈 수 있게 되었다. 훗날 프란시스는 이렇게 적었다. '나는 야망적이라 불렸다. 만일 어린 시절부터 줄곧 드러난 내 선천적인 감각이 야망의 한 요소라면 지금도 나는 야망적이다. … 내가 마주한 세상에 대해 최고의 역량을 발휘하고 널리 알려지며, 사랑과 신뢰를 받기 위해 노력한다.'[40]

메리의 죽음과 함께 윌라드는 가족에 대한 의무감에 덜 구속된 채 자신의 인생을 추구할 수 있게 되었다. 마침내 윌라드는 가족의 필요와 자신의 생의 목표를 한데 결합시킬 수 있는 방법을 찾았다. 가족에 대한 의존과, 역으로 가족과 가정의 지원은 절제운동에서 각각 씨줄과 날줄로 엮였다. 윌라드는 본능적으로 여성스런 반항아, 경건한 인습타파주의자, 그리고 여성스런 여권운동가가 되었다. 19세기의 뿌리 깊은 여성의 미덕과 여성의 지위에 관한 진보적인 변화의 요구를 결합시킬 수 있었던 윌라드의 능력은 그녀의 눈부신 성공의 큰 버팀목이 되었다. 메리의 죽음 이후, 프란시스는 여동생의 여성다운 미덕과 자신의 야망적인 반항의 성품을 결합시켰다. 1863년에 출판한 메리의 삶과 죽음에 관한 책 〈열아홉 해의 아름다운 생애(Nineteen beautiful Years)〉에 그 온전한 정화(淨化)와 결의가 잘 담겨 있다.[41]

메리가 죽자 조시아 윌라드는 살고 있던 집을 임대로 내놓았다. 메리에 대한 기억 때문에 더 이상 그 집에 살 수가 없었다. 그해 여름 조시아는 위스콘신 농장도 팔았다. 프란시스는 고향을 떠나면서 '내 생애에서 처음으로 모든 것을 잃고 집 없는 신세가 되었다'[42]라고 슬퍼했다. 결혼하여 감리교 목사로 안수받은 올리버는 콜로라도 덴버에서 첫 교회를 섬기고 있었다. 어머니 윌라드는 친정 식구들을 방문하기 위해 동부로 여행을 떠났고, 사업 때문에 발이 묶인 조시아는 시카고에서 하숙을 했다.[43]

프란시스는 '여자 학교에 정식으로 임명된' 자연과학 지도 교사가 되어 '소녀 시절의 엉뚱한 짓의 무대'[44]였던 노스웨스턴여자대학으로 돌아오면서 집 문제를 해결했다. 가끔 우울해하고 의기소침하기도 했지만 새로운 직업을 좋아했다. 또한 학생들에게 점차 좋은 영향을 끼치는 것을 즐거워했으며, 동료들과의 친밀한 사랑과 지적인 교제를 소중하게 생각했다. 프란시스는 '모든 것을 스스로 드넓은 바다'로 밀어내면서, 메리의 죽음에 대해 '그녀가 살아있을 때 생

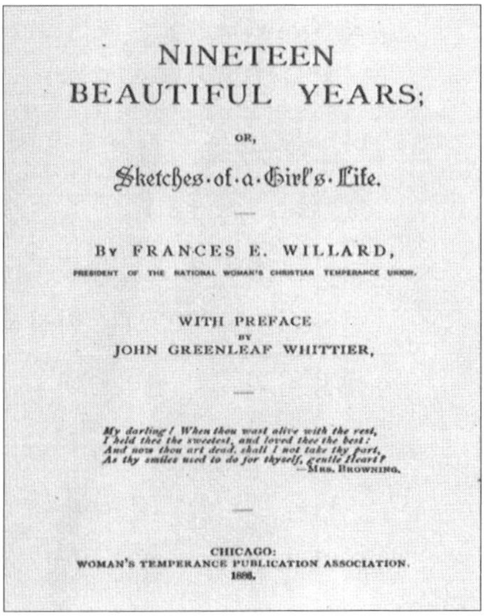

NINETEEN BEAUTIFUL YEARS;

OR,

Sketches of a Girl's Life.

BY FRANCES E. WILLARD,

PRESIDENT OF THE NATIONAL WOMAN'S CHRISTIAN TEMPERANCE UNION.

WITH PREFACE BY JOHN GREENLEAF WHITTIER,

My darling! When thou wast alive with the rest,
I held thee the sweetest, and loved thee the best:
And now thou art dead, shall I not take thy part,
As thy smiles used to do for thyself, gentle heart?
—MRS. BROWNING.

CHICAGO:
WOMAN'S TEMPERANCE PUBLICATION ASSOCIATION.
1886.

⁂ 여동생 메리가 사망한 지 1년 뒤 저술한 〈열아홉 해의 아름다운 생애〉의 속표지와 표제 페이지(〈열아홉 해의 아름다운 생애〉에서 발췌)

각하던 모습처럼 자연스럽게 생각하는 법'을 배웠다.[45] 이따금 외부 세계와 전쟁이 끼어들었다. 링컨의 노예해방 선포는 '나를 전율케 했고, 내 삶에서 경험한 감사한 일 중의 하나가 되었다.'[46]

노스웨스턴에서 윌라드는 도전을 받기도 하고 성취감을 느끼기도 했다. 시골 학교에서 가르치는 것은 윌라드를 만족시키지 못했다. 캔커키고등학교에서 윌라드는 충분한 경험을 맛보기 위해 가족으로부터의 독립을 지나치게 의식했다. 노스웨스턴에서 윌라드는 의미 있는 직업을 발견했다. 지도교사로서 윌라드의 하루는 힘들었다. 6시에 기상해 경건회를 인도했다. 오전에는 고급수학, 기하학, 대수학, 세계사를, 오후에는 수사학, 지질학, 동물학, 생리학, 광물학을 가르쳤다. 그리고 '위층으로 올라가 마치 다시는 일어나고 싶지 않은 사

람처럼 안락의자에 털썩 주저앉았다.'[47]

하지만 윌라드는 훌륭한 교사였고, 스스로도 가르치는 것을 즐겼다. 윌라드는 학생들에게 책을 빌려주기도 하고, 학생들이 자기의 속마음을 털어놓을 수 있도록 소중한 자유 시간을 할애했으며, 교실에서는 기존의 교수 방법보다는 학생들이 질문을 던져 교사에게 답변을 하도록 유도하는 혁신적인 방법을 택했다.[48] 한 동료는 호감과 애정을 가지고 윌라드에 대해 '재치와 해학이 넘쳐흐르고' 동시에 '열정과 감성으로 가득'하다고 묘사했다.

비록 메리를 그리워하긴 했지만 스물세 살의 윌라드는 스스로 생활비를 벌었고, 일에 있어서도 성공을 거두고 있었다. 1862년 후반의 슬픈 사건이 찾아왔을 때, 에반스톤 가족 친구가 또 다른 감리교 학교인 피츠버그여자단과대학에 자리를 마련해주어, 1863년부터 1864년까지 일할 수 있게 되었다. 자연환경의 변화는 윌라드에게 도움이 되었다. 메리에 대한 기억 때문에 찾아오던 우울한 슬픔이 계속되지는 않았다. 윌라드는 이 슬픔 때문에 너무 많은 인생을 낭비하고 있었다. 그러나 피츠버그는 달랐다. 작열하는 용광로 주변의 검게 그을린 남자들, 재잘거리며 빠르게 흘러가는 시냇물, 푸른 호수나 대초원과 대조를 이루어 하늘 높이 솟은 언덕과 바위산이 그녀를 맞이해주었다. 윌라드는 '내 삶, 곧 이 땅에서 지속되는 내 삶에 대해 하나님께 감사드린다'[49]라고 적었다.

야망은 여전히 윌라드를 괴롭혔다. '왜 너는 계속해서 가르치려는 계획만 세우는가? 피츠버그에서, 그 다음에는 신시네티에서(네 계획 속에) 그리고 그 다음은 어디인가? 왜 너는 그렇게 완전히 울타리로 둘러싸인 인생에 만족하는가? … 너는 그 이상의 능력을 가졌다. … 원한다면 책을 저술하기로 결심하라.'[50]

윌라드는 정말로 책을 썼다. 저술의 기회는 〈열아홉 해의 아름다운 생애〉를 저술한 1863년 여름 방학 때 찾아왔다. 가족은 에반스톤 집으로 돌아왔지만, 그 집은 곧 모든 가구와 함께 처분되었다. 조시아는 메리에 관한 기억을 완전히 잊고 싶었다. 낡은 집은 1866년 새로운 고딕풍의 집으로 대체되었다. 이 집은 훗날 '안식처(Rest Cottage)'로 불렸으며, 윌라드가 남은 생애를 보낸 곳이다. 하지만 그해 여름은 '메리가 삶을 마감한 후, 어둡고 쓸쓸하게 방치된'[51] 손때 묻은 낡은 방에서 보냈다. 틀림없이 프란시스 가족들은 모두가 다시 큰 슬픔에 빠졌을 것이지만, 프란시스는 '메리에 관한 책'을 '거의 끊임없이' 저술했으며, 이 책의 발행을 준비하기 위해 초가을에 뉴욕으로 여행하면서 그 슬픈 사건을 긍정적인 성공의 발판으로 삼았다.[52] 지나치게 감상적인 면이 이 책의 문학적 가치를 훼손하긴 하지만, 감상적인 나이에 쓰인 것이다. 윌라드는 항상 글을 잘 썼다. 모든 어휘들은 생동감이 있고, 여동생의 일지를 이용한 항목에서는 생생한 느낌이 살아났다.

에반스톤에서의 짧은 교편생활을 마친 후, 1865년 후반과 1866년 여름 내내 윌라드는 대중운동을 위한 첫 번째 사역에 발을 디뎌놓는다. 윌라드는 당시 가레트신학대학 부속 건물인 헤크홀(Heck Hall)을 건립하기 위해 모금을 하고 있던 전국 교회여성들의 조직, 미국감리교여성100주년협회의 통신 간사로 활동했다. 윌라드의 표현처럼 이것은 '진정으로 대중적인 운동으로의 첫걸음'이었다.[53] 윌라드

⁑ 제네시웨슬리안 신학교의 교사 시절의 27세의 윌라드. 그러나 이 사진을 찍었을 당시(아마도 캔커키 에서) 윌라드는 훨씬 더 어렸을 것이며, 고든이 날짜를 잘못 기록한 것 같다. (고든, 〈프란시스 윌라드의 아름다운 생애〉에서 발췌)

는 캠페인을 조직하고 엄청난 양의 서신을 발송했으며 '사업에 대해 그리고 고위 인사들과의 서신교환에 대해 많은 것을 배웠다.'[54] 또한 주목할 만한 사실은, 기부자들에게 보낸 모든 증서에 자신의 이름을 새겨 넣을 수 있게 된 것이다. 이 증서는 전국의 수많은 감리교인들의 집에 걸리게 되었으며, 훗날 귀중한 가치를 갖게 될 그녀의 이름도 알릴 수 있었다.

1866년 가을, 윌라드는 뉴욕 리마에 소재한 제네시웨슬리안신학교의 지도교사직을 수락했다. 이 학교는 미국 감리교인들의 후원을 받는 가장 오래되고 유명한 학교로, 윌라드의 부모님이 어린 시절을 보낸 처치빌에서 그리 멀지 않은 곳에 있었다. 남녀 공학으로 잘 정비된 이 학교는 '나를 매혹시킨' '역사와 전통'을 자랑했다.[55] 윌라드는 자신의 일을 좋아했고 동료들과도 즐겁게 지냈다. '순탄하게 지나가는 나날이었다. 일이 너무 어렵거나 너무 쉽지도 않았으며 … 지금보다 더 훌륭한 직업이나 더 가치 있는 목표를 가진 적이 없었다. … 하나님께 그저 감사할 뿐 더 간구할 제목도 없다.'[56] 그럼에도 불구하고 윌라드가 리마에서 보낸 시간은 한 해에 불과했다. 계속해서 앞으로 나아가고 싶은 욕망이 있었다. 이번엔 대서양 횡단에 대한 꿈이 윌라드를 재촉했다.

그로브스트리트학교로부터 젊은 동료 교사 캐서린 잭슨이 제네시웨슬리안으로 건너와 윌라드와 합류했다. 두 사람은 함께 에반스톤에서 가르쳤고, 이내 가까운 친구가 되었다. 뛰어난 언어학자로서 에반스톤에서 불어를 가르쳤던 잭슨은 윌라드와 함께 있고 싶어서 제네시로 왔다. 캐서린 잭슨은 윌라드와 허물없이 지낸 친구 중 한 명이다.

결혼에 관한 미련을 아직 포기하지 않았지만, 여성들과의 관계는 성인이 된 윌라드의 인생에서 가장 주요하게 지속되었다. 그들은 윌라드에게 지적으로나 정서적으로 매우 중요했고, 윌라드가 애정을 표현하는 주요한 대상이었다. 윌라드의 가족은 어머니, 오빠 올리버와 그의 아내 그리고 조카 네 명에 불과했다. 오빠는 윌라드가 서른여덟 살 되던 해에 세상을 떠났다. 두 명의 조카는 심각한 알코올 문제에 빠져 정서적으로 메말라 갔으며, 올케 언니는 올리버의 죽음 이후 수년 동안 딸들과 함께 유럽에서 살고 싶어 했다. 따라서 윌라드에게는 비처 집안사람들처럼 전폭적인 후원을 해줄 만한 풍족한 가족이 없었다. 또한 당시 뉴잉글랜드 사람들에게 안정을 주던 여러 세대의 가족도 없었다. 단지 어머니와 몇몇 여성 친구만이 윌라드의 인생과 일에 정서적인 의지의 대상이 되었다.

윌라드와 여성들과의 친밀한 유대 관계는 당시 매우 일반적인 양상을 따라 발전했다. 어머니에 대한 애착, 자매들과의 사랑, 사춘기의 또래 집단 그리고 마침내 성인이 되어 다른 여성들과의 성숙하고 지속적인 정서적 교류가 그것이다. 캐롤 스미스-로젠버그는 이러한 협력 관계를 '동질 사회적' 관계라고 이름 붙였다. 주변의 여성들은 윌라드에게 안정감을 허락해주었다. 때로는 캐서린 잭슨처럼 재정적인 안정을 제공해주었고, 대부분의 공적인 영역에서도 윌라드의 사역에 도움을 주었으며, 그녀가 중년에 이룬 많은 업적에도 크게 공헌하였다. 스미스-로젠버그는 글을 읽고 쓸 줄 아는 19세기 중산층 가족 35세대를 대상으로 한 중요한 연구 논문인 '사랑과 의식에 대한 여성 세계(The Female World of Love and Ritual)'에서 당시 사회의 전형적인 양식과 윌라드의 삶의 양식이 동일했음을 잘 보여준다. 여성들의 우정에 관한 가장 최근의 포괄적인 연구는 페이더만(Faderman)의 '남성의 사랑을 능가하는 것(Surpassing the Love of Men)'에서 찾아볼 수 있다. 윌라드와 잭슨은 평생 친구로 남았다. 수년 동안 두 사람은 서로 같은 직업에 종사했다. 잭슨은 에반스톤에서 윌라드와 함께 가르쳤고, 제네시웨슬리안신학교에 합류했으며 그녀의 유럽 여행에 동행했다. 또한 그녀가 에반스톤에서 가족들과 함께 잠시 머무를 수 있도록 해주었고, 윌라드가 학장으로 있던 노스웨스턴여자대학에서도 가르쳤으며 남은 생애 중 많은 기간을 에반스톤에서 살았다.

물론 초창기에 잭슨이 윌라드와 다른 사람들과의 유대관계에 질투를 가졌던 것은 사실이지만, 두 사람은 서로에 대한 돌봄을 멈추지 않았다.[57] 그들이 처음 만났을 때 캐서린은 택사스주 출신 청년과 약혼한 상태였다. 비록 윌라드와 캐서린의 유럽 여행 기간 중 캐서린의 약혼이 깨지기는 했지만, 이러한 일이 그 둘의 우정에 어떠한 영향도 미치지 않았다. 베를린에서 프란시스는 새로운 친구를 얻었다. 새 친구는 젊은 신부로서 윌라드에게 꽤 매료되었으며, 역으로 윌라드는 새 친구의 칭찬에 크게 기뻐했다. 하지만 윌라드는 캐서린이 마음의 상처를 받지 않도록 보호하기 위해 새 친구에게서 온 편지는 캐서린에게 숨기고, 어머니 윌라드에게서 온 편지만 보여주었다.[58]

때로는 환경 때문에 한 명의 친구가 다른 여러 명의 친구보다 더 중요하기도 했지만, 대체로 윌라드와 다른 여성들과의 관계는 서로 배타적이지 않았다. 예를 들면, 캐서린은 제네시 웨슬리안에서 윌라드의 유일한 친구가 아니었다. 윌라드는 또 다른 동료에게 보낸 편지에서 '우리가 함께 했던 세상은 참으로 다른 세상이었습니다. 캐리, 리마에서의 짧고 즐거웠던 날들은 우리가 서로를 배려하는 법을 배운 시간이었습니다'라고 적고 있다.

빅토리아 시대의 복잡한 애정 관계는 폭넓은 선택이 그 특징으로, 후기 프로이드 사회에 사는 우리 현대인들에게는 익숙하지 않다. 스미스-로젠버그는 19세기 여성들의 열정적이고 사랑하는 관계가 하나의 사회적 상호 작용으로 용인되던 일종의 관습화된 여성 세계가 존재했다고 주장한다.[59] 스미스-로젠버그의 이론을 발전시킨 마르다 비시누스(Martha Vicinus)와 에스텔 프리드만(Estelle Freedman)은 둘 다 19세기 후반에 전문 직업에 종사한 여성들로서, 그들 스스로 결혼과 자녀에 대한 옛 기대와 새로운 역할 및 기회 사이에서 갈등했음을 인정했다. 이 갈등이 바로 다른 여성들과의 친밀하고 열정적인 우정에 의해 부분적으로나마 해결되었던 것이다.[60] 빅토리아 시대의 대부분의 여성들은 기혼 혹은 미혼을 떠나, 특별한 여성 친구들 대개는 가족의 구성원을 갖곤 했는데, 이들과의 친밀한 관계를 매우 소중히 여겼으며 인생의 위기를 맞았을 때 서로 의지하기도 했다.[61] 새로운 전문 여성에게는 자신의 일을 수행함에 있어서 이러한 특별한 관계가 매우 중요한 후원자 역할을 담당했다. 선택이 광범위했다는 말은 19세기에 홀로된 어머니에게 관심과 애정을 아낌없이 베푸는 헌신적인 딸에 대해 어느 누구도 곱지 않은 시선을 보내는 사람이 없었다는 것을 의미한다. 결혼한 젊은 여성은 결혼 전 서로 마음을 나눈 특별한 여성 친구들과의 교제를 멀리할 만큼 오직 남편에게만 열중하지 않았다. 또한 자신의 인생을 어머니에게 헌신한 독신 아들 또한 기이하게 생각되지 않았다. 빅토리아 사회는 상호 협력적인 다양한 정서적 관계가 맺어질 수 있는 길이 열려 있었다. 윌라드도 인생 전체에서 결혼을 제외하고 이 같은 관계를 이용했으며, 하나의 관계가 다른 관계에 영향을 미치지 않았다.

스미스-로젠버그가 지적한 바와 같이 이러한 관계에는 종종 신체적인 애정이 포함되었으며, 적어도 저술에 표현된 것처럼 종종 열정적이었다. 아마도 이러한 열정이 과장된 언어를 사용하던 19세기의 경향에 의한 것이라고 설명될 수도 있겠지만, 분명한 것은 이러한 언어가 동일한 사람들이 다른 관계들에 관해서 사용하던 언어들과는 차이가 있다는 점이다. 예를 들면, 수잔 안토니(Susan B. Anthony)는 19세기 여성웅변가였던 안나 디킨슨(Anna Dickinson)과 주고받은 편지에서 정열적인 언어를 사용했지만, 그녀가 좋아하고 존경하던 윌라드에게 보낸 편지에서는 그렇지 않았다.[62] 윌라드도 디킨슨에게 보내는 편지에서 정열적인 언어를 사용했고 디킨슨 역시 동일한 언어로 답변했지만, 윌라드가 안토니와 주고받은 편지에서는 감정보다는 내용에 충실했다. 두 사람 모두 디킨슨과의 관계에서는 감정을 표출했지만 서로에게는 그렇지 않았다. 윌라드와 안토니의 관계는 다른 여성들과 또 다른 그들만의 관계를 맺었던 것이다.

역사가들 중에는 성관계 여부와 상관없이, '여성을 사랑하고, 교육과 지지를 위해 여성을 선택하는 여성들'을 동성애자라고 주장한다.[63] 또 다른 학자들은 훨씬 덜 독단적이어서 여성의 정체성, 곧 자신을 어떻게 바라보느냐가 결정적인 요인이라고 주장한다. 최근의 연구에 따르면, 이러한 관계를 맺은 여성들은 그것을 성적인 관계로 보지 않았으며 당시 사회도 그러한 우정을 '순수하고 고상한 것'으로 바라보았다.[64] 20세기의 언어로 표현한다면, 스미스-로젠버그가 사용한 '동질 사회적'이라는 용어가 19세기의 관습과 빅토리아 시대 여성들이 자신들의 관계를 어떻게 바라보았는지 잘 설명해준다고 할 수 있다.

그러나 19세기의 여성 지도자들을 이해하는 데에 가장 중요한 요소는 그들이 자신의 일을 수행하는 방법에 있어서 다른 사람들과의 관계를 어떻게 맺었는가 하는 점이다.[65] 서로의 존재가 없었다면, 이 여성 지도자들은 아무런 일도 해내지 못했을 것이다. 폭넓은 관계를 용인한 19세기의 관습 덕분에 프란시스의 개인적인 삶도 풍성해졌으며, 남편과 자녀의 빈자리를 이러한 관계들이 부분적으로나마 채워주었다. 뿐만 아니라 그러한 폭넓은 관계는 윌라드가 공적인 목표를 이루어내고 그 영향력을 당대에 널리 미치게 하는 데에도 도움을 주었다.

윌라드의 경험은 19세기 여성들의 삶에서 여성 간의 우정이 어떤 역할을 했는지 뚜렷하게 보여주는 하나의 실례이다. 무엇보다 윌라드는 그러한 관계들을 매우 잘 이용하였으며, 직업적인 관계가 그녀의 우정 관계이기도 했다. 윌라드와 절친한 관계였던 안나 디킨슨은 유일하게 절제운동에 기여하지 않았다. 윌라드가 안나의 지지를 얻기 위해 노력했고, 안나는 비록 간접적이지만 윌라드의 사역에 실제로 자신만의 고유한 방식을 통해 도움을 주었다. 그러나 절제운동을 지원하지 않은 점에서는 독특하다. 여성 지도자나 여성 회원들 그리고 거의 대부분 여성 지지자들로 구성된 WCTU는 실제로 여성들의 단체였다. 남성도 절제회에 자금을 기부할 수 있었지만, 그 기부금은 전체 예산에 비추어 적은 편이었다. 에반스톤에서 프란시스 윌라드의 여성 가족들로 구성되었던 WCTU 비공식 본부는 서로 개인적, 정서적, 직업적인 관계를 맺고 있었다. 윌라드는 한 지붕 아래서 자신과 어머니가 서로 정서적인 지지를 해줄 수 있는 공동체를 형성했던 것과 마찬가지로 WCTU를 함께 이끌어갈 주요 구성원을 협력자들로 모았던 것이다. 여성운동에 있어서 이러한 여성 세계의 중요성은 아무리 강조해도 지나치지 않는다.

적어도 1864년부터 1874년까지 대략 10년 동안 윌라드는 두 여성, 곧 어머니와 캐서린 잭슨으로부터 가장 큰 사랑과 정서적 지원을 받았다. 잭슨은 뉴저지 기관차 공장의 사장으로 상당한 재력가였던 제임스 잭슨의 딸이었다. 두 사람이 제니시 웨슬리안에서 함께 일하던 1866년, 캐서린은 크리스마스 휴가 기간에 프란시스를 아버지의 집으로 초대했다. 아버지에게 유럽 여행에 보내줄 것을 요청하기 위함이었다. 제임스 잭슨은 흔쾌히 동의했지만, 여행은 1867년 봄까지 미루어졌다. 윌라드 집안이 프란시스의 여행을 반대한 데다[66] 오랫동안 폐병을 앓아 온 조시아 윌라드의 임종이 가까워오고 있었기 때문이다. 1867년 여름, 조시아는 건강이 회복되기를 소망하면서 뉴욕 처치빌의 고향으로 돌아왔고, 프란시스는 그동안 캐서린과 함께 계획을 세워 왔던 큰 모험을 위해 뉴저지로 갔다. 조시아의 질병이 종국을 맞게 되자, 1868년 1월 캐서린은 프란시스와 함께 조시아의 임종을 위해 처치빌로 향했다.

프란시스 윌라드는 자서전에서 아버지의 죽음에 대한 감정을 거의 드러내지 않았다. 프란시스가 마지막으로 아버지를 간호하던 일주일 동안 캐서린은 윌라드의 집 맞은편에 방을 얻었다. 프란시스는 조시아가 사업을 잘 정리하고, 에반스톤 장례를 꼼꼼하게 준비해 놓은 후에 평화롭게 그의 운명을 받아들였다고 기록하고 있다.[67] 그러나 조시아는 작은딸의 마지막 순간을 지켜보았던 때와 달리, 자신의 죽음이 프란시스에게 '지울 수 없는 기억'을 남겨주게 될까봐, 그리고 자신의 다른 질병들에 '뇌연화증'까지 찾아온 것을 딸이 알게 된 것 때문에 무척이나 괴로워했다.[68]

조시아는 메리에게 깊은 애정과 사랑을 표현했다. 메리와 가까이 있기 위해 시카고에 있는 사업을 접어둔 채, 별 소용이 없을지라도 메리를 편안하게 해주기 위해 등에 업고 집 주변을 돌곤 했다. 조시아는 자신의 질병이 재발했을 때 가족들에게 진한 애정을 표현했다. 평소의 엄격함도 고통으로 인해 부드러워졌다. 아버지로서 프란시스에 대한 조시아의 관심의 표현은 언제나 엄격했다. 게다가 그의 엄격함은 매사에 반대뿐이었다. 조시아는 프란시스가 학교에서 가르치고 스스로 생계비를 버는 것에 대해 마지못해 받아들였지만, 그것 역시 공공연하게 반대했다. 두 사람 사이에는 해소할 수 없는 긴장감이 있었다. 조시아의 죽음은 이 긴장감으로부터의 해방을 의미했으며, 프란시스가 점차 독립해 나아갈 수 있게 해주었을 것이다.

조시아의 죽음이 어떤 감정을 일깨웠든지 간에, 그의 죽음은 프란시스가 캐서린과 함께 해외로 여행을 떠날 수 있게 되었음을 의미했다. 오직 두 사람만 동행한 이 여행은 1868년 5월 아일랜드를 향해 출발했다. 두 사람은 오랜 기간 함께 해외여행을 했다. 윌라드의 올케인 메리의 아버지 헨리 베니스터의 일행과 함께 러시아와 스칸디나비아를 여행하기도 했지만 나머지 시간은 둘끼리만 여행했다.

* 윌라드와 함께 유럽과 중동을 여행했을 때보다 조금 더 나이가 들어 보이는 케이트 잭슨 (고든의 〈프란시스 윌라드의 아름다운 생애〉에서 발췌)

프란시스는 오랫동안 여행을 꿈꾸어 왔지만 이제껏 위스콘신, 시카고 지역, 피츠버그, 뉴욕시와 그 근교 그리고 뉴욕 북부 이외에는 다녀 본 적이 없었다. 한 번도 방문해 본 적이 없던 워싱턴 D.C.에도 두 사람은 여행 직전에 잠시 들렀다. 오래전에 전쟁이 끝나고 앤드류 존슨의 탄핵 재판이 진행 중이었다. 훌륭한 공화당원이었던 두 사람은 그 재판의 한 공판에 참여하기도 했지만, 두 사람의 가장 큰 관심은 백악관에서 열린 공개 환영회에 참석하여 경호원에게 둘러싸인 대통령과 악수를 나누는 것이었다. 충성스런 공화당원이었던 프란시스는 대통령에 대해 '반질반질한 사람'이라고 표현했다.[69] 공화당원이라고 해서 무조건 관용적인 것은 아니었다.

프란시스 윌라드와 케이트 잭슨은 1868년 봄부터 1870년 가을까지 2년 이상 여행을 하면서 영국과 서유럽, 소비에트 연방과 지중해 유역, 이집트, 팔레스타인과 터키, 이탈리아를 답사했다. 여행에는 여유가 넘쳤다. 두 사람은 불어를 배우기 위해 어느 프랑스인 가정집에 머무르기도 하고, 프랑스 대학의 강의에 참석하면서 파리에서 6개월의 시간을 보내기도 했다. 그들을 가르친 교사 중에 귀조(Guizot)라는 이름의 여성도 있었다. 두 사람은 3개월 동안 베를린과 드레스덴을 오가며 독일에 체류했고, 이탈리아에서도 4개월 이상을 보냈다. 유럽과 중동 여행은 윌라드에게 최종 학교이자 대학원 과정이었다. 이 여행이 끝났을 때 윌라드의 교육도 끝이 났다. 윌라드는 충분히 준비된 교육 전문가로서 미국에 돌아왔다. 윌라드는 불어를 비롯하여 약간의 이탈리아어와 독일어를 배웠고, 고대의 유물을 직접 보았으며 유럽의 예술과 건축을 접할 수 있었고, 군주 정부들의 활동도 관찰했다. 이 같은 풍성한 여행은 두 번 다시 하기 힘든 것이었다. 윌라드는 스물세 번째 생일을 이탈리아에서 맞이하였는데, 대초원의 말괄량이와 새침한 에반스톤의 여교사는 로마 제국과 대문예부흥의 화려한 영광을 누리고 있었다.

제임스 잭슨은 이 여행에 넉넉하게 후원을 해주었는데, 처음에 금화 1만2000불을 지원한 후 계속해서 후원을 아끼지 않았다. 윌라드도 인디펜던트(The Independent), 크리스천 유니온(Christian Union), 시카고 리퍼블리컨(The Chicago Republican) 등의 여러 신문에 글을 기고함으로써 약간의 용돈을 벌었다. 이 기사들은 윌라드의 어머니가 스크랩북에 조심스럽게 붙여 놓은 형태로 현존하고 있다.[70] 프란시스는 비록 노력한 것에 비해 원하는 만큼의 시장을 확보하지는 못했지만, 원고 쓰는 일을 매우 진지하게 생각했고 매일 일정한 시간을 할애했다. 올리버와 어머니가 윌라드의 원고를 판매하는 일을 도와주었고, 케이트도 가끔씩 복사하는 일로 도움을 주었다.

윌라드와 잭슨은 여행안내 책자만을 의지해서 아일랜드를 마차로 100마일이나 여행했다. 프란시스는 이 푸른 섬에 관해 미국 내에 있는 '볼품없는 도시 근교의' 아일랜드 공동체와는 달리 훌륭한 건물들이 세워진 아름다운 섬이라고 묘사했다. 윌라드는 킬라니(Killarney) 호수를 돌아보고, 케이만 수로를 건너고, 반트리 베이의 해안들을 일주한 것에 대해 기록했으며, 아일랜드의 높은 봉우리들, 특히 리이크 봉우리를 넋을 놓고 바라본 것 등에 관해서도 기록했다. 프란시스와 케이트는 비생태학적 시대의 유물인 블라니 돌(Blarney Stone)에 입을 맞추고 돌 몇 조각을 가지고 갔다(블라니 돌은 아일랜드 코크 부근의 블라니 성 안에 있는 돌로, 여기에 입을 맞추면 아첨을 잘하게 된다고 함 – 역자 주).[71] 두 사람은 런던, 스코틀랜드 그리고 요크셔 등을 여행하면서 교회와 대성당을 답사한 후 프랑크푸르트로 이동했다. 러시아에서는 성 페테스버그에 있는 왕궁을 방문하여 왕관에 박힌 보석을 감상한 후 – '세상에서 가장 큰 다이아몬드가 가장 큰 제국의 홀에 새겨져 있었다' – 모스크바와 크렘린궁을 여행했다.[72]

중동에서 프란시스와 케이트는 나일강 상류 1,000마일 여행을 위해 쿡(Cook) 관광에 합류했고, 목표했던 바대로 '동양의 신비한 영혼'을 따라 '이집트의 유적들'을 체험했다.[73] 스핑크스상이 늘어선 길을 따라 올라가며 앞서간 포로들과 왕의 행렬을 생각해보기도 했다. 쿠푸왕의 피라미드에 올라가 바라본 달빛에 비친 모습은 '예전에 기하학 또는 지리학 책의 그림에서만 보던 것과는 달리 입체적이고 뚜렷한 형상'으로 다가왔다.[74] 1870년 3월, 두 사람을 태운 증기선은 이들을 하얀 성벽으로 둘러싸인 욥바로 인도했다. 이곳에서부터 두 사람은 '내가 지금까지 보아온 가장 불쾌하고 추한 도시' 예루살렘으로 순례의 길을 떠났다. 윌라드와 잭슨은 비아돌로로사를 통해 예루살렘으로 들어갔다. 윌라드는 경외감을 가지고 그리스도의 무덤에 방문하기를 기대했지만, '잡초 같은 꽃들로 만든 꽃다발, 어린 아이의 인형 집에도 어울릴 것 같지 않은 천박한 금속조각 장식들' 그리고 모조품들로 가득 찬 박물관을 만났을 때 몹시 상심했다.[75] 갈보리 언덕도 마찬가지였다. 다마스커스, 베이루트, 콘스탄티노플, 아테네 그리고 다뉴브 상류에서 비엔나까지의 여정으로 모든 여행을 끝마쳤다. 프랑코-프러시아 전쟁이 발발했던 파리에서 한 달간 머문 후, 윌라드와 잭슨은 리버풀에서 출발하여 커나드 항로를 따라 항해하여 1870년 9월 5일 뉴욕에 도착했다. 윌라드가 '내 인생 최고의 축복 중의 하나'라고 부른 여행은 이렇게 끝이 났다.[76]

유럽 여행의 경험이 없었다면 불같던 윌라드의 야망은 여전히 출구를 찾아 그녀를 어떤 직업으로든 몰아댔을 테지만, 이 멋진 여행은 풍부한 교육이 되어 리더십을 갖추는 데 큰 도움이 되었다.

제임스 잭슨은 프란시스와 케이트가 유럽에 있는 동안 운명을 달리 했다. 어린 시절 어머니를 잃은 케이트는 이제 프란시스와 함께 에반스톤으로 돌아왔다. 이곳에서 두 사람과 어머니 윌라드는 지난 몇 개월의 유럽 여행 동안 문을 닫았던 안식처(Rest Cottage)를 다시 열고, 세 사람의 가정을 함께 꾸려갔다. 잭슨이 남긴 재산은 이들 가족의 재정에 큰 도움이 되었다.

조시아 윌라드는 나날이 번창했고 가족을 잘 부양했다. 그는 성공한 농부이자 사업가 그리고 금융가였지만, 적지 않았을 그의 재산은 이미 사라져버렸다. 위스콘신 농장도 메리의 죽음 후에 좋은 값에 팔렸지만, 조시아가 숨을 거둘 당시 에반스톤 집을 제외하고 남은 재산은 거의 없었고, 그 집의 운명마저도 위태로웠다. 조시아 친구들의 아량과 인근 토지의 매각 덕분에 프란시스와 어머니는 하나밖에 남지 않은 가옥을 유지할 수 있었다. 조시아는 한 친구에게 보내는 편지에서 전쟁과 상업상의 재난들로 인해 재정적인 어려움이 찾아왔다고 기록했는데, 실제로 이것들이 그 이유였을 수도 있다. 하지만 올리버의 빚을 갚고 그가 1863년 목회를 그만두고 새로운 사업을 하려고 할 때 2만 달러를 빌려준 것이 진짜 이유였다.

지적인 재능에도 불구하고, 올리버는 자신이나 가족이 도저히 풀 수 없는 문제들에 싸여 있었다. 알코올도 올리버에게 고질적인 문제였지만, 이것 역시 그렇게 많은 재산 탕진에 대한 설명이 되지 못한다. 올리버는 도박을 했을지도 모르며, 어쩌면 잘못된 형태의 기업에 모험을 했을 수도 있다. 윌라드의 일기에 오빠의 재정적인 필요와 아버지의 관대한 지원에 대한 기록은 있지만, 그 이유에 대해서는 아무런 설명이 없다.[77] 아무튼 윌라드 가족은 궁핍했고, 앞으로 케이트의 도움과 프란시스의 수입에 의존해야 했다. 프란시스는 언제까지 케이트에게만 의존하고 지낼 수는 없었다. 사실, 케이트에 대한 의존은 윌라드의 마음에 큰 상처가 되었다. 윌라드는 '가난하고 의지할 곳 없는 것은 살을 에는 듯한 아픔이다'라고 기록했다.[78]

프란시스 윌라드는 틀림없이 가족의 재정적인 위기와 상관없이 전문적인 직업을 찾고자 했을 테지만, 자신과 어머니를 부양해야 할 필요가 마음을 더욱 급하게 했고, 무언가 의미 있는 직업을 찾도록 자극했을 것이다. 그러한 압박이 종종 여성들을 직업의 세계로 나아가게 한다. 프란시스는 전문 직업에 뛰어들 준비를 충실하게 갖추고 집으로 돌아왔다. 전문직은 결혼과는 대립되는 것으로, 오랫동안 별 뜻 없이 생각해왔던 한 가지 선택사항이었다. 이제는 재정적인 필요 때문에 직업에 대한 매력이 더 높아졌고, 이전까지의 반대들도 수그러들게 했다. 또한 아버지가 돌아가셨으므로 더 이상 반대하지 못했다. 자서전에서는 윌라드가 유럽 여행 동안 여성문제의 어떤 한 분야에 일생을 바치기로 결정했다고 기록하고 있지만,[79] 유럽에서 어머니에게 보낸 편지에서는 집으로 돌아가면 가르치는 일을 하고 싶다고 쓰여 있다.[80] 실제로 윌라드는 해외여행을 하기 전부터 여성문제에 관심을 기울이고 있었다. 1868년 3월 일기에서 그녀는 '나는 점점 더 여성문제에 관해 생각한다. 어떤 방법으로든지 작은 도움이 되고 싶다'고 했다.[81]

윌라드의 유럽 여행은 여성들의 역할에 대한 생각을 분명하게 정리할 수 있는 기회가 되었다. 해외에서의 모든 경험은 여성들을 위한 전사가 필요하다는 윌라드의 확신을 더 확고하게 해주었다. 베일로 얼굴을 가린 채 억척스럽게 일하는 중동의 여성으로부터 파리 매음굴의 거류민들까지 프란시스는 착취당하고 종속당한 채 정당한 보상을 받지 못하는 여성들을 목격했다. 때로 윌라드의 반응이 솔직하고 투박했지만, 이것은 윌라드가 서로 다른 문화와 관습을 비교해 보도록 자극했다. 파리에서 윌라드는 다음과 같이 생각했다. '여성들의 운명 그 자체에 관하여! 나는 오늘 그것에 대해 애써 곰곰이 생각해 보았다. 하지만 생각을 시작함과 동시에 멈추었다. … 나는 이것을 도처에서 발견한다. 최고로 교육받고, 가장 타고난 재능이 있고, 모든 편견과 문맹으로부터 해방된 남성은 여성에 관하여 우리의 자유가 다른 사람의 정당한 권리를 해할 수 없는 한 법률과 관습에 얽매이지 않고 자신이 원하는 것을 할 수 있도록 일종의 창조주가 세상에 만들어 놓은 존재라고 생각한다. 그러므로 내가 이것에 대하여 여성의 목소리로 나의 정직한 주장을 말할 수 있을 만큼 용감하기를 원한다.'[82)]

1871년 봄까지만 해도 여성 교육자라는 직업에 매력을 느꼈다. 이제 윌라드는 결정을 내렸다. 리마 시절 친구에게 편지하면서 윌라드는 '넓고 넓은 직업의 바다(화려한 것이든 아니든)'로 닻을 올렸다고 기록했다. 또한 윌라드는 친구에게 '너는 아내와 모성애라는 사랑스럽고 신비한 관계들을 선택했다. 그러나 나는 수많은 여학생들과의 부드럽지만 변덕스런 우정을 선택했다. 너는 남편과 아이를 위한 사랑스런 섬김에 헌신하는 반면, 나는 나의 수고로 인해 더 행복해지고 지혜로워질 수많은 가정의 어린 여성들을 위한 진지하고 부단한 수고에 헌신한다. 우리 중 누가 하늘의 뜻과 인류의 필요를 가장 잘 성취했다고 말할 수 있을까? 나의 진솔한 생각은 이것이다. 각자 자신의 타고난 자리를 지키는 우리들이라는 것이다'라고 썼다.[83)]

윌라드는 10년 이상 가르치는 일에 헌신했지만, 출세를 추구하기보다는 직업을 실천하고 있었다. 좋든 싫든 한 직장에서 다른 직장으로 멈추지 않고 움직였다. 개인적인 목표 또는 제도적인 충성의 관점에서 보면 지속적인 헌신이 부족했다. 결혼에 관한 생각으로 힘들었지만 그것을 택하지는 않았다. 어떤 면에서는 자신을 교사이자 작가라고 생각했다. 유럽 여행에 대한 많은 기사와 여동생에 대한 전기가 이를 잘 증명해준다. 하지만 1871년 겨울, 확고한 결정을 내렸다. 여성운동에 헌신하기로 했으며, 또한 이 헌신이 실행될 수 있는 창구로서 여성 교육 사역에 헌신하기로 했다.

Chapter 4. 헌신

1870년, 윌라드는 세 가지 요인으로 인해 교육자로서의 직업을 선택했다. 첫째는 여성문제에 대한 열정이었다. 둘째는 학문적인 삶을 위해 준비한 폭넓은 훈련과 경험이었으며, 셋째는 능력을 발휘할 수 있는 충분한 여지가 있는 직업이라면 언제든지 선택하고자 했다는 사실이다. 새로운 계획이 에반스톤에서 시작되고 있었다.

1865년 바사르대학(Vassar College)의 설립은 여성들을 위한 새로운 지평을 열었다. 1860년 초에 열두 개 혹은 그 이상의 신학교들이 자칭 '여자대학'이라고 불렸지만, 포킵시(Poughkeepsie)만이 진정으로 문학뿐 아니라 과학의 영역에서도 남자대학과 겨룰 수 있는 교육의 기회를 제공하는 여성 고등교육기관이었다. 중서부도 이러한 새로운 잠재력을 모르지 않았다. 1860년대 후반에 여성들을 위한 고등교육에 관심이 점차 증가하는 것을 알게 된 에반스톤의 여성들은 오래되고 유일한 대학인 노스웨스턴여자대학보다 더 높은 수준의 교육 과정을 제공할 여자대학 설립에 대해 관심을 기울였다. 1868년 가을, 프란시스와 케이트가 유럽 여행을 하는 동안, 에반스톤 여성들은 공식적인 위원회를 조직하고 학교 건축 부지를 배정받기 위해 행정부에 정식으로 청원서를 제출했다. 올리버의 아내이며 프란시스의 오랜 친구인 메리 베니스터 윌라드도 이 위원회의 회원이었다. 현재 에반스톤여자대학으로 불리는 이 학교는 1869년 일리노이주로부터 설립 허가를 받았다. 거의 그 무렵, 이 새로운 운동을 눈치 챈 노스웨스턴남자대학의 이사들은 여성들에게 노스웨스턴대학에 입학하도록 초청했다.

에라스투스 오우 헤이븐(Erastus O. Haven)이 학장으로 임명되었다. 미시간대학 학장을 역임한 헤이븐은 최근에 남녀공학에 눈을 떴다. 헤이븐은 대체로 혁명가였다. 노스웨스턴에서 그가 가장 처음 한 일은 이 대학을 시카고의과대학과 병합시킨 것이었다. 또한 토목공학과와 화학실험실을 설립했고, 도서관 장서를 2만 권으로 확장했으며 가레트신학대학과의 유대를 강화했다. 그가 나중에 기록한 바와 같이, 헤이븐은 노스웨스턴을 '전국 여느 대학과도 견줄 수 있도록' 하기 위한 '소망으로 충만'했다.[1)]

총장직 수락 조건으로, 헤이븐은 노스웨스턴대학교에 여자들의 입학 허가를 요구했다. 하지만 캠퍼스에는 사실상 거의 아무도 나타나지 않았다. 결국 헤이븐은 학교 내에 기숙사를 제공하는 여자대학을 설립하는 것만이 경쟁력을 높이는 비결이라고 생각했다. 새로

세운 여자대학설립위원회도 동일한 생각을 하고 있었다. 위원회는 1870년 노스웨스턴과의 연합을 제안하였고, 이 제안은 여자대학이 자체 건물을 가져야 한다는 조건하에 받아들여졌다. 하지만 이미 존재하는 노스웨스턴여자대학은 어떻게 처리해야 한단 말인가? 분명한 것은 시작과 함께 일정한 숫자의 여학생들이 여자대학에서 나와야 한다는 것인데, 이 계획은 대학 이사장인 윌리엄 존스의 협조가 없이는 성공할 수 없었다.[2] 이 문제는 1871년 존스가 새 대학으로의 학생 이동을 허락해주는 대신 건물을 빌려줌으로써 연 2만5천불에 상당하는 임대료를 받는다는 조건으로 해결되었다. 새로운 여자대학은 이제 노스웨스턴대학교와의 연합 조건을 충족시킬 수 있게 되었다. 대학 건물을 얻게 된 것이다.

여자대학의 다음 단계는 최고 행정관을 고용하는 것인데, 그 적임자가 가까이에 있었다. 지난해 9월말부터 프란시스는 에반스톤 집에서 청빙이 오기만을 기다리고 있었다. 1871년 2월 14일, 위원회는 새 대학의 학장으로 프란시스를 임명했다. 프란시스의 직함은 다소 과장된 것이었다. 프란시스는 학장으로 불릴 만했지만, 대학교 안에서 새 여자대학의 지위는 약간 모호했다. 거의 모든 부분에서 여자대학은 독립된 단체였다. 그런 의미에서 윌라드는 독립된 대학의 수장이었고 따라서 당연히 학장으로 불렸다.

프란시스가 자신의 집 계단에 덮고 있는 카펫을 손질하고 있을 때, 길 건너에 사는 이웃이자 가레트 신학교 교수인 다니엘 파리쉬 키더(Daniel Parish Kidder)의 부인 해리엇 키더가 찾아와 그러한 집안일은 그만 두고, 이제 한 대학의 수장으로 임명되었으니 그에 합당한 일을 하라고 이야기해주었다. 윌라드는 놀라지 않았다. 올케가 새 대학 위원회에 있었을 뿐 아니라, 유럽에 있는 동안 새 여자대학에 관한 이야기를 많이 들었고, 어머니에게 상세한 질문을 하기도 했었다. 처음부터 윌라드에게는 대학교에 부속된 진정한 여자대학에 대한 전망이 있었다. 처음에는 윌라드가 '당신의 대학교 내에 한 자리'를 원하는 것에 대해 확신하지 못했지만(예루살렘에서 어머니에게 보낸 편지에 기록되어 있다) 윌라드는 틀림없이 학장직 후보 1순위였다. 처음에 주저한 데에는 부분적으로 '다른 사람들이 선택될 것'이라는 두려움이 있었기 때문이다.[3] 틀림없이 윌라드는 준비되어 있었고, 그 청빙을 기다리고 있었다.

프란시스 윌라드가 이 자리를 준비하기 위해 의도적으로 유럽 여행을 계획했는지는 알 수 없지만, 그보다 더 좋은 계획을 만들어낼 수도 없었을 것이다. 윌라드는 이제 프랑스와 독일 대학에서의 경험뿐 아니라, 외국어와 문학사 그리고 유럽 정치학에서 새로이 얻은 지식들을 학장직에 활용했다. 해외에서 얻은 비공식적인 교육은 말할 나위 없이, 유럽 대학 제도에 대한 그녀의 폭넓은 경험에 필적할 만한 미국 여성은 거의 없었다. 윌라드는 유럽 여행을 떠나기 이전부터 이미 교사로서의 자격을 입증했다. 여러 신학교와 공립 중등학교에서 교편생활을 하며 존경을 받았다. 윌라드의 행정력과 추진력은 미 전역의 감리교 사회에 자신을 알리는 계기가 된 가레트신학교 기금 모금운동을 통해서 얻은 것이다. 또한 윌라드는 여성교육 사역이 이념적으로도 매력 있다고 생각했다. 각 언론은 윌라드가 임명된 것에 대해 찬사를 보냈다. 시카고 저널은 '여성이 학장이라는 직위에 오르는 영예를 안게 된 것은 역사상 처음 있는 일이지만, 윌라드 여사는 그에 합당한 능력과 성실함으로 그러한 영예를 마땅히 누릴 것이라고 확신한다'라고 논평했다.[4)]

인생의 후반기를 맞은 윌라드는 최초의 그리고 최고의 조직가이자 선동가였으며, 노스웨스턴여자대학의 학장으로서의 첫 직무는 기금을 모으는 것이었다. 개인 소유의 낡은 학교 건물을 임대하는 것은 임시변통이었다. 그것은 단지 대학교와의 연합을 충족시키는 조건인데다가 존스와의 협력을 위한 방편이었지만, 노스웨스턴여자대학교가 북서부 지역에서 제일 가는 남녀 공학 대학이 되기를 소망하는 여성들은 그 이상의 어떤 것에도 헌신했다. 이 여성들은 이미 그 도시의 유력자들이 새로운 학교 부지를 제공할 수 있도록 해놓았으며, 이제 곧 그 터 위에 학교를 건축할 작정이었다. 그들은 신선한 출발, 새로운 건물을 원했다. 윌라드는 학장으로서의 일을 시작했고, 헤이븐 총장도 그녀를 지원했다. 위원회의 어느 회원이 '우리 여학생들을 위해' 7월 4일 독립기념일에 '공유지 선매권'을 얻는 것에 관한 생각을 하고 있었다.[5)] 이러한 치밀한 계획을 세운 장본인은 다름 아닌, 남북전쟁 동안 시카고보건위원회에서 메리 리버모어를 통해 눈부신 활약을 했던 제인 블랙키 호지(Jane Blackie Hoge)였다. 그러나 윌라드는 조직에 관련된 일을 대부분 스스로 처리했다. 윌라드는 각 신문에 낼 광고문을 만들고, 여성들을 '시대의 정신에 요구되는' 고등교육의 산실로 초대하기 위한 수많은 편지를 발송하였다. 그리고 새로운 건물이 들어서게 될 부지에 주춧돌을 놓는 기념행사를 기획했다.[6)] 영광스러운 독립기념일이 되었을 때, 모든 것이 준비되었다. 지역 부대인 엘스워즈 조와베스(Ellsworth Zouaves)는 훈련을 받고 있었고, 야구팀들은 경기를 하여 우승팀에게 실버볼이 돌아갔으며, 미시건 호수에서는 보트 경기가 열렸다. 대학 예배당에서는 3회에 걸쳐 연극이 상연되고, 합중국 상원의원(제임스 리드 둘리틀)은 연설을 했다. 그런 가운데, 많은 주민들이 나들이를 떠났음에도 불구하고 에반스톤 여성들은 배고픈 주민들을 위해 3천 불 상당의 저녁식사를 베풀었다. 헤이븐 총장은 윌라드와 함께 캠퍼스에서 주춧돌이 놓인 곳까지 나란히 걸어가면서 '자기들의 왕국에 들어오게 될 여성들을 위한 이 행사에 대해 그가 얼마나 즐거워하는지'에 관해 윌라드에게 이야기했다.[7] 건축기금으로 이미 2만5천 불이 적립되어 있었지만, 이 하루의 광상곡 덕분에 3만 불의 기금을 더 모을 수 있게 되었다.[8]

남은 여름 동안 윌라드는 연설을 할 수 있는 기회가 있을 때마다 여자대학 입학 안내를 소개했다. 동시에 가을학기 개강을 위해 교육 과정을 계획했다. 새 대학에 등록한 여학생들에게 세 가지 선택권이 주어졌다. 여자대학 등록금 외에 일반적인 대학 수업료를 추가로 지불하면 대학교에서 개설되는 어떠한 과목도 수강할 수 있었다. 학생들은 여자대학에서 개설한 과목 즉 영어, 미술, 현대 언어, 음악, 건강과 가정 산업 등만 수강할 수 있었다. 또는 여자대학 과목과 대학교 과목을 섞어서 수강할 수도 있었다. 윌라드는 '진정한 여성 교육이 크로케와 미적분, 태팅(tatting)과 텔레마코스(telemachus) 등을 포함한다'고 생각했다.[9] 여자대학은 '대학교 내 다른 학과들의 일반 수업들이 개설되는 동안' 여성들에게 '특별히 필요한 교육'을 제공할 예정이었다.[10] 여성들을 위한 특별 교육과정을 개설하는 것은 중요한 혁신이었다. 남녀 공학 학교 안에서 여성들을 위해 그들만의 평의회, 행정 관리, 편의시설 등을 따로 구분함으로써 노스웨스턴이 분리되도록 했다. 모든 노스웨스턴 여학생은 품행과 예절에서 윌라드의 권위에 복종하였다.[11] 노스웨스턴에서 개발된 제휴 프로그램은 마침내 레드클리프(Radcliffe)와 버나드(Barnard)대학에서도 받아들였지만, 아직 학교가 문을 열지는 않았다.

1871년 가을, 수업이 시작되자 236명의 여학생이 등록했다. 38명이 대학교에서 학부 과정을 선택했고, 62명이 노스웨스턴 예비학교에 참가했으며, 136명이 여자대학에 등록했다.[12] 새로운 기획은 대성공이었다. 1858년 아이오와, 1863년 위스콘신, 1870년 미시간에서 여성들의 대학 입학이 허락되었지만, 모든 것을 각자 헤쳐 나가야 했다.[13] '여자대학'이 여성들을 받을 준비가 된 곳은 전혀 없었다. '품행과 예절' 교육을 위한 특별한 시설이나 준비가 없었다. 그런데 여자대학에서 이러한 시설들을 제공했기 때문에 여성들은 다른 중서부권 대학보다는 노스웨스턴으로 몰려들었다.[14] 처음에는 노스웨스턴 여학생들 중에 과학, 수학, 철학 등의 대학 과목을 수강하는 학생이 소수에 불과했지만, 기회가 열려 있다는 점이 중요했다. 윌라드와 여자대학은 생애 한 번 이상 반복해야 할 패턴을 받아들였다. 여성들을 위한 더 큰 기회를 만들기 위해 노력하는 동안 윌라드는 여성의 특별한 역할에 대한 19세기 특유의 정서를 신중하게 다루어야만 했다. 여성들이 남성들과 동일한 수업을 수강하고 동일한 학과에서 교육받았지만, 여성으로서의 특별한 필요가 무시되지 않았고, 그들의 영양을 위한 충분한 양식이 공급되었다.

윌라드는 분주하고 행복하고, 모든 것이 도전이었다. 생애 '처음으로 그리고 유일하게' 자신을 '여학생들의 큰언니로서 내 의지대로 자유롭게 일할 수 있는' 교사이자 교육자라고 생각했다.[15] 윌라드는 자신의 일을 바라보는 방식에서 의식적으로 차별을 추구했다. 윌라드는 더 이상 단순한 교사가 아니라 여성을 만들어내는 자였다. 학생들과 만나는 소중한 시간은 스스로 '윤리 원예학'이라고 이름 붙인 금요일 오후 강의였다. 이 수업을 수강한 한 학생은 강의에 대해 다음과 같이 묘사했다. '얼마나 훌륭하고 사랑스러운 선생님이신가! 여학생들에게 진지하게 이야기할 때 심금을 울리는 능력이 얼마나 탁월했던가! 얼마나 뛰어난 교사이며, 우리에게 얼마나 깊은 이상을 심어주었던가! 당신은 윌라드가 지도한 신앙 훈련을 기억하는가? 당시 그녀의 기도는 우리를 곧바로 천국문으로 인도하는 것만 같았다'[16] 윌라드는 비공식적으로 학생들의 방을 방문하기도 하고 저녁 기도회에 인도하기도 했다. 또 다른 학생에 따르면, 윌라드는 금요일 오후 첫 강의 시간에 여성들에게 노스웨스턴이 개방되기까지의 역사에 대해 설명하면서 근본 취지를 이야기했다. 윌라드는 남녀 공학이 아직 많은 사람들이 의구심을 갖는 실험 단계라고 했다. 이 실험의 성공 여부는 자신의 기회를 살릴 수도, 버릴 수도 있는 학생들의 손에 달려 있다고 호소했다.[17]

윌라드의 혁신 중 하나는 여자학교의 고리타분한 규율을 자율정책으로 바꾸는 것이었다. 그 규칙들은 '셀 수 없을 정도로 너무나 많아서 그것을 모두 기억하는 사람이 아무도 없었고', 윌라드 자신도

⁑ 노스웨스턴여자대학교 학장 윌라드 (고든의 〈프란시스 윌라드의 생애〉에서 발췌)

학창 시절에 반항적인 여학생으로서 남몰래 자기만의 기쁨을 누린 경험이 있었다. 학생 중 한 명은 이 새로운 제도가 대성공이었다고 기록하면서, 윌라드가 '품행에 관하여 여학생들에게 어떤 특별한 지침도 주지 않음으로써' '그들 스스로 책임감을 갖도록' 고무시켰다고 했다.[18] 여자대학에서 여학생들은 교회를 갈 때 더 이상 옛날 대학에서 하던 것처럼 줄을 맞추어 걸어가지 않고, 자기가 원하는 대로 걸어갈 수 있었다. 한편, 여학생들의 참여로 인해 '남학생들이 이제껏 누려왔던 많은 기회를 갖지 못하게 될지도 모른다'는 비판이 있음에도 불구하고, 남자들의 각종 문학 학회에 참석할 수 있었으며 저녁 모임을 위해 외출도 허락되었다.[19] 헤이븐 총장은 윌라드의 개혁을 지지했다. 문학 학회에서의 여성들의 지위에 대해 언급하면서, 헤이븐은 '암송 교실에서보다 이곳에서 젊은 남성들은 젊은 여성들이 자기들의 동료라는 사실을 더 잘 배우게 될 것이다'라고 이야기했다.[20]

그런데 첫 해가 다 가기도 전에 여자대학에 심각한 문제들이 발생했다. 시카고 대화재가 새 건물 건축 계획에 치명적인 영향을 미쳤다. 시카고 시민들이 독립기념일 선매권 행사에 중요한 응모자들이었는데, 그들의 재산이 화마에 의해 모두 소실되거나 다른 더 긴급한 사업에 사용되어야만 했다. 새 건물 건축 사업은 1872년에 중단되어 1년 이상 정체되었다. 대학교와 더욱 밀접하게 연합하는 것만이 여자대학을 구할 수 있는 길이었다. 여자대학 시행 2년차가 되던 1873년 6월, 노스웨스턴 이사회에서 윌라드가 제안한 새로운 연합 계획이 채택되었다. 연합을 위한 첫 번째 조건에 따라 에반스톤 여자대학(Ladies College)은 노스웨스턴대학교 내의 여자대학(Woman's College)으로 바뀌었다. 독립된 여자대학 이사회도 사라졌다. 그 대신 5명의 여성이 대학교 위원회에서 그리고 1명이 대학교의 실행위원회에서 일을 했다.[21] 다시 한 번 시카고 신문들은 최초의 의미를 부각했다. 노스웨스턴대학교는 '대학의 행정권에서 남녀 공동 대표자를 선임한 세계 최초의 대학'이었다.[22] 윌라드는 총장직을 사양하고, 첫 해에 연봉 1천8백 불을 받는 여자대학의 학장과 미학 교수로 임명되었다.[23] 노스웨스턴대학교는 새 건물의 건축을 포함하여 여자대학의 모든 자산과 채권을 인수했다.[24]

6월 이사회에서는, 이 계획에 대해 별다른 논의 없이 신속한 결정이 이루어졌다. 그러나 연합의 두 번째 조건, 즉 여성들이 여자대학 안에서 계속해서 권위를 행사한다는 내용에 관해서는 논쟁이 계속되다가 결국에는 받아들여졌다. 노스웨스턴의 위원회는 여자대학 여학생들이 '여자대학 교직원들의 감독 하에' 남는다는 조건에 동의했다.[25] 윌라드도 자신의 권한이 유지되어야 한다고 주장했다. 대학교 내에서의 새로운 직위와 임무는 물론 예전의 연봉 1천 불보다 많아진 새 연봉에 대해서도 기꺼이 받아들였다.

여학생 감독에 관한 합의는 지켜지지 않았다. 연합 계획이 채택되었던 동일한 6월 회의에서, 에라스투스 헤이븐은 대학교의 총장직에서 사임했다. 윌라드와 헤이븐은 서로 친밀하게 잘 협력해서 일을 해왔고, 헤이븐은 윌라드의 정책과 계획을 철저히 지지했었다. 그러나 헤이븐은 더 이상 노스웨스턴을 맞지 않게 되었다. 헤이븐은 감리교의 보루로 옮겨온 것에 대해 후회하고 있었다. 훗날 기록하기를 앤 아버(Ann Arbor)를 떠난 것이 실수였다고 했다. 헤이븐은 강력한 기관 대신 '가레트 신학교를 위한 좋은 예비학교'와 다를 바 없다고 느낄 만한 약한 기관을 선택했다.[26] 시카고 대화재는 이제 더 이상 존재하지 않는 기금 모금에 의존했던 학교 확장 계획을 수포로 돌아가게 했다. 그래서 헤이븐은 감리교 감독교회 교육위원회 서기직을 제의받았을 때, 망설임 없이 이를 수락했다. 만약 헤이븐이 노스웨스턴에 남아 있었다면 프란시스 윌라드는 계속해서 교육자로의 경력을 이어갔을 것이며, 여성들을 위한 고등교육에 헌신하는 전문가로서의 삶을 살았을 것이다. 노스웨스턴 이사회가 헤이븐을 대신하기 위해 선택한 사람이 아닌, 다른 사람을 선임하기만 했어도 이것은 가능했을지도 모른다. 이사회의 선택은 예전에 한 번 총장직을 제안했다가 거절당했던 찰스 파울러였다. 이사회가 가장 필요로 했던 웅변가로서 그리고 기금 모금자로서의 재능을 인정받았다. 파울러는 1,000여 명 이상의 교인을 가진 시카고 시내 중심의 백주년교회 담임목사였다. 그는 시카고 대화재 이후 시카고 내의 감리교 교회들을 재건하기 위해 기금을 모금하는 데 뛰어난 활약을 했다. 한때 그가 윌라드의 약혼자였다는 사실을 이사들이 기억하지 못했던 것 같다. 어쨌든, 윌라드와 파울러의 관계는 꽤 괜찮았다. 두 사람은 서로를 여전히 친구로 대했고, 1871년 윌라드는 파울러의 교회에서 강연도 했다. 〈시카고 트리뷴(Chicago Tribune)〉에 따르면, 파울러는 윌라드를 '행복한 태도'로 소개했다고 전한다.[27] 그러나 윌라드가 파울러의 임명에 대해 어느 정도 불안감을 느꼈음에 틀림없다. 긴장, 오해 그리고 권력 투쟁이 가능했다. 행정적인 책임의 분할에 모호함의 여지가 있었다. 실제로 윌라드는 훗날 그의 표현대로 '내 인생에서 가장 고통스런 시기'의 문턱에 서 있었다.[28]

이렇게 잠재적으로 어색했던 관계는 윌라드가 이제 엄밀히 말해서 대학교수라는 점과 노스웨스턴의 남학생들이 윌라드의 작문 지도를 꺼려했다는 점 때문에 더욱 복잡해졌다. 날마다 괴로움의 연속이었다. 강의실 칠판은 윌라드를 흠잡는 야유들로 채워졌고, 교탁 서랍에서 고양이가 튀어나오기도 했다. 또한 수업이 시작된 지 한 시간이나 지난 후에 학생들이 한둘씩 교실문을 요란하게 열고 들어오곤 했다.[29] 의심할 바 없이, 남자 교직원들은 남학생들의 이와 같은 교묘한 반항에 킬킬거리며 비웃었다. 윌라드는 그러한 올무를 피하기 위해 노력했고, 분을 참았으며 모욕들을 무시했다. 그러나 날마다 계속되는 이 같은 박해를 견디는 동안 마음의 평화를 찾을 수는 없었다.

세 번째 결정적인 요인이 윌라드의 약화된 지위에 치명적인 역할을 했다. 여자대학은 건축 중인 새 건물과 존스 건물의 임대료를 감당할 수 없었다. 존스와의 임대계약이 만기가 되자, 그는 보다 호의적인 계약 협상을 거절했다. 더구나 새 건물은 4월까지는 완성되지 못할 것이었다. 이사들은 1873년부터 1874년까지 1년 동안 남학생처럼 여학생도 시내에서 기숙할 것을 결정했다. 이는 남녀 공학 대학교의 일반적인 조치였다. 미시건대학 여학생들은 남자들과 동일한 규칙 아래서 생활하고 공부했다. 여학생에게 따로 구별된 기숙사를 주는 정책은 19세기 말까지 거의 시행되지 않았다(남녀 학생들이 같은 기숙사를 사용했다). 그러나 다른 대학교의 외부 여자 기숙생은 명백하게 대학생이었다. 반면, 노스웨스턴의 여학생 대부분은 입학 예비학교와 어린 사춘기 소녀들이었다.

주택 문제에 관한 일시적인 조정은 노스웨스턴 여학생의 '품행과 예절'을 감독하기 위해 윌라드가 시작하여 잘 진행되고 있던 자율정책에 위기를 가져왔다. 윌라드는 학생들이 매주 자체보고서를 제출하도록 하는 규율정책으로 바꾸었다. 이것은 자율정책의 변형된 형태로, 윌라드가 과거에 무분별한 행동을 막기 위해 동료들의 평가방식을 사용했던 것에 대한 하나의 대안이었다. 여학생들은 '사폴리오(Sapolio)를 기다리는 가정주부와 같이 규칙을 기다리는 학생들로 가득한 대학'[30]에 별로 신경을 쓰는 것 같지 않았다. 그러나 이 제도가 자기들의 골칫거리라고 생각하던 남학생들의 지지를 등에 업은 시카고 신문들은 보고서 제도의 소문을 알아내고, 윌라드를 폭군 또는 심지어 블루비어드(Bluebeard, 프랑스 전설 속 인물로, 여섯 명의 아내를 차례로 죽인 푸른 수염의 사나이 – 역자 주)라고 비난했다. 파울러와 학교 교직원들은 신성한 학문의 전당에 여자들을 들여놓는 것에 의구심을 품은데다, 반자율적인 여성 행정가와 함께 학생들을 통제하는 것을 원하지 않았기 때문에 이러한 공격에 직면한 윌라드를 돕기 위한 아무런 조치도 취하지 않았다. 여학생들은 윌라드와 그녀의 새로운 정책에 지지를 보내는 결의문에 서명했으며, '이 새로운 규칙이 자신들에게 유익한 영향을 줄 것'이라고 믿었다.[31] 그러나 그들의 지지는 윌라드에게 아무런 도움이 되지 못했다.

파울러는 기회주의자와 같은 잔꾀를 부렸다. 그는 혁명가이자 전제정치의 반대자였던 윌라드를 보수주의자로 매도하고, 자신은 여학생들의 완전한 자유를 지지하는 사람으로 미화했다. 여학생들은 기존의 여자대학과 어떠한 연관성도 갖지 않고, 자신이 원하는 곳에 살 수 있도록 허락받아야만 했다. 한마디로 윌라드의 통제권을 벗어나야만 했다. 윌라드는 합병 협정의 규정에 따라 모든 여성들이 여자단과대학과 그 행정관리의 감독 하에 있어야 한다고 명확하게 주장했다. 게다가 이러한 규정에 따른 공약이 이미 대학 요람을 통해 부모들에게 전달되었다. 파울러의 주장은 개방적인 규칙에 대한 약속이라기보다는 권력 투쟁을 통해 윌라드의 권위를 훼손시키려는 욕망에 근거한 것처럼 보였다. 실제로, 파울러는 윌라드를 이을 여자대학 수장의 후임자로 엘렌 슐러와 친분을 쌓아가고 있었다. 슐러는 학생들의 사회생활을 규율하는 면에서 윌라드보다 훨씬 보수적이었다. 예를 들어, 문학 학회에서 남녀를 분리시키는 것 등이었다.[32)]

파울러와 교직원들은 윌라드를 비열하게 괴롭히는 데까지 나아갔다. 파울러는 그녀가 종신 재직권을 가지고 있었기 때문에 쉽게 해고할 수 없었지만, 윌라드의 지위를 위태롭게 만들 수는 있었다. 1874년 봄, 새 건물을 사용하기 시작했을 때 윌라드는 저녁 기도회를 인도할 수 있는 자격을 빼앗겼다. 그리고 그 임무는 남자 성직자에게 위임되었다.[33)] 4월이 되자, 대학 교직원들은 단과대학과 대학 전체의 여학생들에게 동일하게 적용되는 규율을 결정할 수 있는 전권을 떠맡고, 윌라드에게는 규율을 집행하는 관리로서의 권한만 부여했다. 윌라드는 가족 및 가까운 친구들과 사직에 대한 대안에 관해 의논하였다. 그들은 에반스톤의 많은 지지자들이 윌라드의 최후의 승리를 확신하고 있으므로 끝까지 이 전투를 싸워내야 한다고 주장했다. 그럼에도 불구하고 윌라드는 학기말인 6월 13일에 사표를 제출했다. 사직서에서 윌라드는 '현재의 행정정책 하에서는 여자대학의 이익에 관한 나의 가장 깊은 신념을 결코 실행에 옮길 수 없음이 점차 명확해졌다'[34]라고 기록했다. 윌라드의 사임은 먼저 여자대학위원회에서 그리고 다음에 노스웨스턴위원회에서 수리되었다.

이것은 괴로운 결정이었다. 훗날 윌라드는 전형적인 빅토리안 풍의 글로 다음과 같이 기록했다.

> 이 학교는 그가 그렇게도 좋아하던 존스 교수의 대학이고, 죽은 내 여동생 메리의 대학이며 또한 나의 대학이다. 마치 자매들의 결속과 같이 내 주변에 모여든 여성 교직원들과 함께, 사랑하고 사랑받은 학생들과 함께, 내가 가장 좋아했고 가장 많이 알았던 분야의 교수로서의 지위와 함께, 어머니와 함께 그리고 단 두 블록 떨어진 안식처(Rest Cottage)와 함께 … 나는 가야만 한다. 세상은 넓고 갈 곳은 많다. 이 분위기는 숨 막히는 듯하다. 나는 이곳을 떠나야만 한다.[35]

교직원에게 보내는 장문의 편지에서, 윌라드는 자신의 입장과 노스웨스턴 교직원과 총장의 입장 사이의 실제적인 차이에 관해 더 냉정하게 진술했다. 윌라드는 여성들이 남자들과 동일한 원칙하에 대학에 입학하고, 자신이 원하는 곳에 살며, '특별한 요구사항'을 준수할 필요가 없다는 파울러의 주장에 맞서 싸우고 싶지 않았다. 또한 윌라드는 '딸에게 책임의식과 자율권을 위임하고 싶어하는 부모들은 그것이 노스웨스턴대학교에서 실행되지 않는다고 해서 결코 불평하지 않을 것이다'라고 말했다. 그러나 윌라드는 새 대학 건물에 살고 있는 학생들을 통제하기 위해 교수들이 작성한 규율에 대해서는 확실하게 이의를 제기했다. 윌라드는 '크고 존경할 만한 후원자 그룹이 현재 진행되고 있는 규제 제도와 자신들의 바람이 부합하지 않는다고 생각할 것이라는 사실'에 대해서는 반대했다.

윌라드는 자신의 보호 아래 있었던 15세 소녀를 예로 들었다. 교수들의 규율에 윌라드는 부모들과 반대 입장에 설 수 없었다. 다음과 같은 질문에 어떻게 대답할 수 있었겠는가? '당신은 어리고 미숙한 내 딸을 어떻게 보호할 수 있는가?' 마지막 단락에서 윌라드는 학교 교직원들에게 다음과 같이 제안했다. '내 후임으로 오게 될 학장의 여성으로서의 판단을 어느 정도 존중해주길 바란다. 즉, 여자대학에서 매일의 경건 훈련은 학장의 책임하에 두어야 한다. 또한 당신들이 결정하는 어떠한 과목에 대해서도 반드시 그에 관한 정책이 공식적으로 설명되어야 하며, 특히 자기의 딸을 대학에 보내고자 하는 부모들에게는 더더욱 그래야만 한다'[36] 윌라드의 주장은 부당하지 않았다. 윌라드에게는 돌보아야 할 '어린 소녀들'이 있었다. 그러나 문제의 핵심은 파울러였다. 윌라드는 파울러와 함께 일할 수 없었고, 파울러도 마찬가지였다. 1861년과 1862년 사이 두 사람의 관계는 너무나 많은 갈등을 야기했고, 결국 윌라드가 이 싸움에서 물러섰다. 윌라드는 포기했다. 많은 것을 포기했다. 이번엔 찰스 파울러의 완승이었다.

평의원들은 윌라드의 사직을 수리했다. 윌라드는 '그렇게 상황은 끝났고, 내 생애에서 가장 큰 희생이었다'라고 슬퍼했으며 '다른 어떠한 경험도 이에 견줄 수 없을 만큼 부당하다는 생각이 몰려왔다. 나는 정말로 노력했고, 정말로 잘 하고 있었다'[37]라고 생각했다.

기다리고 기다린 끝에 윌라드는 헌신했다. 수많은 세월 동안 주저했다. 윌라드는 교사였는가? 정말로 그 직업을 원했는가? 에반스톤 여자대학의 총장직, 그 후 여자단과대학의 학장직을 수락하면서 윌라드는 노스웨스턴 여성들을 위한 고등교육이라는 원대한 목표에 헌신했다. 윌라드는 성공적으로 두 가치를 결합시켰다. 즉, 여성들이 저항적인 혁신과 수용적인 묵종을 동시에 할 수 있는 환경을 만들었다. 여성들이 대학에 등록할 수 있었고, 남자들과 동일한 임무를 맡을 수 있었다. 반면에 단과대학의 감독 아래 머물면서 대학의 더 넓은 세계로 들어갈 수는 없었다. 부분적 혁신과 부분적 전통은 윌라드가 따랐던 오랜 양식이었으며, 19세기 말까지 윌라드에게나 미국 여성들에게 보편적이었던 양식이었다.

1874년 여름, 프란시스 윌라드는 새로운 인생의 국면을 맞이할 딜레마에 직면했다. 괴로웠던 지난 한 학기 동안의 삶을 재평가함으로써 마침내 새로운 사명을 발견해야만 했다. 노스웨스턴 학장직을 사임하던 날 밤, 고독한 방에 앉아 울분의 눈물을 삼키고 있을 때, 윌라드에게는 몇 가지 대안이 열려 있었다. 계속 교육자로 남아서, 또 다른 대학 또는 대학 예비학교에 들어가 교수와 행정을 계속할 수 있었다. 그러나 이 방향은 여러 부정적인 요인들 때문에 결국 포기했다. 첫째, 에반스톤의 자연환경과 친구들 그리고 오빠의 가족을 두고 어머니와 함께 떠날 수가 없었다. 윌라드가 항상 감리교의 '천국'

이라고 불렀던 에반스톤은 그 모든 사람들에게 가장 적합한 곳이었다. 또한 위스콘신에서 보낸 어린 시절부터 항상 애정을 갖고 있었던 꿈인 교육가로서의 한계가 분명하게 드러나고 있었다. 윌라드는 평의원, 행정 관리 그리고 교직원에 의해 좌지우지될 뿐 학생들이나 그 부모들에게 아무 말도 할 수 없었다.

또 다른 대안에 대한 제안도 있었다. 미국 여성들은 학문 이외의 영역에 새로운 길을 열고 있었다. 전투적이고 정열적인 절제운동이 교회와 거리 그리고 국회에서 시작되고 있었다. 윌라드는 이 여성들이 선택한 길을 따라가 결국 그들을 인도하기로 결정했다. 그 후 윌라드는 1898년, 생을 마감할 때까지 또 다른 전문직에(두 번의 작은 장애가 있었지만) 헌신하게 되었다.

윌라드가 노스웨스턴에서 개인적인 싸움으로 분주한 날을 보내던 1873년부터 1874년 겨울까지, 엄청난 숫자의 미국 여성들이 스스로 선택한 전투적인 개혁운동을 벌이고 있었다. 남북전쟁 기간 중 절제운동의 쇠퇴와 그에 따른 술집의 증가에 염증을 느끼고 낙심한 여성들은 미국 사회를 집어삼키고 있는 이 흐름을 개혁하기 위해 자발적으로 모여들기 시작했다. 전쟁 이전에 절제운동은 실제적으로 큰 성과를 보였고, 주요 금지 법률이 통과되었으며 개인별 알코올 소비도 크게 감소했다.[38] 그러나 전쟁 이후, 알코올 소비 곡선은 가파르게 상승했고 금지 법령은 무시되었으며, 도시 노동자 계급이 많은 지역에서의 성인 남성 대비 술집 비율은 50대 1로 높아졌다.

이에 대한 반발로, 이미 남녀평등을 받아들인 금주회(Order of Good Templars)는 회원 수에서 현저한 증가를 보이기 시작했다.

* 1873~1974년 사이, 알코올 남용과 싸우기 위해 거리로 나선 여성들이 눈밭에 무릎을 꿇고 있다. (제인 스터빈스, 〈절제운동 50년〉, [Hartford, Conn.: J. P. Fitch, 1876]에서 재판됨)

1859년에 5만 명이던 회원 수가 1869년에 40만 명에 이르렀다. 증가한 회원 수의 대부분은 남북전쟁 이후 불어났다. 금주회 오하이오 지부는 1865년에 3,755명에 불과하던 회원 수가 3년이 안 돼 거의 2만8천 명으로 증가했고, 여성들은 이 운동에서 중추적인 역할을 수행하고 있었다. 1872년 오하이오금주회의 대표는 여성인 마르다 맥클랜드 브라운(Martha McClelland Brown)이었다.[39] 1868년 설립된 금주당 역시 여자들에게 개방되었고, 최초 전당대회 대의원 중 30명이 여성이었다. 비록 남북전쟁 이후 점점 더 많은 여성들이 절제운동에 참여했지만, 그 기간 동안에 자발적인 규모의 폭발적인 운동이 예기치 않게 일어났으며, 각 신문들이 타전한 것처럼 '여성의 전쟁'과 같은 혁명적 운동으로 확장되어 갔다.

여자절제운동은 당시에 여성들을 위한 운동계획과 편안한 여성의 복 등을 주창하던 유명한 강사였던 디오클레시안 루이스(Diocletian

Lewis)가 오하이오주 힐스보로에서 문화강좌 시리즈 강의로 '우리의 딸들'이라는 일반적인 강의를 하던 1873년 12월에 시작되었다. 강연 다음 날은 일요일이었기 때문에 루이스는 한가한 하루를 보내고 있었다. 평소 습관에 따라 루이스는 힐스보로에서 금주운동에 관한 무료 강의를 제안했다. 루이스가 예전에도 이따금 금주에 관한 강의를 해서 약간의 성공을 거둔 적이 있긴 했지만, 이번에는 그의 강연이 도화선이 되어 주류판매 반대운동이 이듬해 여름까지 급속하게 퍼져나가기 시작했고, 1874년 가을에는 드디어 기독교여자절제회가 탄생하게 되었다.[40] 수많은 타운과 도시의 여자들이 거리로 나와 술집 주인들에게는 술을 팔지 않도록, 그리고 고객에게는 금주를 서약하도록 설득함으로써 술집이 문을 닫도록 하는 일에 앞장섰다. 여자들은 술집마다 방문하여 카운터에 성경을 올려놓은 채 바닥에 무릎을 꿇고 앉았고, 어떤 이들은 길거리에 무릎을 꿇고 하나님의 도우심을 구하며 기도를 드렸다. 여성들 스스로 '기도 부대'라고 부른 이 '거리 사역'은 각 신문에 의해 대대적으로 보도되었다. 대규모 집회가 열리고 설교가 행해졌다. 온 나라의 심장 지대가 비폭력적인 절제운동에 휩싸였지만, 그럼에도 불구하고 사회개혁을 위한 혁명적인 전쟁이 벌어졌다. 처음부터 이 전쟁은 여성에 의해 주도되었다.

처음부터 여성들은 금주의 중요성을 깨닫고 있었다. 술 취한 남편과 아버지에 의해 가정에서 큰 비극이 벌어지기 시작하던 1830~1840년대에는 단지 금주에 관한 윤리적 권고에 머물렀다. 그러나 여자들은 윤리적 권고만으로 충분치 않았고, 대중적인 행동과 더 나아가 법률의 제정이 필요하다는 사실을 깨달았다. 비록 공공적인 활동으로까지 여성의 운동 범위를 확장시키지는 못했지만, 그들의 책임 영역인 가족과 가정에서는 중요한 이정표가 되었다. 여성들은 금주운동에 참여하는 것을 성 역할에 대한 도전으로 생각하지 않았다. 왜냐하면 그들은 여전히 아내와 어머니로서의 역할을 충실하게 수행했기 때문이다. 또한 여자들은 잘 발달된 교회 연락망을 가지고 있어서 금주운동에 유용하게 사용할 수 있었고, 게다가 운동의 품격과 여성들 스스로의 지위를 향상시켜 가고 있었다.

에반스톤은 도시 자체의 금주 성향 때문에 이미 술집 없는 도시가 되어 있어 금주운동에 직접 관여하지 않았다. 그러나 시카고 여성들은 금주운동에 적극적으로 동참했다. 교회를 본부로 사용하는 최초의 기관이 조직된 이후, 여성들은 1만4천 명의 서명을 받았고, 시카고의 주일 휴업에 관한 법률의 시행을 청원하기 위해 지방의회 회의장으로 거리행진을 했다. 여성들의 노력은 성공하지 못했다. 청원은 심의가 보류되었고 법령은 즉시 폐기되었으며, 청원자들은 폭력적인 군중들로부터 위협을 받았다.[41]

프란시스 윌라드는 무슨 일이 벌어지고 있는지 알고 있었지만 ,이미 개인적인 싸움에 몰두해 있었기 때문에 이 감동적인 드라마에 참여하지 못했다. 그 대신 윌라드는 '타오르는 불길을 바라보라.'[42]고 긴급 타전하고 논평하는 각종 신문들을 읽었다. 그해 겨울과 봄, 윌라드는 노스웨스턴 수사학과 작문 수업에서 금주에 관한 주제를 다루었고, 당시 〈시카고 이브닝 메일(Chicago Evening Mail)〉의 편집장이었던 윌라드의 오빠 올리버는 그녀에게 '여성들에 대해 할 수 있는 한 가장 좋게 보도할 것'이라고 이야기하면서 금주운동에 관해 '호의적이고도 전면적인 보도'를 했다.[43] 실제로 시카고 신문들은 비록 운동에 대해 완전히 공감하지는 않더라도 그 지역의 운동과 전국적인 운동에 대해 객관적으로 철저하게 다루었다.[44] 이 운동에 대해 윌라드가 공헌한 방식은 주로 여러 시카고 교회에서 열린 봄 집회에서 대규모 금주 집회로까지 강사로 나선 것이었다. 그러나 노스웨스턴과의 유대를 끊고 다른 직업으로 관심을 돌린 후에는, 여자절제운동이 가장 매력 있는 선택이었다.

금주운동에 관한 윌라드 집안의 헌신은 제일 먼저 위스콘신 농장에서부터 명확히 지켜나갔다. 조시아는 '회심한 술고래'들이 남북전쟁 이전에 설립한 단체인 '워싱토니안(Washingtonian)'의 명예회원이었다. 1855년, 어린 프란시스는 유명한 청소년 잡지 〈유스 캐비닛(Youth's Cabinet)〉에서 오린 금주 서약에 서명하고, 그것을 가족 성경에 붙여놓았다. 이후 또 다른 서명 기록이 없는 것으로 보아, 윌라드는 이 서약이 평생 동안 유효하다고 믿었던 것 같다.[45] 윌라드가 옮겨간 감리교 사회에서는 금주가 사회적 관습으로 받아들여졌다. 감리교 교회들은 1790년 초, 증류주의 사용을 제한하는 규칙을 채택하였고, 1832년에는 절대금주를 공표하였다. 윌라드는 다른 친구들이나 동료들처럼 젊은 여성으로서 알코올성 음료를 사용하지 않았고, 1866년에는 에반스톤 금주 단체에서 활동하였다. 그러나 유럽 여행 중에 윌라드는 유럽인들의 다른 관습을 쉽게 받아들였다. 윌라드는 솔직하게 자신의 일탈에 대해 털어놓았다.

덴마크에서 나는 콜레라와 비슷한 질병으로 갑자기 심하게 아팠다. 코펜하겐의 한 의사는 친절한 얼굴로 내게 몸을 굽혀 서투른 불어로 이렇게 말했다. '아가씨, 물에 포도주를 약간 타서 마시도록 하세요. 그렇지 않으면 결코 집으로 돌아갈 수 없을 겁니다' 그 후 '포도주에 물을 조금 타시오'로 바꾸어 버릴 정도로 이 처방을 2년간 따랐으며, 특별히 부자 친구가 값비싼 포도주를 보내왔을 때에는 더더욱 이 '순수한 조항'을 충실하게 이행했다. … 그러나 뻔뻔스럽게도 철저한 준비성으로 저녁 식사 때마다 내 생애 다른 때와는 달리, 그 어떠한 속박도 받지 않았다.

익숙했던 감리교 금주 환경으로 되돌아오자 윌라드는 적당히 즐기던 음주를 쉽게 중단했고, 다시는 독주를 음료로 사용하지 않았다. 그러나 약용으로도 사용하지 않았다는 의미는 아니다. 노스웨스턴 학장 재직 시절, '특히 '기진맥진'했을 때, 어머니가 담그신 건포도주를 조금 마시곤 했으며', 마음에 큰 상처가 남은 마지막 한 학기 동안 매일 저녁 식사 시간에 약용으로 맥주 한 잔을 마셨다.[46] 윌라드는 금주에 관한 초기 강연들에서 자신의 과거 알코올성 음료 사용에 대해 거리낌 없이 인정했다.[47]

〈50년 회상〉에서 윌라드는 1874년에 금주 집회에 단 두 번밖에 참석하지 않았다고 진술하지만, 이 내용은 윌라드의 일기와 서로 모순된다.[48] 하지만 윌라드는 시카고 거리운동가나 금주회의 회원은 아니었다. 윌라드의 일기들은 윌라드가 어린 시절부터 줄곧 여성문제에 몰두했음을 보여주지만, 금주문제는 1870년대 이전에는 간혹 언급될 뿐이었다. 비록 같은 성격의 운동이었지만, 금주는 윌라드의 우선순위에서 높지 않았다. 아마도 순수하게 개인적인 경험에서, 오빠 올리버의 알코올 문제가 윌라드에게 금주문제에 관심을 갖도록 했다고 볼 수도 있다. 그러나 올리버의 알코올 문제는 조시아 사망 이전에 시작되어 1873~1874년경에는 완화되었던 것으로 보인다.

프란시스의 관심을 자극한 더 중요한 동기는 같은 해 겨울 동안 여성개혁운동이 금주운동을 그 시대의 중요한 여성문제로 부각시켰다는 사실이다. 윌라드는 금주를 자신의 평생의 사업을 받아들이기 훨씬 이전부터 이미 여성문제에 헌신했었다. 사춘기 시절부터 남녀 불평등에 불만을 품었으며, 유럽에서 돌아온 후에는 교육자 겸 대중 강연자로서 이 목표를 활발히 추구했다. 1871년 파울러의 백주년교회에서 처음으로 행한 강연 '새로운 기사도'에서 윌라드는 '실제 삶의 경험들이 나로 하여금 중대한 '여성문제'에 긍정적인 관심을 갖도록 했다'고 이야기했다.[49] 그러나 1871년, '바다 멀리 떨어진 곳의 사람들에게도 치료의 물결'이 흘러가도록 하기 위해 다른 나라의 억압받는 여성들에게 미국의 '사랑스런 여성들'을 보내는 것이 자신의 역할이라고 생각하면서 윌라드는 이 '긍정적인 관심'에 헌신하게 되었다.[50]

여성의 고등교육을 변호하고 개척하는 과정에서 비록 이 기간 동안 공공연하게 여권주의 이념을 표방하는 데에는 망설였지만, 남녀평등운동에 공헌하고 있었다. 윌라드는 '평등한 참정권에 대한 관심을 가진' 엘리자베스 보인턴 하버트(Elizabeth Boynton Hartbert)

가 조직한 에반스톤 평등운동 조직인 찬반클럽(Pro and Con Club)에 자신이 가입하지 못하도록 한 것에 대해 어머니에게 불만을 털어놓았다. 메리 힐 윌라드는 이 클럽의 회원이었지만, 프란시스에게는 대학 행정가로서 위험이 따르고 모순되는 행동이 될 것이라고 경계했었다.[51] 윌라드의 초기 일기에 따르면, 1889년의 평등운동에 관한 자신의 헌신 정도를 평가하면서 전혀 과장하지 않고 있다. '내 내면의 영혼이 여성의 불평등에 대해 인식하지 못한 때가 없었다. … 그리고 의회와 법정에서 여성으로서의 판단력과 모성을 잃어버린 치명적인 손실의 정도가 얼마나 큰 것인지 이해하지 못하던 때도 없었다.'[52]

다른 많은 여성들처럼, 윌라드에게도 금주와 여성운동은 1874년까지 서로 결합되어 있었다. 가장 많은 여성들이 참여했던 대중운동, 곧 여성들이 가장 깊이 헌신했던 개혁운동은 바로 금주운동이었다. 악마와 같은 술과의 전쟁이라는 기치 아래, 여성들은 직접적인 행동과 정치적인 로비운동 모두에 관여해 왔으며, 상설기구까지 설립하여 대오를 정비했다. 투표는 할 수 없었지만, 금주운동이 여성들을 정치적인 활동 무대로 이끌어냈다. 그해 여름 윌라드가 새로운 직업을 찾아 동부 해안으로 여행을 떠났을 때, 그곳에서 만난 금주운동가들과 함께 공동의 목적을 발견했다. 동부 지역과 관계를 맺고자 했던 윌라드의 바람은 1873년 전국여성대회에서 여성운동 지지자들과의 만남이 쉽게 이루어졌다. 노스웨스턴여자대학을 추진하는 동안 윌라드는 남북전쟁 기간 동안 시카고위생위원회의 업무를 조직화하는 과정에서 메리 리버모어의 협력자였던 제인 호지(Jane

Hoge)와 동역했다. 호지는 동부의 많은 운동가들과 친분이 있었다. 교육가로서 알려지게 되자, 윌라드는 호지의 도움을 얻어 1870년대의 중요한 여성 기구였던 여성대회(Woman's Congress)의 발기인 중 한 명이 됨으로써 전국적인 무대로 진출하였다.

여성대회는 본래 여성작가들과 언론인들을 위한 전문직 모임인 여성 사교클럽(Sorosis)으로서 19세기의 여성운동을 정당한 개혁의 범주 안으로 되돌리려고 시도한 보수단체였다. 1860년대 말과 1870년대 초, 여성들의 평등권 주장은 개방적인 중산층 세계에 충격을 준 불미스런 일련의 사건들로 인해 손상을 입었다. 짧은 치마, 자유연애, 적법화된 매춘, 그리고 세계 정부 등을 지지하던 빅토리아 우드헐(Victora Woodhull)이 엘리자베스 캐디 스탄톤과 수잔 안토니가 이끄는 전국여성참정권협회(National Woman Suffrage Association)와 관련을 맺고 있었다.

당대의 추문으로 꼽히는 비처-틸턴 집안의 복잡한 이야기도 참정권운동의 보수적인 분파에 속하는 세 지도자들, 즉 헨리 워드 비처(Henry Ward Beecher), 엘리자베스(Elizabeth)와 데오도르 틸턴(Theodore Tilton)과 관련된 사건이었다. 브룩라인(Brooklyn)의 유명한 플리머스교회의 담임목사로서 영향력 있는 성직자였던 비처는, 언론가이자 사회개혁가였던 데오도르 틸턴의 아내이며 탁월한 여권운동가인 엘리자베스 틸턴과 정사를 맺은 것으로 인해 고발당했다. 틸턴 집안은 비처가 시무하는 교회의 교인이었다. 엘리자베스 틸턴은 처음에 간통을 인정했지만, 나중에는 자신의 자백이 협박에 의한 것이었다고 주장했다. 모든 지역 신문들은 간통에 대한 비처의

재판을 자세하게 보도했다.[53]

간통 당사자들과 당대 최고의 진보적 자유연애 옹호자가 여성운동과 관련되었다는 사실은 여성운동에 도움이 되지 않았다. 그래서 소로시스의 지도자들은 개선책을 찾고자 했다. 전국협의회 의장이었던 샬롯 윌버(Charlotte Wilbour)는 '당대에 어떤 형태의 개혁에서든지 말이나 글 또는 실천적인 일로써 명예로운 지위를 얻은 … 고등교육에 관심을 가진 실질적으로 대표성이 있는 여성들'에게 회람 편지를 보내 총회 소집을 위한 서명을 요청했다. 대략 백여 명의 여성들이 응답했고, 프란시스 윌라드도 그 가운데 속해 있었다. 프란시스도 저명한 사람들 중 한 명이었다. 사라 그림케(Sarah Grimke), 이사벨라 비처 후커(Isabella Beecher Hooker), 줄리아 워드 휴, 앙트와네트 블랙웰(Antoinette Blackwell), 메리 리버모어, 스탄톤, 루시 스톤(Lucy Stone) 등도 그 소집을 지지했다.[54]

여성대회는 1873년 10월 15일에 뉴욕 연방클럽회관에서 소집되어, 곧바로 여성진보협회(Association for the Advancement of Women)로 불리는 새로운 조직을 만들었다. 언론인이자 여성참정권론자이며 윌라드의 친구였던 제인 호지와 함께, 시카고위생위원회를 설립한 메리 리버모어가 초대 회장으로 선출되었다. 이 대회는 윌라드가 동부 지역에 처음으로 등장하게 된 계기였다. 윌라드는 노스웨스턴에서 처음 실시했던 자율제도에 관해 서술한 '교육의 새로운 출발'이라는 연구 논문을 발표했다.[55] 윌라드의 이름은 진행순서지에 윌버(Wilbur)로 잘못 기록되었으며, 신분에 대해서도 노스웨스턴여자대학이 아닌 일리노이대학의 대표로 소개되었다. 중서부의 유명 인사가 동부에서는 아직 많이 알려지지 않았던 것이다. 그러나 윌라드는 협회에 참석했고 주목을 받았다. 그리고 친구들을 사귀게 되었는데, 그 가운데 메리 리버모어가 있었다. 리버모어는 여성운동의 주요한 기관지 〈여성의 저널〉의 편집장을 지냈으며, 전국의 유명 강사 중 한 명이었다. 윌라드는 일리노이주 협회의 부회장으로 선출되었다.[56] 협회를 통해 윌라드는 동부 여성 지도자들에게 주목을 받게 되었고, 1874년 여름과 가을에는 이 관계를 적절하게 이용하였다.

윌라드는 또한 동부에서의 금주운동과도 관련을 맺었다. 감리교 목사이며 유명한 금주운동 강사였던 윌리엄 부울(William H. Boole) 목사가 시카고에 방문했을 때, 윌라드는 부울 목사를 만난 적이 있었다. 윌라드는 뉴욕을 방문했을 때도 부울을 찾았고, 그를 통해서 브루클린의 금주운동가들, 즉 메리 하트(Mary Hartt)와 메리 존슨(Mary C. Johnson)을 만났다.[57] 그해 9월, 윌라드는 하트를 비롯하여 새로운 금주운동 친구들과 함께, 일주일간 메인주에 있는 유명한 해변 휴양지 올드 오처드 비치(Old Orchard Beach)에서 열린 교회 연합 야외집회에 참석했다.[58] 이곳에서 윌라드는 프란시스 머피(Francis Murphy)를 만났다. 머피는 술고래들의 개혁운동 조직의 리더였으며, 이 조직은 알코올 중독 방지회(Alcoholics Anonymous)와 유사하게 도덕적 권고의 방법을 사용하고 있었다. 두 사람은 오랫동안 교제를 나누었고, 마침내 로맨틱한 관계로 발전한 듯했다. 1880년대 초에 머피는 윌라드에게 연애편지를 보냈는데, 윌라드는 이 편지들을 매우 진지하게 받아볼 수 없었다. 왜냐하면 어머니가 '교화 또는 재미'를 위해 이것을 가져갔기 때문이다. 오처드 비처에서 윌라드는 금주운동의 모든 유명 인사들과 친분을 맺게 되었고, 그 가운데는 릴리안 스티븐스(Liliian Stevens)와 디오 루이스(Dio Lewis)도 포함되었다. 스티븐스는 메인주 금주법의 아버지 닐 다우(Neal Dow)의 동료였으며, 루이스는 금주운동의 창시자로서 '그의 말이 마치 화약고에 불을 붙인 화승총과 같았다.'[59] 윌라드는 금주운동야외집회협회(Temperance Camp Meeting Association)의 부회장이 되었다.

이 집회가 끝나자마자, 윌라드는 '천국의 선물'을 경험했다. 윌라드는 금주운동에 열중해 있었지만, 어떻게 생활비를 벌 수 있을지 염려했다. 이 문제를 해결하기 위해 윌라드는 고전적인 방법을 사용했다. 메인주 포틀랜드의 호텔에 머무는 동안, 그곳에 비치된 성경을 펴서 시편 37장 3절을 읽었다. '여호와를 의뢰하고 선을 행하라. 땅에 거하여 정녕히 먹으리로다' 하나님께서 공급하실 것이었다. '나에게 가장 어렵고 긴급한 문제에 대한 확고한 믿음이 여기에서 나왔다.'[60] 평생 동안 윌라드의 가장 중요한 결정들은 당대의 많은 사람들처럼 하나님의 계시에 의해 영향을 받았다. 인도를 받기 위해 성경에 마음을 돌리는 것은 복음주의자들의 공통된 습관이었다. 이러한 방식으로 윌라드는 여성참정권을 지지하고 절제회를 금주당과 연결시키는 위대한 첫걸음을 내디뎠다. 19세기 개혁자들은 종종 스스로 미리 운명 지어져 결코 피할 수 없는 거대한 종교적 양식을 따를 수밖에 없는 존재라고 생각하곤 했다.

윌라드에게 계시는 실질적인 염려들에 관하여 언제나 차분하고 상식적인 평가를 내릴 수 있도록 해주었다. 이번 경우에 윌라드는 어머니와 친구들에게 의견을 물어보았다. 그들은 윌라드가 재정적으로 자급할 수 있다면 '자선가가 될 수도 있겠지만, 금주운동의 모든 사역은 적어도 비용이 들어가는 일인데, 네가 그것을 감당할 수 없다'고 조언해주었다. 오직 메리 리버모어만이 정반대의 목소리를 냈다.[61] 하나님께서 윌라드에게 보내신 계시는 1874년 9월 시카고 여성금주단체의 루이스 라운즈(Louise Rounds)로부터 한 통의 편지를 받았을 때 확인되었다. 이 편지에서 루이스는 윌라드에게 그 신실하고 헌신된 그룹의 회장직을 제안했다. '짧은 시간 안에 나에게 매우 소중해진 이 운동을 위해 일할 수 있는 뜻밖의 기회가 열렸다.'[62]

윌라드는 금주운동의 흥분과 도전을 사모했지만, 일정한 생계수단이 없어 교육자로서의 직업의 문을 완전히 닫을 수 없었다. 같은 날 시카고로부터 한 통의 편지가 날아왔다. '센트럴 파크 근교의 젊은 여성들을 위한 멋진 학교'의 교장직에 대한 제안과 함께 후한 사례비가 동봉되어 있었다.[63] 이제는 이 청빙과 함께 다른 모든 교육 분야의 제안들도 거절할 수 있었고, 에반스톤에 머무를 수 있었으며, 항상 마음을 사로잡았던 대중적인 삶의 직업에 뛰어들 수 있었다. 어쩌면 금주운동 단체에 받아들여졌을 때는 편안함과 금주운동 리더들이 운동과 관련해서 부여해준 주요 직함들이 윌라드에게 과도한 영향을 미쳤을지도 모른다. 이전에 노스웨스턴에서 받았던 대우와는 달리, 열렬하게 자신을 환영해준 것에 유혹되었을 수도 있다. 단기간 동안 윌라드는 매우 힘든 과정을 선택했다. 이후 몇 달 동안 실제로 아무런 재정적 보상도 없고, 남들이 알아주지도 않는 일을 위해 윌라드는 위험한 속도로 헌신했다.

윌라드의 오랜 비서이자 동료이며 절친한 친구였던 안나 고든은 윌라드가 자신의 행동이 얼마나 중요한지 분명하게 인식한 채 결정을 내렸으며, 처음부터 WCTU에 대해 '적절한 지도력만 있다면 가정을 위협하고 우리의 문명사회를 공격하는 모든 악에 대항하여 전열을 갖출 수 있는' 최초의 기관으로서 '중요성을 가졌다'고 생각하고, '또한 이 기관 안에서 여성들을 위한 위대한 교육기관으로서의 가능성도 보았다'고 믿었다.[64] 이 말의 이면에는 숨은 지혜뿐 아니라 중요한 진리가 감추어져 있다. 금주는 수많은 여성들이 향후 20년 동안 가장 효과적으로 조직될 수 있는 매체였다. 윌라드는 금주운동 지도자로서 여성들과 함께 사회 전체에 그 영향력을 극대화할 것이다. 장기적인 안목에서 볼 때, 프란시스 윌라드는 자기 자신과 그녀가 이끌 조직을 위해 현명한 선택을 한 것이다.

Chapter 5. 직업

프란시스 윌라드는 이제 남은 생애 동안 몸담게 될 직업에 들어선다. 윌라드는 절제운동 지도자였다. 때때로 이 사역에 다른 역할과 업무가 추가되기도 했지만, 이 주된 필생의 사역으로부터 멀어지게 할 만한 다른 일들은 결코 허락하지 않았다.

윌라드는 금주운동에 참여한 결정이 자신의 생활방식에 혁명을 일으켰다고 했다. '나는 평화 대신 전쟁에 참여해야 했다. 가정의 달콤함 대신 … 세상의 방랑자가 되어야 했다. 도서관 대신 강연장과 객차를 찾아다녀야 했고, 학구적이고 교양 있는 사람들 대신 술집과 도박장 그리고 추잡한 행동들로 가득 찬 소굴을 보아야만 했다.'[1] 학계는 항상 평화롭지는 않았고, 윌라드는 교양 있고 품위 있는 사람들과 계속해서 교제했지만, 생활방식은 바꾸어야만 했다. 윌라드는 강사, 동원가 그리고 상습적인 여행자가 되었으며, 시카고 절제회와 함께 한 첫해에는 '술집과 도박장의 쓰레기'와 친밀하게 일해야 했다. 이러한 사역은 노스웨스턴 젊은 여성들에게 대모 역할을 하고 문학사를 가르치던 것과는 현저하게 달랐다.

윌라드의 새로운 직업은 시카고 중심 도시에 근거를 두었다. 남북전쟁 때까지만 해도 윌라드는 미국의 전형적인 시골에서 인생을 보냈었다. 윌라드는 대초원과 농장이 있는 미국의 작은 마을에 사는 한 아이였다. 그러나 지금은 최근 들어 급속히 성장하는 소도시에 불과하나, 곧 대도시로 가는 길목에 놓여 있는 곳으로 이사하게 되었다. 이러한 변화는 무서운 성장통이 없이는 일어나지 않는다. 1870년대는 시카고의 비극과 변화의 시대였다. 1871년 대화재는 도시를 잠시 마비시켰지만, 곧 거대한 힘을 발휘했다. 새로운 생명력은 진정한 힘을 발휘하기도 전에, 다시 한 번 1873년의 대공황과 그에 따른 무서운 불황으로 좌절을 겪었다. 유럽인의 엄청난 유입이 시작되면서, 1890년에 이르러서는 도시 인구의 3분의 1이 외국인일 정도였다. 경제적인 격변으로 인한 압박, 인구 성장, 인구 통계의 변화는 시카고 일대에서 가장 흔히 나타나는 특징이었다. 이제 갓 태어난 미성년자에 불과한 금주운동은 이러한 대혼란 속에서 성장 일로에 있는 이 도시의 많은 문제들을 해결하기 위한 계획들을 도입하고 있었다.

운동 초기에 기독교청년회(YMCA)는 시카고기독교여자절제회에 임대료 없이 사무실을 제공해주었고, 절제회 여성들은 시카고 절제회가 향후 10년 동안 매일 복음 절제회 기도회를 후원했던 기독교청년회 로워파웰홀(Lower Farwell Hall)에서 정기모임을 가졌다. 몇 개월 동안 윌라드의 생활은 실제로 기독교청년회를 중심으로 전개되었는데, 이것은 윌라드가 이 대도시의 불행 속에 문자 그대로 뚝 떨어졌음을 의미했다. 집은 여전히 에반스톤에 있었지만, 여러 친구들이나 동료들과 함께 그녀는 더욱 빈번히 시카고에 머물렀다. 윌라드와 케이트 잭슨은 여전히 가까이 지냈고, 12월 중순부터 그해 겨울과 봄 동안 시내에서 함께 하숙했다.[2] 이러한 환경에 몸을 던진 이유는 금주 관련 연설을 하고, 사역을 위해 기금을 모으기 위해서였다. 윌라드는 노트북에 자신의 생활에 대해 이렇게 기록했다. '절제회 모임을 마치고 저녁 OO시에 이 도시로 돌아왔다. 레이크쇼어역에서 내 사무실까지 걸어오느라 몸이 얼었다. 정말 꽁꽁 얼었다. 거리에는 여자들이 없었으며, 모든 것이 굳어 있고 죽어 있었다. 사랑스런 반즈 여사와 신실한 리트 자매가 어디선가 찾아 온 세 명의 불쌍한 사람들을 돕고 있었다. … 우리는 종이를 가득 메워도 부족할 만큼, 백만장자에게 도움을 받아도 부족할 만큼 수많은 '사건'과 역사, 위기와 비참한 재난들을 겪었다.'[3]

그 해 겨울, 1873년 대공황에 잇따른 경제 불황이 시카고를 덮쳤다. 윌라드는 시내 기독교청년회 사무실에 직원으로 근무하는 여성 자원봉사자들과 함께 도움의 손길을 기다리는 짓밟힌 사람들을 최선을 다해 섬기는 동안 도시 빈곤의 어려운 현실을 알게 되었다. 프란시스는 제인 아담스(Jane Addams), 루시 스톤, 안나 하워드 쇼(Anna Howard Shaw)를 포함한 당대의 많은 개혁가들처럼 어린 시절 노예제도에 강하게 반대하던 부모님의 손에 양육을 받으면서 억압받는 자들에 대한 동정심을 갖게 되었다.[4] 그러나 윌라드는 이 시기에 경제에 관한 소신은 거의 없었다. 폭넓은 사회적, 경제적 개혁 계획들로부터 나오게 될 해답을 상상할 수 없었다. 윌라드가 훗날 따르게 된 급진적인 경제관은 틀림없이 이 비통했던 겨울의 경험에서 어느 정도 영향을 받았을 테지만, 여전히 윌라드는 해법들을 암중모색하고 있었고, 적어도 그 당시 어느 시점에서는 강한 종교적 신념과 결합된 금주운동이 윌라드에게는 도시 빈민들의 모든 문제에 대한 충분한 해답처럼 보였다. 하지만 윌라드는 빈곤에 대한 실질적인 해법을 찾으려고 노력하지 않았다. 언젠가 윌라드는 도시구제위원회 위원장을 방문하여, 실업자들이 얼마간의 실업보조금을 받을 수 있는 노역장을 후원해줄 것을 제안한 적이 있었다. 그러나 이 제안은 거절당했고 윌라드는 실망했다. 그리고 다시 종교로 돌아왔다. '나의 가장 강력한 지적인 목마름은 하나님의 말씀을 더 많이 아는 것이다. 이 모든 일에, 즉 운명이 인간 의지의 어느 쪽으로 기울지 모르는 불안정하고 불확실한 이 시대에 누가 충분한 능력이 있단 말인가?'[5]

윌라드의 가장 큰 만족은 자신에게 재능이 있음을 발견한 설교에서 찾을 수 있었다. '나는 홀로 사회에 나가 오직 하나님만 바라보며, 그리스도의 헤아릴 수 없는 풍성함을 설교하고 싶다!. … OOO 형제가 뉴욕 절제회 신문의 편집장직을 내게 제안했을 때, 그것은 내 영혼을 조금도 감동시키지 않았지만, 악한 사람들이 눈물 흘리고 기도하고, 예수를 보고 싶다고 말하는 이 작은 복음집회는 나를 전율케 한다.'[6]

윌라드는 사람들의 마음을 자극하고, 그들이 삶을 바꾸어 헌신할 수 있는 수준까지 나아가도록 격려하는 매혹적인 능력이 자기 안에 있음을 발견했다. 윌라드는 가르칠 때, 특히 노스웨스턴에서의 금요일 오후 수업 시간 '여학생들'에게 강의할 때 비슷한 느낌을 경험했는데, 이것은 신나는 일이었다. 약 10년 전, 감리교여성백주년협회가 헤크홀 건립 기금 마련을 위한 캠페인을 벌이던 집회에서 한 남자가 윌라드가 준비해준 연설문을 읽었다.[7] 그때만 해도 관습을 무시한 채 윌라드 자신이 강의 원고를 읽는다는 것은 상상할 수 없는 일이었다. 그런데 이제 대중 앞에서 말하고 설교하고 권면하는 일이 윌라드의 가장 큰 만족이 되었다.

그해 겨울, 윌라드의 설교 대부분은 그녀가 종종 예배를 인도하던 페어웰홀 매일 기도회에서 행해진 것들이었다. 신문들은 참석자 수가 많았고 열기 또한 '엄청났다'고 보도했다. 윌라드는 성경의 짧은 구절을 읽은 후 '명쾌한 방식으로 각 구절을 해석하고 상세히 설명했다.' 이 모임들은 '가장 유익을 얻을 것 같은 사람들, 즉 그렇지 않으면 타락과 파멸로 끝나버릴 오락장으로 인도될지도 모르는 젊은 사람과 소년, 도시의 낯선 사람 그리고 실업자의 마음을 사로잡았다.'[8] 윌라드는 35세였고, 매력적이었으며 열정으로 가득 찼다. 젊은 술고래들에게는 어머니 같은 사랑을 베풀었고, 초로의 버림받은 자들에게는 자비의 천사 역할을 했다. 틀림없이 윌라드는 두 가지 역할을 모두 해냈다.

가난한 자들을 이해하는 데에는 1874년 가을, 무일푼으로 살았던 경험이 도움이 되었다. 윌라드는 재정적인 해결책도 없이 금주운동을 시작했다. 케이트 잭슨은 12월까지 동부 여행 중이었고, 윌라드 집안은 프란시스가 노스웨스턴 임명을 받은 이후부터 프란시스에게 의존하지 않았었다. 케이트는 분명 기꺼이 윌라드의 재정을 지원할 테지만, 프란시스는 그녀에게 도움을 청하지 않았다.[9] 올리버는 어머니 윌라드에게 약간의 재정적인 도움을 주었다. 그러나 프란시스는 매우 넉넉했던 노스웨스턴 월급에서 거의 저축을 하지 않았던 것 같다. 돈을 저축한다는 것은 윌라드에게 쉽지 않은 일이었다. 그해 가을, 윌라드는 주머니에 한 푼도 없었기 때문에 점심도 먹지 않고 외출했고, 버스요금을 절약하기 위해 걸어 다녔다. 윌라드가 금전사용기록을 적어 둔 1874년의 작은 비망록에 따르면, 크리스마스까지 거의 200불의 빚을 지고 있었다. 어머니의 세금 71.55불을 지불했고, 주 및 전국 절제회 대회를 참석하는 동안 60불을 사용했다. 유일한 수입원은 강연한 모임에서 받은 기부금이 전부였다. 1874년 10월과 11월 동안 이 기부금의 합계는 91.60불이었다. 윌라드는 이 돈을 모두 금주운동에 사용했다.[10] 윌라드가 12월초 보름 동안 몹시 지치고 병이 나서 에반스톤에 머물렀을 때, 어머니는 윌라드가 시카고 여성들에게 월급을 요구해야 한다고 설득했다. 윌라드가 시카고연합회 회장으로 선출되었을 때, 막연한 재정 후원에 관한 약속이 있었다. 한 달에 100불을 지원받기로 했지만, 윌라드의 기록에 따르면 이 금액이 항상 준비되어 있지도 않았음을 알 수 있다.[11]

윌라드의 재정 비망록은 그저 개략적이었고, 절제회를 위해 모으고 있던 돈과 개인적인 재원 – 윌라드가 어쩌다 약간의 돈을 가지고 있을 때 – 을 꼼꼼하게 구분하지 않았다. 시카고연합회의 한 회원은 마침내 윌라드에게 경영적인 마인드를 가질 것을 제안하면서 '여성들이 이 명세서처럼 연합회를 위해 당신에게 약간의 돈을 기부할 때, 그것을 받아 회계에게 넘겨주던지 또는 여성들에게 직접 넘겨줄 경우, 그것이 당신을 힘들게 하거나 모두에게 누가 되지 않도록 해야 한다'고 말했다.[12] 회계의 투명성은 윌라드에게 중요하지 않았고, 전국연합이 1866년 윌라드에게 공정한 월급을 지급하기 전까지, 윌라드는 항상 어머니를 부양하고 가족의 청구서들을 지불하는 등 그녀에게 개인적으로 기부된 돈을 스스로 판단해서 적합한 곳에 사용하면 된다고 생각했다.

윌라드는 대부분의 삶을 그다지 부족함 없이 살았지만 많은 경우에 '가난하다'고 말했다. 시카고연합회 회장으로서의 처음 몇 개월은 예외였다. 그리고 1870년대와 1880년대 초에 절제회를 위해 전국을 여행할 때에도 재정적인 어려움을 경험했다. 사역에 대해 넉넉한 사례를 받기 시작한 이후에도 윌라드는 종종 재원의 부족을 불평하곤 했다. 분명히 1860년대에 윌라드 가족에게 찾아온 갑작스런 궁핍이 재정적인 안전에 대한 기대를 흔들어 놓은 것이다. 그러나 윌라드는 누구에게나 부탁을 했고, 동료와 친구들로부터 개인적인 돈과 봉사 혹은 상품들을 받는 것을 결코 꺼리지 않았다. 언제나 아낌없는 후한 도움이 있었다. 윌라드와 친구들 모두 그녀가 '주의 일'을 하고 있다고 믿었다. 윌라드는 스스로를 금주운동에 부름받은 일종의 선교사로 생각했다. 윌라드는 자신의 재능과 능력을 아낌없이 나누어 주었다. 반대로, 다른 사람들이 자신에게 주는 것도 정당하다고 생각했다. 또한 윌라드는 자신의 원고료를 결코 개인적으로 챙기지 않았다. 많은 책과 소책자들, 신문 기사에 대한 수입을 자기의 몫으로 생각하지 않고, 자신이 헌신한 금주운동을 위한 기부금으로 생각했다.

자기의 것을 아낌없이 나누어 줄 수 있었기 때문에, 간혹 자신의 궁핍한 처지를 한탄하면서도 다른 사람들의 재정적인 도움을 기꺼이 받아들일 수 있었다. 실제로 윌라드는 대부분의 삶을 자급할 수 있었을 뿐 아니라 가족의 재정에 안정적인 주요한 수입원이었다. 더욱이 금주운동에 대한 윌라드의 기부금도 적지 않았다. 그러나 친구들의 도움으로 호사를 누릴 수도 있었다. 잭슨 씨는 프란시스가 케이트의 친구로서 스스로 생활비를 벌었다고 생각했겠지만, 케이트 아버지의 도움이 없었다면 유럽 여행은 불가능했을 것이다. 헨리 서머셋 여사의 부와 지위가 없었다면, 윌라드는 영국 땅에서 자기를 돕는 여러 비서들과 함께 세계여자절제회 회장직을 수행할 수 없었을 것이며, 프랑스에서 감리교 구제 선교회를 시작할 수도 없었을 테고, 1890년대에 영국-미국 간 여성연합을 추진하기 위해 직원 및 친구들과 함께 대서양을 건너던 일도 할 수 없었을 것이다. 부유한 친구들을 가까이 하고, 기꺼이 그들의 도움을 받는 것은 윌라드가 이끄는 운동의 발전에 중요했다.

1874년, 재정적인 오해에도 불구하고 시카고 절제회는 전국에서 가장 강력했으며, 윌라드가 그해 가을 조직된 전국연합회로 진출하는 데에 훌륭한 기반이 되었다. 뉴욕주 쇼토커(Chautauqua)에서 열린 주일학교 교사 강습회에 참석한 금주운동 회원들은 그해 여름 동안 1874년 11월에 클리블랜드에서 열릴 전국여자절제회에 대한 초청장을 나누었다. 이 대회가 열리기 전 일리노이주를 비롯해 수많은 주에서 먼저 주연합회가 개최되었다. 윌라드는 시카고 대표로 참석했고 일리노이주 연합의 서기로 선출되었다. 또한 지역구에 따라 선출된 전국대회 대표단에 시카고를 대표하여 참가하게 되었다. 윌라드는 클리블랜드에서 처음으로 수많은 금주운동 여성들을 만났다. 그들 가운데는 틀림없이 1870년대에 손꼽히는 여성인 감리교 평신도 여성사역자 애니 위텐마이어와, 금주회의 마르다(마티) 맥클랜드 브라운, 아이오와의 탁월한 검사 엘렌 포스터(Ellen Foster), 그리고 일리노이 주지사이며 국회의원을 지낸 인사의 미망인 제렐다 월리스(Zerelda Wallace)가 포함되었을 것이다. 이 여성들은 그 후 몇 년 동안 윌라드의 친밀한 동료가 되었다.

클리블랜드에 도착했을 때, 윌라드는 이미 지난여름의 활동을 통해 여러 동부 절제회 지도자들에게 알려져 있었다. 중서부에서는 시카고와 일리노이주 대회에서 인정을 받았다. 또한 일리노이주 절제회 대회 직후, 제2차 전국여성대회가 시카고에서 개최되었다. 비록 이 모임에서는 주요한 역할을 하지 않았지만(〈시카고 트리뷴〉은 윌라드의 이름을 단 한 번밖에 언급하지 않았다.) 윌라드는 이 대회의 서기로 선출되었다.[13] 이 대회에서 행한 윌라드의 연설은 대회 전체에서 유일하게 금주에 관한 연설이었고, 이로 인해 그녀는 더욱 폭넓은 여성운동 범주 안에서 특별히 영향력 있는 금주운동가로서의 전문 영역을 확보할 수 있게 되었다.

프란시스 윌라드가 아직까지 장기간 금주운동을 벌여온 애니 위텐마이어(Annie Wittenmyer)나 마티 맥클랜드 브라운 등과 견줄 수는 없었지만, 조직가와 선전가로서의 능력을 검증받고, 연설 면에서도 시카고와 동부에서 환호를 받은 신선하고 열정적인 신입회원으로서 클리블랜드에 도착했다. 윌라드를 회장 후보로 추천하려는 약간의 조짐이 있었지만 자신이 위텐마이어, 브라운, 애비 피셔 리비트(Abbie Fisher Leavitt) 등 새 단체를 통솔할 능력이 있는 강력한 후보자들과 겨룰 수 없음을 알고 자신의 이름을 철회했다. 위텐마이어가 2차 투표에서 회장으로 선출되었다.[14] 그러나 윌라드는 1차 투표에서 80표 중 51표를 받아 어렵지 않게 통신 서기로 선출되었다.[15]

통신 서기가 된 첫해에는 전국여자기독교절제회를 함께 개최했다. 또한 각 지역을 다니며 금주운동과 관련된 여행을 할 돈이 없어 이를 위해서도 노력을 아끼지 않았다. 금주운동에 관심을 보이는 사람이라면 누구에게나 지속적으로 편지를 보내고 조직화하려는 윌라드의 노력으로 말미암아, 연합회는 첫해에 16개 주로부터 80명의 대표단을 가지고 있던 것이 21개 주로부터 200명 이상의 대표단으로 성장했으며, 회비 납부회원도 7,500명이 되었다. 전국 절제회를 조직하는 동안 윌라드는 위텐마이어와 긴밀하게 협조했다. 위텐마이어는 윌라드보다 열두 살이 많았고, 남북전쟁 시절의 병사 구제사역, 감리교 자선사업과의 관련성 그리고 필라델피아에서 발행되는 유명한 정기간행물 〈기독교 여성〉의 편집장 등으로 크게 알려진 인물이다. 위텐마이어는 자신의 이름이 잘 알려진 교회에서 여성들을 규합하는 일을 했다. 윌라드는 감리교와 실질적인 관련을 맺고 있었지만, 전국적으로 이름을 알릴 수 있게 된 것은 지난 2~3년간의 사역 덕분이었으므로 위텐마이어와 비길 수 없었다. 그러나 윌라드는 계획하고 결정하는 일에 경험을 쌓았고, 처음부터 지도자로서의 역할을 감당했다. 위텐마이어와 윌라드의 관계는 진심에서 우러나왔으며, 윌라드는 종종 이 연상의 동료에게 직업적 혹은 개인적으로 조언을 구하기도 했다. 예를 들면 '나는 당신을 사랑하며 당신이 가장 솔직하게 나를 대해주길 바랍니다. 나는 주님께 더 가까이 가려고 노력하는 중입니다. … 내가 '너무 솔직하게' 말한다는 것과 또한 그것이 최선이 아니라는 것은 알지만, 주께서 나를 분별 있고 온유하게 만들어 주실 수 있을 것입니다'라고 말하곤 했다.[16] 1874~1875년 겨울 동안 윌라드가 보낸 편지 중에서 현재 남아 있는 것은 대부분 위텐마이어에게 보낸 것이다. 이 편지들은 읽어보기 어렵지만 큰 절박함과 좌절감을 담은 황급한 메모들이었다. 윌라드는 자신이 사역을 잘 해내기를 원했으며, 굽이굽이마다 크게 힘들어했다.

윌라드가 몹시 괴로워하고 좌절감을 느낄 만했다. 윌라드는 시카고연합회 회장과 일리노이 절제회 서기로서의 실질적인 업무 부담에 전국 절제회를 조직하는 일까지 감당해야 했다. 향후 2년 동안 윌라드는 거의 혼자서 전국연합회의 엄청난 서신 발송을 담당했고, 그 해 첫겨울은 시카고 상업 중심지구의 빈민사역을 했으며, 시카고 지역에서 강연과 설교를 계속해 나갔다. 전국대회 이후, 윌라드는 '각 주와 지방에 편지를 발송하고 조직화하기 위해 여성들을 동원할' 계획에 관해 위텐마이어에게 편지를 보냈다.[17] 아마도 휴가 기간이었을 1875년 여름, 윌라드는 그녀의 휴가 중 6일 동안 160통의 편지를 썼다. 그해 여름 80일 동안 40회의 연설을 했고 2,000통의 편지를 썼다.[18] 전혀 '휴식'이 없었고 '힘이 들었으며 일에 묻혀 살았다.'[19]

윌라드와 위텐마이어의 개인적인 관계는 친밀하고 안정적이었다. 그러다 두 사람의 견해차가 서서히 드러나기 시작했고, 나중에는 노골적인 권력 투쟁으로까지 발전했지만, 적어도 그 첫해에는 두 사람의 관계를 깨뜨릴 만한 갈등은 없었다. 윌라드는 위텐마이어를 '언니'라고 불렀고, 많은 경우에 그의 판단에 양보했다. 윌라드는 제1차 대회 때 승인되지 않은 주류 판매 금지 입법과 위텐마이어가 반대하던 여성참정권에 대해 자신은 찬성하는 입장이라고 솔직하게 털어놓았다. 그러나 윌라드는 이 시기에 그러한 공약들을 선언하는 것이 적절치 않다는 위텐마이어의 생각에 동의했다.[20)]

1874년 대회 이후, 윌라드와 위텐마이어는 1875년까지 만나지 않았다. 위텐마이어는 윌라드에게 1월에 동부의 실행위원회에 참석하도록 권했으며, 자신이 국회에서 절제회 첫해의 주요 연구과제였던 음주의 해악들을 조사하기 위한 위원회를 설치해줄 것을 요청하는 청원서를 제출하는 데에 윌라드가 동행해주기를 원했다. 윌라드는 핑계를 붙여 거절했다. 윌라드에게는 돈이 없었다. 더구나, 시카고가 윌라드를 필요로 했고 윌라드는 이곳에서 '더 도움이 될' 수 있었다.[21)] 봄이 되자, 위텐마이어는 당시 금주운동이 뿌리내리고 있던 유명한 씨 클리프(Sea Cliff), 롱 아일랜드에서 여름을 함께 보내자고 윌라드에게 제안했다. 이에 윌라드는 만일 자신이 경비 없이 갈 수 있고, 어머니를 원하는 대로 조율할 수 있다면 위텐마이어와 동행하고 싶다고 말했다. 그리고 '특별히 나는 당신과 함께 있고 싶습니다. 우리가 최고로 가깝게 지내야 한다고 생각합니다'라고 이야기했다.[22)] 위텐마이어의 제안에 따라 윌라드는 시카고를 떠나 절제회 전국 본부의 중심지이며 위텐마이어와 기록 서기 브루클린 메릴 존슨의 고향인 동부 해안 지대로 이사하는 문제를 진지하게 고민했다. 4월에 윌라드는 위텐마이어에게 이렇게 편지했다. '당신이 말한 것처럼 이곳 시카고는 척박한 곳입니다. … 만일 내가 보다 더 쓸모가 있다면, 나의 옛 터전에 '매이지 않고 방향을 바꿀' 의도가 있습니다. … 어머니는 내가 최선을 다할 수 있는 곳에 함께 있고 싶다고 하셨습니다. 에반스톤의 이 길고 춥고 쓸쓸한 겨울이 어머니의 생각을 크게 바꾸어 놓았습니다.'[23] 그러나 동부로 이사하는 일은 재정적인 문제들을 야기할 것이었다. 윌라드는 지금 시카고연합회에서 매월 정기적으로 100불의 월급을 받고 있었다. 강연비도 매월 평균 100불 정도 되었다. 일반적으로 우체국 직원이 연 1000불 이하로 가족을 부양하고, 공립학교 교사들의 연봉이 300불 정도였음을 감안하면, 연합회의 월급과 강연비로도 충분한 수입이 되었다.[24] 그러므로 시카고에 계속 머문다면, 충분한 수입을 보장받을 수 있었다. 하지만 동부로 이사 가면 오직 강연비에만 의존해야 했다.

결국 동부로 이사하지는 않았지만 1875년 7월 중순경, 케이트 잭슨과 함께 뉴저지 패터슨에 있는 케이트의 여동생 집으로 여행했다. 며칠 후 윌라드는 씨 클리프의 애니 위텐마이어와 합류했다. 클리블랜드 대회에서 잠시 만난 것 외에는 윌라드와 위텐마이어가 시간을 함께 보낸 적이 없었다. 이로써 두 사람은 거의 한 달 동안 친밀한 교제를 나누었다. 그들은 전략적인 문제들과 조직상의 문제에 관해 토론했고, 가을 대회를 위한 계획을 세웠으며, 당시에 위텐마이어가 필라델피아에서 매월 발행하던 〈여자절제회〉를 전국적인 여성 금주운동의 기관지로 새롭게 펴낼 정책에 대해서도 논의했다.[25] 또한 금주회, 뉴욕 금주당, 전국금주발행협회 등에서 모인 사역자 모임에도 참석했다.[26]

8월 중순, 윌라드는 마르다의 포도원(Martha's Vineyard)에서 열린 절제대회에도 참석했다. 그 후, 뉴잉글랜드를 여행하며 친구들을 만났으며 연설을 하고, 신시내티에서 개최될 전국대회 참가자 명부를 확보하기 위해 주와 지역 연합회 강화에 노력했다. 또한 뉴욕주 절제회대회에 참석하고, 버팔로와 카난대구아(Canandaigua)를 방문했으며, 10월 중순에는 시라큐스(Syracuse)에서 열린 제3차 여성대회 모임에 참석했다. 그리고 10월 25일 시카고로 돌아왔다.[27]

3개월 이상 윌라드가 오직 전국연합을 위한 일에만 몰두했지만, 시카고는 계속해서 윌라드의 급료를 지급했다. 11월에 윌라드는 다시 전국대회를 위해 신시내티로 날아갔고, 강연을 위해 크리스마스 전 19일 동안 또 다시 자리를 비웠다. 시카고 연합은 윌라드의 여행을 매번 달갑게 여기지는 않았지만[28] 운동을 위해 유익한 점이 있었다. 사실상 시카고 연합은 1875년 7월부터 윌라드가 회장직을 사임한 1877년까지 윌라드의 급료를 지불하는 방식으로 전국연합회를 지원했다. 절제회 초기 몇 년 동안에는 전국 연합보다 더 풍부한 재원을 가진 지역 연합들이 있었고, 그들의 도움이 없었다면 전국적인 규모의 절제운동은 가능하지 못했을 것이다.

윌라드는 전국 절제회를 위해 연설하고 조직하면서, 1875~1876년 겨울 대부분을 거리에서 보냈다. 도심 사역으로 알코올 중독자들과 함께 시카고 연합의 복음적 절제운동에 전념했던 이전 겨울과는 전혀 다른 삶이었다. 금주운동이 알코올 판매자와 구매자 모두에게 알코올성 음료를 포기하도록 영향을 끼치던 것과 마찬가지로, 복음적 금주운동도 술고래들을 개혁하기 위해 도의적인 권고를 사용했다는 점에서 금주운동의 확장이었다. 복음 절제운동은 윌라드에게 개인적으로 큰 만족을 주었으며 성취감도 안겨주었다. 그러나 윌라드는 그해 여름 동부로 가면서 이 사역을 외면했고, 다시는 알코올 중독자들에게 설교하는 것을 자신의 최우선 사명으로 생각하지 않았다. 시간이 갈수록, 복음 절제운동은 사회를 개혁할 무기로서 윌라드에게 덜 중요하게 되었다. 윌라드가 2차 전국대회를 위한 절제회 목표를 정관으로 만들어 위텐마이어에게 편지했던 바와 같이, 두 사람은 '우리의 목표가 단지 개울에 빠진 사람을 끌어내기 위한 수단을 찾는 것이 아니라, 우리의 영향력이 능력의 샘처럼 느껴지도록 하는 것이라고 분명하게 선언'해야만 했다.[29] 윌라드는 타고난 정치가가 되어가고 있었다. 1년 전 윌라드는 시카고 제일감리교회에서 열린 대규모 집회에서 자신이 '말하는 사람'보다는 '행동하는 사람'으로 기억되기를 바란다고 연설한 적이 있었다. 윌라드가 소망한 행동함은 시카고 상업중심지구의 버림받은 자들을 구하는 일을 넘어서고 있었다.

비록 프란시스 윌라드가 여러 해 동안 생활비를 벌기 위해 잠깐씩 다른 직업들을 선택하긴 했지만, 회장이 되기 전까지 줄곧 절제회와 관련을 맺었고, 항상 활동적인 역할을 감당했다. 윌라드는 1876년 한 해 동안 시카고연합회 회장직을 맡았고, 1877년 10월까지 전국 절제회 서기로 봉사했다. 1878년 여름에는 일리노이연합회 회장으로 선출되었고, 일리노이주를 대표하여 참정권운동을 이끌었다. 또한 금주운동을 지원하는 수십여 차례의 강연도 계속했다. 전국연합회 서기로 있는 동안 우편과 개인적인 접촉을 통해 연합회를 조직하는 일에도 꾸준히 노력을 아끼지 않았으며, 전국대회 및 필라델피아 100주년 기념행사를 기획하면서 애니 위텐마이어와 긴밀하게 협조했다. 절제회 신문이었던 '우리의 연합(Our Union)'에 칼럼을 썼고, 다른 편집 업무도 담당했다. 단 한 순간도 절제회 주 대변인으로서의 역할을 멈추지 않았던 것이다.

Chapter 6. 휴식기

1875~1876년 겨울, 윌라드는 목표를 수정했다. 지금까지는 주로 개인들과 일대일로 관계를 맺음으로써 영향력을 발휘하고 이름이 알려지기를 선택했었다. 윌라드는 교육자이며 행정가이다. 시카고 상업 중심지구에서 상담가로서의 역할도 다했다. 이제껏 여성들이 종교 생활을 위해서나 적법한 방식으로 돈을 벌기 위한 수단으로 글을 읽고 쓰는 재주를 사용했던 반면, 윌라드는 교육하고 전도하기 위해 펜을 사용해왔다. 이제 윌라드는 완전히 다른 방향으로 돌아섰다. 명성이 윌라드를 유혹했고 정치적인 영향력에 구미가 당겼으며, 연단에 서는 것이 더 매력적이었다. 윌라드의 우선순위에 이러한 방향 전환이 일어난 이유는 무엇일까?

1875년에 프란시스 윌라드가 안나 디킨슨과 맺은 새로운 관계에서 그 부분적인 해답을 찾을 수 있다. 디킨슨은 남북전쟁 순회강연의 여성연사였고, 공화당운동의 운동가였으며, 19세기를 대표하는 낭만적인 인물 가운데 한 명이었다. 비록 안나가 윌라드의 삶의 방식에 어떤 영향을 주기 위해 노력하지는 않았지만, 윌라드가 이전까지 접해 왔던 사람들과는 전혀 다른 역할 모델을 보여주었다. 예를 들면, 케이트 잭슨은 윌라드에게 대서양 너머의 세계와 외국 생활을 소개해주었으며, 동양의 부유계층을 만날 수 있는 특권을 허락해주었다. 윌라드의 발전에서 중요한 시기에, 디킨슨은 실천가 곧 수많은 청중들을 감동시킬 수 있는 웅변가의 세계로 윌라드를 안내했다. 이 기간 동안 시카고 상업 중심지구에서의 사역을 통해 윌라드는 강단과 연단의 매력을 발견했다. 가르치고 저술하는 것으로는 더 이상 만족할 수 없는 어떤 실천에 대한 맛을 들이기 시작했고, 지난여름 대규모 야외 금주집회에서 수많은 사람들을 감동시켰던 자신의 비범한 재능을 알아차리기 시작했다. 그해 가을 페어웰홀에서 열린 정오 모임과 수많은 교회의 절제회 모임에서 연설했던 경험은 더욱더 대규모 청중에 대한 욕구를 자극했다. 바로 이 무렵 윌라드는 안나 디킨슨을 만났고 그와 친구가 되었다. 당시 디킨슨은 진지하게 연극이나 무대 등 순수 오락과 관련된 일을 직업으로 삼을까도 생각하고 있었지만, 정평이 난 유능한 연사로 더 가치 있는 운동을 위해 자신의 재능을 사용하는 예능인이었다. 디킨슨과의 교제는 윌라드에게 있어 명백하게 실천가로 살아가는 사람과는 개인적으로 처음 맺는 교제였다.

정의와 권리를 향한 진솔한 열정을 가졌던 아름답고 순결한 여성 디킨슨은 이전까지 여성들이 환영받지 못했던 연단에 올라 1860년대 10년 동안 수많은 사람들의 마음을 사로잡았다. 또한 디킨슨은 정치적으로 유력한 사람들과도 교제하고 있었다. 윌리엄 로이드 게리슨(William Lloyd Garrison)은 디킨슨의 후원자 중 한 명이었다. 디킨슨은 대통령 아브라함 링컨이 참석한 하원에서 연설을 했고, 뉴욕의 쿠퍼유니온대학(New York's Cooper Union)에서도 최고의 인기 강사였다.[1] 남북전쟁 이후, 앤드류 존슨 대통령을 공격하고 자유민들을 옹호한 디킨슨의 연설 강연료는 매우 높아서 연 2만 불의 수입을 가져다주었다. 윌라드와 디킨슨은 그들의 친구 사라 돌리(Sarah Dolley)의 소개로 이미 우편으로 서로에게 인사를 나누고 한두 통의 편지도 교환했지만, 디킨슨의 명성이 서서히 기울어가던 1875년이 되어서야 처음으로 서로 만날 수 있었다.[2] 그러나 윌라드는 오랫동안 디킨슨을 존경해왔다. 피츠버그여자대학에서 가르치는 동안 윌라드는 자신의 일기에 이 여강사에 대해 짧게 언급하면서 '내 마음은 내가 익히 들어온 이러한 사람들을 만날 수 있다는 소망에 몹시 설렌다'라고 적었다.[3] 1866년 윌라드는 디킨슨이 시카고 크로스비 오페라 극장에서 연설하는 것을 들었다. '오페라 극장에 … 갔다. 그리고 안나 디킨슨에게서 링컨 암살에 관한 이야기를 들었다. (윌라드는 1주 전 프레드릭 더글라스의 강연에 참석했었다.) 디킨슨은 멋진 여성이며, 연설을 할 때 사람들이 그녀를 칭찬하게도 할 수 있고 비난하게도 할 수 있다. 하지만 디킨슨은 너무 급진적이다.'[4] 그럼에도 불구하고 프란시스를 매혹한 것은 바로 디킨슨의 그 과격함이었다.

두 여성은 윌라드가 에반스톤에서 디킨슨을 위한 강연을 준비하던 1875년 늦겨울에 처음 만났고, 윌라드는 안식처(Rest Cottage)에서 디킨슨을 환영했다. 어머니 윌라드, 안나 그리고 프란시스는 자정이 되도록 이야기를 나누었다. 그해 봄과 초여름, 디킨슨은 시카고에서 여러 달을 보냈고, 두 사람의 우정도 깊어갔다. 프란시스는 마치 오래전부터 디킨슨을 알고 있었던 것처럼 느꼈다. 안나는 편안했고 사람들과 거리낌이 없었으며, 자신의 열정을 자유롭게 나누었다. 프란시스는 또한 안나의 아름다움, 즉 '이마로부터 뒤로 빗어 넘긴 검고 매력적인 곱슬머리', '회색 눈' 그리고 '정숙하고 부드러운 발걸음' 등에 감탄했다.[5] 디킨슨의 나이는 죽은 여동생 메리와 비슷해 보였고, 그래서 윌라드는 잃어버린 여동생에 대한 회상을 디킨슨에게서 발견했을지도 모른다. 그러나 메리와 달리, 안나 디킨슨은 세속주의자였고 반항아였다. 또한 그녀는 여성들을 위한 윌라드의 목표에 공감했지만, 금주운동과 복음적인 헌신에 대한 윌라드의 열정은 함께 나누지 않았다.

윌라드는 금주운동에 디킨슨의 협력을 얻으려고 노력했다. 윌라드는 자신의 관심사에 함께 마음을 나눌 사람을 원했고, 대개는 성공했었다. 그러나 부단한 노력에도 불구하고 이번에는 실패했다. 윌라드는 자신의 운동에 미칠 디킨슨의 잠재적인 가치를 충분히 알고 있었다. 만약 윌라드가 디킨슨을 금주운동의 새 회원으로 가입시키는 데에 성공했더라면, 그것은 마치 1970년대에 평화와 사회 개혁에 대해 헌신한 제인 폰다에 견줄만한 19세기의 유명한 여걸을 끌어들이는 것이었다. 디킨슨이 기꺼이 절제운동을 할 마음이 있었다면, 잠시 동안 그 거대한 명성을 이 운동에 바쳤을 수도 있다. 윌라드의 첫

인상이 옳았다. 디킨슨은 적어도 일시적으로는 도움을 주었을 것이다. 그러나 장기적으로는 절제운동에 희극적인 요소를 가미함으로써 해를 입혔을 것이었다. 안나 디킨슨은 언제나 화려했다.

한동안 디킨슨이 윌라드를 격려했거나 또는 윌라드가 디킨슨이 그 빛을 보게 될 것이라고 믿었던 것 같다. 왜냐하면, 윌라드가 위텐마이어에게 보낸 편지에서 '친애하는 안나 디킨슨이 금주운동 대열에 용감하게 들어서고 있습니다. 다음 유세를 위해 금주 연설을 준비하기로 약속했습니다. 무대로 올라가는 것이 아닙니다'라고 적고 있기 때문이다. 이 시기에 디킨슨은 오직 연단 위에만 등장했다. 윌라드가 좋아하지 않았던 여배우로서의 직업은 1876년에야 비로소 시작했다.[6] 윌라드는 디킨슨에게 아일랜드 절제운동 지도자인 매튜 신부에 대한 글을 써줄 것을 부탁했다. 윌라드가 위텐마이어에게 말한 바에 따르면, 디킨슨은 이것을 '절제운동에 목소리를 내도록 만드는 구실'이라고 불렀다. 윌라드는 이후 몇 달 동안 계속해서 안나를 설득하면서, 이 일에 위텐마이어의 지원을 요청했다. 만일 위텐마이어가 이 일에 마음을 기울여주기만 한다면, 디킨슨이 그해 여름(윌라드와 케이트 잭슨이 동부로 가던 시기) 고향인 펜실베니아로 돌아갈 때, 디킨슨을 찾아가 그녀를 씨 클리프에 초대한 후, 절제운동에 참여하도록 설득할 수 있을 것이라고 생각했다. '금주운동 여성들이 안나 주변으로 다시 모이기를 원한다. 안나는 우리가 기독교인으로서 그리고 박애주의자로서 소망하는 모든 것이 될 수 있다.'[7]

그러나 디킨슨은 씨 클리프에 가지 않았고 금주운동에 참여하지도 않았다. 디킨슨은 윌라드에게 편지하면서 '사랑하는 윌라드, 확신하건대 당신은 그 감리교 장소(씨 클리프)에 대해 너무 지나치게 요구하는군요'라고 적었다. 비록 야외집회에 참석하는 것을 거절했지만, 안나는 프란시스에게 다음과 같이 편지했다. '비록 당신에게 동의하지는 않지만, 기쁨으로 당신의 편지를 읽었습니다. 당신은 그저 있는 그대로의 나를 사랑하려고 노력했으면 좋겠어요. 왜냐하면 나는 달라지고 싶지 않거든요. 그리고 당신은 심지어 내가 더 나빠지더라도 나를 사랑해주길 바래요.' 왜냐하면 '내가 당신을 사랑하니까요. - 당신이 그렇게 선함에도 불구하고.'[8] 2주 후에 디킨슨은 여전히 윌라드를 꾸짖고 있었다. '만일 당신이 절제회 모임과 종교를 정말로 그렇게 많이 좋아한다면, 내가 다른 어떤 사람으로부터 그 사실을 배울 수 있도록 해주세요. … 나는 당신이 내 인생에 그리고 내게 생명력이 있는 것처럼 보이는 것에만 관심을 갖길 바라요. 만일 그렇지 않다면, 나는 차라리 그 진리를 알고 싶지 않아요.'[9] 두 사람은 계속해서 서신을 교환했고, 윌라드는 디킨슨을 회심시키는 일에 위텐마이어가 계속 관심을 가져주기를 요구했다. 1876년 이후, 윌라드와 디킨슨은 그들의 삶에서 서로가 큰 비중을 차지하지 않았지만, 윌라드가 세상을 떠날 때까지 계속 친구로 남아 가끔 만나기도 했다.[10]

1875년, 윌라드가 전문가로서의 삶을 강화하기 위한 중요한 매체로서 대중적인 연단을 추구하게 된 것이 안나 디킨슨의 영향 때문이었을 수도 있다. 물론 이전에도 윌라드는 강연을 했었다. 여성문제에 대한 완곡한 지지였던 '새로운 기사도'를 작성하여 1871년 시카고에서 연설을 했고, 노스웨스턴에 있던 동안 시카고 근교뿐만 아니라 중서부 도시들에서 여러 번 반복해서 연설했다. 1874년 봄에는, 윌라드의 최초의 정식 금주운동 연설문인 '모든 사람의 전쟁'을 작성하여 1874년과 1875년 두 해 동안 수많은 교회와 금주 집회에서 연설을 했다. 윌라드는 웅변학교 교장으로부터 발성법 수업을 받을 정도로 강사로서 진지하게 준비하기도 했다. 수개월 동안 웅변학교 교장을 찾아간 끝에 마침내 편안하고 효과적으로 목소리를 활용할 수 있게 되었다.[11] 그러나 디킨슨을 만나기 전까지는 윌라드가 강연을 통해 생활비를 벌었다는 증거는 전혀 없다. 그러나 정당한 사례를 받을 만한 매혹적인 웅변가로서 온 회중을 사로잡을 수 있을 것이라는 기대는 충분히 할 만했다. 윌라드는 안나 디킨슨의 배우 같은 기질을 결코 흉내 낼 수는 없었다. 한 청중이 기록한 바와 같이, '윌라드에게는 안나 디킨슨의 뻔뻔스러움도 자기 확신도 없었지만, 설득력 있는 호소에서는 안나를 훨씬 능가했다.'[12]

1876년 봄과 초여름, 윌라드는 자주 강연을 다녔는데, 5월 한 달 동안에만 무려 14개 도시에서 강연을 했다.[13] 1876년 여름, 윌라드는 필라델피아 백주년박람회와 쇼토커 절제대회에서 연설했다. 유명한 뉴욕 대회의 발기인이었던 존 헤일 빈센트의 높은 수준을 만족시킬 수 있는 여성인 경우에는 쇼토커에서 연설을 할 수 있다는 전례까지 남겼다. 빈센트는 자신이 '일반적으로 여성강사를 좋아하지 않지만 당신(윌라드)은 훌륭한 예외 중 한 명이다'라고 인정했다.[14] 1876년 11월, 윌라드는 브루클린에 있는 세계적으로 유명한 헨리 워드 비처의 플리머스교회에서 공식적인 연설을 하였다. 이 모임은 전국에서 사람들이 가장 많이 찾는 포럼 중 하나였다. 그것은 정말

로 엄청난 명예였다.[15)]

사람들에게 드러날 수 있도록 해준 이 성공적인 연설과 함께, 윌라드는 자신을 가장 인기 있는 강사 대열에 들어설 수 있도록 도와줄 전문적인 대리인을 찾기 시작했다. 도움을 얻기 위해 윌라드는 메리 리버모어에게 돌아왔다. 리버모어는 폭넓은 인기와 상당한 강연료를 받고 있었다. 그러나 리버모어를 관리하고 사업에서 최고로 여겨졌던 레드패스(Redpath) 강연 사무국은 윌라드와 계약 맺기를 거절하면서, 통상 1할의 수수료를 받기 위해 '무명인'을 길러낸다는 것은 너무 많은 힘을 낭비하는 것이라고 말했다. 리버모어는 또 다른 대리인을 소개해주었고, 윌라드가 '지체 없이 일정한 강연 사무국의 관리를 받도록' 조언했다. 또한 리버모어는 윌라드가 보스턴 사람들이 휴가를 보내는 추수감사절 기간 동안 보스턴에 가서 네 번의 강의를 하는 것에 대해 우려를 표했다.[16)]

윌라드가 보스턴 청중들을 사로잡은 지 얼마 되지 않아, 다시 한 번 방향을 바꾸어 보스턴으로 향했다. 1877년 1월, 윌라드는 19세기의 위대한 복음 전도자, 드와이트 무디(Dwight Moody)의 스태프로 참여했다. 매사추세츠에서 태어나 유니테리언 배경에서 자라 성공한 사업가가 된 무디는 청년 시절 깊은 회심의 경험을 했다. 이미 사업에서 성공하여 안정을 찾은 무디는 남북전쟁 기간 동안 미국기독교인위원회(United States Christian Commission) 전면에 나서서 일을 했으며, 1866년에는 시카고기독교청년회의(Chicago YMCA)의 회장이 되었다. 젊은이들과 함께 사역을 하던 무디는 1870년대 초 영국을 방문하던 중 소명을 확인하고 복음전도자로 삶의 방향을 바꾸었다.[17] 무디는 당시 오르간 연주자겸 가수였던 그의 동료 아이라 생키(Ira Sankey)와 함께 성공적인 영국제도 부흥집회를 마치고 1875년에 돌아왔다. 두 사람은 영국에서 대략 253만 명의 군중들이 참석한 일련의 부흥집회들을 인도했다. 그리고 이제 그들의 메시지를 듣기 위해 준비되어 있는 미국으로 돌아왔다. 그들은 탁월한 부흥사였고, 청중을 매료시키는 평신도 설교자였다. 수천 명의 사람들이 두 사람의 사역을 통해 간절히 그리스도를 발견하고 싶어 했다. 무디와 생키는 동부 해안 지역에서, 그리고 1876~1877년 겨울에는 시카고의 마켓 스트리트와 프랭클린 스트리트 사이에 8,000석 규모로 지은 거대한 홀에서 진행된 성공적인 부흥집회에서 설교를 하고 찬양을 불렀다.

프란시스 윌라드는 유럽 여행을 마치고 돌아온 1867년 8월 무디에 관하여 처음 들었다. 그러나 무디가 부흥운동을 인도하던 이 기간 중 윌라드에게 9천 명의 여성들이 참석한 주일 예배 기도 인도를 부탁했을 때 처음 만났다. 윌라드는 무디의 또 다른 시카고 타버너클 집회에 금주운동 강사 존 고우(John B. Gough)를 소개했다.[18] 무디는 분명 윌라드의 카리스마에 깊은 감명을 받았다. 시카고를 떠나 보스턴을 향해 가기 전에, 무디는 브레보어트 하우스(Brevoort House)로 윌라드를 불러서 자신의 순회전도여행에 동참할 것을 제안하고, 노스웨스턴에서 찰스 파울러와 불화했던 이유에 대해 처음으로 물어보았다. 무디를 후원한 주요한 기반은 감리교였고, 파울러는 탁월한 감리교 성직자였다. 무디는 문제를 일으키고 싶은 것이 아니었다. 윌라드는 대답했다. '파울러 박사는 나폴레옹의 의지를 가졌고, 나는 엘리자베스 여왕의 의지를 가지고 있습니다.' 무디는 이 대답에 만족했던 것 같다. 무디와 윌라드는 두 사람의 결정을 두고 함께 기도했다. 윌라드는 어머니와 상의했고, 예상했던 바대로 어머니는 '모든 열린 문으로 들어가라'고 조언했다. 1877년 1월 윌라드는 시카고 절제회 회장직을 사임했다.[19)]

그러나 전국연합의 서기직은 계속했다. 무디의 마음이 비록 금주법 제정 촉구와 같은 정치적 운동이 아니라 복음 절제운동에 있었지만, 윌라드는 이러한 무디의 절제운동에 도움이 되기로 작정했다. 그러나 윌라드의 마음이 무디에게 끌린 이유는 복음전도자로서의 삶에 대한 가능성 때문이었다. 무디의 동역자로서 윌라드는 줄곧 수천 명의 청중들을 불러 모았고, 신문들은 윌라드의 연설을 보도하곤 했으며, 수백 만의 무디 신봉자들은 이제 윌라드에게 열광했다. 마침내 윌라드는 전국적인 명성을 얻게 되었다. 왜냐하면 무디와 무디의 복음운동은 20세기의 빌리 그래함(Billy Graham)보다 훨씬 더 주목을 받았기 때문이다.

윌라드는 그토록 갈망하던 명성을 얻게 되었다. 주일 오후에 열린 보스턴 성막 집회에 6천 명의 청중이 윌라드의 '당신은 그리스도를 어떻게 생각하십니까?'라는 설교를 들었다. 그리고 수백 명이 회심하는 결과를 낳았다.[20)] 윌라드는 파크스트리트교회(Park Street Church)에서 매일 정오에 '여성 집회'라는 이름으로 집회를 인도했으며, 발 디딜 틈도 없이 모여든 청중들을 위해 기도회를 인도하고 비공식적인 짧은 설교를 했다. 또한 윌라드는 젊은 여성들을 위해 토요일 오후 집회를 인도했다. 이 집회는 공립학교 교사들과 학생들의 요청에 의한 것이었으며, 보스턴의 여러 지역에 있는 교회에서 열렸다.[21] 청중들은 윌라드를 전율케 했다. 죄인들을 그리스도에게로 인도하는 데 탁월했다. 마침내 윌라드는 자신이 좇아갈 수 있고 성취감을 느낄 수 있는 길을 발견하게 되었다.

그러나 근심거리가 도사리고 있었다. 재정적인 어려움으로 불화를 불러일으킬 소지가 있었다. 윌라드는 무디로부터 전혀 생활비를 받지 않았기 때문에 시카고 연합회와의 급료 문제가 다시 반복될 수밖에 없었다. 무디는 신실한 박애주의자로서 자신의 거대한 신앙적인 기업을 개인적인 유익을 위해 사용하지 않았다. 비록 신앙적인 교육을 위해 시카고성경학교를 세웠지만, 평신도로서 결코 한 번도 목사 안수를 원하지 않았다. 무디는 아버지와 같은 사랑의 복음을 강조했지만, 윌라드에게는 사례를 지급하지 않았다! 윌라드는 보스턴에서 여가 시간을 이용해 금주운동 강연을 함으로써 생활비를 충당했다. 아마 처음부터 이것이 두 사람이 계약조건이었을지도 모른다. 그러나 무디는 윌라드의 외도를 반대했다. 윌라드가 재정적인 필요 때문에 그러한 선택을 할 수밖에 없다고 설명하자, 완곡한 제지가 들어왔다.[22] 무디는 윌라드의 사역이 다른 곳에 분산되기를 원치 않았고, 윌라드는 자기의 삶을 규제하는 어떤 제한에 쉽게 동의할 수 없었다. 여름까지 두 사람의 갈등은 풀리지 않았다. 금주 집회에서 윌라드는 유니테리언 교회 회원이던 친구 메리 리버모어와 함께 세 번의 설교를 나누어 했다. 무디는 비록 윌라드의 사역이 명백하게 이단적인 종교운동이라고 생각하지는 않았어도, 이러한 관계가 정통적이지는 않다고 느꼈다. 한동안 윌라드는 무디와 좋은 관계를 유지했으며, 무디가 허락하지 않는 금주운동은 하지 않았다. 윌라드의 가족들 중에 유니테리언 배경을 가진 사람이 있긴 했지만, 유니테리언과의 친분은 최근의 일이었다. 윌라드는 유니테리언들이 뉴잉글랜드 지방에서 담당하던 중심적인 역할에 대해 거의 알지 못했다. 그래서 기독교여자절제회라는 이름을 복음주의기독교여자절제회로 바꾸어야 한다는 무디의 제안을 받아들임으로써 적잖은 소동을 불러일으켰다. 매사추세츠 절제회는 아연실색했다. 나중에 윌라드는 이전의 모든 의도들을 철회하고, 보편주의(Ecumenism)를 강하게 변호했다. 그리고 자신이 항변하기에 조금 더 편안한 상대인 무디의 아내 엠마 무디에게 편지를 보냈다. '이 문제를 더욱 연구하면 할수록, 나는 우리와 협력하여 누가 일을 할 수 있고 할 수 없을지를 결정하기가 쉽지 않습니다. … 만일 신실한 목적과 헌신적인 영혼 그리고 흠잡을 데 없는 도덕성만 있다면 우리와 함께 일할 수 있지 않을까요?'[23)]

또한 무디는 틀림없이 자신을 여성 복음 전도자를 중용하는 열린 마음의 사람으로 생각했던 반면에, 여권운동가였던 윌라드는 영혼 구원에 관한 무디의 성차별주의적인 접근에 마음이 상했다. 엠마 무디에게 보낸 편지에서 윌라드는 계속했다. '나는 '형제들'만 초청받은 집회들이 모두가 자유롭게 초청받은 집회에 비해 절반의 효과밖에 없다고 생각하지는 않습니다. 하지만 '여성들만 모인 집회들'은 그 자체가 케케묵은 구시대적인 유물이라고 생각합니다.'[24)] 이것은 다시 한 번 파울러와의 투쟁을 재현하는 것이었다. 윌라드는 강한 남성들의 높은 리더십에 매료되었다. 그러나 남성들이 이러한 리더십을 자신이 택하게 될 길을 통제하는 데 사용할 때, 그들의 간섭을 참을 수 없었다. 사실, 윌라드는 무디의 사역으로부터 사임할 의사를 전달할 기회가 없었다. 훗날 윌라드는 무디와의 관계를 끊은 사람이 바로 자신이라고 말하지만, 무디가 두 사람의 관계를 끝냈다. 그해 8월, 윌라드는 무디의 아내 엠마 무디를 통해, 이 복음 전도자가 전략을 바꾸어 이제는 성막들을 세우기보다는 이미 세워진 시설들을 이용하여 소규모의 뉴잉글랜드 도시와 타운에서 사역하게 될 것이라고 통지받았다. 이러한 더 친밀한 접근 방법은 결국 윌라드의 봉사가 더 이상 필요 없게 됨을 암시해준다.[25] 다음 달, 윌라드는 여성강연자를 반대하면서도 예외적으로 윌라드만은 허용하려고 했던 쇼토커 설립자 존 헤일 빈센트에게 편지를 보내 자신의 처지를 설명했다. 이 편지에서 윌라드는 무디에게 했던 말을 다시 했다. '나는 무디의 여성집회를 인도하면서 교회 내에서 여성의 위치에 대한 낡고 분리주의적이며 동양적인 생각들을 더 굳게 하는 일에 내 시간과 열정을 들일 수가 없습니다.'[26]

훗날 윌라드는 자신이 드와이트 무디와의 관계를 끊은 것이 대원칙을 위한 엄청난 희생이었다고 고백했다. 윌라드는 무디와 함께 영국을 여행하면서 금주 메시지를 전하는 것을 꿈꾸기도 했었다. 무디의 명성이 절제회 조직에 도움이 되고, 그의 명성도 금주를 위한 여성들의 사역으로 옮겨갈 수 있을 것이라고 생각했었다. 무디의 지원으로 인해 이 운동이 훨씬 더 빠른 속도로 강화되고 단일화될 수 있으리라 생각했다. 자서전에서 기록한 바와 같이 무디의 직접적인 영향 아래, 점점 더 증가하는 회중들 가운데 모든 남녀 지도자들을 결

집하는 것이 그녀의 꿈이었다.[27)]

윌라드의 예상은 빗나갔다. 만일 윌라드가 무디와 더 오래 함께 했다면, 연합회가 처음에는 더 빨리 성공했겠지만, 정통 복음주의 기독교와의 그러한 명확하고 배타적인 관계는 19세기가 끝나기 전에 절제회의 성장을 방해했을 것이다. 실제로, 절제회는 폭넓은 목적과 융통성을 존중하고 그 기치 아래 많은 사상과 복잡한 이념을 가진 여성들을 하나로 결집하려 하던 개혁운동의 주류로부터 떨어져 나올 수밖에 없었을 것이다. 무디는 단순한 복음 전도자가 아니었다. 그 역시 사회개혁에 관심이 있었지만, 오직 기독교 복음적인 깊은 헌신을 통해서 이루어지는 사회 변화만을 생각했다. 절제회는 더욱 폭넓은 의견들을 끌어당길 수 있었다. 1877년 가을, 윌라드는 짧은 계산보다는 본능에 충실했다. 윌라드는 복음주의와 절교하기 위해 잘 처신했다. 무디는 윌라드에게 엄청난 선물을 주었다. 윌라드의 이름이 미국에서 가장 잘 알려진 이름 중의 하나가 되게 해주었고, 당대 최고의 강사 대열에 올려놓아 주었다. 무디와의 관계로 인해 얻은 대중적인 명성 때문에 사람들은 윌라드의 강연을 듣기 위해 더 많이 몰려들었다. 아마도 무디와의 교제를 계속했더라면, 윌라드의 목표와 효과는 제한되었을 것이다.

무디는 간접적으로도 윌라드에게 큰 선물을 주었다. 보스턴 부흥집회 기간 동안, 윌라드는 정오집회에서 오르간을 연주하던 보스턴 교외 출신의 타고난 재능의 젊은 음악가 안나 고든(Anna Gordon)을 만났다. 윌라드가 무디와 함께 보스턴에 갔을 때 케이트 잭슨은 동행하지 않았다. 수년 만에 처음으로 절친한 친구나 동료 없이 떠난 여행이었다. 잭슨은 1876년 가을 동부 여행을 떠날 때 윌라드와 동행했고, 그해 6월 필라델피아 백주년박람회에서도 두 사람이 함께 했었다. 그러나 잭슨은 그해 겨울 보스턴에 가지 않았고, 안나 고든은 잭슨의 공백을 메우는 역할을 할 수 있었다. 케이트 잭슨은 이제 평생의 친구로 남긴 했지만, 더 이상 동료의 역할을 하지 않았다.

당시에 찍은 사진을 보면, 고든은 검은 눈동자에 생각에 잠겨 있으며, 전통적으로 예쁘지는 않지만 천상의 아름다움을 지니고 있었다. 안나는 보스턴 은행가이자 외국 사절단을 위한 미국위원회 출납국장인 유력 인사의 딸로서 본래 회중 교회에서 자랐지만, 윌라드를 만나기 이전에 이미 감리교를 받아들였다. 라셀(Lasell)신학교와 마운트홀요크(Mount Holyoke)신학교에서 공부한 안나는 1년 동안 해외에서 음악을 공부한 후 최근에 돌아왔다. 스물세 살인 안나는 무디의 집회에서 자신의 상당한 음악적 재능으로 봉사했고, 이로 인해 향후 23년 동안 프란시스 윌라드와 관계를 맺게 되었으며, 남은 생애 동안 금주운동을 위해 일하게 되었다.

* 안나 고든(윌라드, 〈50년 회상〉에서 재판됨)

윌라드와 안나의 관계는 모든 면에서 행복한 협력관계였다. 우선, 두 사람의 실제적인 능력은 서로 보완적이었다. 청중을 매료시키는 웅변가였던 윌라드와 능숙한 음악가인 고든은 고급스런 무대 감각과 대중

매체의 관심을 집중시킬 수 있는 안목을 가지고 있었다. 여러 해 동안 고든은 탁월한 연설가요 조직가로 성장했고, 젊은이들과의 사역에 헌신했다. 비록 고든이 윌라드가 살아 있는 동안 사회 변혁을 위한 윌라드의 깊은 헌신을 성실하게 지원했지만, 내심으로는 혁명적인 사회 변혁의 주창자가 아니라 복음주의자이고 금주여성이었다. 그러나 고든의 헌신된 봉사는 더 큰 사회적 이상을 추구하던 윌라드의 능력에 큰 도움이 되었다.

윌라드의 표현대로라면, 안나 고든은 '헌신된 친구, 성실한 비서 그리고 변함없는 여행 동료'였다.[28] 윌라드의 자서전에 실려 있는 안나의 초상화에는 '나의 귀여운 오르간 연주자'라는 제목이 붙어 있지만, 윌라드는 이 책에서 두 사람의 관계에 대해 그 외 많은 것을 말하지는 않았다. 단 한 단락의 설명으로 충분했다. 윌라드는 안나에 대해 '열차표 판매원에게 몇 번이고 반복해서 열차시간을 잘못 알았다고 주지시키던 여인, 너무나 정직한 얼굴이어서 낯선 사람들로부터 단 몇 마디 말로 열차표를 얻어낸 여인, 로버트 보너(Robert Bonner)가 모드 에스(Maud S. – 보너가 사용했던 경주용 말)에 대해 잘 알았던 것처럼 여행에 대해 잘 알았던 여인, 그리고 미국에서 누구보다도 탁월한 사업가였던 여인'이라고 묘사했다.[29]

윌라드의 묘사는 일에 관한 한 정확했다. 고든은 최고의 조직가였다. 공인들 중에서 이토록 유능하고 헌신된 수석보좌관을 둔 사람이 없었다. 1886년 전국 절제회가 고든에게 급료를 지불하기 시작한 후, 고든의 공식직함은 '회장 개인비서'였다. 고든은 또한 연합회 내에서 청소년 업무와 관련된 행적 부서들을 맡았다. 그러나 고든의 주된 역할은 윌라드의 개인적인 조력자였다. 고든 덕분에 윌라드는 일상적인 사소한 일들에 대한 부담을 덜 수 있었다. '고든의 상관은 지갑을 휴대하는 법이 없었고, 청구서 등을 챙기지 않았다.'[30] 고든은 업무적인 편지들을 관리했을 뿐 아니라, 윌라드와 함께 여행하는 중에 윌라드가 어머니에게 보내는 편지도 썼다. 연합회 내에서의 영향력도 막강해졌다. 예를 들어, 고든은 윌라드에게 오는 모든 편지들을 사전에 심사하여 '나에게 중요한 편지들만 건네주었다.'[31] 고든은 윌라드가 이끌던 점점 더 복잡한 조직 내에서 윌라드의 개인적인 정책과 정치적인 계획에 관여한 유일한 사람이었으며, 수년 동안 진행된 조직 내 갈등에서 윌라드의 대리인 겸 정보제공자의 역할을 했다. 유능하고 조직적인 안나 고든이 없었다면 윌라드의 사역은 결코 효과적이지 못했을 것이다.

그러나 고든과 윌라드의 관계는 단순한 충성과 편의 이상으로 더욱 깊어졌다. 고든은 막역한 친구, 신뢰받는 친구 그리고 윌라드의 중요한 정서적 지지자들 중의 한 명이었다. 또한 어떤 면에서는 윌라드 어머니의 사랑스런 딸로서, 윌라드가 어머니에게 하지 못했던 헌신과 희생을 보여주었다. 고든은 안식처에서 윌라드와 윌라드의 어머니와 함께 가정을 꾸렸고, 여러 해 이상 프란시스의 다른 젊은 동료들이 그랬던 것처럼 메리 힐 윌라드에게 대리 딸이 되었다. 여러 젊은 절제회 회원들이 1880년대와 1890년대에 가족의 일원으로 안식처에 살면서, 프란시스와 그의 운동을 도와주며 윌라드의 어머니를 섬겼지만, 안나와 프란시스의 관계가 가장 친밀했으며, 프란시스에 대한 안나의 헌신도 절대적이었다. 1880년, 고든은 자기의 여동생이 위독함에도 불구하고, 에반스톤에서 윌라드와 함께 추수감사절을 보냈으며, 매사추세츠 어번데일(Aubundale)에서 있었던 고든 자매들의 '세상에서의 마지막' 사중주를 위한 모임을 슬픔을 삼키며 포기했다.[32] 윌라드와 고든은 세월이 흐르면서 공적이고 사적인 모든 목표들을 추구해 나가는 동안 동전의 양면과 같았다.

윌라드가 세상을 떠난 후, 안나 고든은 충성과 봉사의 마음을 후임 절제회 회장 릴리안 스티븐스에게로 옮겨갔다. 고든은 스티븐스의 수석 조력자로서 성실하게 일했고, 스티븐스의 집에 살면서 사소한 일에 대한 그의 부담을 덜어주었고, 1914년 스티븐스가 운명할 때까지 절제회 정책에 큰 영향을 끼쳤다. 그때에야 비로소 고든은 자신의 고유한 권익을 찾게 되었는데, 스티븐스를 이어 절제회 회장으로 1925년까지 재직했다. 절제회의 소망이 미국 수정 헌법 제18조 금주조항으로 실현된 것을 목격한 사람은 바로 안나 고든이었다.

19세기 후반, 여성운동이 공적인 영역으로 진입하는 데 성공할 수 있었던 것은 주로 여성들 사이의 그리고 여성들 안에서의 이러한 협력적이고도 정서적인 관계 덕분이었다. 관심사와 목표 등에 관한 여성들의 따뜻하고 강렬한 상호 협력 관계는 깊은 만족과 성취감을 가져다주었다. 프란시스 윌라드가 이 든든한 연결고리에서 떨어졌을 때, 즉 찰스 파울러나 드와이트 무디와 관계를 맺었을 때에는 실망과 긴장 그리고 적의에 직면했다. 여성들에게 의존했을 때 윌라드의 세계는 비교적 안전했다. 이 시대의 대부분의 여성들은 루시 스톤, 메리 리버모어, 엘리자베스 스탠턴 등의 기혼여성들조차 이러한 협력적인 관계를 발전시켰다. 엠마 골드만(Emma Goldman)처럼 그러

한 관계를 맺지 않은 여성들은 활동이 어렵다는 것을 알았다.[33)]

또 다른 한 사건이 절제회 운동에 대한 프란시스 윌라드의 전적인 헌신을 방해했다. 1878년 3월, 윌라드의 유일한 오빠, 올리버가 장궤양 출혈로 인해 43세의 일기로 갑자기 운명했다. 오벌린과 벨로이트에서 공부하고 가레트신학교에서 목회를 위한 준비를 하고, 감리교단의 영향력 있는 목사의 딸 메리 베니스터와 결혼한 올리버 윌라드는 만족스런 삶을 살지 못했다. 다른 가족들처럼 재능 있고 논리적이었던 올리버 윌라드는 신앙적인 회의에 빠져 괴로워했고 알코올 문제에 시달렸다. 사망 기사에 따르면, 올리버는 1861년 가레트신학교를 졸업한 후, 콜로라도 덴버의 감리교회 목사로 5년간 섬기다가 '편치 않은 건강 때문에 퇴직해야 했다.' 프란시스는 '담배와 술이 아니었다면 올리버는 우리 교단 최고의 설교자가 되었을 것이다'라고 생각했다.[34)]

목회에서 물러난 후, 올리버는 6년 동안 언론 등 다양한 사업에 종사했지만, 재정적으로 큰 도움이 되지 않았을 뿐 아니라 개인적인 문제들을 극복하지도 못했다. 1872년, 올리버는 〈시카고 이브닝 메일(Chicago Evening Mail)〉의 편집 발행인이 되었다. 이 작은 기업은 나중에 〈더 포스트 앤드 메일(The Post and Mail)〉로 또 다시 〈더 포스트(The Post)〉로 개편되었다. 사망할 당시, 올리버는 〈더 포스트〉의 편집장이었고, 이 신문을 소유한 주식회사의 사장이었다. 올리버 윌라드는 금주법을 지지하지 않았지만, 복음적 금주운동에 대해서는 신문을 통해 지원했다.

실망과 염려로 훼손되긴 했지만, 프란시스와 오빠와의 관계는 항상 친밀했다. 윌라드가 노스웨스턴 평의회에 사직서를 제출했을 때에도 올리버는 동생을 위해 마차를 타고 동행했다. 1871년 이후 아내와 네 자녀들과 함께 에반스톤에서 살았고, 프란시스가 빈번한 여행 때문에 집을 자주 비웠을 때에 어머니 윌라드를 비롯해 가족들을 부양했다. 프란시스는 올리버가 운명하던 날, 미시간 새기노(Saginaw)에서 강연을 하고 있었다. 프란시스가 무디 사건 이후 처음으로 에반스톤에서 강연할 때, 올리버는 프란시스를 도와 에반스톤 청중들에게 확신을 심어 주었다. 올리버는 프란시스의 '소중하고 절친한 오빠요, 평생의 동지이며 친구'였다.[35] 프란시스는 올리버가 죽음을 맞이하기 1년 전부터 '신앙적인 의무들을 잘 지켰고' 지역 사회의 기둥이었으며(올리버는 에반스톤 시의회 의원이었다), 가족에게 세심했다는 기억을 소중하게 간직했다. 아마도 올리버가 나중에서야 안정을 되찾았을 테지만, 어머니 윌라드는 올리버의 죽음으로 인해 비로소 안심할 수 있었다. 어머니가 충격을 받아 정신이 혼란할 것이 염려되어 찾아온 윌라드에게 어머니는 '나와 함께 하나님을 찬양하라. 내 아들을 위해 기도하며 백발이 되었다. 그런데 이제 올리버는 하나님과 더불어 안전하게 되었구나!'라며 기쁨으로 이야기했다.[36]

그러나 실제적인 문제들이 있었다. 두 윌라드 가정은 항상 그랬듯이 마음이 평안했지만, 재정은 넉넉지 않았다. 올리버가 가지고 있던 재산은 재정적인 어려움을 겪고 있던 〈시카고 포스트〉가 재편성되는 데에 투자되었다. 〈시카고 포스트〉는 매주 수백 불의 손해를 보고 있었다. 신문사를 맡아 구해줄 사람이 아무도 없었을 때, 프란시스와 메리 베니스터 윌라드가 그 일을 맡기로 했다. 더 이상 잃을 것이 없었다. 파산이 유일한 대안이었다. 윌라드가 편집장을 맡았고, 메리 베니스터 윌라드가 발행인과 사업 관리를 맡았다. 두 사람은 12명의 편집인과 기자들을 비롯하여 60명의 직원을 관리했다. 성실한 안나 고든은 사무실에서 윌라드의 비서로 일했고, 윌라드의 유일한 수입원인 금주 강연 일정도 관리했다.[37)]

재정적인 염려에도 불구하고, 프란시스 윌라드는 편집인으로서의 역할에 즐거워했다. 윌라드는 여성운동에 헌신하였고, 그녀가 가진 여성으로서의 탁월한 덕목을 〈포스트〉지에서 발휘했다. 이 신문의 짤막한 논설에서 윌라드는 자신의 감정을 표현했다. 예를 들어 '어떤 실패는 성공으로 가는 과정이다. 국회에서 평등선거권을 관철시키기 위해 부지런히 노력해 온 여성들은 오늘 아침 공개된 상원의 반대보고서를 보며 이것을 느끼게 된다. 이 보고서는 수없이 되풀이되고 종종 불충분하게 인용되었던 법령에 대한 일반적인 논쟁을 열거하고 있다'[38)]라고 논평했다. 새로운 지도력을 선언하면서, 프란시스는 〈포스트〉지가 무엇보다도 신문으로서 언제나 변함없이 그렇게 남을 것이라고 적었다. 그럼에도 불구하고, 두 여성은 '가정생활에 도움이 될 뿐 아니라, 영향력 있는 세계로 나아가는 여성들이 '자신들의 영역' 너머에 있는 사상을 널리 알리는 것을 변호하는 편안하고 영향력 있는 신문사를 만들기로' 결심했다. 두 사람은 '신문 구독이 더 나은 세상을 만드는 데 이바지 할 수 있는' 신문을 발행할 작정이었다.[39)] 이들의 용감한 모험은 일부 단체로부터 큰 지지를 얻었다. 한 위스콘신 신문은 윌라드 집안이 위스콘신과 관련이 있음을 자랑

스럽게 강조하면서 '새로운 활동을 펼치는 여성들'에 대해 호의적으로 논평했다.[40)]

프란시스와 메리가 경영을 맡은 이후 알코올음료 광고를 거부했지만, 〈포스트〉의 재정 상황은 새로운 편집장이 기존 광고 계약들마저 취소하는 것을 현실적으로 어렵게 했다. 대중 앞에서는 유혹을 우습게 이야기하던 영향력 있는 절제회 대변인으로서의 무익한 지위만으로는 금욕적인 세상을 만들기에 너무나 버거웠다.[41)] 신문은 광고란을 제외하곤 금주운동을 잘 다루었지만, 윌라드는 혹평과 불성실하다는 비난을 받았다. 근본적으로 〈포스트〉는 일반 신문으로 친공화당 및 평화옹호 성향이었고, 특권층 유럽인의 삶에 대한 미국의 일반적인 편견을 고스란히 담고 있었다.

여성들은 미국에서 오랫동안 언론 사업을 경영했다. 18세기에는 종종 남편의 죽음 이후에 계속해서 신문사를 맡게 된 경우도 있었고, 19세기에도 유사한 환경에서 작은 타운의 신문사들을 계속 경영했다.[42)] 1878년에 이르러 여성들이 참정권, 금주, 종교와 관련한 많은 잡지들을 편집하고 발행했지만, 윌라드 집안은 대도시 일간 신문의 편집과 경영을 맡은 최초의 여성이었을 것이다. 이 실험은 비록 낙관적이었지만 오래 가지 않았고 상처도 많았다. 텅 빈 재정을 떠맡은 현실은 너무나 냉혹하여, 그해 여름 〈포스트〉는 빅터 로슨(Victor E. Lawson)과 멜빌 스톤(Melville E. Stone)이 소유한 〈데일리 뉴스〉에 경매로 팔렸다.[43)] 윌라드는 이제 다시는 신문이나 잡지 등 모험적인 사업의 책임자가 되지 않기로 다짐했다. 1892년 절제회 기관지 〈유니온 시그널(Union Signal)〉의 편집장이 되었을 때 적어도 부분적으로는 이러한 다짐을 포기한 것과 같았다. 그러나 윌라드의 직책은 다만 이름에 불과했고, 어떤 재정적인 책임도 부여되지 않았다.

〈포스트〉와의 인연은 윌라드가 생계를 위해 절제운동 이외의 것에 눈을 돌린 마지막 외도였다. 무디와 〈포스트〉와 다른 모든 사건은 윌라드를 절제운동으로부터 벗어나게 하지 못했다. 절제회에 대한 윌라드의 헌신에는 변함이 없었다. 절제회로 온전히 돌아온 1878년 중반 이후, 윌라드의 다른 관심사들은 이 운동에 대한 신념을 더욱 강화시켜줄 뿐이었다. 윌라드는 모든 방향을 결정하고 모든 입장을 선택하도록 연합회가 부여해준 권리와 감독권의 견고한 기반이 다시는 흔들리지 않도록 했다.

Chapter 7. 승리

1877년부터 1878년 중반까지 다른 일들로 매우 분주했지만, 윌라드는 절제운동의 적극적인 역할에서 결코 물러나지 않았다. 윌라드는 드와이트 무디를 돕는 사역도 절제회 강연 및 조직화하는 일과 결합시키려 노력했다. 운명이 다한 〈시카고 포스트〉를 구하려고 노력하는 동안에도 윌라드는 재정적인 궁핍 때문에 계속 강연을 할 수밖에 없었다. 사실 이 몇 년 동안 윌라드는 절제회 운동, 즉 연합회가 여성참정권운동에 참여하도록 하기 위한 느리지만 점차 거세지는 전투 속에서 중요한 작전을 맡은 지도자로서의 역할을 주의 깊고 꿋꿋하게 수행해냈다. 당대의 다른 많은 사람들처럼, 프란시스 윌라드는 신앙심이 깊고 낭만적인 여성이었다. 그녀는 기도와 우연히 발견한 성경 구절이 처음부터 자신을 금주운동으로 나아가게 했다고 믿었다. 또 한 번 기도를 통해 발견한 '하늘의 선물'이 윌라드에게 참정권 목표를 선택하도록 해주었다. 1876년 봄, 오하이오 콜럼버스에서 금주 연설을 준비하던 중에 윌라드는 성경 공부와 기도를 위해 어느 주일 아침 집에 앉아 있었다.

> 경험 많은 금주운동가였던 주인집 방에서 혼자 무릎을 꿇고 앉아 있을 때, 매우 높은 곳으로부터 다음과 같은 명령이 내 마음에 들려왔다. '여성들의 가정과 음주의 폭군으로부터 유혹받는 사랑하는 자들을 보호하기 위해 너는 여성의 투표권을 주장해야만 한다.' 그 후 내 생애 처음으로 그리고 유일하게 내 머릿속에 하나의 완전한 문장과 예증이 떠올랐으며, 그로부터 몇 개월 후 나는 필라델피아 성조지홀에서 열린 여성대회에서 여성 참정권에 대한 나의 신념을 공개적으로 처음 발표할 때 이것을 사용했다.[1]

노스웨스턴 행정가 시절, 윌라드는 참정권운동에 대한 관심을 공개적으로 표현하는 것을 두려워했었다. 이러한 신중함은 금주 단체들을 연합시킬 때도 마찬가지였다. 윌라드는 참정권운동과 연합하게 되면, 1873~1874년 겨울 금주운동 기간에 급진적인 이 운동에 매혹된 보수적인 중서부 교인들에게 자신의 진실성이 왜곡될 수도 있다고 생각했다. 그러나 윌라드는 금주운동을 통해 참정권 지도자들, 특히 매사추세츠 절제회 회장 겸 열렬한 여성참정권론자였던 메리 리버모어와 친밀한 교제를 발전시킬 수 있었다. 이념적으로 윌라드는 어떤 갈등도 느끼지 않았다. 윌라드는 리버모어 또는 그 밖의 다른 사람들처럼 참정권 찬성자였다. 그러나 동시에 윌라드는 연합회가 아직 약하고 재정적으로 어려운 상황에 있기 때문에 기존의 그리고 잠재적인 지지자들을 멀리할 수 있는 여유가 없음도 잘 알고 있었다.

그러나 1876년 봄에 이르러 윌라드의 인내에 한계가 찾아왔다. 윌라드는 애니 위텐마이어에게 더 이상 자신의 참정권 견해를 억제할 수 없다고 털어놓았다. 윌라드와 위텐마이어는 절제회가 아직은 비록 유아기에 있지만, 6월에 열리는 필라델피아 백주년박람회에서 중요한 역할을 해야 한다고 결심했다. 제2차 절제회 대회는 연합회의 백주년경축행사 참여를 승인했고, 이 축제와 동시에 세계여자절제회가 소집되도록 허가했다. 캐나다의 래티셔 여만스(Letitia Yeomans), 스코틀랜드의 마가렛 파커(Margaret Parker), 영국의 자유무역 주창자인 존 브라이트의 여동생 마가렛 루카스(Margaret Lucas)를 비롯하여 여러 명의 사절단이 필라델피아 집회에 참석하여 세계연합회 조직을 도왔다. 그러나 새 조직은 오래 가지 않았는데, 그 이유는 미국 연합회가 그러한 야심찬 사업을 적절히 지원할 만큼 아직 충분히 견고해지지 않았기 때문이다. 윌라드는 여성참정권에 대한 자신의 신념을 공개적으로 선언하기 위해 이 국제토론회를 이용하고 싶었다. 윌라드는 참정권 논의를 국제대회에서 거론하지 않는 것이 옳다는 위텐마이어의 생각에 마지못해 동의했지만, '본국에서의 종결, 그것을 내가 얼마나 더 오래 참을 수 있을지 모르겠다'는 말을 덧붙였다.[2)]

여성참정권에 대한 윌라드의 공적인 헌신은 올드 오처드 비치에서의 야외 금주집회가 있던 여름 이후부터 본격화되었다. 2년 전, 윌라드는 똑같은 모래 해변에서 동부 지역에서의 첫 금주 강연을 했다. 그래서 윌라드는 더 큰 환영을 받았다.

> 윌라드는 오늘 오후 오처드에서 또 한 편의 설득력 있는 명연설을 했다. 이 연설에서 그녀는 '여성의 투표할 의무'에 대해 목소리를 높였다. 윌라드는 오랫동안 머뭇거렸다. 그러나 이제 투표권이 안식일을 훼손하는 방향으로 타락하고 있고, 각 학교에서 우리 자녀들이 성경의 영향을 침탈당하고 있으므로, 윌라드는 우리나라의 신앙심 없는 이방인들에 의해 안식일과 성경이 공격당하고 있는 투표소에서 본능적으로 하나님과 우리나라와 교육에 가장 진실한 여성들이 반드시 투표를 해야만 하는 때가 되었다고 생각했다.[3)]

감리교인들은 윌라드의 주장이 '강력하고 논리가 거의 압도적이며, 웅변술이 매혹적'이라고 생각했다.[4)] 그러나 이 연설에서 유럽 본토인들의 편견에 대한 윌라드의 노골적인 호소는 사회적 문제들에 대한 그녀의 전형적인 방법이 아니었다. 평생 동안 윌라드는 모든 종족과 종교를 가진 사람들에게 분명하게 개방적이었다. 윌라드는 고집쟁이가 아니었다. 그럼에도 불구하고, 그녀의 이번 연설은 중요한 의미에서 윌라드식 사역의 특징을 드러내 주었다. 윌라드는 문제들을 간접적으로 접근하는 것을 좋아했다. 여성의 투표권을 자연권의 문제로 본 것이 아니라, 공정한 사회적 목적들로 생각한 것을 성취하기 위한 정략적인 수단으로 요구했다.

윌라드는 금주운동을 지지하기 위한 덜 공격적인 주장들을 펼쳤지만, 오처드 비치의 복음적인 청중들은 윌라드의 암시적인 선천론과 명백한 안식일성수주의에 당황하지 않았다. 심지어 수잔 안토니(Susan Anthony)도 여성들의 투표권을 지지하는 윌라드의 지혜로운 연설 방식에 문제를 제기하지 않았다. 안토니는 윌라드에게 편지했다. '당신이 처음으로 공개적인 선언을 하던 그날 밤의 연설은 나에게 가장 큰 기쁨이었습니다. 마침내 당신이 퀘이커 교도들이 말하던 '내적인 빛'-내 표현대로라면 '신적인 영감'에 순종하여, 소심하고 보수적인 인간적 논의들을 당신의 발아래 굴복시켰음을 기쁘게 생각합니다. 당신의 가장 높은 신념에 순종함으로써 큰 평화와 힘을 얻을 것으로 믿습니다. 하지만 드높은 진리는 우리가 세상에 나눠줄 수 있도록 그렇게 일찍 우리에게 찾아오지 않는다는 것을 꼭 기억하십시오.'[5)]

안토니는 크게 기뻤다. 참정권운동을 얼마나 고대하던 사람이었는가! 윌라드는 이미 개신교 단체들에서 크게 눈에 띄었다. 1876년 가을 회비 납부 회원이 불과 1만3천 명이었던 절제회는 지난 한 해 동안 회원수가 거의 배로 늘어났으며, 전국여성참정권협회보다 훨씬 더 크고 강해졌다.

안토니와 윌라드는 1875년 제3차 전국여성대회 기간 중, 금주와 참정권 활동가였던 메리 래티모어(Mary Lattimore)의 내빈으로 참석하였다가 그 이후로 친구가 되었다. 여성대회에서 안토니는 처음으로 윌라드의 연설을 들었다. 안토니는 금주에 굳게 헌신했고, 금주사회를 위한 필요성을 인정했다. 그러나 법률적인 금주 또는 지방 선택권(주류 판매 등에 관해 주민이 투표로 결정하는 권리 – 역주)에 관한 윌라드의 생각에는 동의하지 않았다. 이 두 가지는 임시로 강을 댐으로 막는 것과 같다고 생각했다. 오히려 안토니는 더 좋게 태어나 더 나은 교육을 받은 자녀들, 즉 '교양 있고 양심적인 여성들'의 후손들이 알코올 문제에 관한 영구적인 해법을 내놓을 수 있을 것이라고 주장했다.[6] 안토니는 그녀와 캐디 스탠턴이 〈여성참정권의 역사(History of Woman Suffrage)〉를 집필하고 있던 뉴저지 테나플리의 엘리자베스 캐니 스탠턴의 집으로 어느 여름날 윌라드를 초대하여 '당신의 전체적인 생각에 대해 이야기하고' 싶어 했다. 윌라드는 이때 두 사람에게 찾아가지 않고, 주 대회 참석을 위해 일리노이주로 돌아왔다. 그러나 세 사람은 그해 가을 윌라드가 다시 동부에 갔을 때 만났다.

윌라드는 1876년 가을, 주요한 발표에 앞서 참정권 연설의 상당 부분을 수정했다. 이 과정에서 윌라드는 8월 오처드 야외 집회와 6월 필라델피아 회의에 참석했던 캐나다 금주운동가 래티셔 여만스의 용어를 빌려왔다. 오처스 비치 연설에서 여만스는 유아기 산업에 관한 관세 보호에 대해 전통적인 의미의 '가정보호'라는 용어를 사용했다.[7] 윌라드는 여성 영역의 자연스럽고 적절한 확장으로서의 여성 투표권 기능을 구체적으로 표현할 수 있는 표어로서 이 용어가 가장 적합하다고 판단했다. 1876년 10월, 윌라드는 1874년부터 사용하던 '모든 사람들의 전쟁'이라는 금주 강연 제목을 '가정보호'로 바꾸었고, 그달 초 필라델피아에서 열린 제4차 여성대회에서 연설할 때는 이 용어를 사용했다.[8] 윌라드의 연설은 '절제회 운동의 일환으로서 … 시원한 바람과 같은 여성참정권에 관한 진지한 호소였으며, 수많은 청중들의 박수갈채를 받았다'고 기록되었다.[9] 윌라드의 메시지는 크고 분명했다. '우리는 해마다 투표권을 남자들에게 건네주며 투표를 하라고 했습니다. 그러나 우리는 우리 스스로 투표하는 것이 더 쉽고 공정하다고 마음먹었습니다.'[10]

가정보호의 원리는 주의 깊은 양육, 여성다운 가치, 가족 사랑 등 여성들이 실천할 때 감탄할 만하고 가치 있다고 생각될 만한 19세기의 중요한 목표들을 포함했다. 1870년대와 1880년대 초, 윌라드가 주장한 것처럼 가정보호투표권은 융통성 있는 무기이기도 했다. 자연권에 기초한 투표권은 그 본질상 절대적이었다. 여성들이 양도할 수 없는 투표권을 가져야한다는 데에는 타협의 여지가 없었다. 그러나 가정보호에는 단계가 있을 수 있었다. 참정권운동 초기 여러 해 동안, 많은 절제회 회원들은 가정보호투표권이 단지 여성들에게 알코올음료 거래, 지방 선택권, 면허 등을 주는 것 그리고 금주와 직접적으로 관련된 문제들에 관한 투표권을 주는 것 등에 제한된다고 생각했다. 곧바로 가정보호는 가정에 직, 간접적으로 영향을 줄 수 있는 광범위한 사회 문제들에 대해 시민으로서 가져야 하는 여성들의 관심사를 포함하게 되었다. 결국 가정보호는 미사여구에 불과했다. 1880년대에 WCTU가 여성의 투표권 요구를 명확하게 밀고 나갈 때 자연권이 제 역할을 감당했다.

절제회의 가장 큰 강점 중의 하나는 전국, 주, 지역 연합회마다의 차이를 인정하는 것이었다. 전국대회에서 통과된 가정보호 결의안은 다양한 방법으로 해석될 수 있었다. 1885년에 5개 주 연합회들이 완전한 참정권을 요구했고, 여성들의 투표권에 대한 진정한 공감대는 북부에서 형성되기 시작했다. 1892년에 이르러, 절제회의 공식간행물 〈유니온 시그널〉은 남성들이 여성들에게서 선거권을 빼앗을 권리가 없는 것은 여성들이 남성들의 투표권을 거부할 수 없는 것과 같다고 주장했다. 그해에 윌라드는 회장 연설에서 가정보호 대신 자연권 주장을 분명하게 사용했다. 1894년 전국대회 결의안에서 회원들은 가정보호를 여성들의 투표권을 주장하는 논거로 채택하였다.[11]

개인적으로 윌라드에게는, 여성의 투표권에 대한 분명한 지지로의 방향 전환이 신속하고 확실하게 이루어지고 있었다. 윌라드의 서류 중에는 그녀가 직접 쓰거나 안나 고든이 작성한 '참정권'이라는 꼬리표가 붙어 있는 연대기가 있는데,[12] 여기에서 윌라드는 자신이 여성참정권을 지지하는 방향으로 나아간 중요한 사건들을 나열했다. 윌라드는 이를 어린 시절의 이상이 아닌, 1875년 안나 디킨슨과의 시카고 모임으로부터 시작하고 있다. 다음으로는 그해 10월 안토니와의 모임과 1876년 2월 12일 루시 스톤과의 모임에 대해서 기록했다. 4월 29일 에반스톤에서 수잔 안토니의 연설에 대해서는 '확신'이라는 짧은 논평이 적혀 있다. 그 다음 항목은 필라델피아 백주년 박람회에서 참정권에 대한 공적인 연설을 할 수 있도록 허락해 달라고 위텐마이어에게 보냈던 편지이다. 7월에 있었던 안토니와 스톤과의 모임이 기록되어 있지만, 윌라드가 쇼토커에서 처음으로 공식적인 연설을 한 7월 29일에 관해서는 '그만둠'이라는 짧은 메모가 덧붙여져 있다. 오처드 비치에서의 야외금주집회 연설은 굵은 글씨로 '터놓고 말한'이라는 메모가 함께 기록되어 있다. 안토니의 9월 편지와 윌라드의 〈여성의 저널〉 사무실 방문도 적혀 있다. 이 연대기는 안나 디킨슨의 영향으로 윌라드가 참정권운동의 길에 들어서게 되었고, 수잔 안토니는 열정을 북돋우는 데에 중요한 역할을 했으며, 루시와 윌라드의 협력 관계가 매우 중요했음을 보여준다. 비록 간결하지만, 이 연대기는 〈50년 회상〉과 〈여성과 절제〉에서의 낭만적인 기록보다는 여성참정권에 대한 윌라드의 헌신 과정을 명확하게 담고 있다.

참정권 지도자들과 윌라드의 관계는 따뜻하고 친근했다. 루시 스톤, 메리 리버모어, 줄리아 워드 휴, 수잔 안토니는 윌라드가 남은 생애 동안 깊이 사랑한 친구들이었다. 엘리자베스 캐디 스탠턴은 예외였다. 스탠턴을 향한 윌라드의 냉담함은 윌라드가 노스웨스턴에서 열악한 싸움에 깊이 빠져 있던 1873년 가을, 두 여성의 불행한 만남에서 비롯되었다.[13] 논쟁을 기삿거리화하고 싶었던 〈시카고 트리뷴〉은 남성과 여성에 대한 다른 규칙을 둘러싼 충돌을 부추기기 위해 여자대학에 관한 윌라드의 자기보고서 형식을 신문에 공표했다. 이때 캐디 스탠턴은 강연을 위해 시카고에 있었다. 신문 기사를 읽은 스탠턴은 편집장에게 편지를 보내 트리뷴의 반(反)윌라드 사설에 찬동하고, 여성들을 위한 윌라드의 규칙 제정을 냉혹하게 공격했다. 윌라드의 학생들은 이 컬럼에 실린 내용에 대해 윌라드를 변호하기 위해 몰려갔고, 그 기사가 '부당하고 편파적이며 과장되었다'고 항변했으며, '모든 공격들 중에서 가장 매정한 것은 바로 엘리자베스 캐디 스탠턴의 공격'이라고 이야기했다.[14] 윌라드는 캐디 스탠턴을 결코 완전히 용서할 수 없었다. 스탠턴이 사실을 잘 알지 못한 채 너무 예민하게 행동한 것이라고 생각했다. 두 사람은 함께 일했지만 개인적으로 친구가 되지는 않았다.

참정권운동에 헌신하자마자, 윌라드는 우선 연합회를 이 운동과 연관시키기 위한 전략을 세우고, 이미 조직된 참정권운동과 자신이 관련한 기관들을 연결하려는 세밀한 계획을 마련했다. 윌라드와 영국의 금주지도자 마가렛 파커는 1876년 메인주 야외집회에서 돌아오자마자, '여성참정권운동에 관한 그들의 관심과 공감대'를 공식적으로 알리기 위해 미국여성참정권협회 기관지 〈여성의 저널〉 사무실을 방문했다.[15)]

다음 단계는 1876년 딕슨에서 열린 일리노이주 절제회대회에서 가정보호 결의안을 제출하는 것이었다. 윌라드는 가정보호에 대한 일리노이주의 확고한 지지가 다음 달 열리게 될 전국대회에서 동일한 안건을 제출할 때 지원 사격이 되어줄 것을 기대했다. 결의안은 '참정권'이라는 단어를 피했지만, '술집들의 든든한 후원이 되고 있는 권력의 요새, 즉 국회와 주의회 그리고 시의회에 대해 기도와 설득, 탄원으로 영향을 미치게 될' 것을 요구했다.[16)] 절제회 쇼토커대회 발기인 중의 한 명이었던 제니 윌링(Jennie Willing)은 즉시 이 결의안이 참정권과 연결됨을 알았고, 또 다른 회원은 결의안이 심의 보류되어야 한다고 발의했다. 그러나 결의안이 채택되어야 한다는 동의도 있었다. 윌라드는 발의 연설에서 이 제안을 변호했고, 지도력이 서부에서 나와야만 한다고 강조했다. 결의안은 만장일치로 통과되었다.

일리노이주에서 손쉽게 승리를 얻어내자, 윌라드는 여성대회 직후 1876년 10월에 뉴워크에서 열린 전국대회에서 동일한 결의안을 발표했다. 이때 윌라드는 적잖은 반대에 직면했다. 애니 위텐마이어는 여성에게 투표권을 부여하는 것과 그 논의를 절제회 대회에 상정하는 것 모두를 반대했다. 그러나 공개적인 어느 저녁 모임에서 윌라드가 참정권에 관한 호소를 하는 것은 막을 수 없었다. 뉴욕 절제회 회장이 주재하고 애니 위텐마이어도 강연자로 나선 중앙감리교회 집회에서 윌라드는 예배당을 가득 메운 회중 앞에서 연설을 했다. 윌라드는 어떻게 여성의 힘이 '가장 효과적으로 발휘될 수 있는가'에 관한 논의로 시작해서, 숨김없이 터놓고 이야기하기보다는 신중을 거듭하면서, 여성들이 '술집의 개업과 폐업을 결정할 목소리'를 가져야 한다는 주장을 펼쳤다. 그런 후에, 윌라드는 지역 금주법 제정을 위한 탄원운동의 성공 사례를 이야기했다. 하층 계급 여성들을 포함한 많은 여성들이 기꺼이 탄원서에 서명했다. '이것은 하층민 여성들은 절제회에 찬성하지 않을 것이라는 진부한 주장들을 반박하는 것이었다. 왜냐하면, 무지한 사람이나 가난한 사람들(무절제한 남자들의 아내와 어머니 그리고 딸들)도 탄원서에 기꺼이 서명했기 때문이다. 게다가 가톨릭 여성들도 개신교 여성들과 함께 가정 보호를 위한 이 문제에 찬성할 것이었다.'[17] 윌라드는 이 연설문에서 '가정보호'라는 단어를 사용하지 않았지만, 그 생각은 분명하게 드러냈다.

대회의 반응은 엇갈렸다. 대회 의장직을 맡았던 루시 버틀러(Lucy Butler)는 연합회와 윌라드의 강연을 분리하여 생각했다. '나는 우리가 정치적인 늪에 말려들고 싶지 않기 때문에, 이 강연자가 기독교 여자절제회를 대표하는 것이 아니라 개인의 의견을 말한 것이기를 바란다. 또한 당신이 지금껏 지도자였는지 모르지만, 이제는 단지 정찰병이 될 것이다'라는 애니 위텐마이어의 냉혹한 비평은 여러 차례 인용되어 왔다.[18] 그러나 윌라드가 기대했던 것보다 더 큰 박수갈채가 나왔고, 이 대회는 결국 금주문제에 관한 여성들의 소원이 투표권보다는 차라리 탄원서로 논의되어야 한다고 제안한 이 부드러운 가정보호 결의안을 통과시켰다. 보다 중요한 것은, 윌라드가 여성참정권에 대한 개인적인 헌신을 반복하여 드러냈다는 점과, 여성의 투표권에 대한 전국 절제회의 지지를 얻는 것이 자신의 궁극적인 목표라는 점을 분명하게 했다는 점이었다. 이 목표는 1881년에 비로소 성취될 것이었지만, 참정권을 포함하여 여성운동을 촉진하기 위해 금주운동을 이용하려는 윌라드의 의도는 이제 명백해졌다.

이 단계를 거치면서 윌라드는 지도자로서 가진 중요한 장점 중의 하나를 발휘했다. 윌라드는 한데 모아서 결합하고 조정하는 자였고, 동시에 변함없는 혁명가였다. 윌라드는 일반적으로 여성들의 특별 분야-예를 들면 양육하는 가정-로 용인된 문화적 가치를 이용하여 이것을 여성의 권리 및 사회적, 경제적 지위를 진보시키기 위한 정치적인 무기고로 변화시킬 수 있었다.[19] 윌라드는 가정보호를 통해 WCTU를 참정권운동에 참여하도록 이끌기 위한 운동을 시작함으로써 이 재능을 사용했다. 윌라드는 두 가지 반대 의견을 종합했다. 하나는 엘리자베스 캐디 스탠턴이 주창한 여성의 권리에 관한 여권주의로 기본적으로는 평등주의적 견해이며, 여성의 독립된 영역을 인정하는 사상에 반대하는 견해였다. 그리고 다른 하나는 사회에서의 여성의 특별한 사명을 강조한 캐서린 비처 등의 견해였다.[20)]

종합하는 자로서의 재능을 발휘하면서 윌라드는 완벽하고 성공적인 조정가가 되었다. 이것은 윌라드의 성공을 크게 용이하게 해 준 덕목이었다. 윌라드는 또한 빈틈없는 실용주의자였지만, 항상 기꺼이 타협하거나 얼버무렸다. 예를 들면, 윌라드는 지지도 없이 그리고 위텐마이어의 심기를 크게 상하게 하지도 않은 채 친(親)참정권 유세를 무사히 시작할 수 있었다. 이길 수 있을 만큼 강해질 때까지, 윌라드는 위텐마이어에게 도전과 양보를 반복했다. 윌라드는 필라델피아 백주년박람회에서 여성투표권에 관한 논의를 하지 말라는 위텐마이어의 거부권을 받아들였지만, 위텐마이어의 감독권이 없는 오처드 비치 대회를 이용하여 여성투표권에 관한 관심을 공개적으로 드러냈다. 또한 절제회 전국대회에서 가정보호투표권이 적절한 금주 무기라고 제안함으로써 위텐마이어에게 반대했다면, 다음 날에는 훌륭하고 멋진 연설로 위텐마이어를 절제회 회장직에 추천했다.[21)]

또한 윌라드는 계획가였으며 최고의 전략가였다. 의식적이든 아니든 간에, 윌라드는 최후의 승리로 인도하게 될 전략을 여러 해 전부터 앞서서 계획했다. 절제회가 공식적으로 가정보호투표권을 승인하기까지는 5년의 세월이 흘러야 했지만, 윌라드는 그 중간 단계를 주의 깊고 신중하게 처리했다. 언어에 있어서나 타협에 있어서의 탁월한 재능은 전술가이자 전략가로서의 윌라드에게 크게 이바지했다. 윌라드는 최후의 목표, 즉 여성투표권을 주장하는 과정에서 유권자가 수용하고 찬성할 수 있는 작은 목표들을 강조했다. 소소하고 합리적이어서 일반적으로 수용 가능한 요구들이 지속적이고 논리적으로 최후 목표를 향해 인도될 수 있는 과정을 신중하게 선택했다. 윌라드는 지도자로서 이러한 방식을 여러 번 사용했지만, 가정보호 원리를 만들어 이용한 것은 윌라드의 직업적인 성공에 결정적이었다. 여성들이 그들의 영향력의 요새인 가정을 보호할 권리를 가지고 있지 않다고 주장할 사람이 어디 있겠는가? 따라서 이러한 전제를 인정한다면, 이미 존재하는 것이 분명하고 누구나 인정할 수 있는 위험, 곧 알코올로부터 가정을 보호해야 한다는 논리가 당연히 도출되는 것이었다. 그러나 이 사명을 효과적으로 실행하기 위해 다른 사회적 문제들, 즉 부적절한 교도소, 실직, 청소년 범죄, 유치원 건립 등이 도전받을 필요가 있었다. 반(反)참정권 세력들로부터 정면공격을 받았을 때, 윌라드는 가정보호나 일반적으로 수용할 수 있는 영역으로 후퇴했지만, 부가적인 문제들이 받아들여졌을 때에는 새로운 목표를 선언하고, 그 목표를 위한 새로운 수단들을 요구했다. 윌라드는 결코 한 번에 모든 것을 요구하지 않았다. 이를 통해 사람들을 주변에 모았다.

윌라드의 독창적인 후퇴와 채움의 전략은 정치적인 책략과 타협에 관하여 종종 '정면 돌파와 높은 도덕적 자세'를 선택했던 엘리자베스 캐디 스탠턴의 전술과 직접적인 대조를 이룬다.[22] 윌라드와 달리 스탠턴은 열성가이기는 했어도 정치가는 아니었다. 스탠턴은 언제나 자신의 감정을 솔직하게 말했다. 윌라드는 감정을 감추는 데에 익숙했고, 비위를 맞추는 데에도 탁월했다. 캐디 스탠턴이 전투적이고 과격한 태도를 취하는 반면, 윌라드는 상냥한 조정자의 역할을 했다. 스탠턴도 윌라드의 조정자로서의 재능을 인정했다. 1888년 3월, 윌라드가 국제여성협의회 대표로 참정권을 조사하는 미합중국 상원위원회에 나타났을 때, 순서를 담당하던 캐디 스탠턴은 윌라드를 마지막 연사로 지정하면서 윌라드가 위원회를 우호적인 분위기로 마치게 해줄 것이라고 확신했다. 윌라드는 평소처럼 적당히 양보하면서 참정권운동가들의 여성적 미덕을 강조하고, 여성의 권리에 대한 남성의 반대가 의도된 그러나 잘못된 기사도 정신에서 비롯한 것이라고 지적했다.[23)]

윌라드는 연합회를 참정권 지지 방향으로 움직이기 시작하던 시기와 때를 같이하여 또 다른 목표, 곧 절제회 회장직을 성취하기 위한 유세에 들어갔다. 1877년 대회 직전에 윌라드는 전국연합의 통신서기를 사임했다. 윌라드는 그해 회장 후보자 명단에 자신의 이름이 오를 것임을 틀림없이 알고 있었을 것이며, 비록 겉으로는 '주께서 당분간 복음 전도의 일을 더 하도록 부르셨다'[24)]고 변명했지만, 방해가 되지 않도록 장애물을 제거한 것이었다. 사실, 윌라드는 애니 위텐마이어와의 회장 경쟁을 공개적으로는 부인하면서, 조용히 노력하고 있었다. 대회 직후 메리 리버모어는 루시 스톤에게 보낸 편지에서 '이 편지는 당신에게 한 가지 불만을 말하기 위함입니다. 프란시스 윌라드는 전국여자절제회 회장이 되길 원했는데 패배했습니다'[25)]라고 적었다. 리버모어는 한동안 윌라드의 계획과 야망에 비밀리에 관여했었고, 두 사람은 그해 봄 같은 연단에 올랐다. 윌라드를 추천한 사람은 윌라드의 오랜 친구이자 아이오와주 변호사로서 참정권론자이며 금주운동가였던 엘렌 포스터(J. Ellen Foster)였다. 포스터의 후보 지명 연설은 잠깐 동안의 묵상 기도 후에 있었고, 포스터는 예수님께서 제자들에게 말씀하신 '너희 중에 누구든지 으뜸이 되고자 하는 자는 너희의 종이 되어야 하리라'라는 말씀을 인용했다.[26] 윌라드는 자신을 예수님으로 생각하지 않았지만, 자신을 예수님의 성실한 제자 중의 하나로 생각했으며, 포스터의 칭찬에 기분이 상하지 않았다. 윌라드는 처음에는 후보 지명을 거절했지만, 위텐마이어가 60표를 얻는 동안 무려 39표나 얻었다. 비록 공손했고 공개적인 요청이 있었던 것은 아니지만, 도전이 되었던 것만은 분명했다. WCTU의 회장직에 위텐마이어의 경쟁자가 생긴 것이었다.[27]

1877년 대회는 윌라드가 위텐마이어의 지도력에 처음으로 심상치 않은 도전을 하기에 적절한 자리였다. 연합회 회장단 모임이 시카고에서 열렸다. 윌라드는 이제 시카고연합회 회장이 아니었지만 대회 준비를 맡고 있었고, 자신이 직접 설계한 화려한 무대를 배경으로 환영 연설을 했다. 무대는 꽃줄 장식을 단 깃발과 주춧대, 흘러내리는 덩굴, 연단 위로 풍성하게 넘쳐흐르는 푸른 식물과 꽃들로 덮여 있었다.

윌라드는 회장으로 누가 선출되었는지에 상관없이 명실상부한 그 지역 연합회의 리더로서, 자신의 프로그램에 대한 강력한 지원이 있는 본거지에 서 있었다. WCTU 대회에서 간부들을 선출하는 선거는 비밀투표로 행해졌다. 따라서 누가 위텐마이어를 반대하고 윌라드를 지지했는지 알 수 없지만, 주 연합회들은 각 논점들에 관하여 공개적으로 자신의 입장을 밝혔고, 중서부 지역은 분명하게 참정권에 대한 윌라드의 입장을 지지했다. 그러므로 윌라드에 대한 지지는 중서부에서 가장 컸을 것이라고 추측할 수 있다.

1877년, 위텐마이어와 윌라드의 차이점은 세 가지의 중요한 논점에 있었다. 첫째, 위텐마이어는 각 주와 지방의 수준에 상관없이 융통성이 거의 없는 강력하고 획일적인 전국 조직을 주장한 데 비해, 윌라드는 전국적인 회비 납부를 제외하고는 요구사항이 거의 없는 주와 지방 연합회 불간섭주의를 표방했다. 둘째, 위텐마이어는 절제회 정책에 어떤 형태로든 참정권 논의를 도입하는 것을 명백히 반대한 반면, 윌라드는 공공연하게 가정보호투표권을 지지했고 여성들을 위한 완전한 참정권도 암묵적으로 지지했다. 셋째, 위텐마이어는 전국대회 대표사절단 구성에 관하여 현 체제와 같이 각 하원의원 선거구당 1명의 사절을 파견하도록 하여 인구가 조밀하던 동부에 부당한 힘을 부여하는 체제를 주장한 반면, 윌라드는 실제 회비를 납부한 회원 수에 근거하여 대표자를 파견하도록 하여 중서부에 절제회의 힘을 실어줌으로써 윌라드를 지지하는 주들로부터 사절단의 수를 늘릴 수 있는 체제를 주장했다.[28)] 이 세 가지 차이점은 여성들의 투표권, 그리고 누가 궁극적으로 연합회를 관리할 것인가에 관한 문제가 핵심이었다. 지방감독권은 전국대회의 입장과 상관없이 친(親)참정권 주와 지방 연합회가 윌라드의 가정보호 계획을 추구할 수 있도록 허락했다. 사절단 파견 기준의 변화는 연합회 내에서 윌라드의 세력을 강화시켜줄 것이었다.

비록 전선(戰線)이 견고해져 가고 있었지만, 윌라드와 위텐마이어는 개인적인 불화는 피했다. 두 사람의 의견 차이에 관해 토론할 때, 윌라드의 어조는 항상 회유적이었다. 1878년 대회가 있기 전 윌라드는 위텐마이어에게 편지를 썼다. '하나님께서 사랑하는 친구 당신에게 복을 주시고, 우리 두 사람을 인도하시길 기도하며 … 하나님께서 우리에게 권세를 주셨다고 느끼지 않는 어떤 계획들도 우리가 생각지 않기를 기도합니다. … 우리가 출발했던 깊은 영적인 세계로 다시 돌아가길 힘씁시다. 하지만 비록 누군가가 하나님께서 우리 운동에 부여해주신 모든 힘의 요소들–비록 투표권이 그 중 하나라 하더라도–을 언급하는 것이 마치 신앙적인 것처럼 보인다 할지라도 더는 서로를 판단하지 맙시다.'[29] 자신의 관점을 복음적인 언어로 표현하는 것이 윌라드에게는 자연스러웠다. 윌라드는 진심으로 하나님의 일을 추진하고 있다고 믿었다. 하지만 윌라드의 경건은 위텐마이어의 불안감을 진정시키고 공개적인 불화를 피하도록 해주었다.

그럼에도 불구하고, 두 사람의 갈등은 1878년 대회에서는 피하기 어려웠다. 지난 대회 이후 WCTU 전국 신문 〈우리의 연합〉이 여성의 투표권에 관하여 두 번이나 언급했다. 위텐마이어는 이 일이 또다시 발생한다면 특별대회를 소집하겠다고 위협했다. 5개 주 연합회의 지지를 받았던 윌라드는 가정보호투표권을 촉진하기 위해 지방 연합회들이 행한 사역을 전국 간행물 뉴스에서 제외시키는 것은 불공평하다고 주장했다. 이번 논쟁에서 윌라드가 승리했고, 대회는 〈우리의 연합〉이 가정보호투표권을 촉진하기 위해 사용될 수 있다는 데에 동의했지만, 이 토론은 무척이나 길었고 양측 모두 격렬한 공방이 오갔다.[30] 그러나 대회가 가정보호투표권을 완전하게 지지해야 한다고 제안한 결의안은 다시 한 번 부결되었고, 회비 납부 회원 수를 기초로 한 전국대회 사절단 파견에 관한 윌라드의 방법이 채택된 1881년 전까지는 계속해서 패배를 거듭했다.

1878년 윌라드는 다시 회장 후보에 지명되었고, 불과 10표 차이로 위텐마이어에게 졌다. 대회는 처음으로 위텐마이어를 만장일치로 선출하지 않았다.[31] 승리가 눈앞에 다가왔다. 윌라드와 위텐마이어의 서신 왕래는 계속되었다. 다만, 윌라드의 인사말이 '사랑하는 사람'에서 '친애하는 자매 위텐마이어'로 바뀌었고, 편지에는 공식적으로 '프란시스 윌라드'라고 서명하기 시작했다. 하지만 윌라드는 '우리와 다르게 생각하는 우리의 자매들을 향하여 친절한 생각과 친밀한 개인적 관계를 유지할 것'을 계속 주장했다. 화해를 모색하려는 윌라드의 유연성과 적극적인 태도는 결코 그녀에게 손해를 가져다주지 않았다. 윌라드는 한 해 동안 가정보호투표권을 위한 최초의 중요한 절제회 유세를 하며 일리노이주를 이끈 후, 1879년 인디애나폴리스 대회에 도착했다. 일리노이주와 윌라드는 전투에서 졌지만, 지난 1년 동안 금주운동에 집중하여 눈부신 결과를 낳았다. 18만 명이 서명한 탄원서가 입법부에 제출되었고, 여성들의 주류업자 면허 발급 투표 권한에 관한 법안이 하원 의사일정에 상정되었다.[32]

비록 이 법안은 조용히 사멸되었지만, 효과적인 선전 활동의 백미로 작용했다. 윌라드가 직접 12월에 이 탄원서운동을 시작하여 첫 서명을 하였다.[33] 윌라드는 세력을 몰아 주의회 의사당으로 나아갔고, 마침내 3월 4일 주지사를 집무실에서 접견했다. 5일 저녁, 대규모 모임이 바로 하원 회의실에서 열렸다. 3월 6일 하원에 이 법안과 탄원서가 제출되었을 때, 여성들이 특별석을 가득 채웠으며, 윌라드, 엘렌 포스터 그리고 캔자스 금주 당원 주지사의 아내 수잔 세인트 존이 의장 옆에 앉았다. 이들은 하원에서 간단히 연설할 기회를 얻었다.[34] 그해 봄, 윌라드는 이 논쟁의 불길이 꺼지지 않도록 하기 위해 스프링필드에서 몇 주를 보냈다. 이 운동은 법률안 상정만으로 끝난 것이 아니라, 인상적인 선전 효과를 낳음으로써 그해 일리노이 주에서 수백 번에 이르는 지방 선택권운동이 일어나는 데에 이바지 했다. 모든 노력들이 윌라드의 흥행을 가져왔고, 절제회 지도자로서의 그녀의 지위에 실질적으로 공헌했다. 윌라드가 보여준 당당한 지도력은 틀림없이 1879년 대회에서 위텐마이어를 쉽게 물리칠 수 있는 요인이 되었다. 투표 결과는 90 대 40으로 윌라드의 승리였다.

프란시스 윌라드는 이제 막 40세가 되었다. 연갈색 머리에는 회색 줄무늬가 생겼다. 반항기 가득하고 혈기 왕성한 홍조는 오랜 세월을 지나며 한결 부드러워졌다. 한 방청자는 윌라드가 보통의 키에 날씬한 체격 그리고 '햇살 같은 얼굴'의 우아한 모습이었다고 설명했다.[35] 또 다른 사람은 윌라드가 분명히 젊은 시절 아름다웠을 것이며, 날씬하고 예쁜 외모에 흰 살결과 섬세하고 단정한 얼굴을 가졌을 것이라고 말했다. 또한 가냘픈 목의 하늘색 매듭과 함께 소박하게 잘 만들어진 갈색 혹은 검정색 드레스를 입은 단아한 모습이 여전히 보기 드물게 매력적이라고 평가했다.[36]

윌라드는 자기에게 잘 어울리고 용모가 최대한 두드러지도록 하는 방식으로 옷을 차려입는 재능이 있었다. 윌라드는 파란색을 좋아했다. 연한 색일 경우에는 훌륭하게 보였지만, 사실 파란색은 19세기에 각종 사업과 강연에 어울리는 색이 아니었다. 그러나 윌라드의 서재와 침실은 푸른색으로 장식되었고, 여성 방문객들을 집 혹은 호텔 방에서 비공식적으로 만날 때에는 주로 코안경 너머로 빛나는 파란 두 눈을 돋보이게 하는 하늘색 평상복이나 밝은 실내복을 입었다.

윌라드는 20년 동안 에반스톤의 안식처에서 어머니와 안나 고든과 함께 살았다. 윌라드는 스스로 '미시건 호수의 파도로 한 뺨을 가볍게 스치며, 대초원의 산들바람이 불어온다'고 표현한 '조용한 도시' 에반스톤을 사랑했다. 널따랗게 펼쳐진 느릅나무와 단풍나무, 높이 솟은 떡갈나무와 가로수가 즐비한 탁 트인 거리와 '울타리 없는 벨벳 잔디밭'이 인접해 있었다.[37] 노스웨스턴대학과 가렛신학대학 교정을 둘러싸고 있는 작은 중서부 타운인 에반스톤은 통근 기차들이 매일 그 지방 화물을 대도시 중심부로 실어 나르는 주요한 시카고 교외 도시가 되어가고 있었다. 윌라드는 시카고 시내와 시카고에 있는 절제회 사무실로 정기적으로 기차를 타고 다녔다. 또한 간혹 몇 주에 걸쳐 강연하고 조직하며 대중 활동과 관련된 모임 및 회의에 참석하기 위해 많은 시간 동안 여행을 해야 했다. 그러나 에반스톤은 윌라드의 고향이었고 '안식처'가 진정한 쉼터였다.

WCTU 회장 당선은 윌라드의 여성 투표권 주장의 승리가 아니라, 윌라드 개인의 승리였다. 많은 요소들이 윌라드의 강점이 되었다. 무엇보다 윌라드는 절제회 자체의 모든 수준에서 주요한 공헌을 했다. 지난 5년 동안 연합회 대부분의 성장은 윌라드의 조직적인 재능 덕분이었다. 윌라드는 수백 회의 연설을 했고, 수천 마일을 여행했으며, 주와 지방 대회들에 참석하고자 하는 마음이 끊이질 않았다.

윌라드가 1874년부터 1877년까지 통신서기로 일하는 동안, 전국연합회에서 지방과 주 연합회로 발송되는 모든 문서는 윌라드의 서명으로 발송되었다. 윌라드는 회원들이 지원과 조원을 위해 편지를 보냈던 전국연합의 간부였다. 또한 윌라드는 1875년 처음 발행된 이래 여러 번 재발행된 지방 간부들을 위한 안내서 〈힌트와 도움(Hints and Helps)〉을 비롯하여 조직화에 관한 수많은 실용적인 인쇄물을 제작했다. 연합회의 모든 회원들은 윌라드의 이름을 알았고, 윌라드는 여러 작은 타운에서 분투하는 절제회 회장을 비롯하여 활동 중인 거의 모든 지도자들을 위해 상당한 수고를 아끼지 않았다. WCTU 회장으로 당선되던 시기에 윌라드는 가장 강력한 주 연합회 중 한 곳의 회장이었고, 중요한 입법부 운동에서 탁월한 안목과 지혜로 연합회를 이끌어왔다.

둘째로, 재능 있고 말 잘하는 여성들로 구성된 흠 없는 조직에서 윌라드는 특히 카리스마적인 지도력으로 돋보였다. 우선, 윌라드는 사람들과의 관계에서 '여성다운 방법'을 사용했다. 보스턴의 한 기자는 대회 개회 전 호텔 방에서 윌라드를 지켜보면서 그녀에 대해, 모든 종류의 일을 처리하면서도 '태도가 결코 돌연하거나 모나지 않고' 오히려 온유하고 사람의 마음을 끄는 탁월한 행정가라고 묘사했다. 사람들이 들어오면 윌라드는 각 사람에게 '특별한 메시지', 곧 개인적인 환영의 말을 했다. 그 기자는 윌라드를 지켜보며 사랑의 힘을 생각했다. '(윌라드는) 민감하고 동정심이 있으며 신속하게 일을 처리했다. 즉, 대부분의 여성들이라면 5시간이나 걸려야 하는 많은 일을 단 5분 만에 끝냈다. 결코 '두려워하지' 않았고 … 잠시도 당황하지 않았으며 항상 분명한 결정으로 준비되어 있었다.'[38] 능률적인 일 처리에 더해 배려, 공감 그리고 애정이 결합된 윌라드의 성품은 저항할 수가 없었다. 사회를 변화시키기 위한 여성다운 기법들을 강조하는 윌라드의 능력은 그가 이끌던 세력으로부터 헌신을 끌어내는 주요한 원인이 되었다.[39] 만일 여동생 메리의 죽음을 통해 그녀가 부드러운 면을 더 계발시켰다면, 그것은 윌라드에게 참으로 훌륭한 선물이었을 것이다.

셋째로, 연단에서의 개성이 개인적인 충성을 고취시키는 윌라드의 능력에 중요한 방법으로 기여했다. 프란시스 윌라드는 연설가 시대에 살았다. 윌라드에게는 라디오, 텔레비전 혹은 축음기와 같은 경쟁상대가 없었다. 대중적인 연설은 인쇄된 말과 연극무대 등이 유일한 경쟁상대가 되는 특별한 형태의 오락이었으며, 윌라드를 포함하여 대부분의 기독교인들은 상업적인 연극을 장려하지 않았다. 윌라드는 19세기 말의 위대한 연설가 중에 한 명이었다. 여성연사들을 싫어한다고 공언했던 한 토론토 편집자는 윌라드의 '설득력 있는 음성'에 대해 '한층 고조된 열정을 토해 내다가 감동적인 애절함과 호소의 어조로 떨어지기도 하는, 정선된 시적인 언어의 흐름'이라고 묘사하면서, '윌라드의 연설 문체는 예리하고 날카로우며 설득력 있다'고 논평했다.[40] 윌라드는 같은 연설을 몇 번이고 자주 반복했지만, 일반 대중운동가처럼 각각의 청중들을 향하여 마치 자신의 말이 그 사람만을 위한 것인 양 확신을 심어주었다. 윌라드의 가정보호 연설은 수백 번 행해졌지만, 모든 새로운 집단의 청중들에게 그 연설은 신선하고 멋진 연설이었다.

1879년에 윌라드가 전국적인 인물이었다는 사실 또한 WCTU 내에서 윌라드의 지위에 영향을 미친 또 다른 요인이었다. 무디와 함께 했던 시간들, 〈시카고 포스트〉를 발행하고 편집했던 용감한 시도, 일리노이 주의회에서 행한 극적인 가정보호 유세 등은 각 신문들이 윌라드에게 실질적으로 주목하게 했으며, 그 대부분은 놀랍게도 호의적이었다. 교회 신문들은 윌라드의 인기와 높아져가는 명성에 감동을 받았다. 대도시 일간신문들은 윌라드의 여성다운 예의바름에 감탄했다. 많은 여성들은 그녀의 감동적인 업적을 지켜보며 같은 여자로서 긍지를 가졌다. 이 모든 요인들-조직에 대한 충성스런 봉사, 여성다운 매력과 배려의 정신, 연설 능력, 전국적인 평판-이 1879년 윌라드의 회장 당선에 중요한 역할을 했다. 이 특성들은 윌라드가 표방했던 그 어떤 이념적 주장보다 더 중요했다.

그러나 윌라드는 개인적인 승리에 만족하지 않았다. 당선된 지 2년 만에 전국대회에서 WCTU가 가정보호투표권을 수용하도록 만들었다. 1880년, 보스턴 대회에서 윌라드는 회장 연설에 즈음하여, 그동안 금주운동이 서서히 여성들에게 그들이 반드시 투표를 해야 한다는 것과 '독주 가게'들에 반대하는 투표를 해야 한다는 생각을 주지시켜왔음을 지적했다. 또한 윌라드는 낙관적인 전망으로 계속했다. 여성들은 '부재 지주 제도가 영향을 미칠 수도 없고, 돈으로도 살 수 없는 투표 군단'이 될 것이며 '우리가 이 '가정보호' 무기를 갈망할 때, 미국의 남성다움은 여성들의 손에서 결정될 것'이라고 말했다. 물론 윌라드는 채찍과 함께 당근을 제시하면서, 변화는 갑자기 찾아오지 않으며, 옛 가치도 보존될 것이라고 말했다. '남자들은 여성의 존재를 무시한 법률이 제정될 수 없음을 확신하게 될 것임에 틀림없다.'[41] 애니 위텐마이어도 결코 부족한 연사가 아니었지만, 윌라드의 연설은 이제껏 전국대회에서 행해진 회장 연설 중에서 가장 감동적인 메시지였다. 회장 연설은 감동시키는 힘에 있어서 통신서기 보고서의 평범한 사실과 숫자들보다 훨씬 더 훌륭한 매체였고, 윌라드는 그 기회를 충분히 이용했다. 이 연설은 가장 감동적이었을 뿐 아니라, 지금껏 가장 긴 회장 연설이었다. 지난해 위텐마이어는 의사록에 단 7페이지를 채운 반면, 윌라드는 16페이지나 채웠다.[42] 비록 가정보호투표권에 관한 결의안이 보스턴 대회에서 통과된 것은 아니었지만, 위텐마이어가 직접 이 대회의 사회를 맡았다는 사실은 윌라드의 승리를 더욱 달콤하게 했음에 틀림없다.

다음 대회는 승리를 가져왔다. 1881년 10월, 워싱턴 D.C. 대회에서 대표단은 '가정보호가 가장 강력한 슬로건인 가정보호, 여성의 투표참여가 금주운동 법제화에 안정을 가져다줄 수 있는 평등한 참정권'임을 공표했다.[43] 이 결의안은 아무런 반대 없이 통과되었다. 게다가 이 결의안은 '금주를 위한 여성의 투표권을 보장하고 사용하기 위한 수단들을 마련하는 일에 정부에게 조언과 지침과 도움을 제공할' 임무를 가진 참정권 위원회에 위임되었다.[44]

이 대회는 승리의 사건이었다. 윌라드의 어머니는 이 명예를 축하하기 위해 윌라드와 함께 있었고, 프란시스는 백악관에서 아더(Arthur) 대통령을 접견했다. 윌라드의 재당선을 지지하는 대표단이 압도적으로 많았다. 윌라드는 질병 때문에 보스턴에 머물러야만 했던 안나 고든에게 '대회는 화려하게 끝났다!'고 편지했다. 이로써 금주운동과 연결된 여성참정권은 수많은 미국 주류 여성들이 받아들이게 되었다. 프란시스 윌라드는 여성다움의 옷을 입고, 이러한 관점의 변화를 효과적으로 이끌어냈다.

Chapter 8. 명성

1880년대를 지나는 동안 프란시스 윌라드는 미국에서 가장 잘 알려진 여성이 되었고, 그 명성은 그녀가 세상을 떠날 때까지 계속되었다. 윌라드의 놀랄 만한 개인적인 성공과 폭넓은 전문 활동은 서로 밀접하게 얽혀 있었다. 이 기간 동안 윌라드는 기독교여자절제회의 회원 수를 늘리기 위해 열정적인 조직화 운동에 전념했다. 또한 몇 권의 책과 수많은 소작품을 썼고, 어머니와 안나 고든 그리고 몇몇 친밀한 여성들과 함께 에반스톤과 시카고를 중심으로 생활을 꾸려갔다. 또한 심각하게 알코올 중독에 시달리는 두 명의 조카들에 대처해야 했다. 이들의 문제는 절제회 지도자로서의 윌라드의 경력에 큰 흠집을 냈다. 그와 동시에 시카고 개혁 여성 모임에서 중요한 역할을 감당했다. 윌라드는 정치적인 기반을 전국적으로 확대했으며, 응집력 있고 급진적인 사회경제적 철학을 서서히 발전시켰다. 윌라드는 종교 단체 중에서도 두드러졌으며, 1880년대 말에 이르러 감리교뿐만 아니라 개신교 전체를 대표하는 평신도 대변인으로서의 위치에 올랐다.

절제회 성장에 박차를 가하기 위한 윌라드의 조직화 운동은 그 자체로도 성공적이었다. 1880년대에 연합회는 2만7천 명에서 약 20만 명으로 성장했고, 윌라드는 이 놀랄 만한 확장의 상당 부분에 공헌했다. 수년 동안 윌라드는 1년 54주 중 단 몇 주만 에반스톤의 집에 머물렀다. 10년 동안 하루에 적어도 한 곳 이상의 도시나 타운을 여행하면서 평균 1회의 모임을 가졌다. 윌라드는 연합회를 조직화하기 위해서 뿐 아니라 생활비를 벌기 위해서도 여행을 다녔다. 왜냐하면 1886년까지 절제회로부터 전혀 급료를 받지 않았기 때문이었다. 윌라드의 어머니, 안나 고든 그리고 프란시스 모두 윌라드가 강사로서 받은 사례금에 의존했다.

1879년 강연 대행 사무실을 찾았던 짧은 경험 이후, 윌라드는 스스로 일정을 조정했는데, 이것은 곧 안나 고든이 윌라드를 위해 모든 것을 관리했음을 의미했다.[1] 고든은 설득력 있는 말로 철도회사로부터 무료승차권을 얻어내는 일에 정통하게 되었고, 비록 느린 화물 열차의 승무원 칸에 타긴 했지만, 이따금 외딴 곳으로 가는 열차도 준비했으며, 윌라드의 대륙 횡단 강연과 조직화 여행의 곤경과 영광을 함께 나누었다.

1880년대 초, 윌라드의 가장 야심찬 여행은 남부에 있었다. 이곳은 여성 단체에게는 불모지였다. 교회들과 선교지부를 제외하고 남부 여성들은 자발적인 단체를 조직한 경험이 거의 없었고, 정치적인 과정에도 실제적인 관계가 전혀 없었다. 19세기 초반 이후, 남부 여성들은 다른 미국 여성들과 어떤 공통적인 기반을 갖지 못했다. 윌라드는 백인 중산층 남부 여성들을 여성금주운동에 헌신하게 함으로써 이 모든 것을 바꾸었다. 또한 북부 여성들이 남부 자매들과 접촉할 수 있도록 독려했다.

윌라드는 남부 여성들에게 공동 운동이 북부의 적대감을 완화시켜줄 것이라고 확신시켰다. 동시에 노예제도를 반대하던 북부 사람들에게는 백인 남부 사람들이 북부의 여성들이 소중하게 생각하는 이 개혁운동에 참여하길 간절히 바랄 뿐 아니라, 금주운동에 흑인들의 협력을 얻고 싶어 한다고 확신시켜주었다. 자서전에서 윌라드는 남부에 대한 많은 회유적인 생각들을 기록하고 있다. 남부의 금주 여성들은 전쟁에 대하여 신실한 재건주의자의 태도를 보여주었다. 남부 여성들은 윌라드가 흑인들에게 연설을 하고, 그들을 금주운동에 모집하도록 재촉했다. 이들은 흑인의 교육을 적극 옹호했다.[2] 윌라드가 기록한 일기의 내용은 조금 덜 낙관적이었다. 처음으로 사바나 근처의 커다란 벼 농장을 방문했을 때, 윌라드는 '그들은 모두 노예제도가 폐지된 것을 기뻐한다. 그러나 수단이 부당하다고 생각한다. 우리와는 전혀 다른 관점으로 바라본다. 즉, 우리가 전쟁을 시작했고, 전쟁에 대한 책임을 우리가 져야 한다고 생각한다.'[3]고 기록했다.

윌라드가 미국 흑인들에 대해 어떻게 생각했는지는 확인하기 어렵다. 윌라드는 노예제도를 반대하는 배경의 출신이었고, 에반스톤에서 어린 여학생으로서 시카고의 적은 흑인들에 대해 진실하지만 다소 거리를 둔 동정심을 가졌었다. 윌라드는 자유민들에게 일반적으로 동정적이었지만, 최초의 남부 여행 때까지 흑인을 사교적으로는 만나지 않았을지도 모른다. 여러 해 동안, 윌라드는 비(非)백인종과 인디언 중에서 가까운 친구를 얻었다. 인디언 푼디타 라마바이(Pundita Ramabai)는 윌라드의 허물없는 친구 중 한 명이었다. 윌라드가 오클라호마로 여행할 때에는 언제나 체로키족(Cherokee) 추장의 딸 제인 스테이플러(Jane Stapler)를 방문했다. 윌라드는 비록 극동 지역을 여행한 적은 없지만, 일본인 친구가 여럿 있었다. 그러나 윌라드가 미국 흑인 여성과 친밀한 교제가 있었다는 기록은 없다. 절제회에서 흑인들과 함께 일했고, 터스키지(Tuskegee)를 방문했을 때에는 부커 워싱턴(Booker T. Washinton) 부부에 관하여 따뜻하게 말하곤 했다. 그럼에도 불구하고 윌라드가 다른 유색 인종들에게 했던 것처럼, 친구나 집안 손님 혹은 절친한 벗을 얻기 위해 흑인 사회에 손을 뻗지는 않았던 것 같다.

윌라드는 여러 차례 남부를 여행했다. 마지막 남부여행은 1896년에 있었다. 남부에 관한 무엇인가가 그녀를 매혹했다. 윌라드의 가장 가까운 남부 친구는 사우스 캐롤라이나의 샐리 채핀(Sallie Chapin)이었으며, 두 사람의 우정은 여러 해를 지나면서 더욱 깊어졌다. 1881년 초, 윌라드와 안나 고든이 찰스톤의 채핀 집에 머물렀을 때, 고든은 프란시스를 대신해 어머니에게 편지를 보내 '남부의 환대에 관해서 들은 이야기가 모두 사실입니다. 채핀은 전쟁 이야기로 두 사람을 매우 즐겁게 해주었습니다. 채핀은 철저한 반항가였지만, 우리에게 베푼 친절은 이보다 더할 수 없을 것입니다.'라고 말했다. 고든은 '채핀 여사는 말솜씨가 좋았고, 프란시스는 일생을 통틀어 유일할 정도로 상대적으로 말이 적었습니다'라고 덧붙였다.[4)]

그러나 샐리 채핀과 다른 사람들이 가졌던 매력만으로는 남부사역에 대한 윌라드의 친밀함을 설명하기란 역부족이다. 이방의 땅으로 나아가 그것을 정복하는 것이 어떤 뿌리 깊은 필요를 충족시키는 것처럼 보였다. 윌라드는 인정받는 것에 대해 늘 불확실해 했다. 어린 여학생 시절 윌라드는 자신이 어디에 서 있는지 알지 못했다. 젊은 남자들이 윌라드를 좋아했는가? 아버지가 윌라드를 인정했는가? 비록 오빠를 삶의 모델로 삼았지만, 윌라드가 궁지에 있을 때에는 오빠조차도 확실해 보이지 않았다. 아버지와 마찬가지로, 오빠에게 손을 내밀 필요가 있었겠지만 이 또한 틀림없이 부질없었을 것이다. 남부에서 프란시스 윌라드는 마음이 내키지 않은 연인에게 손을 내밀었다. 윌라드의 목적은 적절했지만, 상대방은 미심쩍어 했다. 금주운동은 남부인들의 마음에 맞았지만, 활동가 여성은 남부의 가장 깊은 편견에 대한 도전이었다. 윌라드는 이 도전과 맞섰고 승리했다.

또한 윌라드는 매우 적절한 때에 남부에 갔다. 재건은 끝났다. 백인 상류층의 남부 사람들은 정치적 진행 과정에서 권력을 얻었다. 동시에 아직은 흑인의 시민권을 박탈해야 한다고 믿을 만큼 인민주의에 강력하게 반발하고 있는 정도는 아니었다. 이러한 때에 윌라드는 청중을 백인에게서 흑인에게로 옮겨 흑인 지역을 조직화하고 흑인 학교 교정에서 연설할 수 있었다. 윌라드는 항상 남부 흑인들에 손을 내밀었다. 마지막 남부 여행인 1896년까지도, 윌라드는 그녀가 '유색' 인종이라고 부른 많은 사람들에게 연설을 했다.[5)]

여성이 대중적인 연단에서 연설하는 것은 메이슨-딕슨 라인(Mason-Dixon line, 펜실베이니아와 메릴랜드의 주경계선으로, 미국 북부와 남부의 경계임-역자 주) 아래 지방에서는 흥미 있는 새로운 출발이었다. 윌라드는 대규모 청중을 불러 모았다. 그중 일부는 호기심에 모여들었지만, 대부분 윌라드의 목표가 가치 있고 존경할 만한 것으로 보였고, 그녀가 성직자와 법관의 후원을 받고 있었기 때문도 있다. 일단 모여든 청중들은 단순한 존경심이 아닌 경외심을 가지고 경청했다. 여기에 '소박하지만 세련되게 옷을 입은 우아하고 아름다운 여인', '부드럽고 감미로운 어조로' 연설하는 여성다운 여성이 있었다.[6] 사우스캐롤라이나 〈침례교 신문(Baptist Courier)〉은 찰스톤에서 5백 명의 청중들이 윌라드의 연설을 들었는데, 이들 대부분은 이제껏 여성이 대중 앞에서 연설하는 것을 처음 보는 사람들이었다. 윌라드는 세련된 검정색 정장과 보닛을 입고 특별한 포즈나 어떠한 몸짓도 하지 않은 채 '문학적인 보석'과도 같은 연설을 했다고 보도했다.[7]

윌라드의 첫 남부 여행 중 안나 고든은 병이 들어 회복차 집으로 돌아왔다. 협력가로서 안나가 담당하던 임무는 볼티모어의 조지아 헐스 맥레오드(Georgia Hulse McLeod)와 찰스턴의 샐리 채핀에게 맡겨졌다. 이렇게 안나와 헤어지자, 윌라드는 자신의 사역에 대한 생생한 내용의 편지를 고든에게 자주 적어 보냈다. 또한 자동차에서 안나에게 쓴 편지에는 자신이 개인과 군중들로부터 환영을 받을 뿐 아니라, 지난 사흘 동안 아홉 번의 연설을 했는데 그중 한 번은 오페라극장에 1천5백 명이 모인 금주 집회였다고 적어 보냈다.

여행비와 생활비는 보통 윌라드를 청빙한 측에서 지불했지만, 처음 남부 여행에서는 호의의 표시로 사례금을 받지 않았다. 이것은 에반스의 텅 빈 재정에 영향을 끼쳤다. 이후 여행에서 윌라드는 주요 도시뿐 아니라 오지 지역도 방문했고, 여행 조건도 종종 원시적이었다. '마치 개집처럼 그렇게 춥고 어둡고 무시무시한 승무원 칸도 없을 것이며, 36마일을 가는 데 5시간 반이나 걸렸다. 너무 피곤하고 배고프고 고통스러웠다.'[8)]

그러나 전체적으로 윌라드의 남부행은 승리를 얻은 여행이었다. 훌륭하게 영접을 받았을 뿐 아니라, 가는 곳마다 따뜻하고 충심어리며 거의 아첨에 가까울 정도의 환영이 기다리고 있었다. 또한 윌라드의 인격과 메시지에 대해 다른 어느 북부 여성에게도 보여주지 않은 열광적인 반응을 보냈다. 윌라드는 이 경험이 자신을 변화시켰다고 생각했다. 한 여행에 대해 그녀는 자서전에 이렇게 기록했다. '그 여행은 나의 모든 역사에서 가장 독특했다. 그 여행은 나를 '재건'했다.'[9)] 또한 윌라드는 WCTU 대회에서 '나는 전쟁에 관한 문제에 대해 그들(남부 사람들)이 성의를 가지고 받아들이는 것을 목격했다'고 보고했다.[10)] 윌라드는 멕시코만 연안의 5개 주 의회가 흑인 교육을 위한 재원 마련을 위해 투표했을 때 그 회의에 참석했고, 남부 백인들로부터 흑인 청중들에게 연설해 달라는 요청을 받기도 했다.[11)]

남부 여행은 1880년대에 윌라드의 분주한 강연 일정과 조직화 계획의 일부가 되었다. 크리스마스 한 주를 제외하고, 윌라드는 1881~1882년 가을과 겨울 동안 쉬지 않고 여행했다. 11월에 뉴욕에서 2주 동안 연설한 후, 추수감사절을 지내고 나서 한 주 동안 델

라웨어로 갔으며, 펜실베니아를 들러 에반스톤으로 돌아와 휴가를 보냈다. 그 후 윌라드는 남부로 돌아갔다.[12] 1월과 5월 사이, 윌라드는 14개 주 66개 도시를 방문했다. 여성금주운동 10주년이 되던 해인 1883년부터 1884년에 윌라드와 고든은 그들이 소위 '금주운동회합'이라고 부르는 연합회가 있는 모든 주를 여행했다. 1년 전 봄과 여름에 두 사람은 서부 지역으로 주요한 조직화 여행을 떠났고, 그곳에서 105일 동안 116번의 회의를 열고, 6개 주에서 절제회를 조직했다.

이와 같은 강행군은 그만큼의 희생을 요구했다. 1884년 금주운동 여행을 마쳤을 때, 윌라드는 앞으로 10년 동안 팔순 어머니와 함께 더 많은 시간을 보내면서, 시카고의 〈유니온 시그널〉 사무실에서 일하고 계획하는 데에 남은 시간을 보낼 것이라고 선언했다.[13] 그러나 이 맹세는 거의 예의 차원에서 한 것에 불과했다. 윌라드는 그 해가 가기 전에 다시 남부로 여행했다. 1885년 모든 주 대회들에 참석했고, 3월이 되어서는 '현기증이 날 지경이다! 내가 책임을 져야 할 모임과 사람들인지 아닌지 모르겠다. 자정까지 전혀 한숨도 자지 못했다. 내 나이가 450살 쯤 된 것 같다'고 불평했다.[14] 1866년의 대회 이후 윌라드는 매년 1천 불의 사례비를 받았고, 따라서 이러한 강행군을 해야 할 재정적인 필요는 사라졌다. 그러나 윌라드는 여전히 많은 시간을 여행에 할애했다.

1880년대에 윌라드는 끊임없이 여행하고 연설했을 뿐 아니라, 수십 권의 짧은 작품과 소책자들, 신문 칼럼과 연설문을 비롯해 4권의 책 등 엄청난 양의 저술을 남겼다. 그 중 가장 중요하고 긴 작품은,

비록 연대기에 다소 혼동이 있지만 감동적인, 자신의 반세기 생일을 기념하기 위해 1889년에 발행한 자서전 〈50년 회상(Glimpses of Fifty Years)〉이었다. 회고담, 사회 철학, 기독교 간증 그리고 일기로부터 발췌한 700쪽 분량의 열정의 열매가 단 6주 만에 탄생했다. 반복을 삭제하고 좀 더 탄탄하게 구성해 편집했더라면 틀림없이 더 좋은 책이 만들어졌을 것이다. 그럼에도 불구하고 이는 놀랄만한 성취였다.

1888년 크리스마스에, 윌라드는 〈50년 회상〉을 쓰기 위해 시카고 가족 할인 호텔에 칩거했다. 책을 완성할 때까지 윌라드는 〈유니온 시그널〉의 사업 관리인(대리인의 역할을 하던)과 속기사를 제외하고 어느 누구도 만나지 않았고, 식사도 방으로 배달되었다. 윌라드는 안나 고든에게 하루에 수차례 편지했지만, 두 사람은 분명히 만나지 못했다. 윌라드는 생애를 일곱 기간으로 나누고, 7개의 탁자를 방에 배열했다. 그리고 각 기간에 해당하는 자료들을 각 탁자 위에 올려놓았다. 그리고 '차례로 각 탁자로 가서' 한 항목씩 집어 들고는 '그 항목이 자신의 마음에 연상시키는 생각들을 속기사에게 받아쓰게 한 후' 그 모든 것을 함께 엮어 맞춤으로써 서로 잘 연결되지 않은 수백 쪽의 책을 끝마쳤다.[15] 이러한 과정은, 마치 〈50년 회상〉의 구성에 결함이 있는 것과 마찬가지로 항상 성공적일 수는 없었다. 그러나 윌라드는 어린 시절부터 탁월한 단어 선별 능력을 가진 화려한 문장가였다. 〈50년 회상〉은 잘 팔렸으며, 첫 5만 부가 몇 개월 만에 동이 났다.[16]

1883년에 발행된 〈여성과 절제(Woman and Temperance)〉는 다

소 야심찬 계획은 아니었다. 대부분 절제회의 다양한 지도자들이 기록한 금주 여성들과 활동을 개략적으로 편집한 이 책 역시 윌라드가 제1저자인 많은 자료들을 포함하고 있다. 윌라드의 개요를 기록한 메리 래드버리가 이 책의 편집을 도왔다.[17] 윌라드는 출판물을 위해 자료를 수집하고 편집하는 일에 다른 사람의 도움을 마다하지 않았다.

1886년, 윌라드는 당시 절판되었던 〈열아홉 해의 아름다운 생애(Nineteen Beautiful Years)〉를 존 그린리프 휘티어(John Greenleaf Whittier)의 해설을 붙여 개정판으로 출간하였다. 같은 해 윌라드는 〈이기는 법: 여성들을 위한 책(How to Win: A Book for Girls)〉을 출판했다. 이 책은 젊은 여성들에게 '당신의 전문성을 계발하고' 스스로 생활비를 벌며 독립적이 되고, 자신의 관심을 공유하는 남자와 결혼할 것을 독려하는 영감 있는 내용이다. 이 작은 책은 여권운동가의 성향이 분명했다.

여성에게도 안수를 허락하여 모든 목회적인 사역을 감당할 수 있도록 하고, 교회 정치로 완전히 들어갈 수 있도록 해달라고 강력하게 요구한 〈강단의 여성(Woman in the Pulpit)〉은 1888년에 출판되었다.[18] 철저한 연구와 세밀한 논리로 저술한 이 소책자는 여성들이 교회 업무에 참여하는 것을 반대하는 감리교 총회에 대한 반박으로 쓴 것이다. 학문의 관점에서 〈강단의 여성〉은 교회 역사와 성경 본문에 관한 상당한 수준의 전문지식을 보여준다. 이 책은 윌라드의 가장 야심찬 작품이다. 이 책에서 그녀는 여성의 목회사역을 어머니 역할의 연장으로 보았다.[19] 윌라드의 주장은 모성보다 여성다움에 더 밀접하게 결합되어 있으며, 끊임없이 평등주의 원칙들을 강조하고 있다. 윌라드가 일생 동안 평등권에 관한 주장을 그렇게 효과적으로 할 수 있었던 것도 바로 여성다움을 능숙하게 강조했기 때문이다.

윌라드는 1890년대에도 출판을 계속했다. 오랜 세월 동안 그리 많은 시간을 보내지는 못했던 도시에 대한 회상록 〈에반스톤: 유서 깊은 마을(Evanston: A Classic Town)〉이 1891년에 출판되었다. 또한 메리 리버모어와 함께 윌라드는 1,400명의 탁월한 19세기 여성들의 개요와 사진을 담은 중요한 인명사전 〈세기의 여성(Woman of the Century)〉를 편집했는데, 이 책 역시 소중한 사료에 해당한다. 〈위대한 어머니(A Great Mother)〉는 메리 힐 윌라드에게 헌정하는 감동적인 책으로, 윌라드의 어머니가 작고한 후 1894년에 출판되었으며, 윌라드의 사촌 미네바 브루스 노턴(Minerva Bruce Norton)의 큰 도움으로 저술되었다.[20] 생애 마지막 작품을 앞두고 저술한 〈바퀴 안의 바퀴(A Wheel within a Wheel)〉는 윌라드가 50세에 자전거를 배워 운동과 교통수단으로 사용하게 된 것에 대해 재치와 열정을 가지고 쓴 글이다. 윌라드는 세상을 떠나기 직전, 여성의 직업에 관한 고무적인 책을 저술했는데, 곧 미국에서 급속하게 증가하던 대졸 여성들을 위해 교직 이외의 다른 적절한 직업들을 제시하고 유익한 길잡이를 해주기 위한 〈여성을 위한 직업(Occupations for Women)〉을 출판했다. 이번 출판 역시 다른 사람의 도움을 받았지만, 모든 출판 계획을 감독했으며 책 안에 자신의 모든 명예를 걸었다.[21]

프란시스 윌라드의 작품들은 19세기 후반에 널리 읽혔다. 그런 의미에서 윌라드는 어린 시절 가장 강렬했던 야망 중 하나를 실현한 셈이다. 윌라드의 책들은 대서양 양편의 수많은 응접실 탁자 위에 올려지게 되었다. 그러나 윌라드는 문학계에서 중요한 인물은 아니었다. 그녀는 쉽고 훌륭한 여러 권의 책을 집필했지만 항상 조급했으며 다음 작업, 다음 회의, 다음 도시로 나아가길 희망했다. 편집하고 완성할 시간이 없었다. 중년에 이르러, 그녀는 자신을 문학가가 아닌 선전가, 홍보자, 제안자, 선동가로 인식했다. 윌라드의 문학적인 자질은 그녀에게나 그 책을 읽는 사람들에게나 별로 중요하지 않았다. 그럼에도 불구하고, 윌라드는 정확하고 생생한 어휘들을 사용했다. 어린 시절에 접한 잡지나 시집, 농장출판물 등의 작은 이야기들이 열매를 맺었다. 훈련과 관심만 있었다면 진정한 예술성을 발휘할 수 있을 만큼의 문학적인 재능도 있었다. 그러나 윌라드는 사무직 여성의 세계로 불린 실천가 대열로 뛰어들었다. 윌라드는 기본적으로 잘 알려지지 않은 사람들, 여동생와 어머니 그리고 친구 줄리아 아미스에 관한 전기와 회상록을 저술했다. 또한 에반스톤에 관한 삽화적이고도 감상적인 이야기를 기록했으며, 자전거를 보급하는 역할도 했다. 하지만 사람들이 윌라드 개인과 그 시대에 관해서는 관심을 기울일 수 있어도, 윌라드의 책들을 주의 깊게 읽는 것에는 관심을 가질 만한 사람이 없었을 것이다.

1885년 절제회는 뉴욕에서 시카고로 전국 본부를 이사했고, 연합회 사무실들과 기관지 〈유니온 시그널〉을 한 지붕 아래 통합시켰다. 비록 사무실이 뉴욕에 있을 때에도 주로 사무실 밖에서 훨씬 더 많은 일을 했지만, 이렇게 변화를 준 분명한 목적은 에반스톤에 있는 어머니와 더 많은 시간을 보내기 위함이다. 머지않아 예전의 숨 가쁜 스케줄로 돌아가야 했지만, 사무실 이전과 함께 에반스톤의 안식처는 1892년 그녀의 어머니가 사망하고, 윌라드가 영국에 오래 체류하기 전까지 절제회의 보조 본부 역할을 했다.

올리버 윌라드의 죽음 이후, 안식처는 윌라드 가족을 위해 한 지붕 아래 두 개의 독립된 공간으로 개조되었다. 한쪽 공간은 메리 베니스터 윌라드와 네 자녀들 즉 메리, 캐서린, 로버트, 프랭크가 사용했다. 프란시스, 어머니, 안나 고든 그리고 보통 비서로 일했던 한 명 이상의 젊은 여성이 나머지 절반을 사용했다. 이렇게 한 데에는 어머니 윌라드가 프란시스의 장기 부재 기간 동안 다른 가족들을 가까이에 두고 싶어 했기 때문이다. 그러나 〈일리노이 시그널〉과 훗날 〈유니온 시그널〉의 편집자로 수년 동안 섬긴 메리 베니스터 윌라드가 에반스톤을 떠나 베를린으로 이사한 1885년, 메리 가족이 사용하던 공간은 절제회 사무실로 변경되었다.

1886년까지 윌라드 가족은 여러 명의 연합회 직원들을 포함하여 총 8명이었다. 윌라드와 다른 WCTU 직원들은 하루 70회 운행하는 통근 열차와 전화를 통해 시카고에 있는 본부와 연락을 취했다.[22] 윌라드는 여전히 여유가 없었지만, 통신은 용이했고 집에서 더 많은 시간을 보내기 위해 노력했다.

에반스톤에서 윌라드의 생활 방식은 관대했고 조급하지 않았다. 1886년 무더운 8월의 어느 날, 윌라드의 집을 방문한 뉴올리언스의 한 기자가 이 점에 대해 증언해준다. 이 기자는 기차에서 윌라드를 만나 안식처로 안내받았다. 그 곳은 미시건 호수로부터 불과 한 블록 떨어진 교외의 조용한 주택가에 늘어선 집들 중의 하나였다. 창문에 걸린 여름 커튼, 버드나무로 만든 안락의자, 붉은 소파, 어머니 윌라드의 물레, 안나 고든이 연주하던 오르간과 더불어 응접실은 책들로 가득 차 있었다. 이 방문자(아마도 루이지애나 절제회의 신념이 굳었던 캐롤라인 머릭(Caroline Merick)과 윌라드 가족은 황혼녘에 시종이 가져다준 차를 함께 나누었다. 이 기자는 또한 윌라드의 서재에 대해 아침 해를 받을 수 있도록 동쪽을 향해 있고 벽에는 책들이 줄지어 꽂혀 있으며, 무거운 참나무 책상과 액자에 끼워져 있지 않은 박애주의 친구들의 사진, 안락의자, 잔디밭과 화단이 내려다 보이는 현관 위로 개방된 창문을 갖춘 안쪽 방이었다고 묘사했다.[23) 자칭 윌라드의 '동굴'은 1890년 여름에 수리되었다. 집을 수선해준 것은 분명 어떤 친구의 선물이었을 것이다. 윌라드는 이 친구에게 그녀가 친한 동료에게 사용하던 따뜻한 글로 편지를 보냈다. '토요일 저녁에 '이야기꽃과 크림과자'와 함께 새로운 '하늘응접실(이제 더 이상 이곳을 '동굴'로 부르지 않을 것이다)'의 헌당식을 가졌어요. 우리는 당신과 당신의 호의 그리고 천사 같은 당신의 마음에 대해 이야기했어요. 당신도 이곳에 함께 있었으면 얼마나 좋았을까요. 당신이 프란시스에게 허락한 이 아름답고 사랑스런 공간에 걸맞은 가장 멋진 이름을 지어주세요.'[24)]

윌라드가 집에 있는 동안에는 아침 7시에 기상해서 8시에 아침식사를 한 후, 연설문과 기사를 쓰고 수많은 편지들을 쓰면서 9시부터 12시까지 그리고 1시부터 6시까지 일을 했다. 윌라드는 보통 밤 9시

⁑ 1880년대의 메리 힐 윌라드(왼쪽)와 딸 프란시스(오른쪽 뒤) 그리고 안나 고든
(고든, 〈프란시스 윌라드의 아름다운 생애〉에서 재판됨)

30분에 일찍 잠자리에 들었다. 적어도 매일 30분 동안 걷는 것을 습관화했고, 시간이 날 때마다 마차 타는 것을 즐겼다.[25] 윌라드는 항상 말을 가지고 있었다.

그러나 심지어 에반스톤에서도 윌라드의 업무량은 엄청났다. 윌라드는 자다가 깨어나게 되면 어둠 속에서라도 기록을 할 수 있도록 항상 석판을 침대 곁에 두었다. 또한 윌라드는 어디를 가든지 편지에서 벗어날 수 없었다. 영국에 있을 당시 윌라드는 이에 대해 다음과 같이 이야기했다.

> 나의 깨끗하고 조용한 동굴에 앉아 이제는 엄청나게 성장한 기독교로 인해 세계 각지로부터 날아온 편지들을 읽었다. 내 모든 공적인 생애 동안, 이 벽이 나와 강연 그리고 기사들, 이야기와 시들 사이에 들어왔다. 하지만 나는 그 모든 것을 쓸 수 있을 것이라고 확신했다.
>
> 개혁가는 금주, 노동 그리고 여성문제에 관해 동료들과 지속적으로 관계를 맺어야 한다. 점진적으로 그들을 돕는 일은 곧 사라지게 될 어떤 것을 쓰는 것보다 훨씬 더 중요하다.[26]

윌라드의 생각은 옳았지만, 안나 고든과 때때로 여러 속기사들의 도움에도 불구하고, 편지는 항상 부담이었다. 그러나 윌라드는 이 일에 정성을 다했다.

윌라드는 평생 동안 열심히 일했다. 그러나 어머니의 말에 따르면 '윌라드는 마음에 들지 않는 직업은 강하게 거절한 반면, 원칙과 철학 그리고 자선사업과 간절히 씨름하길 원했고, 마음에 드는 직업에 대해서는 지치지 않고 부지런했다'[27]고 한다. 이것은 정확한 평가였다. 예를 들면, 윌라드는 잘 꾸려지는 가정을 높이 평가했다. 하지만 '나보다는 다른 일손들에 의해 건강하고 쾌적하게' 만들어져야 한다고 생각했다.[28] 동시에 윌라드의 여러 비서들도 바쁘기는 마찬가지였다. 1895년 윌라드가 서부 여행을 떠나기 전 표면상 '휴식'이라는 이름으로 3주 동안 켄터키 렉싱턴의 보챔프 가족을 방문했을 때였다. 안나 고든 그리고 서기와 함께 도착하자마자, 윌라드는 재빨리 두세 명의 추가 타자원을 고용했다. 윌라드는 각종 기사와 뉴스뿐 아니라 하루에 40~60통의 편지를 발송했다. 하지만 효과적으로 이 모든 일을 처리해 도시 주변을 산책하거나 자동차로 돌아볼 수 있는 여유가 있었다.[29] 윌라드의 효과적인 일처리는 고든의 조직적인 솜씨의 결과였음이 당연하다.

고용주로서 윌라드는 강한 충성심을 고취시켰다. 안나 고든을 비롯하여 안식처에서 수년 이상 살았던 다른 젊은 여성들은 윌라드의 직원일 뿐 아니라, 헌신적인 친구들이었다. 윌라드는 임시 종업원들로부터도 좋은 평가를 받았다. 1889년에는 노스웨스턴의 젊은 남학생을 타자 직원으로 고용했다. 이 남학생도 윌라드에 대해 '항상 사람의 마음을 편하게 해주고', '내가 잠을 잘 수 없을 만큼 일에 대한 압박을 받지 않기를 원한다고 처음부터 말해주었다.' 그리고 만날 때마다 '나의 학업이나 인생의 목표에 대해 격려의 말을 아끼지 않는' 본이 되는 고용주라고 생각했다.[30]

⁑ '안식처(Rest Cottage)'의 겨울(앤 아버(Ann Arbor) 소재 미시간대학 벤틀리역사도서관 소장)

음식에 관해서는, 윌라드는 나이가 들면서 점점 더 간소하게 먹었다. 1880년대 후반에는 평소 크게 즐기지 않던 차와 커피마저도 끊었고, 한때 아침식사로 좋아했던 스테이크도 식탁에 올리지 않았다.[31] 1890년 중반에 이르러는 거의 채식주의자가 되었다. 윌라드는 통밀빵, 야채, 과일, 생선 그리고 약간의 고기를 식사로 먹었고, 주 음료로는 우유를 마셨다.[32] 〈우리들의 나날(Our Day)〉에 게재된 인터뷰에 따르면, 윌라드가 육식은 '야만적'이고 '하등동물'에 해당하는 것이라고 말하면서 미국인들은 고기를 너무 많이 먹고 있으며, '20세기의 문명인은 분명히 채식주의자일 것'으로 생각한다고 보도했다. 이는 분명 미시건 건강 식단 지지자였던 배틀 크릭(Battle Creek)의 존 하비 켈로그(John Harvey Kelloggs)와의 친밀한 교제가 그녀의 식사 습관을 바꾸어 놓은 것이다. 엘라 켈로그는 절제회 지도자

중 한 명이었다. 고기요리와 지방이 풍부한 미국인들의 일상 식단은 19세기 말 개혁가들에 의해 건강에 해로운 것이라는 보편적인 공격을 받고 있었다.

프란시스 윌라드는 또한 미국 여성 해방을 위한 계획의 하나로 의복 개혁을 선택했다. 학교 교사 시절, 윌라드는 'Why don't clothes grow on to people?'이라고 질문을 던지면서 자신에게는 옷이 '필수품'에 불과하다고 주장했었다.[33] 그러나 인생 후반기에 이르러, 자신을 최고로 보이게 하고자 하는 현실적인 관심으로 인해 간소하고 편안한 복장에 대한 이상적인 생각이 누그러졌다. 윌라드는 본능적으로 공적인 자리에 어울리는 의복을 선택했다. 그녀는 아주 지나친 성취자였고, 세상이 여성적이라고 생각하는 것들을 버리고 개혁을 하기 위해 자신이 공적으로나 사적으로 풍기는 인상을 너무 지나치게 의식

⁑ 안식처 서재의 개조하기 전의 모습(고든, 〈프란시스 윌라드의 아름다운 생애〉에서 재판됨)

했다. 강연을 다니던 초기에만 해도 윌라드는 의복을 살 돈이 없어서 종종 임시변통을 해야만 했다. 안나 고든의 가정 재봉사는 1882년 보스턴 대회를 위해 윌라드의 의복을 수선해주었다.[34] 그러나 1890년대가 되자 윌라드는 예쁜 옷을 마음대로 고를 수 있게 되었다. 캐롤라인 메릭(Caroline Merrick)의 뉴올리언스 응접실에서 윌라드는 노란색 레이스 주름 장식이 달린 회색 실크 옷을 입었고, 다음 날 지방 강연에서는 '격에 맞는 검은 색조의 수수한 겉옷'을 입었다.[35] 동시에 윌라드는 코르셋과 단이 끌리는 치마에 대해 공개적으로 불평했고, 여성들의 의상을 규제하는 법률 제정을 주장했다. 다시 한 번, 19세기의 개혁가들은 윌라드의 견해에 찬성했다. 비록 이 개혁가들이 깜짝 놀랄 만한 일탈을 직접 실천에 옮긴 모습을 당시의 사진에서 찾아볼 수는 없었지만, 이들은 꽉 조여진 허리와 먼지를 쓸고 다니는 옷단을 불평했다.

⁑ 1880년대와 1890년대 윌라드가 절제회를 이끌었던 안식처(Rest Cottage)의 사무실(윌라드, 〈50년 회상〉에서 재판함)

윌라드가 결혼을 하지 않은 사실은 많은 가사 부담을 덜어주었지만, 당시의 다른 독신 여성들과 마찬가지로 가정에 대한 의무를 면한 것은 아니었다. 아마도 어머니는 딸에게 정서적인 면에서 많은 것을 요구하고 많은 시간을 쓰게 한 만큼, 윌라드의 전문 분야에 대한 열정적인 삶에도 모든 지원을 아끼지 않았을 것이다. 다른 중서부 주의 몇몇 사촌들과 뉴욕 북부 지역에 살고 있는 친척들을 정기적으로 방문했을 뿐 아니라, 편지도 성실하게 보냈다. 비록 그들이 종종 돈을 요구하기도 했지만, 이 요구사항은 윌라드에게 그다지 성가시지 않았다. 이에 반해, 오빠 윌라드의 두 아들은 어쩔 수 없이 받아들여야 하는 부담이었고, 메리 베니스터 윌라드가 미국을 떠난 후로는 프란시스가 가장 큰 책임을 떠맡아야 했다. 이것은 윌라드가 안나 고든 그리고 어머니와 함께 나누어야 하는 부담이었고, 널리 알려지면 공개적으로 당황스럽게 될 만한 것이었다. 많은 사람들이 윌라드의 조카 문제에 남모르게 관여했지만, 신문에는 이들의 곤경에 대한 어떤 암시도 드러나지 않았다.

올리버 윌라드의 두 아들 조시아 프랭크와 올리버 로버트는 젊은 청년이었으나, 심각한 알코올 문제를 안고 있었다. 로버트의 중독은 그의 어머니가 유럽으로 떠나기 전에 겉으로 드러났다. 실제로, 프란시스는 로버트를 에반스톤 친구들의 유혹으로부터 보호하기 위해 동부의 적당한 기숙학교와 상담교사를 찾기 위해 애썼다.[36] 가족들 또한 무한한 인내심으로 로버트의 치유를 위한 적합한 환경을 찾고자 수년 간 노력했다. 1883년 봄, 윌라드는 캘리포니아에서 어머니에게 보내는 편지에 '로버트가 새로운 시작을 하게 되길 기대한다'고 적어 보냈다.[37] 6년 후에도 윌라드는 여전히 희망을 품고 있었다. 로버트는 술독에 빠진 남자들을 위한 4주간의 프로그램에 들여보내졌지만, 고작 4일 만에 뛰쳐나왔다.[38] 두 조카에 관한 또 다른 일화도 있다. 1887년 프랭크 윌라드는 말을 훔친 혐의로 펜실베이니아 소년원에 수용되었고, 이듬해에 서약을 위반함으로써 더욱 곤경에 빠지게 되었다고 한다.[39]

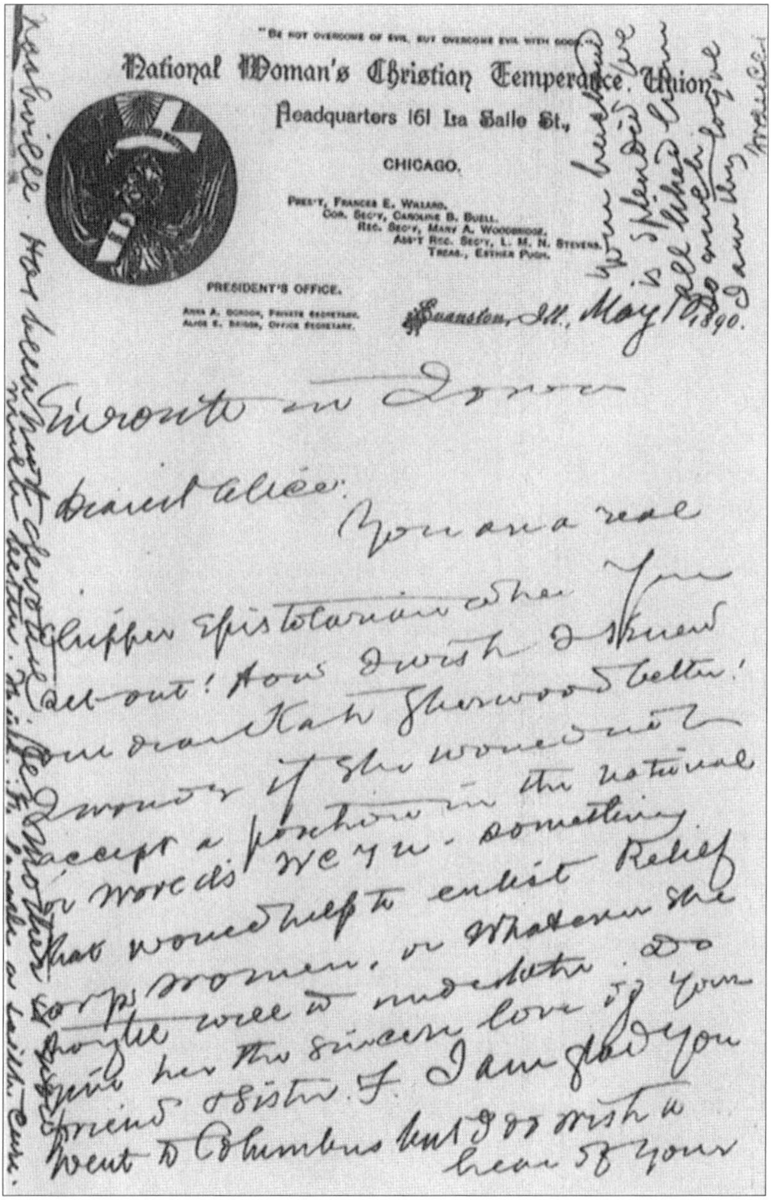

"BE NOT OVERCOME OF EVIL, BUT OVERCOME EVIL WITH GOOD."

National Woman's Christian Temperance Union

Headquarters 161 La Salle St.,

CHICAGO.

PRES'T, FRANCES E. WILLARD.
COR. SEC'Y, CAROLINE B. BUELL.
REC. SEC'Y, MARY A. WOODBRIDGE.
ASS'T REC. SEC'Y, L. M. N. STEVENS.
TREAS., ESTHER PUGH.

PRESIDENT'S OFFICE.

ANNA A. GORDON, PRIVATE SECRETARY.
ALICE E. BRIGGS, OFFICE SECRETARY.

Evanston, Ill., May 1_, 1890.

* 1890년 엘리스에게 보낸 편지는 윌라드가 매일 썼던 수십 통의 편지들에서 전형적으로 사용하던 생략적인 문체와 거의 판독 불가능한 필치를 보여준다.(앤 아버 소재 미시간대학, 벤틀리역사도서관 소장)

비록 윌라드가 조카들의 운명을 슬퍼하고 불쌍히 여기며, 그들에게 아무런 유산도 남겨주지 않겠다는 유언장을 작성하도록 어머니에게 제안했지만,[40] 그녀 역시 사랑과 연민을 표했고 계속해서 조카들을 도왔으며, 적어도 그들이 자신의 문제를 스스로 극복하게 되기를 소망했다. 이러한 바람은 프랭크에게서 이루어졌다. 프랭크는 조시아 플린트(Josiah Flint)라는 필명으로 인기 있는 작가가 되었고, 1890년대에는 마침내 윌라드 가문의 인정받는 가족이 되었다. 그러나 로버트는 오랫동안 알코올 문제를 극복하지 못했다.[41]

메리와 마찬가지로, 올리버 윌라드의 딸들은 유명한 고모를 흠모했다. 프란시스 또한 조카들을 사랑했고 그들과 친밀했다. 재능 있는 가수였던 캐서린(Catherine)은 그로우버 클리블랜드(Grover Cleveland) 대통령의 부인 프란시스 폴섬(Frances Folsom)과 웰스대학(Wells College) 시절 동급생이었고, 클리블랜드의 재임 중에 백악관의 단골손님이었다. 캐서린은 클리블랜드 정부의 국무부 차관 윌리엄 우드워드 볼드윈(William Woodward Baldwin)과 결혼했다. 어머니와 같은 이름을 가진 메리는 유럽에서 페스탈로치 유아교육 시스템을 공부한 후, 백악관에서 클리블랜드 자녀들을 위한 작은 유치원을 운영했고, 1890년대에는 WCTU 유치원 사역의 위원장을 지냈다.[42]

윌라드의 생활 방식은 당대의 다른 많은 사람들보다 갈등이 적었다. 대체적으로 화려하고 진정한 여성다움에 대해 많은 부분 양보함으로써 타협했기 때문이다. 그러나 다른 전문직 여성들처럼, 조카들을 대리자녀로 삼았다. 평생 동안 윌라드는 자신의 정체성 중 하나

가, 비록 가장 두드러진 정체성은 아니었지만, 존경하는 어머니의 사랑스런 딸이라고 생각했다.[43]

1880년대에 윌라드가 미국 여론에 영향을 끼칠 수 있는 가장 중요한 수단은 WCTU의 신년 회장 연설이었다. 그래서 1880년, 윌라드는 심혈을 기울여 이 연설을 준비했다. 그녀는 캐나다 국경 근처 버몬트 더비 라인에 위치한 '나의 성, 곧 산이 바라다보이는 방'이라고 부르던 곳, 즉 '조용하고 고요하며 많은 고용인들'이 있는 곳, 그리고 '매일 오후 마차 여행'을 즐기는 곳에서 많은 친구들과 함께 지내는 동안 연설문을 작성했다.[44] 회장 연설 준비는 수년 동안 하나의 의식이 되었다. 연설문들은 대개 친구가 마련해준 풍족한 은신처에 격리되어서 작성했는데, 이러한 은신처는 1888년 은둔했던 노스캐롤라이나 여자직업학교와 같이 종종 여성운동과 관련된 기관들이었다. 간혹 안나 고든은 윌라드와 함께 했으며, 1880년의 휴식기가 끝나기 전에 버몬트에 있는 윌라드에게 합류했다.

오늘날의 기준으로 보면, 프란시스 윌라드의 회장 연설은 화려하고 설득력 있긴 했지만 조직적이지는 않았다. 때로는 연설 주제들은 논리적인 순서도 없었다. 하지만 조직과 관련된 문제들이 당연히 전체 메시지의 상당 부분을 차지했다. 결국, 윌라드는 미국에서 가장 큰 여성운동의 지도자가 되었으며, 그녀의 임무는 연합회가 효과적인 사역을 하도록 힘을 불어넣고 그 사역이 성취될 수 있는 방법을 보여주는 것이었다. 금주 관련 문제들, 사회적인 이슈 그리고 초기에는 복음주의 기독교에 대한 강력한 호소 등이 조직 내부의 관심사들과 한데 엮여 있었다.

회장은 연설문을 모두 암기해서 연설했다. 윌라드는 자신이 소위 '자유'라고 부른 것을 소중하게 생각했는데, 이것은 복음주의 설교자들이 종종 하나님의 영감이라고 생각했던 즉흥성을 가리키는 말이었다.[45] 윌라드는 웅변가였으며, 이 재능을 완벽하게 발휘했다. 비록 윌라드의 연설이 매우 길어 종종 50페이지에 이르기도 했지만, 절제회 대표단들은 윌라드의 연설을 경청했으며 모든 좌석이 방문자들로 꽉 들어찼다. 윌라드는 안나 디킨슨이 순회강연을 그만둔 이후 전국에서 최고의 여성 연설가가 되었고, 대중적인 강연은 자신의 사회적 이상을 실현하기 위한 주요한 수단이었다.

1880년대에 윌라드에게 개인적으로 가장 큰 승리는 1888년의 절제회대회였을 것이다. 이 대회는 10월 19일 뉴욕의 화려한 새 오페라극장에서 열렸다. 이날, 4천 명의 방문객과 4백 명의 대표단들이 윌라드의 회장 연설을 듣기 위해 모여들었다.[46] 뉴욕 신문들은 대회의 모든 상황을 보도했다. 윌라드와 고든은 패션계의 거물들과 박애주의자들, 엘렌과 윌리엄 제닝스 데모레스트(William Jennings Demorest) 등과 함께 57번가에 있는 타운하우스에 머물렀다. 마차에 몸을 싣고 둘째 날 집회에 도착했을 때, 윌라드는 어머니에게 급한 전문을 보내 '엄청난 군중들이 이 거대한 오페라극장에서 발길을 돌려야 했습니다. 굉장한 성공이었으며 신문들은 대서특필했습니다. 대회 관련 사진으로 신문이 도배되었습니다'[47]라고 전했다. 1888년 금주당 대표 후보였던 클린턴 피스크(Clinton Fisk)도 어머니 윌라드에게 '특별석의 층층마다 이 거대한 도시의 사교계 최고 거물들로 가득 찼으며, 공화당의 최고층 주요 남녀 인사들이 이 행

사를 빛내고 있습니다'라고 편지했다.[48)]

윌라드의 어머니는 1881년 워싱턴에서 정기모임이 소집되었을 때 일리노이 대표단과 동행하여, 프란시스와 함께 상원의원 헨리 블레어(Henry Blair)의 집에 머물렀으며, 수도인 시내 관광을 즐겼다.[49)] 그러나 1888년에는 어머니 윌라드가 집에 머물러 있었다. 그녀의 성공은 이미 정해진 일이 아니었으므로, 가족을 돌보아야 하는 부담은 내려두고 오로지 회장 업무에만 집중해야 했다.

그해 가을, 윌라드는 큰 걱정을 지닌 채 뉴욕으로 향했다. 무엇보다 뉴욕은 절제회의 주요 본거지가 아니었다. 언론이 적대적일 수 있었고, 대중의 반응도 미온적일 수 있었다. 따라서 윌라드는 대중들 가운데 지지자뿐 아니라 적들도 나타날 것이라고 충분히 예상했다. 또한 절제회는 집회 장소를 의도적으로 교회를 택하지 않고, 세계 5대 규모의 비기독교 회관을 선택했다. 만일 이 집회가 동정적인 성향을 지닌 일반 대중에게 매력을 느끼게 하지 못한다면, 그들이 참석하지 않을 것은 불 보듯 뻔한 일이었다. 게다가 대도시에서 대회를 개최하는 비용도 꽤 부담스러웠기 때문에 특별석 등의 좌석을 판매해 비용을 충당해야만 했다. 또한 연합회의 관습대로 대회 사절들은 숙박 시설로 개인 집에서 홈스테이를 해야만 했는데, 이것은 전통적으로 뉴욕시의 풍습이 아니었다.[50)] 게다가, 절제회가 금주당을 승인할 것인가에 관한 내부 갈등이 있었다. 1880년대에 절제회의 주요한 의제였던 금주당 승인에 관한 문제는 치열한 공방 끝에 지난 두 대회에서 이미 기각된 바 있었다. 연합회 내부의 싸움은 전 세계가 지켜보는 가운데 전국대회에서 벌어지고 있었다.

윌라드에게는 결코 쉽지 않은 시기였지만, 노련한 진행으로 대회를 무사히 치러냈다. 자신에게나 자신의 명성에 똑같이 중요했던 금주당 지지에 관한 안건을 손쉽게 승리로 이끌었으며, 이로 인해 언론들은 윌라드가 반대 세력을 멋지게 잠재우고 승리할 만했다고 보도했다.[51] 뉴욕대회는 대성공이었다. 모든 장애물들이 극복되었다. 프란시스 윌라드의 기세는 절정에 올랐다. 절제회는 윌라드를 든든하게 지원해주었다. 또한 윌라드는 수백만 명에게 알려진 미국의 여성 영웅이었고, 당대 어느 미국 여성보다도 더 많은 언론의 주목을 받았다.

Chapter 9. 개혁가

1890년대에 프란시스 윌라드가 얼마나 깊은 신망과 명성을 얻었는지를 이해하기 위해서는, 전국적인 명성이 절정에 이르게 된 십년 동안 윌라드의 사회적 정치적 종교적 이상과 역할이 어떻게 발전되어 갔는지 살펴볼 필요가 있다. 1890년대 중반, 윌라드는 단순한 유명인사가 아니었다. 윌라드는 페이비언 사회주의를 받아들이고, 테렌스 파우덜리(Terence Powderly)와 노동자 기사단 등의 노동운동과 밀접한 관계를 맺었다. 그리고 인민당을 비롯한 전국 정치개혁 동맹을 적극적으로 지지했다. 윌라드는 WCTU를 위해 자신이 직접 만들어 낸 '무엇이든 하라'는 표어를 글자 그대로 지키려 했으며, 절제회 개혁운동을 반드시 동시에 다루어야만 하는 여러 사회문제의 일부로 간주했다.

그러나 윌라드가 포괄적인 개혁운동으로 나아가게 된 기반은 상대적으로 폭이 좁았다. 윌라드는 1870년 후반 매우 희박했던 사회적인 문제들에 관한 입장을 가지고 전국적인 명성을 얻게 되었다. 윌라드가 공식적으로 지지한 것은 두 가지 문제였다. 우선 알코올 남용을 방지할 가장 효과적인 방법으로 연방 헌법상의 금주조항 삽입을 지지했고, 더 나아가 금주를 달성하기 위한 가장 확실한 방법으로 여성들의 금주 투표권(자신이 '가정보호투표권'이라고 부른)을 지지했다. 개인적으로 윌라드는 여성들이 법률적으로 완전하고 제한 없는 참정권과 동등한 권리를 얻도록 하는 데에 전념했다.

윌라드의 첫 회장 연설문은 주로 연합회 조직의 문제와 형식들, 주일학교와 공립학교에서의 금주 교육, 금주 투표권 그리고 '여성들이 금주운동을 위해 벌이던 사역' 등과 관련한 비교적 폭이 좁은 문서였다.[1)] 윌라드는 아직 연합회 내에서 여성들의 금주 투표권에 관한 지지가 약하다는 것을 인정했으며, '우리가 동의해야 하기 때문에 관용을 갖는 것보다는 관용을 가지고 반대하는 것이 기독교인들의 더 큰 은혜의 승리'라고 제안함으로써 갈등을 피하려고 노력했다. 그러나 윌라드는 자신이 '박애주의 산업'이라고 부른 사역, 즉 산업 근로자 가정과 탈선한 소녀들을 위한 소녀원, 공공 우물, 목욕탕, 체육관 등을 설립하는 박애주의 정신과 관련 있는 조직화된 사회에 대해 간략하게 논의했다.[2)] 1879년 여름, 윌라드는 매사추세츠 프래밍햄(Framingham)의 새 여성교도소에서 연설했다. 1년 전에는 제불론 브로크웨이(Zebulon Brockway)와 소년들을 위한 모범 소년원을 방문했는데, 그것은 1879년 초에 엘미라(Elmir) 뉴욕 소년원에 관한 기사를 쓰기로 약속했기 때문이었다.[3)] 교도소 개혁은 윌라드에게 절제회만큼이나 큰 관심을 끈 사역이었다. 여성 단체들은 여성 수감자와 비행 소녀에 관한 사역에 신속하게 큰 관심을 기울였다.[4)]

윌라드와 연합회가 제시한 논제들은 윌라드가 첫 2년간 회장직을 수행하는 동안에는 그 숫자가 크게 늘어나지 않았다. 프란시스 윌라드가 1881년 회장 연설에서 '무엇이든지 하라'는 용어를 처음 사용했을 때 이것은 목표보다는 전술을, 계획의 내용보다는 방법을 가리키는 것이었다. 윌라드는 절제회가 목표를 성취하기 위해 법률제정 운동, 탄원서, 윤리적 권고, 복음주의적 금주운동, 어린이 사업, 출판물 등 모든 방법을 활용할 수 있도록 추진했다. 하지만 모든 개혁을 촉진하고 모든 문제에 관여한다는 의미에서 이 용어를 사용한 것이 아니었다.[5)] 강조점의 변화는 그 이후 8년 혹은 9년 이상 점진적으로 이루어졌고, 그러한 가운데서도 윌라드는 여러 목표들을 위한 다양한 방법의 시도를 결코 포기하지 않았다. 목표가 점차 확장하게 된 동기는 윌라드 개인의 경험과 회원들의 요구에서 비롯되었다.

엄격한 금주운동에서 벗어났던 한 가지 개혁운동은 절제회가 미국사회과학협회(ASSA)와 자선 및 교정위원회와 협력할 수 있도록 촉구한 것이었다.[6)] 1865년에 설립된 미국사회과학협회는 1880년에 이르러 미국에서 개혁의 목소리가 강한 기관이 되었고, 각종 문제 해결의 새로운 전문가로 부상했다. 이 협회는 도시화와 산업화가 미국사회에 초래한 새로운 문제들을 인식하고 있는 문학계와 학계 그리고 전문직에 종사하는 여러 사람들에게 큰 매력이 되었다. 이 대열에 참여한 사회 사상가들은 자기 독립을 강조하던 기존의 가치 체계가 상호 의존을 요구하는 새로운 사회 구조에 대처하기에는 불충분하다는 것을 알았다. 이 사상가들은 새롭게 싹트고 있던 사회과학적인 통찰들을 이용하여 당시에 미국의 여러 도시를 좀먹고 있던 남용과 불완전의 혼란에 실제적인 빛을 비추어주고자 노력했다.[7] 1880년대 중반, 윌라드는 이 협회에서 활동했으며 1887년에는 금주문제에 관한 연설로 협회 운동에 동참했다. 자선 및 교정위원회는 ASSA에 속한 여러 하부 조직 중 하나로, 자선 사업과 교정 분야에서 일하는 전문 행정가을 비롯하여 관리위원을 두고 있었다.

이 두 단체의 목표를 수용한 것을 고려할 때, 윌라드는 한편으로는 단순히 개인적인 도덕성을 뛰어 넘는 문제들에 대하여, 그리고 다른 한편으로는 여성의 동등한 권리에 대하여 관심이 있었음을 알 수 있다. 윌라드는 비로소 더욱 폭넓은 운동으로 나아가기 시작했다. 1883년 윌라드는 WCTU 여성들에게서 이미 지지를 얻은 무료 유치원 운동을 승인했다. 회장 연설에서 윌라드는 샌프란시스코 유치원뿐만 아니라, '1천7백여 명의 유아들'과 '40명의 교사들'을 가진 시카고 무료 유치원 협회를 극찬했는데, 본래 이 두 유치원은 절제회 지부들이 설립한 것이었다. 그러나 1883년 대회에서 윌라드의 연설은, 남성 독자들의 욕구를 채우고 여성들의 '타락'을 찾아 고발하는 선정적이고 도발적인 통속 잡지 〈폴리스 가제트(The Police Gazette)〉의 발매 금지 요구를 재확인한 것을 제외하고는 금주문제에 제한되었다.[8]

또한 1883년, 윌라드는 힘든 가사노동으로부터의 여성 해방 등 순수하게 여권운동적인 문제에도 관여했다. 윌라드는 중앙가스장치로 난방이 되고 '전체 물탱크로부터 식수가 공급되는' 주택들뿐만 아니라, 중앙 주방으로부터 '기송관을 따라' 식사가 공급되고 '만능 청소기로 먼지를 청소할 수 있는' 시대를 내다보았다.[9] 여성들은 1870년대와 1880년대에 잡다한 수많은 가사의 짐을 덜어줄 수 있는 계획을 신속하게 마련해 갔다. 메리 제인 스태포드(Mary Jane Stafford) 박사는 가족 주택을 공공 서비스 지역 주변에 건설하려는 계획을 세웠다. 일찍이 멜리시나 프라이(Melissina Fry)는 상호 협력적인 가사 분담을 주창했다.[10] 윌라드는 노동력을 절감할 수 있는 기계들의 사용과 가정의 허드렛일들로부터의 여성 해방을 장려하면서도, 여성다운 활동 영역 내에서의 가사 혁명을 유지하려고 노력했다. '여성이 무엇을 할 것인가보다는 여성이 어떤 존재인가'가 더 중요했기 때문이다. 여성들은 '대학에 입학해서 대학을 인간미 있게 만들었고, 문학계에 진출해서 그곳을 신성하게 만들었으며, 사업계에 뛰어들어 그곳을 고상한 수준으로 끌어올렸다.' 자기 역할에서의 혁명을 설교하는 한편, 윌라드는 전통적인 여성의 특징들이 '여성의 개성과 독립 그리고 특권'과 서로 결합되어 있기는 하지만 그 특성들의 고유한 가치를 강조했다.[11]

윌라드는 오랫동안 여성문제에 전념해왔다. 그러나 사회 개혁의 다른 면들에 대한 헌신은 천천히 나타났다. 종종 WCTU 회원들은 윌라드보다 더 빠르게 연합회의 목표들을 확대해 갔고, '무엇이든지 하라'는 윌라드의 가르침을 윌라드보다 더 열심히 실행했다. 1883년 WCTU는 그 사역에 '사회악 개혁'을 추가했는데, 이것은 성행위 승낙 연령을 높이고, 성매매 범죄를 일소하는 방법으로 매춘 행위에 관하여 여성과 남성을 동등하게 유죄로 선고할 수 있도록 하며, 강간에 관한 법률을 한층 강화하고 확대하는 내용을 담고 있다. WCTU는 매우 현실적인 사회악에 도전했다. 목재 야영지에서 이루어지는 매춘은 문자 그대로 강제매춘이었다. 연합회가 이러한 법률을 개정하기 위한 운동을 시작했을 때, 20개 주에서는 성행위 승인 가능 연령이 겨우 10세였고, 어느 한 주에서는 7세에 불과했다.[12)]

하나의 기관으로서의 연합회는 순결문제에 있어서도 윌라드보다 앞서 있었다. 매춘부와 함께하는 활동위원회가 이미 1877년 초에 조직되었고, 아이오와(Iowa)와 메인(Maine)주 연합회들은 이 분야에서 오랫동안 활동하고 있었다.[13)] 윌라드는 1885년 필라델피아 대회에서 비로소 사회적 순결에 관한 문제를 회장 연설에 포함시켰고, 연설의 대부분을 이 문제에 할애했다.[14)] 윌라드는 영국에서 행해진 무리한 매춘에 관한 〈폴 몰 가제트(Pall Mall Gazette)〉의 충격적인 보도와 이와 비슷한 상황이 미국에서도 존재한다는 엘리자베스 블랙웰(Elizabeth Blackwell)의 주장을 들은 이후, 이 문제에 깊이 관여하지 않을 수 없게 되었다.[15)]

저명한 영국 개혁 언론가인 윌리엄 스테드(William T. Stead)는 조세핀 버틀러(Josephine Butler)와 여러 탁월한 영국 여권운동가들의 청원에 따라 영국의 강제매춘을 폭로하는 기사를 발표했다.[16)] 처음에 스테드의 기사는 매춘과 강제매춘에 대해서가 아닌 스테드 개인에 대한 거센 저항에 부딪혔다. 그러나 여론은 결국 스테드에게 유리하게 돌아섰다. 영국은 매춘을 형사 범죄로 규정하고, 성행위 승인 가능 연령을 16세로 변경했다. 1885년에만 해도 윌라드는 신문을 통해서 영국의 운동에 대해 들었지만 이듬해에는 스테드 친구들과 서신 왕래를 통해 직접 그 관련 소식을 들었다.[17] 일단 매춘 문제가 윌라드의 사회악 목록에 추가되자, 윌라드는 이 문제에 열정적으로 헌신했고 지지자들에게 다음과 같이 호소했다.

> 여성들을 배제한 채 이미 타파된 후첩 제도를 재도입하려는 무모한 방법은 여성들을 구원할 수 있는 것이 아니다. 오히려 남자들에게 똑같은 도덕 기준을 적용시켜 사회를 더 높은 수준으로 끌어올림으로써 가능하다. 또한 여성들을 잔혹하게 대하는 남자들에게 극형을 내려 죽음에 이르도록 하는 방법에 의해서 가능하다. 매사추세츠주와 버몬트주에서는 여성을 유괴하고 유린하는 것보다 소를 훔치는 것이 더 큰 범죄이며, 일리노이주에서는 부녀자 유혹이 범죄로 인정되지 않는다는 점을 고려해 볼 때, 우리가 너무 연약하고 점잖고 얌전해서 이러한 무서운 범죄에 대해 무장 궐기하기는커녕 오히려 이러한 사실을 언급조차 못하는 삶을 이제껏 살아왔다는 것은 뭐라 설명할 수 없을 만큼 놀라운 일이다. 우리는 인습에 매여 너무 오랫동안 비겁한 희생양이 되어 왔다.[18]

이 연설에 드러난 윌라드의 견해는 한 세기 후 성범죄에 대한 여성운동의 입장과 많은 면에서 비슷하다. 윌라드는 부녀자 유괴가 곧 강간이라고 말하며, 이것을 극악한 중죄로 인정해야 한다고 주장했다. 또한 남자들의 성적인 범죄들이 더 이상 형벌을 면해서는 안 되며, 상습적으로 매춘 여성을 찾는 남자들은 그를 접대한 여성과 함께 동등하게 법률상 유죄로 다루어져야 한다고 요구했다. 마지막으로 윌라드는 여성들이 법정에서의 정의와 효과적인 법률 제정을 위한 투쟁을 선도해야 한다고 촉구했다. 한 역사가는 사회적 순결에 대한 윌라드의 견해를 남성 중심 문화에 대한 반동으로 보면서, 윌라드가 남녀 관계에서 성문제를 지나치게 강조함으로써 여성들을 종속적인 관계로 생각한다고 설명했다.[19] 윌라드는 사회가 여성들을 차별한다고 느꼈지만, 기본적인 모든 사회악이 성적인 종속 관계에서 비롯한다고는 생각하지 않았으며, 비록 자신은 독신이지만 결혼에 대해서도 매우 적극적인 견해를 가지고 있었다.[20]

그럼에도 불구하고, 윌라드는 사회순결운동을 자신의 목표 중 하나로 받아들임으로써 진보 시대의 희생양이 되었다. 윌라드는 선한 의도만 있다면 사회순결운동이 성공할 경우 그 지향하는 바대로 여성사회로부터 매춘을 추방시키고 여성들이 다시 그 습관으로 돌아가는 것을 막을 수 있을 것이라는 사실이 결코 변치 않을 것임을 알지 못했다. 사회순결운동은 하나의 기준을 마련할 것과 매춘 여성과 남성을 동등하게 처벌할 것을 주장했지만, 매춘 여성을 사회에 복귀시키고 보호하려는 노력에 있어서 그 여성의 생존을 위한 선택의 폭을 늘려주기보다는 오히려 제한했다.[21] 대체로 19세기 여성들의 운동은 여성의 성적 무력함과 종속될 수밖에 없는 위험성에 집중되었고, 이러한 구조 속에서 여성을 보호하기 위한 방법들을 고안하는 데 주력했다.[22] 여성의 위험성에 집중함으로써 19세기 개혁가들은 매춘 여성의 경제적인 이익이나 성적인 향락에 대한 여성의 잠재성 등은 무시했다. 그러나 윌라드는 성적인 평등과 자율, 예를 들면

이혼 혹은 출산 조절 등이 정치경제적 능력과 결코 분리될 수 없음을 알았다. 또한 대서양 양편 모두에서 사회순결운동은 19세기에 아동학대로부터 어린이를 보호해줄 수 있는 가장 중요한 방어책이었다.[23)]

1885년 후반 WCTU는 사회적 문제들에 관한 입장을 채택함에 있어서 여전히 회장보다 앞서가고 있었다. 프란시스 윌라드는 타고난 정치가였다. 의지대로 밀고 나가기도 하고, 필요하면 한 발 물러서기도 했지만, 윌라드는 자신의 목표가 지지자들(윌라드는 결코 WCTU만을 생각하지 않았다)에게 받아들여졌을 때 비로소 그 목표에 도달했다. 19세기의 수많은 중산층 여성들은, 그들을 새로운 세계로 인도해주던 많은 사역자들과 직접 교류하고 있었기 때문에, 자신들이 비록 남편들과 가족들로부터 얻는 경제적인 안정 덕분에 참혹한 가난을 면할 수 있지만 실제로는 버림받고 종속된 자나 다름없다는 사실을 깨달을 수 있었다. 자원봉사자로 뛰쳐나와 가난한 계층의 사람들을 그리스도인의 삶으로, 금주와 순결의 삶으로 변화시키려고 노력하는 동안 중산층 여성들은 사회악들을 개선할 수 있는 방법을 모색하기 시작했다. 1885년 WCTU는 '고귀한 빈민' 구제, 산업여성 자녀들을 위한 탁아시설 운영, 남부 주들이 흑인에게도 학교 교육을 제공할 수 있도록 하기 위한 방법으로서의 연방정부의 교육 지원, 자치 도시의 공중위생을 연구하고 각 도시들이 전염병과 싸울 수 있도록 건강위원회를 설립하도록 촉구하기 위한 위생 부서 설립 등을 '주요 사업 계획'에 포함시켰다.[24)] 윌라드는 이 계획에 관해 의견을 달리하지 않았지만 그것을 처음 주창한 것은 아니었다. 그러나 윌라드는 노동운동과 기독교 사회주의를 지지하는 점에서는 지지자들보다 한 발 앞서 있었다.

금주와 여성의 기본권 이외의 다른 사회적 문제들이 1880년대에 점차적으로 윌라드의 마음을 사로잡았지만, 정치적인 영향력과 권력은 1880년에 거의 만장일치로 WCTU의 회장으로 당당히 선출된 직후에 비로소 윌라드의 주요한 관심사가 되었다. 그해 금주당 전국대회에 참석할 것을 요청받았을 때, 윌라드는 자신의 공화당 성향을 버릴 수 없었기 때문에 이 초청을 거절했다. 윌라드는 1881년 3월 제임스 가필드(James Garfield)의 취임식에 참석했고, 나흘 후에는 금주운동에 강한 신념을 보이던 영부인 루시 헤이스에게 그녀의 초상화를 선물하기 위해 WCTU를 대표하여 백악관을 방문했다. 그러나 그해 여름 윌라드는 금주당의 초청을 거절한 것에 회의를 품었다. 공화당이 자체 내 자문회의의 결의에 따라 윌라드에게 호의적이지 않은 반면, 금주당에 있던 윌라드의 친구들은 그들의 기조에 힘을 실어줄 수 있는 윌라드의 지원과 모든 영향력을 간절히 필요로 했다.

이후 몇 년 동안, '영향력'은 윌라드의 정치 무대에서 중요한 단어가 되었다. 회장 연설에도 묻어났고, 대회 결의안에서도 중요한 구절이 되었으며, WCTU의 신문 〈유니온 시그널〉 칼럼의 슬로건이 되었다. 연합회와 윌라드의 목표를 분명하게 공유하면서 '그 정당에게 영향력을 행사하게 된 것'은 1884년 대통령 선거 전에 WCTU가 정당으로부터 공식적으로 인정받을 수 있는 길을 열어주었다. 영향력은 여성다운 용어였다. 거의 모든 여성은 자신이 영향력을 가지고 있다는 사실을 인정하게 되었다. 영역이론은 가정에서의 여성의 영향력을 중심으로 시작했다. 여자들은 윤리적 권고를 통해 남편과 자녀에게 영향을 끼쳐야만 했다. 여성의 영향력을 정당에게 빌려주는 것은 작은 발전이었고, 윌라드는 이것을 알고 있었다.[25)]

1881년 여름, 전국금주협회(National Temperance Society)는 각 금주 단체들과 여러 교회 조직에서 파견한 337명의 사절단이 참석한 가운데 뉴욕주 사라토가(Saratoga)에서 모임을 가졌다. 1880년대 금주운동은 다양한 단체와 견해가 공존했다. 이 운동의 주요한 정치적 수단은 금주당이었는데, 이 정당은 1872년 대통령 후보를 처음 등록한 이후, 1882년부터 제3정당으로 활동하다가 1892년에 인민당의 출현으로 세력이 약화되었다. 금주당은 연방헌법 금주조항 삽입뿐 아니라, 상원의원 직접선거, 소득세, 여성 투표권을 지지했다. 금주당 및 이 정당의 우애조합이었던 금주회는 모두 여성 회원권과 지도력을 인정했으며, 적극적인 금주회 회원들 가운데는 절제회 설립자도 포함되어 있었다. 비록 교화된 술고래들의 모임인 워싱토니언(Washingtonians)이 일찌감치 가장 큰 세력을 이루었지만, 여전히 정치적 개혁보다는 개인적으로 알코올 문제를 다루고 싶어 하던 사람들에게는 도의적 권고가 더 매력적이었다. 이 권고는 줄곧 로마 가톨릭 그룹을 비롯한 많은 교회 단체의 입장이 되었다. 프란시스 윌라드는 모든 영역의 금주 지지자들이 모인 1881년 사라토가 집회에 참석했다. 이곳에서 윌라드는 오랜 친구이자 절제운동 동료였던 존 고우(John B Gough)와의 유대 관계를 새롭게 했을 뿐 아니라, 노예제도 폐지론자의 아들인 제임스 버니(James G. Birney)와 1872년 금주당 대통령 후보였던 제임스 블랙(James Black)을 처음으로 만났다. 그해 여름, 윌라드는 미시건 호숫가 블러프에서 열린 정기 금주회의에 참석했다. 조지 베인(George Bain) 대령과 존 핀치(John B. Finch)는 금주당에 관하여 설명할 뿐 아니라, 절제회 여성 세력을 각 금주 단체 및 제3당 개혁 정치 그룹과 결합시키는 것이 모두를 위해 이익이 된다는 사실을 제안하기 위해 회의에 참석했다. 참석한 모든 사람들이 윌라드가 영향력을 발휘하기를 촉구했다. 누구에게 실어줄 것인가는 윌라드에게 쉬운 결정이 아니었다. 무엇보다 공화당과의 오랜 인연 때문에 윌라드는 금주당과의 유대를 맺지 못했다. 공화당 대통령이 자신을 백악관에서 영접한 적이 있었고, 지난해 겨울 절제회 조직화를 위해 남부를 여행할 때에도 성공을 빌어주었다. 바로 그 대통령이 이제는 암살의 희생양이 되어 운명을 달리했으며, 20세기와 마찬가지로 19세기에도 대통령 암살은 열렬한 충성과 지지 그리고 때로는 신성시하는 반응까지 불러일으킬 수밖에 없었다. 가필드는 불과 4개월 동안만 대통령직에 있었으며, 따라서 중요한 정책들을 시행하지 못했다. 게다가 가필드는 금주운동 지지자들에게 미온적인 태도를 보임으로써 적잖은 실망을 안겨주었다. 그러나 그는 이제 순교자가 되었고 동정 어린 지지를 얻었다.

둘째로, 윌라드는 연합회 회원들이 최근에 전향한 일부 남부 회원들을 제외하고는 거의 대부분 공화당이었다고 생각했다. 윌라드와 마찬가지로 WCTU는 노예제도에 강력하게 반대했던 전력이 있으며, 공화당과의 이러한 감정적인 유대 관계는 쉽게 끊어지지 않았다. 남부에서는 민주당에 대한 애정이 남달랐다. 제3당의 강력한 전통과 금주운동이 서로 밀접한 관계를 맺고 있던 캔사스 등의 일부 서부 주에서만, WCTU는 금주당 성향을 기대할 수 있었다.

윌라드는 포기하지 않았다. 오히려 완벽한 전략을 세웠다. WCTU와는 완전히 독립되어 있지만, WCTU 회원과 그 남성 친지들로 구성된 가정보호 기구들을 조직하기 시작했다. 이 치밀한 계획에는 두 가지 목적이 있었다. 첫째는 연합회 내에서 조직적으로 금주당을 지원하는 것이었고, 둘째는 금주당 내에 강력한 지지자들을 만듦으로써 다음 대회에서 그들의 지원을 얻을 수 있게 하는 것이었다. 1882년 8월 시카고에서 금주당대회가 열렸을 때, 윌라드와 이 기구들이 옛 정당의 지도부로부터 주요한 이권들을 얻을 수 있었다. 정당의 이름이 금주가정보호당으로 바뀌었고, 윌라드는 당내 중앙위원회 위원이 됨으로써 정치적 영향력을 다지게 되었다.[26] 그러나 윌라드도 잘 알고 있던 것처럼, 이러한 성공을 거두었다고 해서 WCTU를 금주당 내의 한 조직이 되게 할 수는 없었다.

윌라드의 개인적인 정치적 성향은 이제 분명해졌다. 1882년 회장 연설에서 윌라드는 남부 사람들이 금주에 대한 그들의 성향을 불문하고 결코 공화당 후보를 지지할 수 없고, 반노예제도 공화당원들도 민주당원을 지지할 수 없음을 경고하면서, 연합회가 금주당을 승인해줄 것을 처음으로 강력하게 호소했다. 금주운동뿐만 아니라, 남부 여행 이후 강한 애착을 가져왔던 것 중의 하나인 지역 간 연합은 금주가정보호당 안에서 남부 민주당원들과 북부 공화당원들에 의해 가장 완전하게 이루어질 수 있었다.[27] 더욱이 금주당은 여성 투표권을 지지했다.

WCTU는 윌라드의 주장에 설득되지 않았고, 공식적인 승인도 얻을 수 없었다. 그러나 윌라드는 자신이 추구하던 방향에 대해 어딘가로부터 항상 권위를 부여받을 수 있었다. 비록 이 대회가 금주당의 명칭에 대해서는 승인하지 않았지만, 초당파적인 원칙이라고 여기는 것들은 수용했다. 이 대회는 '모든 사회의 최고 남자들이 정당의 이름을 불문하고 금주당의 원칙들을 가장 잘 실현할 수 있고, 가정을 가장 확실하게 보호해줄 수 있는 정당에 헌신할 수 있도록 영향을 끼칠' 것을 결의했다.[28] 이러한 무해한 선언을 시작으로 윌라드는 공식적인 승인을 향하여 서서히 연합회를 움직여 갔다.

초당파적인 원칙을 실행하기 위한 차원에서, 무소속 금주 대회가 주요 정당들에게 압력을 가하기 위해 모든 주에서 열릴 예정이었다. 1884년은 대통령 선거가 있는 해였다. 윌라드는 캔사스 주지사를 지낸 금주당 후보 존 세인트 존(John St. John)을 지지하기 위해 여성군단을 동원하기로 결심했다. 비록 WCTU가 1885년까지 금주당을 승인하지 못했지만, 윌라드는 1884년 선거에서 금주당만이 전국적인 차원에서 금주운동을 지지했다고 판단했다. 따라서 전국 WCTU와 임원들은 세인트 존을 지지해야만 했다. 〈유니온 시그널〉의 칼럼들은 연합회 회원들에게 금주당을 지지하도록 촉구하는 선거운동 글로 가득했다. 대통령 선거 며칠 전 개최된 전국대회에서 윌라드는 자신의 전략에 대한 노골적인 반대에도 불구하고, 182대 52의 투표수로 반대자들을 쉽게 물리쳤다. 윌라드의 오랜 친구이자 아이오와주 절제회 지도자였던 엘렌 포스터(J. Ellen Foster)가 연합회 내의 소수 세력을 이끌고 비정당 기독교여자절제회를 조직하여 1889년까지 정당 승인 반대 운동을 벌였다.[29]

WCTU와 금주당을 연합시키기 위한 윌라드의 성공적인 운동은 분명히 그녀의 정치적 기반을 넓혀 주었다. 윌라드는 1882년부터 1891년까지 금주당의 실행위원회 위원이었다. 1888년에는 금주당 대통령 후보를 위해 적극적으로 탁월한 유세를 했고, 그로 인해 자신의 영향력을 발휘할 수 있는 전국적인 토론장을 얻게 되었다. 예를 들어, 그해에 윌라드는 안나 고든과 안나 하워드 쇼와 함께 금주당 전국대회에 참석하였으며 연설위원회에서도 봉사했다. 메모리얼데이(5월 마지막 주 월요일, 미국의 현충일 – 역자 주) 집회에서 행한 연설은 열렬한 박수갈채를 받았다.[30] 정치적인 명성은 윌라드에게 중요했다. 윌라드는 야망과 권력을 갈망했다. 더욱이 정치적 세력을 이용하고 얻기 위해 필요한 기술에 대해서는 전문가였다.

비록 동기가 약하긴 했지만, 윌라드는 자신의 영향력과 세력을 WCTU 이외에 또 다른 영역에까지 확장시키고 싶어 했을지도 모른다. 그러나 이 계획에서 윌라드는 더 큰 위험을 무릅썼으며, 절제회 내에서 많은 지지자들을 쉽게 잃을 수도 있었다. 1886년 5월, 윌라드의 주장에 따라 WCTU의 임원들은 노동기사단 전국대회에 축하사절단을 파견했다. WCTU 대회들은 각 교회 조직들과 금주 단체에게도 비슷한 사절단을 파견했지만, 이번 파견은 성격이 매우 다른 것이었다. 노동기사단은 미국 최초의 대규모 노동자 단체였다. 이 단체는 필라델피아 직공들의 비밀 단체로 1860년에 만들어졌다. 1880년에 노동기사단은 수백 개의 지방 및 지역 조직에 속한 수많은 숙련된 노동자들에게 기반을 두고 있었다. 노동기사단은 산업 기업체를

⁑ 1890년대 WCTU 전국 대회에서 전시된 각 주의 깃발들(윌라드, 〈50년 회상〉에서 재판됨)

Evanston
Loyal Temperance Legion
Tremble King Alcohol
We shall grow up.
Company A 4th Division
That our
daughters may
be as corner stones
polished after
the similitude
of a palace.
Y.W.C.T.U.
ARMY

위한 협력을 비롯하여 폭넓은 사회개혁을 지원했다. 그러나 특정 산업과 공장에서는 노동조합으로서의 기능을 하면서 임금, 노동시간, 노동조건 등의 처우 개선을 위해 노력했다.[31] 노동기사단은 WCTU의 우호적인 반응에 놀랐지만 이를 매우 기뻐했다. 노동조합 회장 테렌스 파우덜리는 다른 단체의 대표가 노동기사단 대회에 초청받은 것은 이번이 처음이라고 적고 있다.[32]

WCTU의 대외 활동은 흥미로운 시기에 나타났다. 그해 5월 초, 시카고에서 헤이마켓 사건(Haymarket Massacre)이 발생했다. 무정부주의자들과 혁명 그룹들이 경찰의 잔혹성에 대항하여 주도한 시위에서 폭탄이 폭발하여 경찰 1명이 숨지고 6명이 부상을 입었다. 노동기사단은 이 시위운동이나 폭력사태와 전혀 관련이 없었지만, 같은 해 전국을 휩쓸었던 동맹 파업과는 깊이 연관되었다. 파우덜리가 동맹 파업을 원하지 않고 줄곧 중재와 조정을 위해 애썼음에도 불구하고, 폭력적인 수단을 사용함으로 인해 노동자운동이 전체적으로 손상을 입었다.[33] 노동운동에 대한 동정을 얻기는커녕, 헤이마켓 사건은 중산층에게 혐오감과 위협까지 주었다.

윌라드가 노동기사단과 교섭하기 위해 이 특별한 때를 선택한 이유가 무엇일까? 기사단은 금주운동에 항상 우호적이었다. 파우덜리는 금주가였으며, 비록 금주가 기사단 회원 가입의 조건은 아니었지만, 주류 판매와 관련된 사람은 회원에서 제외되었다. 기사단은 또한 여성의 권리에 대한 열렬한 지지자였다. 첫 정관(1878)에서 기사단은 성별에 상관없이 평등한 노동에 대한 평등한 임금을 지지했다. 1882년 여성의 회원 가입이 허용되었고, 1885년에는 64개의 여성지부가 조직되었으며, 이듬해까지 5만 명 이상의 여성들이 회원으로 가입했다.[34] 그러나 만일 여성의 권리와 금주에 대한 기사단의 지지가 윌라드의 마음을 끌어 서로 동맹 관계를 맺기 위해 노력했다면, 왜 그녀는 더 일찍 이 노력을 기울이지 않았을까?

폭력 사건으로 체포되어 유죄를 선고 받은 외국인 급진파의 소수 세력들을 지지하던 이들 중 한 명이었던 시카고 저널리스트 헨리 데머레스트 로이드(Henry Demarest Lloyd)와 윌라드가 친분이 있었다는 점으로 윌라드의 행동을 설명할 수는 없을 것 같다. 로이드는 이 사건에서 오심이 내려졌기 때문에 자신의 삶의 모든 방향이 바뀌었다고 생각했다. 로이드가 윌라드 오빠의 신문사 〈시카고 포스트〉를 사려고 하다가 빅터 로손에게 양보해야 했던 1876년부터 윌라드와 로이드는 서로 알고 지냈다. 그러나 헤이마켓 사건 당시 로이드는 유럽에 있었고, 윌라드가 기사단대회에 사절단을 파견한 지 오랜 시간이 지난 8월까지 미국으로 돌아오지 않았다.[35]

비록 헤이마켓 폭동이 노동자에 대한 대중과 언론의 지지에 찬물을 끼얹었지만, 그 정치적 세력은 여전히 상승하고 있었다. 수백 개의 지방 및 지역 집회들이 지역 차원에서 정치적 활동을 벌이기 시작했고, 노동자 후보들은 그해 가을 주요 도시 지방 선거에서 놀랄 만한 결과를 얻었다.[36] 프란시스 윌라드는 이러한 노동운동의 정치적 생명력의 상승세를 감지하고 있었을 것이다.

윌라드가 노동기사단 대회에 절제회 대표단을 파견하기로 결정한 배경은 이러했다. 그것은 쉬운 결정일 수가 없었다. 윌라드는 파우덜리를 만난 적이 없었고, 따라서 개인적인 신의가 고려사항에 들어가지 않았다. 비록 절제회원들이 노동시간 단축에 대해서는 찬성했지만, 절제회 대회에서 노동운동 지지를 촉구하는 목소리는 없었다. 윌라드 혼자서 미국 사회의 사회경제적 구조의 근본적인 개혁을 옹호하고 있었다. 윌라드가 논란이 될 만한 동맹자를 받아들인 이유가 무엇일까? 기사단에 대한 윌라드의 행동은 용기 있는 행동이었는가, 아니면 잘못된 기회주의적 행동이었는가? 노동기사단을 비롯하여 과거에는 비교적 폭넓은 지지를 받았던 노동운동이 이제는 대중의 지지를 잃어버릴 위기에 있다는 것을 윌라드는 완전히 이해하고 있었을까? 그리고 중산층의 불만이 일반적이지 않다는 것을 보여주기 위해 윌라드가 손을 내민 것일까? 만약 그렇다면 윌라드는 용기 있는 행동을 한 것이었다. 윌라드는 스스로 지지자의 입장에서 대단한 모험을 했다. 만약 윌라드가 헤이마켓 사건이 발생하기 12개월 전 괄목할 만한 성장을 보일 만큼 급속히 성장하던 노동기사단과 자신 및 자기의 운동이 서로 관계를 맺게 함으로써 기반을 넓히길 원했다면, 그녀는 자신의 이익을 염두에 둔 선택을 한 것이다. 윌라드는 자신의 영향력을 확장시킬 기회를 포착한 것이다.

또한, 이 기간 동안 윌라드는 노동운동 분야에서 두각을 보이던 여성들에게 손을 내밀었다. 1886년 8월, 시카고 노동기사단에서 활발하게 활동 중이던 엘리자베스 로저스(Elizabeth Rodgers)가 시카고 내에 있는 모든 노동기사단 조직들의 중앙위원회에 해당하는 지역협회24(District Assembly 24)의 노동조합장으로 임명되었다. 엘리자베스는 이 직위에 앉은 최초의 여성이었다. 스스로를 가리켜 '뛰어난 여성을 만나기를 항상 갈망하는' 사람이라고 생각하던 윌라드는 신속하게 엘리자베스와의 만남을 요청했다. 이듬해에 윌라드는 〈크리스천 유니온〉에 로저스에 관한 호의적인 기사를 기고했다. 〈50년 생애 회상〉에 기록된 로저스에 대한 묘사는 기본적으로 이 기사에 근거한 것이었다.[37]

노동기사단에 절제회 대표단을 파견한 후 수개월이 지나고 나서야 비로소 윌라드는 WCTU 회원들에게 노동문제에 관하여 연설했다. 1886년 회장 연설에서 윌라드는 WCTU가 '자본가와 노동자 사이의 싸움을 심화시키는 문제를 개선하기 위해 많은 것을 할 수 있다'고 제안했다. 실업자 수가 1백만 명 이상이라는 점을 지적하면서, 윌라드는 쉬고 있는 노동자들에게 일자리를 만들어주기 위해 노동시간을 하루 8시간으로 줄일 것을 주장했다. 계속해서 윌라드는 '노동운동이 평화로운 중재와 협력 그리고 모든 강력한 비밀투표 등의 방법으로 수행되는 한, 마음 깊이 지지할 운동'이라고 말하고, 하늘이 '노동조건 개선을 위해 힘써 일하는 수백만의 모든 합법적인 노력에 복을 내리실 것'이라는 말로 연설을 마쳤다.[38] 윌라드는 경제개혁을 금주운동과 연결시켜 설명함으로써 노동운동에 대한 회원들의 급진적인 감정을 누그러뜨렸다. WCTU는 기사단원들에게 노동개혁의 중심 문제가 '더 높은 임금을 얻는 것'이 아니라 '현재의 임금을 잘 활용하는' 것이며, 맥주와 담배를 끊고 위생과 영양의 원리를 배우는 것이 노동자들을 가난으로부터 보호해주는 길이라고 가르쳤다.[39] 회원들은 윌라드가 양 진영의 협력을 위한 계획을 제안하기 위해 절제회를 대표하여 노동자들에게 연설할 것을 정식으로 허락했다.[40]

1886년 12월에 배포한 윌라드의 결정적인 메시지는 '모든 남성 및 여성 노동자, 즉 공통된 희망을 가진 형제자매들에게' 행해졌다. 연설문의 일부는 다음과 같다.

> 우리는 우리의 친구들과 동지들에게 다가서는 것처럼 꾸밈없이 여러분에게 다가갑니다. 협력, 중재 그리고 비밀투표 등과 같은 여러분의 방법에 우리는 마음 깊이 지지를 보냅니다. 노동의 강요, 극심한 가난, 생명과 신체에 대한 위해 등의 어려움에 대해 우리는 몹시 개탄합니다. … 우리는 성별과 인종 혹은 신조를 차별하지 않고 상호 협조를 표방하는 여러분의 관대한 정강을 기뻐합니다. 특별히 여성들이 동등한 임금을 받을 권리가 있다고 주장함으로써 그들을 산업 영역에서 올바른 지위로 향상시키기 위해 노력하는 여러분의 운동 방향을 진심으로 높이 평가합니다. 즉 여성들을 여러분 기관의 임원과 회원으로 인정하고, 우리의 대의 정부에서 여성들이 스스로를 도울 수 있는 정당한 무기인 투표권을 인정하는 방침을 귀하게 생각합니다.[41]

이 연설문은 계속해서 술집에 대한 기사단의 반대 입장과 최근 선출된 임원들이 절대 금주에 대해 호소한 것 등을 칭찬했으며, 금주와 학교에서의 금주 교육, 더 짧은 노동시간과 주일과 관련한 안식일 엄수주의, 절제회의 사회순결운동에 대한 기사단의 지지를 당부했다. 파우덜리는 이 메시지에 기뻐했고, 이것을 기사단의 신문에 공식적으로 게재했다.[42] 파우덜리도 절제회가 주창한 정치적인 문제들을 지지했다. 그는 여성의 보호를 위한 9만5천 장의 청원서를 기사단 회원들에게 배포하고, 기사단이 교육 법안에 대한 블레어 연방지원을 지지하는 결의안을 채택하도록 촉구했으며, 1887년 2월 기사단의 대규모 집회에 윌라드를 강사로 초청했다.[43]

윌라드가 탄원서 운동에 대한 도움을 청하기 위해 파우덜리의 사무실을 방문한 1887년 초에 비로소 윌라드와 파우덜리는 처음 만났다. 윌라드는 파우덜리를 '고상한 머리'와 '잘생긴 눈썹', '윤곽이 뚜렷한 옆모습과 오똑한 코' 그리고 '사려 깊고 조용하며, 확신에 찬 눈빛'을 가진 사람이라고 묘사했다.[44] 윌라드는 파우덜리에게 사진을 보내달라고 요청했고, 파우덜리는 그 요청에 응했다. 그녀는 이 사진을 엘리자베스 프라이, 조세핀 버틀러, 클리블랜드 여사, 그리고 푼디타 라마바이의 사진들과 함께 평생 동안 자신의 책상에 보관했다. 이어하트는 윌라드가 자서전에서 말하는 이루어지지 못한 사랑의 대상이 파우덜리였을지도 모른다고 주장한다.[45] 윌라드와 파우덜리의 기록 모두에는 두 사람 사이에 주고받은 편지가 들어있다. 이 서신 교환은 따뜻했지만 철저하게 사무적이었다. 두 사람은 거의 만나지 않았으며, 비록 서로 사모했지만 그 관계는 단지 직업적이었던 것 같다. 노동기사단과 연합회를 결합시키기 위한 윌라드의 모든 노력은 WCTU에서 반대에 부딪혀야 했으며, 윌라드의 동료 중 일부는 이 새로운 동맹을 불만스러워했다. 윌라드의 어머니는 윌라드에게 신중하도록 충고했다. 프란시스는 '어머니께서 말씀하신 대로 노동기사단에 관해 신중하겠지만, 그 문제를 전적으로 제쳐두지 않을 것이며, 내가 그렇게 하기를 어머니께서 바라신다고 생각하지도 않습니다'라고 답변했다.[46] 루시 스톤은 윌라드를 몹시 꾸짖었으며, 윌라드의 제안을 '두려움과 전율'을 가지고 지켜보았다. 스톤은 기사단이 기업에 걸림돌이 된다고 생각했으며, 그들의 동맹 파업을 두려움으로 바라보았다.[47]

대회 시점에 이르자 절제회 회원들 사이에서 반대 의견이 표면화되었다. 윌라드는 노동기사단이 여성문제와 평등선거권, 동등한 노동에 대한 동등한 임금 등에 온전히 이해를 같이 할 뿐 아니라 확실한 금주단체라고 맞섰다. 윌라드는 점차 커져가는 파우덜리의 영향력을 높이 평가했고, 기사단이 남성 노동자들의 사고방식에 혁명을 일으키고 있다고 역설했다. 절제회 내의 일부 비판 의견은 노동기사단이 비밀결사단체라는 데에 집중했다. 그러나 윌라드는 절제회가 항상 인정해 온 금주회도 그렇다는 것을 상기시키면서, 비록 자신이 일반적으로는 비밀조합을 반대하지만 이 두 단체는 반대할 수 없다고 선언했다. 자신의 전체적인 견해를 따르지 않는 반대 의견들의 중요성을 희석시키지 않는 노련함으로 윌라드는 기사단이 단지 최소한으로 비밀을 유지하고 있으며, 곧 그 입장을 단념할 것이라고 주장했다.[48] 그녀는 기사단이 절차상 동맹 파업과 폭력을 무기로 사용하지 않음을 강조했다. 동맹 파업은 1886년에 기사단이 비록 빈번하게 사용하긴 했지만, 훨씬 나중에 사무엘 곰퍼스의 영향과 미국 노동자 연맹을 통해 비로소 노동 분쟁의 무기가 되었다.

윌라드는 1887년에 실제로 기사단에 가입했고, 노동자와의 유대관계로 인해 1890년대 내내 비판을 받게 되었다. 〈유니온 시그널〉의 칼럼은 노동기사단이 비밀 결사임을 강조할 뿐 아니라, 이 단체가 WCTU 내의 보수적인 동료들을 소원하게 할 것을 우려하면서 노동기사단 승인을 반대하는 편지들을 게재하였다.[49] 윌라드는 기사단과 파우덜리 모두에게 신의를 지켰다. 그러나 윌라드가 파우덜리와 기사단에 도전하기 시작하던 1890년대에 이러한 신의 때문에 사무엘 곰퍼스와 접촉하게 되지 못한 것은 아니었다. 윌라드는 헨리 데머레스트 로이드에게 편지하여 '사무엘 곰퍼스와 우호적인 관계'를 맺을 것을 제안했다.[50] 그러나 노동자의 지위에 대한 곰퍼스의 편협한 견해 때문에, 그와는 파우덜리와 함께 나눈 것과 같은 깊은 유대관계를 맺지는 못했다. 아무튼 윌라드는 여성 개혁가들 사이에서 곧 최고의 지위를 잃어버렸다.

윌라드가 노동자들과 손을 잡으려 했던 이유는 분명 복합적이었다. 경제적 빈곤과 불법에 대한 관심이 무엇보다 중요했다. 그녀는 1870년대 중반의 도시 생활 경험을 잊지 않은데다가, 1880년대를 특징지었던 실업률, 경제적 빈곤, 노동 불안 등의 복합적인 이유 때문에 더욱더 급진적이 되었던 것 같다. 금주와 자선 사업에 대한 도움을 호소하는 것은 도처에서 목격한 경제사회적 문제들을 해결하기에 더 이상 충분해 보이지 않았다. 윌라드는 이 시기에 일기를 기록하지 않았으며, 그녀의 견해를 엿볼 수 있는 현존 자료들은 대체로 공적인 것이었다. 하지만 어머니에게 보낸 편지들로부터 이러한 추측이 가능하다. 윌라드의 동기는 별로 대단하지 않았던 것 같다.

윌라드는 미국 노동운동 역사의 중요한 시점에 금주운동 여성들과 노동운동이 서로 손을 잡게 했고, 10년 이상 파우덜리와 친밀하게 일했다. 윌라드는 노동자를 새로운 침략적 통합 자본주의에 대한 대항세력으로 보았다. 그러나 권력 기반을 넓혀가고자 했던 윌라드의 필요-공적 혹은 사적인 모든 이유들로-가 무시될 수 없다. 윌라드는 폭넓은 동맹으로 금주운동을 촉진시켰다. 훌륭한 사회가 갖추어야 할 모습이 무엇인지 아는 여성으로서, 윌라드는 미국 정치와 경제생활에서 자신의 본분을 충실히 다하고 지지자들을 바른 길로 인도하는 것이 그리스도인의 임무라고 생각했다.

예방의 효율성에 대한 신념이 바로 금주운동 정신과 밀접한 연관을 맺고 있었다. 금주운동에 헌신했을 때, 윌라드는 19세기의 미국 개혁 사상이 강조하는 중심 사상이었던 예방적인 개혁을 자신의 주요 사회철학 이념으로 받아들였다. 이러한 개혁은 적어도 19세기 초 미국인들이 사회경제적 변화에 접근하던 결정적인 방법이었고, 20세기 후반까지 '사회 구조자들(society savers)'이 선호하는 해결책이 되었다.

예를 들면, 남북전쟁 이전의 도덕개혁 운동 주창자들은 초기에는 기독교로의 개종이 매춘과 범죄를 예방할 것이라고 생각했다. 그리고 나중에는 사회악들이 개인적인 자선과 개선된 경제 상황에 의해 치료될 수 있을 것이라고 믿었다.[51] 앤드류 잭슨 지지자 시대에 어린이 구조자들은 불량자와 범죄자들의 사회 오염을 예방하기 위한 방법으로 보호시설을 지지했다.[52] 이 모든 기간 동안 금주운동은 한 가지 혹은 다른 방법으로 알코올 남용을 억제함으로써 범죄, 빈곤, 어린이 및 유부녀 학대, 그리고 가정 해체를 예방하기 위해 추진되었다. 뉴딜정책 기간 동안의 사회개혁은 강제적인 국가 관리 보험 프로그램들을 통해 빈곤과 실업 문제 그리고 경제적인 혼란으로 인한 참혹한 피해를 예방하려고 했다. 이 개혁방안은 독점금지법률, 이민 제한, 우생학운동, 협동조합운동, 공익사업 규제 등을 비롯하여 무한히 확대될 수 있었다.

예방적인 개혁가들은 사회가 합리적으로 변할 수 있으며, 사회문제도 해결될 수 있다고 믿었다. 몇 차례의 실패에도 불구하고, 개혁가들은 이러한 실패를 일시적인 것으로 보았으며 선천적으로 낙관주의자들이었다. 1970년대와 1980년대에 이르러 비로소 미국 사회분석가들은 사회문제의 예방이 과연 세상을 바라보는 현실적인 방법인지, 그리고 사회문제들을 실제로 해결할 수 있을지 의문을 갖기 시작했다.[53] 19세기 마지막 25년 동안 예방개혁이 개인위생과 공중위생으로부터 직업학교와 하루 8시간 노동에 이르기까지 모든 분야에서 실현가능하다고 생각했다. 무료 유치원, 공립학교에서의 엄격한 금주 교육, 근로 여성들을 위한 저렴한 하숙집, 심지어 화장(化粧) 문제까지 이 포용력 있는 개혁정책 아래 자리를 잡았다. 1888년까지 프란시스 윌라드는 이 모든 풍성한 개혁을 받아들였다.

미국사회과학협회(ASSA)는 예방적인 개혁의 낙관적인 원리들을 일찍이 채택했다. 1880년 ASSA의 지도자들 중 한 명이었던 프랭클린 산본(Franklin Sanborn)은 '우리는 (1865년에)우리가 모든 시대 유산의 상속자라고 생각했다. … 또한 모든 것을 성취할 수 있다고 자만했다'라고 적었다.[54] 산본은 '사회과학'을 신뢰했으며, 개인과 종교단체들의 비조직적인 박애주의적 개선정책이 효과적인 시대는 끝났다고 확신했다. 동시대의 다른 사람들처럼, 산본은 일의 성취를 위해 국가를 의존할 수밖에 없었던 중앙집권화된 개혁에 전념했다. 오직 국가, 요컨대 중앙집권화된 국가만이 예방적인 개혁을 수행할 수 있다고 보았다. 이는 매우 거대한 정부만이 유일한 해답처럼 보였다.[55)]

이러한 관점은 여성 개혁 단체들을 통해 확산되었다. 1887년에 출판된 에드워드 벨라미(Edward Bellamy)의 〈회상(Looking Backward)〉에서 그 대표적인 대중적 표현을 발견할 수 있다. 벨라미는 자비로운 평등주의 국가에 의한 완벽한 경제 지배를 통해 19세기의 모든 사회경제적 악들을 제거할 수 있는 논리적이고도 체제순응적인 완전히 새로운 사회를 그렸다. 여기에서 예방적인 개혁은 극단적인 데까지 나아갔다.

윌라드는 이미 오랫동안 이상주의적인 해법들에 호의적이었다. 어린 시절 윌라드는 여동생과 함께 정의가 행해지고 감옥이 불필요하며, 술집이 존재하지 않는 모범적인 사회공동체를 꿈꾸었다.[56)] 그러나 벨라미는 다른 많은 개혁 지도자들이 했던 것처럼, 자기 자신과 절제운동 내의 몇몇 절친한 동료들을 위해 이 모든 것을 한데 모았다. 윌라드는 1887년 후반과 1888년 초반에 벨라미와 주고받은 편지에서 〈유니온 시그널〉에 실리게 될 민족주의 '성명서'에 관한 이야기를 나누었던 것으로 보아, 이 책이 출판되자마자 단숨에 읽었음에 틀림없다.[57)] 윌라드의 사상이 발전된 과정을 추적해볼 때, 〈회상〉의 중요성은 아무리 강조해도 지나치지 않다. 벨라미가 윌라드에게 손을 내밀었을 때 윌라드는 '무엇이든 하라'는 정신에 충실했다. 1888년 회장 연설에서 프란시스 윌라드는 WCTU가 벨라미의 책을 읽게 되면, '만일 '우리, 곧 우리와 조합'이 신성한 의지가 선언되고 모든 연합이 최대 다수의 최대 행복에 맞추어질 수 있는 하나의 위대한 '기업'을 조직하기만 한다면, 어떻게 '기업들'의 횡포가 조합의 혜택으로 변화될 수 있는가를 알 수 있을 것'이라고 주장했다. 윌라드는 낡은 사회질서로부터 새로운 질서로의 변화에 대해 설명을 계속했다. 벨라미는 비록 노동자 계급이 무자비하게 착취를 당하고 있으며 그들의 생활 및 근로 조건의 철저한 개선이 필요불가결하다고 굳게 믿었지만, 계급 갈등이 제거되고 불필요하게 되는, 그래서 합리적인 수단으로 폭력을 지지할 수밖에 없었던 윌라드의 큰 딜레마도 해결해줄 수 있는 평화로운 변화가 일어날 것이라고 약속했다. 벨라미는 산업 투쟁과 치열한 경쟁이 있는 사회로부터 모든 사람의 이익을 도모할 수 있는 합리적인 사회로 합법적이고 점진적인 변화를 이루어야 한다고 주장했다. 이러한 호소는 미국 여성들에게 매우 현실적이고도 매력적인 민족주의의 한 형태였다.

동시에 이 여성들은 항상 이해하지도 인식하지도 못하는 딜레마에 빠졌다. 국가 통제주의는 평등주의를 낳을 수 있었지만, 동시에 여권주의의 핵심인 민주적-평등주의를 위협할 수도 있었다.[58] 대부분의 19세기 여권운동가들은 20세기 운동가들에 비해 개인주의에 그다지 많은 역점을 두지 않았다. 윌라드의 동료 여권운동가들-줄리아 워드 휴, 메리 리버모어, 샬롯 퍼킨스 길먼, 제렐다 월리스, 그루시 스톤 등-은 민족주의와 흡사한 벨라미의 국가통제주의가 평등과 정의를 추구하던 자신들의 요구에 부응했기 때문에 크게 매료되었다. 벨라미의 만능국가 개념은 여성들의 조건을 개선하고 여성들에게 동등한 신분을 제공할 것을 약속했다. 이 개념은 민족주의와 동일시하는 여성운동 지도자들에게 충분히 매력 있었다. 벨라미의 제안에 반대하는 여성운동가는 거의 없었다. 엠마 골드만과 같은 무정부주의자들, 여성참정권운동가 마틸다 조슬린 게이지(Matilda Joslyn Gage)와 엘리자베스 캐디 스탠턴 등은 만능국가가 여성 해방의 방법이 될 수 있다고 생각하지 않은 예외적인 인물들이었다.[59)]

벨라미는 또한 청교도 윤리와 절대적인 도덕을 실질적으로 경시하는 성향이었다. 그는 소비주의와 여가 생활을 찬양했다. 벨라미의 유토피아에는 양식과 곡마단이 풍성했다. 오웰(Orwell)의 〈1984〉의 벨라미식 버전은 자비가 넘쳤지만, 어느 후기 히틀러주의자들도 쉽게 받아들일 수 없는 사회를 그리고 있었다. 강요된 노동, 제한된 참정권, 엘리트 지배 계급 등이 풍성한 경제의 행복한 소비와 연결되어 있었다. 다른 의견이나 개인주의는 용인되지 않았다. 그러나 엘리자베스 캐디 스탠턴과 같은 일부 뛰어난 예외적인 인물들뿐만 아니라, 여권운동 개혁가들은 국가통제주의에서 어떤 악도 발견하지 못하고 다만 유토피아만을 보았다. 프란시스 윌라드도 다른 여성들처럼 벨라미가 제안한 해법에 유혹되었다. 그 수단들은 – 비록 강제적이라도 비폭력적이기만 한다면 – 윌라드에게 문제가 되지 않았다.

이와 관련해 한 가지 흥미로운 의문점은, 윌라드를 비롯하여 대부분의 여성들이 동시대에 단일세 주장을 하던 헨리 조지(Henry George)와 비교하여 벨라미에게만 그토록 매혹되었는가 하는 점이다. 윌라드는 모든 개혁적이고 정치적인 입장들을, 그것이 양립하든

지 그렇지 않든지 간에 하나로 통합하고자 노력했던 1890년대에 조지를 적극적으로 지지했다. 그러나 만능 국가에 대한 조지의 반감, 즉 이미 시들해진 사상인 초월적인 선에 대한 그의 신념은 결코 동의할 수 없었다. 윌라드에게 국가는, 비록 항상 동기를 부여해주는 것은 아니지만 좋은 사회의 도구가 될 수 있는 충분한 가능성이 있었다. 윌라드는 본래 계획가이자 중재자였으므로, 유토피아에 대한 벨라미의 포괄적이고 상세한 그림은 그녀의 흥미를 끌었다. 물론 두 사람 모두 윌라드의 낙관주의를 자극했으며, 신속한 사회 변화와 일탈로 야기된 철저한 조정을 경험하고 있는 사회에서 폭넓은 호소력을 가지고 있던 그녀의 천년왕국론에 적합했다.

벨라미가 주장하는 아름답게 정돈된 사회에 매료된 절제회 여성들은 약간 다투기도 했지만, 초강대국의 본질적 위험성에 관해서는 아니었다. 여성들의 불안은 주로 벨라미가 완전 금주에 헌신하지 않았다는 사실에 있었다. 즉, 포도주와 담배에 빠져 있던 벨라미의 성품이 문제였다. 윌라드와 일부 절제회 지도자들은 벨라미의 모범적인 사회 모델을 크게 기뻐한 나머지 결국 이러한 결점을 간과할 수 있었다. 예를 들면, 제렐다 월리스는 윌라드에게 '만일 벨라미의 공화국이 건설되면 누구도 알코올로 자신을 망칠 필요가 없어지기 때문에 금주법도 불필요하게 될 것'이라고 편지했다.[60]

틀림없이 여성들은 고된 가사 문제에 대한 벨라미의 해법도 좋아했다. 진공관으로 배달되는 물품들, 공동 부엌에서 준비된 식사, 중앙집중화된 관리서비스의 유용성 등은 이미 윌라드가 주장한 것들이었다. 〈회상〉의 또 다른 매력은 여성들이 협력을 위해 특별히 좋아하는 것을 전체 사회가 수용할 것이라는 벨라미의 계획이었다. 여성들은 그들이 이미 함께 협력하여 일할 수 있을 것이라고 믿었다. 상호 협력 그리고 책임과 보상을 친밀하게 나눌 수 있는 여성들의 재능은 앞으로 보편적인 조건이 될 것이었다. 사실 윌라드는 벨라미가 실제로는 반대했던 조합국가를 찬성한다고 생각하여 오해하기도 했었다. 벨라미의 모범사회는 각자가 자신의 고유한 사업으로부터 다른 보상을 받는 조합들로 구성된 나라가 아니었다. 오히려 '국가가 하나 되고 나뉘지 않아서' '모든 시민이 모든 자본을 소유하고, 모든 사업을 경영하며 모든 사람의 이익을 위해 모든 사람을 고용하는' 사회를 꿈꾸는 개혁 계획이었다.[61)]

이러한 유토피아적인 환상을 '민족주의'로 불렀던 벨라미와 그 지지자들은 반정치적인 민족주의 지부를 계속 조직했다. 윌라드는 비록 이 운동에 참여했지만, 다른 정치적 활동을 중단하지는 않았다. 테렌스 파우덜리와 노동기사단과의 연합을 유지할 뿐 아니라, 금주당에서도 계속 활동했다. 이 모든 헌신들은 1892년 윌라드가 개혁연합 세력을 만들어내기 위한 주요한 운동을 벌일 때 큰 역할을 했다.[62)]

윌라드는 다양한 운동에 동시에 관여할 수 있는 능력이 있었다. 1889년 대회장에서 윌라드는 '엄청난 자본의 축적'과 노동력의 착취, 기술 혁신이 초래한 실업 문제를 공격했다. 윌라드는 또한 기독교 사회주의를 호소했다. '어떤 체계 안에서 하나님께서 당신의 자녀들에게 공평하게 나누어주시는 선물로 함께 누리는 토지와 모든 자원', '전체 사회가 일정한 방법으로 함께 소유하고 관리해야 하는 자

* 19세기말 WCTU가 보조하거나 직접 세운 수많은 식수대 중 하나. 이 식수대는 윌라드의 출생지와 뉴욕, 처치빌 등지에 있으며, 20세기말 새로운 위생꼭지로 교체되었다.(저자가 촬영한 사진)

본과 모든 산업 수단' 등을 역설했다. 특히 윌라드는 실업자들을 위한 노동 구제, 하루 8시간 주 45시간의 노동시간, 무료 기술 교육, 무료 학교 급식 그리고 점진적으로 국영화 또는 시영화되어야 할 공익 설비와 운동 설비 등을 주장했다.[63] 같은 연설에서 윌라드는 민족주의를 찬양했고, 절제회 회원들에게 민족주의자 모임에 가입할 것을 역설했으며, '노동문제'를 다루었고 파우덜리와 노동기사단을 칭송했으며, 단일세 주장자들에게 호의적인 발언을 했고 전미위원회(Pan American Commission)를 인정했으며, '시베리아 눈밭에서 서서히 죽어가는 순교자들'을 위해 차리나(Czarina, 러시아 황후-역자 주)에게 호소했다.

프란시스 윌라드는 결코 한 가지 이념에 속박되지 않았다. 윌라드는 민족주의, 기독교 사회주의, 금주법, 여성참정권 등을 각각 독특한 운동들로 모두 포용할 수 있었다. 동시에 이 운동들이 궁극적인 의미에서 모두의 발전이 되는 상호 연합을 이뤄내지 못할 이유가 없다고 생각했다.

윌라드의 시카고 배경과 친구와 동료들 역시 윌라드의 사회경제 철학의 병인론(病因論)에 영향을 미쳤다. 1880년대에 시카고는 지적, 정치적 격변과 예술 혁신의 중심지였다. 이 도시 여성들은 노동운동, 시민 기업, 정치 개혁의 분야에서 스스로를 위한 새로운 활동영역을 개척해나가고 있었다. 이제는 비록 떠나있지만 시카고는 윌라드의 활동 기반이었고, 그녀는 이제 막 부상하는 대도시 문제들을 해결하기 위한 힘겨운 싸움의 중심에 서 있었다.

1880년대 시카고는 1890년대에 이르러 꽃을 활짝 피운 새로운 문화와 개혁이 싹트기 시작하는 중심지였다. 시카고는 세계로 공급되는 돼지 도살장과 밀 저장창고가 있고, 대륙으로 뻗어가는 철도의 중심지였을 뿐 아니라, 루이스 설리반(Louis Sullivan), 다니엘 번함(Daniel Burnham), 윌리엄 르 바론(William Le Baron) 등이 미시간 호수 해안의 시카고 상업 중심지에 미국의 위대한 건축 혁명을 창조하는 도시였다. 1880년대 말, 시카고대학이 남성과 여성 모두에게 문을 개방했다. 예술학교와 설리반이 지은 장엄한 대강당은 예술적이고 문화적인 위대한 발전의 디딤돌이 되었다.[64)]

시카고의 개혁 활동은 적어도 어떤 면에서는 이 도시가 상징하는 엄청난 산업화, 그로 인해 야기된 절망적인 부패, 즉 거물급들이 포진한 시정부 때문에 자극을 받았을 수도 있다. 이곳은 WCTU의 본부였을 뿐 아니라, 이제 한창 싹트고 있는 각종 사회 개혁 프로그램의 중심지였다. 즉 증가하는 사회복지관 운동의 주역으로서 1889년에 사역을 시작하게 될 헐하우스(Hull House)의 본부였고, 전투적인 노동조합 활동의 중심지였다. 이렇게 '개화하는 시카고'에서, 특히 시정부 개혁과 관련한 문제에서 여성들의 역할은 중요했다. 시카고의 강력하고 철저한 여성 네트워크 형성에 중요한 역할을 감당했던 제인 호지에게 감사를 표하면서, 윌라드는 시카고를 '비범한 여성들의 낙원'이라고 불렀다.[65)] 윌라드는 탁월하게 폭넓고 잘 조직된 개혁운동을 이끌었던 여성 모임의 영향력 있는 회원이었으며, 이 모임이 제공해주는 격려와 도움을 받은 수익자이기도 했다.[66)]

시카고 여성들의 네트워크는 남북전쟁 당시 메리 리버모어와 제인 호지가 그 도시의 공중위생위원회에서 함께 일하던 때로 거슬러 올라간다. 시대에 뒤진 교회 바자회를 본받아 두 사람이 시작한 거대한 바자회는 여성들이 주관한 효과적인 모금 행사의 본보기가 되었다. 애국적인 기금 모금에 참여했던 몇 명의 여성들은 전쟁 후, 이들과 함께 평등권운동 대열에 들어서게 되었다. 이들의 엄청난 힘과 영향력은 1869년 일리노이주에서 기혼 여성의 재산권에 관한 법률을 통과시키는 데에 결정적인 역할을 했다. 시카고 최초의 여성 모임은, 비록 시카고 여성 클럽이 1876년에 비로소 등장하기는 했지만, 공중위생위원회 핵심 회원들로 설립되었다. 제인 호지는 장로교 여성들의 해외선교사협회 사역에도 관여했으며, 여성 교육에 관한 교회 여성들의 증대하는 관심도 함께 나누었다.

여성 교육은 프란시스를 제인 호지의 활동 무대로 불러들여 두 사람이 함께 노스웨스턴대학교 내의 에반스톤여자단과대학 설립을 위해 일하는 계기가 되었다.[67] 비록 수년 동안 대학에서 맡은 책임 때문에 윌라드의 참여의 폭이 제한적이긴 했지만, 1871년 이후 시카고 네트워크 내에서 윌라드는 절대적으로 필요한 지도자적인 역할을 감당했다. 미국에서 가장 큰 여성 단체인 WCTU의 본부를 1885년에 시카고로 옮겨왔을 때, 윌라드는 이 네트워트에 실질적으로 활동 영역과 영향력을 더하게 되었다.

동시에 시카고 여성들은 노동운동 분야에서 선구자 역할을 했다. 여성들은 일찍이 1870년 시카고 인쇄업 노동조합 회원으로 받아들여졌으며, 이 도시의 노동조합협의회가 여성들을 조직화하기 위해 구체적으로 노력하던 1878년에는 여성들만의 노동조합을 조직했다.[68] 알지나 스티븐스(Alzina Stevens), 엘리자베스 로저스(Elizabeth Rodgers), 엘리자베스 모건(Elizabeth Morgan)은 처음에 시카고 노동조합 회원이 되었다가 나중에는 전국적인 영역으로 활동 범위를 넓힌 노동계급 여성들이었다. 로저스가 1880년대에 전 도시에 걸친 노동기사단 집회를 주도했다는 사실은 시카고 노동조합 운동에서 여성이 얼마나 중요했는지를 잘 보여준다.[69]

시카고 노동조합원들과 중산층 개혁가들은 서로 독립해서 일하지 않았다. 1880년대 시카고 여성클럽에는 프란시스 윌라드와 같은 수많은 중산층 개혁가뿐만 아니라, 베르다 팔머(Bertha Palmer), 엘렌 헨로틴(Ellen Henrotin) 등의 박애주의 사회 시민들도 포함되어 있었다. 또한 이 클럽은 여러 자선단체들의 배후에서 동기를 부여함으로써 여성 및 어린이 보호국, 빈민들을 위한 법률 구조 서비스, 노동자층 소녀들을 위한 토요 직업 훈련을 제공하는 산업예술협회 등과 같은 노동 계층 영역에서 주요한 역할을 할 수 있도록 했다. 이러한 단체들은 그로부터 몇 년이 지난 1889년에 출현한 헐하우스보다 먼저 탄생한 조직들이었다. 실제로 아담스와 엘렌 스타(Ellen Star)는 헐하우스를 열기 전, 사회복지관에 대한 의견이 시카고에서 받아들여질지 처음으로 조사를 실시하는 중에 시카고 여성클럽에 가입했다.[70] 여성클럽과 WCTU는 여성 노동조합원들과도 관계를 맺었다. 엘리자베스 로저스와 프란시스 윌라드의 친분이 대표적인 예이다. 여성클럽의 또 다른 회원인 코린 브라운(Corinne Brown)은 노동조합 가정에서 태어나서 결국 유명한 시카고 은행가와 결혼했다.[71]

이 네트워크가 어떠한 일을 했는지 그리고 그 안에서 윌라드의 초기 역할이 무엇이었는지는 일리노이주 여성동맹(IWA)의 행보를 추적해보면 잘 알 수 있다. IWA의 선구자격인 시카고 여성연맹은 1888년 6월, 56개의 시카고 여성단체 대표들이 각 단체의 풍성하고 다양한 활동을 서로 나누기 위해 한 자리에 모임으로써 조직되었다. 이 이질적인 단체에는 여성선교사협회, 여성연방노동조합, 노동기사단여성모임, 여성참정권자모임 그 외 광범위한 자선단체 등 서로 어울리기 힘든 협력자들이 포함되어 있었다. 다양한 이해관계를 가진 모든 여성들이 이 동맹에 참여했다. 설립자 중 한 명이 논평했던 것처럼, 여성동맹은 '좁은 영역에서 선하고 신실한 사역'을 감당하는 여성들과 '무덤에서 돌을 멀리 굴려놓은 여성들'을 함께 불러 모았다.[72] 어떤 면에서 여성연맹은 WCTU 신문이 묘사한 바와 같이, '조직화된 여성들'로부터 생성된 '자발적 성장'이었다.[73] 그러나 이 연맹은 1888년 3월 전국여성참정권협회의 후원 아래 세네카족 항복 선언 40주년을 기념하기 위해 개최되었던 대규모 국제여성협의회의 영향으로 지방 차원에서 생겨난 직접적 부산물이기도 했다. 윌라드와 다른 WCTU 여성들은 이 협의회 모임에서 남다른 역할을 했으며, 윌라드는 전국적일 뿐 아니라 국제적인 차원의 영구 조직을 만드는 위원회 의장직을 맡았다.

윌라드는 1888년 모임의 결과로 탄생한 영구조직인 전국여성연합회의 회장으로 선출되었다. 1891년 3주년 기념집회에 40개 전국 여성단체들이 대표단을 파견했다. 그러나 1888년 대회 직후 윌라드는 전국적인 운동에 힘을 실어주기 위한 지방 조직의 필요성을 느꼈다. 윌라드는 효과적인 로비 기구로 활동할 수 있을 뿐 아니라, 각 지역에서 다양하지만 서로 관련된 여성들의 노력을 하나로 묶고 정보를 교환하는 역할을 할 수 있는 지역 협의회를 꿈꾸었다.[74] 윌라드는 이 목표에 시간과 열정을 기꺼이 바쳤다. 1888년 여름 윌라드는 쉴 틈 없이 바빴다. 윌라드는 감리교총회 대의원으로 선출된 것 때문에 생긴 떠들썩한 소동에 직면해야 했고, 자신의 생애에서 최대의 도전이 될 WCTU 대회를 준비해야 했다.[75] 그럼에도 불구하고, 여성들의 노력을 통합시키기 위한 시카고 지역 여성연맹의 회장으로 일하는 데에 동의했다.

그해 여름, 〈시카고 타임즈〉는 여성들과 아이들의 수치스런 근로 조건을 폭로하는 기사를 연재하고 있었다. 이 기사는 여성연방노동조합이 시카고기업협회에게 각 작업장과 상점, 공장들의 근로 조건을 조사하는 일에 여러 여성단체와 협력하기 위한 위원회 조직을 요청할 수 있게 해주었다.[76] 노동조합 여성들은 또한 전국여성협의회가 계획한 폭넓은 협력과 연합으로 나아가고 있었다. 그 결과로 시카고여성연맹이 탄생했다.

시카고여성연맹의 첫 모임은 1888년 10월 4일, 예술학교 여성클럽 내에서 열렸다. 프란시스 윌라드는 회장 취임 연설을 했고, 여러 단체들이 사업 보고를 했다. 또한 윌라드는 〈타임즈〉의 폭로를 논의하고, 여성 및 어린이들의 근로 조건에 관한 문제들을 해결하기 위해 노동기사단 지도자 엘리자베스 로저스를 초대했다.[77] 이틀 후, 클럽 여성들과 노동조합 여성들이 시카고의 산업 조례 및 일리노이주 의무교육 법령을 강력히 주장하기 위한 일리노이주 여성동맹 조직을 위해 합류했다.[78]

이 동맹은 이러한 사업들을 잘 수행했다. 6년 동안 시카고 여성연맹은 노동 착취 제도를 성공적으로 조사했고, 주의회가 학교 출석 법령을 강화하도록 요청했으며, 시카고 학교위원회에 더 큰 여성 대표권을 얻어냈다.[79] 프란시스 윌라드는 이 업적들에는 깊이 관여하지 않았지만, IWA의 초기 단계에서 중심적인 역할을 했으며, 전국적인 발돋움을 위한 조정자 역할을 하던 시카고 여성 네트워크를 잘 활용했다.

지역 차원의 일리노이여성동맹과 전국여성협의회는 모두 이 시기 여성운동의 일반적인 경향을 보여준다. 여성들은 수많은 운동을 추진하는 다수의 단일 목적 기관에 소속되었지만, 이 기관의 폭넓은 연합 속에서 각자의 독립된 노력을 통합시키고 있었다. 각자의 클럽과 협회에서는 각각 관심을 끄는 개별적인 이익을 추구하면서도 정치경제적인 영역에서는 노력의 효과를 극대화하기 위해 서로 연합하고 있었다.[80] 여성 기구들의 협력을 위한 체계는 윌라드가 이끄는 전국여성협의회에서 그 형태를 갖추게 되었다. 윌라드는 이 형태가 자신의 지도력을 강화하는 데 도움이 될 뿐 아니라, 뜻이 맞는 일이라 생각했다. 윌라드는 협의회의 사역과 정신에 대해 '정통과 이단, 공화당원과 민주당원 그리고 금주당원, 본토인과 외국인 등 우리 모두가 각자의 신념에 충실하기만 한다면 신성한 여성운동의 더 나은 진보를 협의하기 위해 함께 만날 것을 무언의 이해로 동의한다'고 묘사했다.[81] 일리노이 여성연맹은 이러한 여성 협력의 전형이었다. 시카고에서처럼 새로운 통합 정신이 성공적으로 실행된 지역은 거의 없었다.

비록 시카고는 점차 성장하는 윌라드의 영향력을 위해 중요한 활동 무대였지만, 1880년대는 윌라드의 전국적인 명성도 대단했다. 윌라드는 조직화된 모든 여성들을 전국여성협의회를 통해 공식적으로 이끌었으며, 미국에서 가장 큰 여성 조직인 WCTU의 수장이 되었다. 윌라드는 미국 내에서 혁신적인 사회적 견해를 대변하는 모든 사람과 해외에 있는 몇 사람들과도 접촉했다. 1870년대 중반에는 수잔 안토니와, 1881년에는 클라라 바톤(Clara Barton)과 편지를 주고

받았다. 1880년에는 루시 스톤, 줄리아 워드 휴, 헨리 블랙웰, 메리 리버모어를 비롯한 대부분의 참정권운동 지도자들과 서신을 교환했다. 헨리 데마레스트 로이드와는 1878년부터 알고 지냈던 반면, 테렌스 파우덜리는 1886년에야 윌라드의 그룹 안으로 들어왔다. 드와이트 무디는 안나 디킨슨과 마찬가지로 초기에 영향을 미친 사람이었다. 해리엇 비처 스토우(Harriet Becher Stowe)와 제임스 러셀 로웰(James Russell Lowell) 부부는 윌라드에게 좋은 친구였다. 1880년 중후반 윌라드는 경제학자 리차드 엘리(Richard Ely), 여성교육가 엘리스 프리맨 팔머(Alice Freeman Palmer)와 케리 토마스(M. Carey Thomas), 단일세 주창자 헨리 조지, 사회사업가 그레이스 닷지(Grace Dodge)와 제인 아담스, 소설가 메리 터휸(Mary Terhune)과 조각가 로레도 테프트(Loredo Taft)를 알았으며 그들과도 서신을 교환했다.

유력한 개혁운동가로서 윌라드의 지도력과 명성은 동부에서 확고한 입지를 세웠다. 윌라드의 지위가 어느 정도였는지는 1889년 소비자 변호사 겸 여권운동가였던 플로렌스 켈리(Florence Kelly)가 자신이 관심을 갖던 신념들을 발전시키고 생활비를 벌기 위해 시카고라 살레 스트리트에 있는 WCTU 본부를 찾아와 일자리를 요청했다는 사실에서 잘 드러난다. 유급 일자리를 얻을 수 없게 되자, 켈리는 제인 아담스와 운명을 같이 하기 위해 헐하우스로 갔다.[82)]

1880년, 윌라드는 오직 금주운동과 여성운동 그리고 개신교 기독교에만 헌신했다. 이후 1889년에 이르러 온 사회를 변혁시킬 준비가 되었다. 1870년만 해도 윌라드가 알지 못했던 동부의 개혁 기구는 이제 1890년에 이르러 그녀가 그 기구를 필요로 하는 것 이상으로 윌라드를 필요로 했다. 윌라드가 충성을 요구할 수 있는 지지자들의 숫자는 동시대의 다른 개혁가의 지지자들보다 훨씬 더 많았다. 단지 농민동맹 운동만이 여성 금주운동에 필적할 만한 규모의 지지자를 가지고 있었다. 또한 윌라드의 노력을 통해 이제 WCTU는 적은 지지자를 가진 동부의 개혁가들과 수많은 인원인 남서부의 성난 농민들 사이에 다리를 놓는 작업을 시도하게 될 것이었다. 1880년대 말, 윌라드는 각 개혁 단체에 속한 주요 인사들을 알았으며, 미국의 거의 모든 사람이 윌라드를 알게 되었다. 위스콘신 대초원의 딸에서, 고투하는 중서부 여자학교의 지도교사로, 중서부 출신의 개혁운동가였던 프란시스 윌라드는 1889년에 이르러 유명한 이름이 되었고, 그 명성은 대륙 전역에 미쳤다. 금주와 여성문제를 포함한 사회 철학으로부터 노동운동 지지와 기독교사회주의 수용에 이르기까지 윌라드는 모든 분야를 똑같이 중요하게 생각했다.

Chapter 10. 그리스도인

프란시스 윌라드는 평생 동안 감리교회의 신실하고 헌신적인 성도였으며, 19세기 마지막 20년 동안에는 이 교단에서 가장 탁월한 평신도 여성이었다. 감리교에 대한 윌라드의 애정은 깊고 진실했다. 윌라드는 아무런 제약 없이 감정적으로 헌신할 수 있음을 기뻐했다. 복음 찬송과 권면적인 설교들도 좋아했다. 윌라드는 경험이 풍부한 복음 전도자였다. 그녀가 내세운 신념들은 종종 바뀌었지만, 그 방법은 항상 감리교적이었다. 열렬한 신앙의 열정 그리고 사회적 관심사에 적용된 웨슬리의 방법론과 원칙이 윌라드의 사역 방식의 핵심이 되었다. 윌라드는 감리교가 미국에서 가장 큰 개신교 교단이라는 점과 감리교 신자로서 자신이 지지하는 운동들이 신실한 그리스도인들로부터 호의적인 반응을 얻을 것임을 모르지 않았다. 그러나 감리교에 대한 애정은 전국적인 명성을 얻는 것보다 우선 되었으며, 평생 동안 가장 큰 헌신 중 하나로 남아 있었다. 하지만 감리교 기관들이 윌라드에게 항상 친절한 것만은 아니었으며, 1890년대에 이르러서는 윌라드의 개인적인 신앙의 신념들이 감리교를 벗어나기도 했다.

윌라드는 십대 청소년기 때 자유로운 사고와 종교적인 반항을 경험했었다. 그러나 1860년 회심 이후, 신앙의 확신은 아주 가끔씩만 윌라드를 괴롭혔을 뿐, 오랜 세월 전통적인 관습에 순응하며 살았다.[1] 1862년, 여동생 메리의 죽음이 프란시스의 종교적 감정을 자극했다. 윌라드는 위로가 필요했고, 천국에 대한 전통적인 믿음이 현실로 다가왔다. 윌라드는 자기와 마찬가지로 여동생을 잃은 한 친구에게 편지를 보내 '가끔 너와 나에 대해 이야기하던 생각이 난다. 만일 우리의 눈이 더 밝아진다면 우리 여동생들의 반짝이는 날개를 볼 수 있고, 우리에게 '이곳으로 올라오라'고 부르는 그 놀라운 음성을 들을 수 있을 거라고 생각한다'고 말했다.[2] 이것은 천국과 반짝이는 날개를 가진 천사 그리고 죽음 이후에도 계속해서 이 세상과 관계를 맺는 것에 대한 어린 아이의 환상이지만, 사실 이 글은 스물다섯 살의 여성이 쓴 것이다. 같은 해에 출판된 여동생에 대한 전기 〈열아홉 해의 아름다운 생애〉는 빅토리아 시대와 비슷한 전통적인 종교적 신념과 정서로 가득 차 있다.

1860년대 말, 윌라드의 종교적인 믿음은 정통적이며 또한 확고해 보였다. 그럼에도 불구하고 1866년 겨울, 윌라드는 성결운동에 관심을 보였는데, 본래 이 운동은 감리교에서 시작되었지만 다른 교단의 성도들에게도 큰 매력을 준 경건운동이다. 성결운동가들은 하나님의 완전한 사랑을 현실 속에서 경험함으로써 죄로부터 멀어질 것을 설교했고, 회심했지만 여전히 부패한 죄인들에게 완전한 성화를 위해 자기 자신을 온전히 하나님께 구별하여 드릴 것을 역설했다. 월터와 피브 팔머(Phoebe Palmer)는 19세기 중엽에 성결운동의 주요한 지지자가 되었으며, 1866년 한 해 동안 팔머 부부는 에반스톤에서 성결운동 모임을 이끌었다. 윌라드의 모든 가족은 이 모임에 참석했다. 일기에서 프란시스는 팔머 여사가 소개한 책들을 자신이 진지하게 읽었으며, 그 책에 대해 '어떠한 반대도 느끼지 않았고, 그것을 더 알고 느끼고 싶었지만', '성결의 교리를 충분히 이해하지' 못했다고 고백했다. 윌라드는 자신이 아닌 어머니가 '제단 앞으로 나갔다'고 기록했다. 1866년 3월 말, 종교적인 열정은 결코 윌라드 생애의 중심이 아니었던 것 같다.[3] 사실, 그해 겨울 윌라드는 자신의 일과 생계와 같은 평범한 일에 더 마음을 두고 있었다.

이후의 간증에서 윌라드는 자신이 이 모임에서 큰 감동을 받았다고 말했다.[4] 회심과 더불어, 윌라드는 뒤를 돌아보았으며 그 시기에 경험했던 것보다 더 영적인 싸움을 바라보았다. 윌라드의 진실한 신앙 감정을 이해하려면 일기는 물론 그녀의 작품들도 읽어야만 한다. 신앙은 윌라드에게 중요했다. 윌라드는 신앙의 도전과 시련을 진지하게 받아들였다. 그러나 항상 자아가 살아 있었다. 탐구적인 지성이 감정적인 영혼을 거슬러 반응했다. 복음주의 열정이 대중문화를 이루던 시대에 살고 있었기 때문에 윌라드는 그 토양에 적합한 각종 기사와 회고록을 저술했다. 그러나 그 저변에는 심지어 1866년에도 자신이 성결운동의 일원이 될 수 없음을 알았다.[5]

몇 년 후, 시카고 도심에서 처음으로 금주운동을 위해 일하기 시작했을 때, 윌라드는 시카고 상업지구의 '타락한 자들'을 위한 예배 인도와 설교에 가장 큰 만족이 있음을 깨달았다.[6] 윌라드는 비록 그것이 자신의 사명이라고 생각하지는 않았지만, 사람들을 그리스도에게로 인도하는 것을 기뻐했다. 1876년 드와이트 무디의 참모가 되어 중요한 복음전도자의 역할을 감당했으며, 1888년 말경에는 안수받은 목사가 되고 싶다고 말하기도 했다.

윌라드는 젊은 여성으로서 그렇게도 원하던 천국에서의 행복한 연합에 대한 믿음을 결코 완전히 포기하지 않았다. 1882년 어머니에게 편지하면서, 윌라드는 메리가 죽은 지 20년이 지났지만, '나는 점점 더 여기에서 그리고 저편에서 우리의 삶이 하나인 것 같습니다. 그렇게 될 수 있도록 하나님의 은혜의 능력을 힘입어 노력합시다'라고 적어 보냈다.[7]

천국에 대한 윌라드의 호기심은 영혼의 상태에 대한 관심의 일부였다. 학생 시절, 윌라드는 이모 사라와 함께 한 여성이 유심론에 관하여 강의하는 것을 들었지만 감동 받지 못했다. '판결. 훌륭한 생각. 그게 전부임.'[8] 1862년 한 친구가 윌라드에게 스베덴보리(Swedenborgian)의 작품을 소개해주었다. 윌라드는 약간 마음이 끌렸으며, 일기에 이렇게 털어놓았다. '스베덴보리의 악마는 매우 마음에 들었다. 물론 새롭고 신기했지만 그 영은 상냥하고 친절한 것 같다. … 나는 물질세계가 우리의 영적인 계몽과 교육을 위해 만들어졌다는 일반적인 견해를 좋아하고 소중하게 생각한다.' 하지만 윌라드는 계속해서 옛 신앙에서 참 위로를 얻었다. '오, 그리스도여! 나의

마음의 모든 평화는 당신에 대한 나의 신앙을 통해서 찾아옵니다.'[9]

심령 현상에 대한 윌라드의 진정한 관심은 1880년대 후반부터 시작되었다. 1888년 초, 윌라드는 심령연구협회의 엘리엇 콘스(Elliot Cones)와 편지를 주고받았다.[10] 1890년대에 윌라드는 신지학(神智學)에 관심을 갖고 애니 비전트(Annie Besant)를 존경하게 되었다. 애니는 영국의 사회개혁가이자 불가지론자이며, 영국의 초기 산아제한 주창자이기도 했다.[11] 또한 1889년에는 직접적인 경험을 통한 신지식을 주장하던 신비주의와 유사한 철학 체계인 신지학을 받아들였다. 윌라드는 이렇게 경험주의를 강조하는 것이 마음에 들었다. 식민지 시대부터 미국 여성들은 잘 정립된 여성 경건의 전통인 신비학(神秘學)에서 종교적인 만족을 경험하곤 했다.[12] 윌라드도 이러한 전통을 따르고 있었다. 윌라드는 보이지 않는 세계, 즉 일상세계와 연결되어 있는 영의 세계, 그리고 이 땅에서 잃어버린 사람들과 다시 행복하게 살 수 있는 실재하는 천국을 믿었다. 신지학은 영의 세계와 이 땅의 현실 사이의 하나됨을 약속했기 때문에 윌라드의 마음을 끌었다.

윌라드만 이러한 신념을 가졌던 것은 아니었다. 민족주의 동료들도 신지학 성향이 있었으며, 애니 비전트도 온건한 사회주의자였다. 윌라드와 같은 시대 사람인 급진적인 여성참정권론자 빅토리아 우드헐, 엘리자베스 캐디 스탠턴과 수잔 안토니의 지지자들도 메리 리버모어를 비롯해 황금시대(Gilded Age, 미국에서 경제 확장과 금권정치가 횡행하던 1870~1898년의 시대 – 역자 주)의 많은 개혁가들과 마찬가지로 신비학에 잠시 빠졌었다. 급격한 사회 변화의 시대에는 필연적으로 통제의 상실감과 단순한 해결책에 대한 잘못된 신앙이 나타날 수밖에 없다. 신지학, 민족주의, 점진주의는 모두 산업화와 도시화로 야기된 무수한 문제들에 대한 손쉬운 해답을 찾기 위한 추구의 일종이었다.

벨라미주의자나 신지론자와 마찬가지로 윌라드는 인간 본성의 개혁이야말로 사회의 영적, 물질적 향상과 정의로운 국가 건설의 전제조건이라고 확신했다. 이 점에서 윌라드와 동시대 사람들은 개인의 책임을 강조하는 20세기 개혁가들보다 훨씬 더 개인을 강조했다. 개인의 개혁은 한 가지 방법 이상으로 성취될 수 있었다. 아마도 윌라드는 다른 사람들보다 더욱더 신비론을 추구한다고 하더라도, 지금 현 자리에서의 변화를 위한 헌신에서 멀어질 수 없었다. 그러나 윌라드는 여성의 영성을 효과적인 사회 개혁 수단으로 보았다. 이 점에서 윌라드는 엘리자베스 세톤(Elizabeth Seton), 도로디아 딕스(Dorothea Dix), 캐서린 비처의 전통과 함께 했다.[13] 윌라드는 순수한 신비주의자는 아니었다. 영적인 체험에 관한 윌라드의 접근은 19세기 말 과학적 합리주의 성향을 가지고 있었다. 그것은 마치 다른 세계와의 접촉을 추구하는 코난 도일(Cona Doyle)과 같은 성격이었다. 또한 윌라드가 여성의 영성, 기독교적 미덕, 여성의 도덕적 우월성, 사회경제적 개혁에 내재된 종교적 미덕 등과 관련한 용어를 사용한 것은 기독교 이상주의를 합리적이고 정의로운 사회경제적 체제 개념으로 변환시킨 것이었다.

1870년대 말, 윌라드는 문자 그대로의 성경 해석을 의심하기 시작했다. 1877년 출판된 알렉산더 윈첼의 〈과학과 종교의 화해

(Reconciliation of Science and Religion)〉를 읽은 후,[14] 윌라드는 창세기의 갈비뼈에 관한 이야기와 이를 여성의 종속성을 정당화하는 도구로 사용하는 것에 대해 물어보기 위해 윈첼에게 편지를 보냈다. 과학자일 뿐 아니라 뛰어난 감리교인이었던 윈첼은 '갈비뼈 사건을 문자적으로' 받아들이지 않고, '남자와 여자 사이에 영혼과 육체가 밀접하게 결합되어' 남자와 여자가 함께 '하나의 완전한 개인을 이룬다'는 의미로 받아들인다고 답변했다.[15] 윌라드는 자신의 의혹이 이단이 아니었음을 재확인할 수 있었다.

50주년 생일 기념으로 저술한 자서전 〈50년 회상〉의 문체는 윌라드가 기독교에 얼마나 깊이 헌신한 여성인가를 담아냈다. 반면, 기독교만이 유일한 참신앙이라는 그들의 주장의 타당성을 문제 삼을 뿐 아니라, 믿음이 실현되는 유일한 방법이 오직 복음적인 개신교라는 생각을 받아들이지 않는 여성이었음을 잘 보여준다. 1889년에 윌라드는 에큐메니즘(Ecumenicism, 세계교회주의)을 받아들였다. 윌라드는 여러 고대 문화에서뿐만 아니라 유대인과 이방인, 가톨릭과 개신교가 공통적으로 믿고 있는 윤리 원칙들을 찾아냈다. 그리고 다음과 같이 기록했다.

> 나는 매우 신실하고 정통적인 감리교이지만, 모든 종교에서 또한 고상하고 아름다운 도덕주의자들이 자신이 아는 것보다 훨씬 더 아름답게 저술한 작품들 속에서 위대한 선을 발견한다. … 신에 대한 믿음 그리고 사람에 대한 사랑과 같은 단어들은 결코 나의 정서에 반하지 않는다. … 나는 종교적인 감정과

> 친밀함 그리고 영감 등에 관하여 어느 하나에 얽매이지 않는다. … 마치 향기로운 여러 정원에서 몰려들었지만 각자 다양하게 얻어온 꿀을 서로 친밀하고 가까운 친구들 무리가 있는 집을 향해 날아가는 벌들과 같이, 나도 오랫동안 나의 피난처요 위안이 되어 온 옛 신앙의 아름다움과 신성함이 있는 고향으로 날아간다.[16)]

이와 같이 윌라드는 감리교회와의 깊은 유대관계를 계속 유지했다.

1893년 윌라드는 에큐메니즘의 일환으로 동양 종교들을 공공연하게 인정했고, 동양으로 파송되는 서양인들이 무조건 개종을 위해 애쓰기보다는 그들의 신앙이 확장될 수 있는 범위 내에서 동양의 가르침을 수용해야 한다고 주장했다. 윌라드는 선교사 활동을 자본주의와 연결 지었으며, '임금 노예제도가 결국 죄와 고통, 자본의 지배, 강제적인 농노제도로 변질되도록 한 것이 바로 기독교 국가들'이라는 사실을 미국인들이 결코 잊지 말아야 한다고 경고했다. 같은 연설에서 윌라드는 또한 다음과 같이 말했다. '하나님은 단 한 번이 아니라 무수히 많이, 한 가지 방법으로가 아니라 다양한 방법으로 우리에게 말씀하셨다. … 하나님의 말씀은 끊임없는 계시이다. … 그러므로 일단 단순하고 합리적인 이 한 가지 관점이 이해되고 받아들여진다면, 신학적인 논쟁은 실질적으로 무의미하게 될 것이며, 이것은 세상에게 얼마나 큰 안식과 위로인가.'[17)]

윌라드는 종교적인 절충주의를 받아들임과 동시에 계속해서 기독교 사회주의를 역설했다. 기독교 사회주의에 대한 신념은 틀림없이 어린 시절부터 품었던 단순한 교훈 '하나님은 사랑이시다'라는 생각을 구체화한 것이었다. 1893년 런던 엑세터(Exeter)홀에서 열린 집회에서 처음 연설하던 날, 윌라드는 다음과 같이 주장했다.

> (사랑) 이외의 그 어떤 것으로도 이 모든 개혁에서 사람의 마음을 녹일 수 없다. 오직 사랑으로 그리스도의 복음이 세상을 통치하게 된다. 우리에게 사랑이 있으면, 런던의 빈민가는 사라질 것이다. … 누군가 춥고 배고프고 또는 비참할 경우에도, 사람들의 마음이 너무나 따뜻해서 더 이상 그 누구도 보호시설에서 잠을 잘 필요가 없게 되는 시대가 올 것이다. … 언젠가 위대한 세계정신, 곧 가르침을 통해서가 아니라 훈련을 통해 배운 이 마음이 세상의 모든 아이들에게 강력한 힘을 베풀게 될 것이다.[18)]

여기에 모든 것이 들어 있다. 감리교에 대한 헌신, 19세기말 개혁주의자들에게 만연하던 낙관주의, 1887년 벨라미의 〈회상〉를 읽은 이후 받아들인 사회주의, 인격적인 하나님, 즉 윌라드의 의식 속에서 세계의 모든 종교들을 받아 안을 수 있을 만큼 하나님에 관한 한 소녀 같은 믿음 등등. 그러나 윌라드가 하나님에게 또는 하나님에 관해 말할 때마다, 여전히 그분은 윌라드가 자라난 교단인 감리교의 하나님이었다.

윌라드는 온 세상에 '하나님은 사랑이시다, 혹은 기독교 사랑'의 정신을 보급시키려는 소망을 결코 포기하지 않았다. 그즈음 질병을 얻어 뉴욕의 한 호텔방에 누워 있는 동안, 윌라드는 고든에게 '나는 우리 여성들이 종교에 대한 새로운 개념을 갖길 바란다! 세상의 종교는 사랑의 종교이다. 가정의 종교이다. 그리고 평화의 종교이다'라고 말했다.[19] 마지막으로 윌라드는 감리교에 대한 헌신과 세상에 생명을 주는 힘인 사람들의 관심에 대한 헌신에 관한 말을 덧붙였다.

언제나 변함없는 종교적인 여성이었지만, 윌라드는 또한 열성적인 여신도였으며 자신이 가진 종교적 신념들을 매우 실제적인 방법들로 실천했다. 윌라드는 감리교 내에서도 적극적인 역할을 할 마음이 있었다. 이곳에서 윌라드는 가장 큰 실망과 가장 화가 나는 좌절을 경험했다. 윌라드는 자신의 재능을 인정하고 자신의 운동에 대해 지지하면서도 교회 내에서 여성들의 동등한 역할에 대한 요구들은 수용하지 못하는 계급이 남아있던 감리교 조직에 의해 여러 차례 호된 타격을 입었다. 교인의 숫자 면에서 항상 여성이 남성을 능가했지만, 남자들이 교회에서 권위를 행사하는 것이 미국 교회 역사에서 하나의 공리와 같았다.[20] 19세기 말 미국의 조직화된 교회들(다른 자발적인 단체들과 더불어)의 점진적인 관료화가 성직 계급제의 권위를 강화하도록 했으며, 더 나아가 교회 정치에서 여자들의 역할을 제한하도록 했다. 그러나 메사추세츠 만(灣) 식민지 시대 이후 전체적인 양상은 제자리를 답보하고 있었다.[21]

윌라드가 회장으로 선출되던 1879년 제6차 전국대회에서, 절제회는 이듬해 동안 여러 개신교 교회들의 전국회의에 친선사절단을 파견하기로 결정했다. 윌라드는 몸소 장로교 총회와 자신이 사랑하던 감리교 감독교회 총회에 참석했다. 연합회는 이 기회를 이용하여 사업을 알리고 다양한 교회 조직과 친선사절단을 교환할 수 있기를 기대했다. 그 계획은 순수한 의도로 시작되었으며, 뒤이어 일어날 대립은 그 누구도 예상하지 못했다.

1880년 5월 14일, 윌라드와 또 다른 절제회 지도자이자 감리교 여자 평신도였던 제니 듀티(Jennie Duty)는 오하이오주 신시내티에 모인 감리교 총회 임원들에게 두 사람의 친필 신임장을 제출했다. 그러나 이것은 오직 교회 대표단만 참석이 가능하다는 내용과 함께 반송되었다. 윌라드는 충격을 받았지만, 이 거절을 받아들였다. 그러나 총회 사절단 중 일부는 그렇지 않았다. 윌라드가 총회에서 연설할 수 있도록 초청을 해야 한다는 결의안이 제출되었을 때, 총회와 감리교 사회 전체를 동요시킬 만한 충돌이 발생했으며, 이로 인해 윌라드는 여자들의 교회 정치 참여를 반대하는 감리교 교권제도의 감정이 얼마나 깊은지 절감하게 되었다.[22)]

가장 강력한 반대자는 브룩클린 목사이자 찰스 파울러를 이어 감리교 교단지인 〈크리스천 애드버킷(Christian Advocate)〉의 편집장을 맡고 있는 제임스 버클리(James M. Buckley)였다. 버클리는 윌라드에게 연설할 수 있도록 허용하는 것이 위험한 선례를 남기게 될 것이라고 주장했으며, 터무니없는 가능성을 예견했다. '만일 오늘 윌라드가 10분 동안 연설한다면, 내일은 유명한 불가지론자인 로버트 잉거솔(Robert Ingersoll)이 10분간의 연설을 요구할 수 있다'는 주장이었다. 쇼토커 집회에서 절제회를 축복했던 존 헤일 빈센트도 절제회의 결의안을 반대하는 것에 버클리와 같은 입장이었다. 격렬하고 지루한 논쟁이 계속되었고, 총회는 실제로 이것을 '여성문제'로 일컫고 있었다. 그래서 당시 여성신문 등 각종 신문에서 이를 감지할 수 있다.[23] 버클리는 여성들의 교육사업, 교회문학과 선교에 대한 공헌, 그리고 '이 기구에 진정서와 청원서를 제출할 수 있는 대단한 특권'[24]을 사용함으로써 지역 교회들에서 이루어낸 실질적인 노력에도 불구하고, 여성들이 교회 협의회에서 전혀 대표성을 갖지 못했다는 점을 들어 반박했다. 그러나 그곳에 참석한 여성 지지자들에게 전혀 설득력을 갖지 못했다! 윌라드는 방청석에 앉아서 토론의 진행 과정을 지켜보았다. 결국 표결에 붙여졌을 때, 결과는 238대 138로 윌라드의 연설이 허락되었다. 버클리는 이 결과에 너무 화가 나서 그날 남은 모든 회의를 휴회할 것을 제안했다.

총회에 참석한 지지자들의 조언을 담아 작성한 간략한 성명서에서, 윌라드는 그렇게 마지못해 인정해주는 특권을 정중히 사양했다. 윌라드는 '이렇게 강한 반대에 부딪히리라고는 생각하지 못했다'고 말하면서 자신은 단지 여성 전국 조직의 축하 인사를 전하러 왔을 뿐이라고 밝혔다. 또한 자신이 종종 교회 기관들에 초청되어 연설을 하기도 했다는 점을 언급했다.[25] 비기독교 일간지에 따르면, 윌라드는 결국 마지막 승자가 되었고, 자신이 얻은 것보다 더 좋은 것을 주었다. 그러나 자서전에서 윌라드는 자신의 지지자들이 반대자들의 압박에 의해 흔들리고 있었다고 적었다. 지지자들은 버클리가 계속해서 방해 공작을 펼 것이라며, 윌라드에게 지금 얻은 발언권을 포기하라고 말했다. 윌라드는 그 싸움을 계속하고 싶었지만, 지지자들의 요구에 뜻을 굽혔다.[26]

위스콘신 메디슨에서 열린 장로교 총회에 사절단으로 파견되었을 때에도 결코 상황이 더 나아지지 않았다. 뉴욕시 제5번가 장로교회 목사 존 바인 홀(John Vine Hall) 박사는 총회가 시작되기 전날 아침에 윌라드와의 면담을 요청했다. 안나 고든이 동석했으며, 그때 일에 관하여 윌라드의 어머니에게 편지했다. 홀은 '윌라드가 교회의 회원이었는가'를 물어보았다. 더 나아가 홀은 윌라드가 그녀와 같은 성별의 청중들에게만 연설해야 한다는 것이 자신의 의견이라고 말했다. 윌라드의 눈에서 갑자기 눈물이 쏟아졌고, 잠시 동안 말문이 막혔다. 그러나 '그때 윌라드는 자신의 입장을 당당하게 주장했으며', 사절단은 WCTU의 보스턴 연례 모임에 장로교 사절단을 초청한 후 대회장을 떠났다. 고든은 모든 사건에 대해 화가 났으며, 그것을 '프랭크에 대한 심한 타격'이라고 표현했다. 저명한 장로교 여자 평신도 엘리자베스 그리어 히벤을 비롯한 세 명의 여성들은 어쨌든 신임장을 제출했지만, 그것은 받아들여지지 않았다.[27] 이 사건은 장로교 사람들에게 거의 중요하지 않았으므로, 그 문제가 결코 대회장 안으로까지 들어가지도 못했다.

윌라드는 한때 자신을 유명한 강사로 예배당과 공연장 등에 초청했던 목사들, 그리고 자신이 금주운동 지지자로서 벌인 모든 운동들에 대해 큰 경의를 표했던 목사들로부터 받은 호된 대접에 깊은 상처를 받았다. 신시내티에서 윌라드를 반대한 존 헤일 빈센트는 항상 윌라드를 쇼토커 강연자로 초빙하고 싶어 했다. 결과적으로 윌라드의 흡입력은 엄청났다. 제임스 버클리는 윌라드가 〈크리스천 애드버킷〉에 글을 실어줄 것을 요청했으며, 그 글에 대해 기꺼이 사례를 지급했다. 그러나 윌라드는 남자들로만 구성된 교회 회의의 방문자로서는 환영받지 못했다.

윌라드의 즉각적인 반응은 누그러졌다. 하지만 1880년 회장 연설에서 윌라드는 자신이 얼마나 깊이 실망하고 언짢았는지 분명하게 밝히면서, WCTU가 장로교와 감리교 총회에 제안한 것이 연합회의 교육 사업의 일환이었다고 논평했다. 그런데 연합회는 '여성들이 목사들의 집회에 친선 사절단으로 환영받지 못한다!'는 것을 똑똑히 배웠다.[28] 윌라드의 본의가 아니었던 도전을 즉각 철회했다. 윌라드는 앞으로 WCTU가 그러한 교회 기관에 제안하길 원하는 모든 결의안은 반드시 연설할 자격이 있는 남성에게 위임되어야 한다고 제안했다.

개신교 목사들은 연설이자 조직가로서의 윌라드의 탁월한 재능을 이용하고 싶어했지만, 윌라드의 독립성이나 권력에 대한 부분은 시종일관 거부했다. 찰스 파울러는 노스웨스턴 여성들에 대한 윌라드의 행정적인 권위를 거부했다. 드와이트 무디는 윌라드가 그녀의 재능 있는 비서와 함께 협력자로서만 봉사하기를 원했다. 제임스 버클리는 윌라드가 감리교 교회 권력의 최고 회의에서 비공식적으로 연설한다는 것에 화를 냈다. 존 바인 홀과 장로교 목사들의 생각도 전혀 다르지 않았다.

개신교 종교 지도자들과 교회 정치 기관들이 이렇게 여성들을 홀대하자 윌라드는 개신교 교회 내에서 여성들의 전반적인 지위에 관해 비판적이고 적극적인 검토를 하게 되었다. 〈강단의 여성(Woman in the Pulpit)〉은 바로 이러한 연구의 결과물이었다.[29] 윌라드는 개신교 기독교가 부자연스럽다고 판단하여 문자 그대로 적용하지 않은 성경적 비난의 예들을 이 책을 통해 반복적으로 인용했다. 목사들은 성경을 인용하여 마르틴 루터나 조지 워싱턴이 로마서 13장에서 말씀하는 위에 있는 권위에 불복한 것이라고 비난하지 않았다. 북부의 목사들도 노예제도를 유지하기 위해 '육체의 상전들에게 순종하라'는 바울의 말을 묵인하지 않았다. 그럼에도 불구하고 이 목사들은 여성들이 교회에서 잠잠해야 한다는 바울의 권면을 문자 그대로 받아들였고, 설교나 교회 정치에서 여성들을 배제하는 것을 정당화하기 위해 이 구절을 인용했다. 윌라드는 이러한 부당한 본문들의 악용을 증명하기 위해 최근의 성경 연구들을 인용했을 뿐만 아니라, 여성들에게 적극적인 역할을 하도록 격려하는 구절과 여성의 참여를 제한하는 구절을 서로 비교하기 위해 스스로 성경 주해를 시도했다.[30)]

윌라드는 남성 교회 지도자들의 태도에 대해 설명하면서 '남성들의 고루한 표어', 당연히 세상을 다스려야 한다고 생각한 '백인 남성들의 왕조', '모든 유산 위에 군림하고, 의문의 여지가 없는 독점적인 '사도적 계승'을 주장하는' 등의 표현을 사용했다.[31)] 이러한 표현은 19세기의 저명한 개신교 여자 성도가 사용하기에는 과격한 용어들이었다.

이 책에서 윌라드는 강단과 성직계급에 합당한 여성들의 자격에 대해 상세하게 나열했으며, 아내와 어머니의 신분이 성직 임무와 조화되지 않는다고 주장하는 견해에 반박하면서 인상적인 여자 목사 조직과 자신의 주장을 지지하는 남성 설교자들의 증언을 인용했다.

남성 감리교 계급 조직을 논박하기 위해 계획한 성경 주해와 성직자들의 간증 수집은 감리교와 여성들의 관계가 시련에 빠졌을 때 한창 진행 되었지만, 아직 책으로는 출판되지 않았다(그러나 일찍이 윌라드는 이 문제를 다룬 기사를 〈월간 설교(The Homiletic Monthly)〉에 실은 적이 있었다).

1887년 10월 일리노이주 락 올리버에서 소집된 감독회의에서 프란시스 윌라드는 1888년 4월 뉴욕시에서 열릴 감리교 총회에 파견될 사절로 선출되었다. 단연 탁월했지만, 윌라드는 그해 선임된 5명의 사절 중 한 명일뿐이었다. 다른 4명의 사절들은 감리교 여성해외선교사협회 회장 겸 절제회 지도자였던 미네소타 출신의 메리 닌드(Mary Ninde), 캔자스 총회 대표단 단장 아만다 리페이(Amanda C. Rippey), 네브래스카의 앤지 뉴먼(Angie Newman), 피츠버그의 리지 반 커크(Lizzie Van Kirk)였다. 이전 총회 때에도 76명의 여성들이 대리 사절단으로 선출되었었지만, 이들은 대회장 입장권을 가진 명부에 이름을 올리지 못했었다.

윌라드는 빙햄턴(Binghamton)에서 열린 뉴욕 절제회 주 대회에 참석하고 있던 중에 이 선임 소식을 들었다. 윌라드는 크게 기뻐하고 감격했다. 안나 고든은 어머니 윌라드에게 '프란시스를 선출한 고매한 남성들이 프란시스를 칭송한 소리를 들으셨다면, 그리고 윌라드가 그 소식을 듣고 얼마나 기뻐했는지를 보셨다면 얼마나 좋았을까요? 저희는 아침 식사 중이었습니다. 프란시스는 집주인에게 무언가를 말하려 했지만 눈물을 흘리느라 거의 말을 할 수가 없었습니다'[32]라고 편지했다.

비록 훗날 윌라드가 '교회 회원의 3분의 2를 구성하고, 모든 업무의 절반 이상을 담당하며, 그동안 모든 이익과 명예를 참을성 있게 형제들에게 양보해 온' 여성들이 사절단으로 받아들여지지 않는 일이 자신에게는 발생하지 않았다고 주장했지만, 사실상 윌라드는 그렇게 순진하지만은 않았다. 그녀는 총회가 자신과 동료 여성 사절들을 쉽게 받아들이지 않을 것임을 잘 알고 있었다. 윌라드는 그해 이른 봄에 전략을 세우기 시작했다.

아직 〈크리스천 애드버킷〉의 편집장으로 있는 제임스 버클리가 계속 반대할 것이며, 열렬한 지지자들이 버클리와 함께 할 것도 분명했다. 윌라드는 1887년 무디와 함께 사역하던 때부터 친분을 쌓았음에 틀림없던, 그리고 총회에서 친(親)여성 세력들을 이끌게 될 보스턴인민교회의 설립자 존 해밀턴(John M. Hamilton)과 편지를 주고받았다. 해밀턴은 여성들의 이름이 공식적인 명부에 기록될 것이고, 만일 반대 의견이 나온다면 자신이 의사 진행 발언을 통해 그들에게 이의를 제기하고, 단지 일부 대표단의 지지자들이 반대할 뿐 전체 총회가 반대하지는 않을 것이라는 내용으로 윌라드를 안심시켰다.[33]

총회가 열리자 감리교 당국자들은 여성 사절단 문제에 관해 의견이 나뉘었다. 진보적인 서부를 대변하는 시카고 간행물 〈시온의 헤럴드(Zion's Herald)〉는 여성들이 총회 사절단을 선출하는 선거 회의에서 선거를 도왔던 오랜 전통을 지적하면서 여성들이 틀림없이 사절단으로 받아들여질 것이라고 전망했다. 〈웨스턴 크리스천 애드버킷(the Western Christian Advocate)〉도 이와 의견을 같이 하고, 적어도 일부 감리교 신문들도 총회에서 어느 남성 회원도 감히 프란시스 윌라드의 총회 참석권에 대해 도전하지 않을 것이라고 확신했지만, 〈크리스천 애드버킷〉과 〈감리교 리뷰(the Methodist Review)〉는 모두 여성들의 총회 입장을 반대했다.[34)]

1888년 5월 1일, 메트로폴리탄 오페라극장에서 제25차 총회의 개회가 선언되었다. 감리교 교회의 전국 입법기구로서 이 총회는 4년을 주기로 한 달 동안 소집되었다. 총회가 열리는 긴 시간 동안 수많은 현안들이 발생했다. 그 사이에 사회와 교회들은 잠자코 있지 않았다. 따라서 제25차 총회는 매우 중요한 여러 문제들에 직면해 있었다. 목사들의 3년 임기의 연장, 총회를 관장하는 장로들의 감독 임명 방식이 아닌 선출 방식 채택, 지금은 모두 목사들로만 구성된 103명의 총회 사절단에 평신도 추가, 새로운 감독들의 선거(후보들 중 한 명은 윌라드의 반대자 버클리였다), 입법상 금주법의 승인, 여자들의 적격성 문제 등이 주요 현안이었다. 여성문제가 가장 먼저 상정될 것이었으며, 〈뉴욕 타임즈〉도 이 문제를 1888년 총회가 처리할 가장 중요한 결정으로 보았다.[35)] 변화의 바람이 불고 있었다. 여성들이 어떤 역할을 담당한다는 것은 다섯 개의 서로 다른 협의회에서 5명의 여성들이 전례 없이 선출되었다는 점에서 이미 예견되어 있었다.

교회 협의회들은 해마다 대략 5백 명의 사절단을 비밀회의를 위해 뉴욕으로 파견했고, 사절단 대부분은 목사였으며 각 협의회에서 45명마다 한 명의 목사를 선임했다. 이것은 안수받은 목사들 거의 모두가 사절단에 참석할 수 있는 비율이었다. 각 협의회는 또한 두 명의 평신도 사절을 포함시킬 수 있었으며, 프란시스 윌라드가 선임될 수 있었던 것도 바로 이 자격 때문이었다. 타임즈는 '벗겨진 머리와 백발을 한 초로의 남성들이 회의장 전체를 뒤덮을 것'이라고 논평했다.[36] 그러나 의장을 맡은 감독의 의사봉이 첫 회기의 시작을 알릴 때 적어도 두 명의 여성, 즉 메리 닌드와 앤지 뉴먼이 회의장에 앉아 있었다.

그러나 프란스 윌라드는 회의장에 있지 않았다. 윌라드가 뉴욕에 도착했을 때, 그녀의 어머니는 보름 이상 건강이 좋지 않았다. 총회가 소집되기 전날 집에서 날아온 전보에는 안나 고든이 메리 윌라드 곁을 지키기 위해 에반스톤으로 돌아와야 한다고 적혀 있었다. 프란시스는 이러한 소환이 어머니의 심각한 병세를 의미한다고 생각했고, 따라서 자신이 몸소 가야 한다고 결정했다. 메리 윌라드는 폐렴에 걸려 일생에서 가장 아픈 시기를 보내고 있었다.

틀림없이 윌라드의 실망이 매우 컸을 것이다. 고든은 총회가 공식적으로 개회되기 전에 뉴욕에 도착했고, 윌라드는 고든을 자신의 대리인으로 입장시키려고 했다. 안나는 프란시스로부터 여러 메시지를 받았다. 고든은 투표수를 철저하게 계산하여 기입할 것과, '여성들이 끝까지 머물러서 강제로 퇴장당할 때까지 결코 물러서지 않도록' 역설할 것, 여성들을 대표하여 클린턴 피스크를 연설자로 세울 것 등을 지시받았다.[37] 한 주가 지났을 때, 모든 실질적인 목표들에 관한 전투는 실패로 돌아갔다. 그러나 윌라드는 여전히 새로운 전술을 구상했다. 대리 발의(發議), 두 번째 수정안, 또 다른 문체, 그리고 총회 의석을 차지할 수 있게 된 것이 여성들의 투표수 덕분이었음을 남성 평신도 사절들에게 상기시키는 것 등이었다.[38] 비록 지난 16년간 여성들이 투표에 참여해 온 선거회의에서 – 여성들의 지지를 얻어 – 일부 남성 평신도가 선출된 1878년에 평신도사절단운동이 처음으로 총회에 상정되긴 했지만, 실제로 남성 평신도들이 처음 총회 의석에 앉게 된 것은 1882년이었다.

윌라드가 총회에 참석하지 못한 것은 여성 사절단의 목적을 관철시키는 데에 심각한 타격이었으며, 그 손해는 회복할 수가 없었다.[39] 〈타임즈〉는 '총회 대표단은 결코 윌라드를 내쫓을 수 없을 것이다. 과연 그렇게 할 수 있겠는가?'[40]가 바로 친(親)여성 세력의 가장 큰 논거라고 생각했다. 〈타임즈〉 편집장은 윌라드가 총회 의석에 앉아 있는 모습을 그리면서, '여성들이 인정받을 것인가 하는 문제는 윌라드가 대표단을 사로잡는 매력과 겨루게 될 것이다'[41]라고 생각했다. 그러나 윌라드는 총회 석상에 앉아 있지 않았고, 비록 감독들 가운데 친여성 지지자들이 결코 절대 다수가 아닌 면도 있었지만, 윌라드의 공석은 당연히 그들의 운동에 치명적이었다. 〈타임즈〉는 이 싸움을 '보통 그곳에서 상연되던 불경스런 공연에는 결코 유혹되지 않던 청중을 대도시의 오페라극장으로 데려온' '큰 전투'로 묘사했으며, 여자들이 절대 다수였음도 강조했다.[42]

그러나 투표가 이루어진 5월 7일 월요일, 결국 관심은 수그러들기 시작했다. 양쪽 진영은 사절단들이 이전에 열두 번도 더 들었던 해묵은 논쟁을 반복했다. 총회에 동시에 열린 여성참정권협회가 사절단에게 만일 총회에서 의석을 차지하지 못한다면 교회에서 탈퇴하라고 요구한 결의문은 여성운동에 도움이 되지 못했다. 여성의 권리를 교단에 대한 충성보다 더 우위에 두는 것은 훌륭한 감리교 교인들에게 받아들여질 수 없었다. 반대파의 지연 전술 역시 역효과를 가져왔다. 신문들은 총회 시작과 함께 표결이 이루어지면 여성들이 당연히 승리할 것이라고 믿었다.[43] 마침내, 여성 의석 확보에 관한 결의안은 평신도와 성직자 투표 모두에서 패배했다. 감독들은 기뻐했다. 〈타임즈〉는 윌라드의 옛 약혼자이며 적대자였던 찰스 파울러가 기쁨에 넘쳤다고 보도했다.[44] 제임스 버클리는 감독으로 선출되지는 않았지만, 계속해서 여성 권리에 대한 숙적이 되었다. 1909년 버클리는 〈여성참정권의 오류와 위험(The Wrong and Peril of Woman Suffrage)〉이라는 제목의 책을 출판했다.[45]

평소의 습관대로 윌라드는 지난 5월에 패배를 경험한 뉴욕 홀에서 열린 절제회 가을 정기 회의에서 회장 연설을 통해 이 문제를 제기했다. 윌라드는 실망한 지지자들에게 '모든 권력 기관에서 발언권을 얻기 위해' 각 교회들에서 노력할 것을 역설했다. 그녀는 '여성과 교회 사이의 관계에 관한 전례 없는 토론이 있었던' 금년을 긍정적인 수확의 해로 보았다. 여성들은 자신들의 견해를 발표할 수 있는 전국 단위의 공개 토론을 경험했고, 자신들의 사례를 소개할 수 있었으며, 상당한 지지를 얻기도 했다. 연설을 마무리하면서 윌라드는 감리교에 대한 자신의 헌신을 다시 한 번 확인했다. '나는 내 모(母)교회를 매우 사랑하고, 그 교회가 형성하고 있는 피라미드 조직에서 기반과 몸통 부분이 정상 부분보다 훨씬 넓다는 것을 잘 알고 있기 때문에 이제 이 교회가 사랑하고 신실하고 헌신된 딸들의 위대

한 노력에 의해 문제들을 바르게 처리할 수 있는 시간을 주고자 합니다.'[46)]

윌라드는 비록 감리교 교회를 사랑했지만, 자신의 전략을 무시하지는 않았다. 다음 총회는 1892년에 열릴 예정이었으나, WCTU는 1891년에 사절단을 선출하기 오래 전부터 미리 전략을 세웠다. 〈유니온 시그널〉은 여성들을 총회에 허락해달라는 주장을 회원들이 각 고향 목사들에게 알리도록 독려했으며,[47)] 〈강단의 여성〉은 회원들을 지원사격하는 데에 매우 유용했다. 교회 신문은 교리적인 이단성에 시비를 걸어 윌라드에게 맞섰다. 예를 들어, 윌라드가 회장에 있던 1891년 2월에 열린 전국여성협의회 집회에서 윌라드는 불신자들과 유니테리언들에게 강단을 내주었다. 여성운동에서 자연스럽게 이루어진 이 교제가 반(反)여성 세력들에 의해 최근 총회에 파견된 사절단들을 비난하는 빌미가 되었다.[48)]

윌라드는 또한 감독 후보가 되려고 한다는 부당한 비난을 받아야 했고, 여성 사절단 총회 의석 확보 운동은 금주당과 WCTU의 뜻을 반영한 정치적 책략이라는 소문도 무성했다.[49)] 윌라드가 이 시기에 정치적 활동을 하고 있긴 했지만, 1888년 윌라드의 머릿속에는 정치적인 계획들이 들어 있지 않았으며, 총회 사절단에 윌라드가 선출된 것도 어떤 책략에 의한 것이 분명히 아니었다.

버클리가 편집한 〈크리스천 애드버킷〉은 남성 평신도 사절단의 경우 그들의 경제적 법적 능력의 유용성 때문에 총회 의석 확보가 허락되었다고 말했다. 〈애드버킷〉의 편집장은 여성들에게 이러한 자격이 있다고 믿지 않기 때문에 이는 매우 설득력 있는 주장이라고 생각했다. 버클리의 마지막 요점은 '어떤 고상한 남자가 여성과 겨룰 후보로 추천되기를 바라겠는가?'라는 것이었다.[50] 그러나 여성 사절단 반대자들은 한결같이 성공하지 못했다. 1891년 10월, 이듬해 5월 총회에 참석할 사절단 선출에서 거의 절반이 여성을 평신도 사절단으로 선호했다. 가장 강력한 반대는 1888년에도 여성 의석을 반대하기 위해 싸웠던 독일 감리교(German Methodist)에게서 나왔다. 여자들은 1892년 평신도 투표에서 승리했다. 하지만 목사들의 투표에서는 부정적이었다. 마침내 1896년에 승리가 찾아왔다. 전체 협의회는 윌라드가 사망한 지 오랜 후인 1904년 총회부터 여성 사절단을 받아들이기로 결의했다.

19세기 마지막 40년 동안 감리교 감독 교회는 교단 내에서 여성의 역할을 제한하기도 하고 확대하기도 했다.[51] 여성들은 예를 들어 여성선교협의회나 교회 학교사역 등의 독립된 활동 영역으로 기회를 얻었지만, 설교를 하고 안수를 받거나 교회 정치 협의회에서 발언권을 가질 권리는 거부되었다. 여성의 지위에 대한 이러한 분명한 구분은 여성들이 스스로 영향력을 발휘할 수 있고 지도력을 행사할 수 있는, 그리고 전체 교회 내에서 상당한 역할을 할 수 있는 강하고 자주적인 여성협회를 조직할 수 있도록 했다. 그러나 윌라드는 참된 평등에 미치지 못하는 것은 그 어떤 것도 만족하지 않았다. 윌라드는 평등과 독립을 향해 여성이 움직일 수 있도록 영역 원리를 사용할 능력이 있음에도 불구하고, 만일 여성들의 영역이 제한되는 것이라면 오랜 세월 완전히 고착된 교회에서의 분리된 역할을 받아들이고 싶지 않았다. 윌라드는 자신의 주장을 뒷받침하기 위해 최선을 다해 여성다움의 특별한 장점에 호소했지만, 결국 평등한 대우에 대한 신념은 변치 않았다. 윌라드는 영역의 원리를 이용했지만, 그 원리에 따른 여러 비난을 참아낼 수는 없었다. 이러한 양면 가치적인 태도에서 윌라드는 자신의 힘을 발견했고 지도력을 발휘할 수 있었다.

윌라드가 감리교 교회와의 개인적인 싸움에서는 패배했지만, 그녀가 그 싸움의 한가운데에 서 있었다는 사실은 그 누구도 맞설 수 없는 것으로 교회 정치에서 여성의 역할 문제를 선전하는 수단이 되었다. 윌라드는 미국의 가장 유명한 감리교인으로서 파문당할 수는 없었을 것이며, 윌라드 스스로도 자신이 신실하고 헌신된 감리교인임을 명백하게 밝혔다. 그러나 윌라드가 조직 내에서 경험한 거절은 미국 여성들에게 가볍게 받아들여지지 않았다.

윌라드는 가톨릭교회 공동체와 접촉하려고 했으며, 또다시 논쟁에 휘말렸다. 이번 논쟁은 더 큰 조직에서가 아니라 WCTU 내부에서 일어났다. 절제회 회장직 초기부터, 윌라드는 가톨릭 금주운동가들과 손잡고 싶어 했으며, 1874년 대 금주개혁운동을 벌일 당시에는 금주운동 여성들이 가톨릭교도들에게 수차례 손을 내밀기도 했지만, 강경한 개신교 동료들은 항상 이 협력을 탐탁지 않게 생각했다.[52] 어린 시절 윌라드 자신도 가톨릭교도에 대한 전통적인 미국 개신교도의 편견을 가지고 있었다. 1855년 일기는 윌라드가 가톨릭 출판물 〈테블릿(The Tablet)〉을 읽었다고 적고 있다. 윌라드는 '오, 정말 싫다!'라고 적었다.[53] 1876년 말, 윌라드는 여성투표권을 주장하기 위해 이주민 가톨릭교도들에 대한 개신교 금주운동가들의 편견을 이용했었다.[54] 그러나 몇 년 후, 윌라드는 금주운동을 위해 가톨릭 교인들과의 협력을 받아들였다.

윌라드는 1881년에 처음으로 가톨릭 교인들과의 협력을 시도했다. 그해 가톨릭금주협회가 여성들의 금주사역을 찬성하는 결의안을 채택한 것에 대해 윌라드는 짧은 감사의 글을 보냈다. 정중한 응답을 받은 후, 윌라드는 지지자들에게 WCTU는 이러한 우애의 정신을 추구하는 가장 신속한 방법으로 가톨릭교회 지도자들의 조언을 구해야 한다고 제안했다.[55] 윌라드는 연합회가 가톨릭 교인들과 유대인들을 모두 기꺼이 회원으로 맞이할 것을 항상 강조했지만, 실제로 이루어진 것은 조금도 없었다. 1887년 2월 필라델피아를 방문했을 때, 윌라드는 당시 회원수 1만3천 명과 그 중 여성 회원 2천 명을 자랑하던 지역 가톨릭절대금주협회의 대성당 회관에서 주일 정기오후 집회에 참석했다. 윌라드는 연합회의 젊은 여성 지부의 감독자였던 윌리스 반스(Willis Barnes)와 함께 연단에 앉았고, 청중들에게 연설을 해줄 것을 부탁받았다.[56]

이렇게 밖으로 손을 내민 것은 개신교 동료들 사이에서 적대심을 불러일으켰다. 아일랜드 가톨릭은 새로운 이민으로 말미암아 비(非)개신교 배경의 점점 더 많은 외국인들이 늘어가던 동부 도시들의 타락한 기구들 사이에서 세력을 얻어가고 있었다. 자유주의적 여권론자이며 유니테리언이었던 메리 리버모어는 당시에 성행하던 반(反)가톨릭운동으로부터 유일한 선이 비롯된다고 주장했다. '나는 종교적인 이유로 가톨릭을 반대하지 않는다. 그러나 정치적인 조직으로서 그것(가톨릭 교회)를 강하게 반대하며, 그것(반가톨릭운동)이 계속되길 바란다.'[57] 리버모어는 미국에서 가톨릭의 세력이 성장하는 것을 염려하던 진보적인 중산층 기구들에 속한 많은 사람들 중의 한 명이었다. 윌라드는 이러한 시대적 흐름을 거슬러 노를 젓고 있었다.

가톨릭 금주 단체들과 WCTU 사이에 가교 역할을 한 윌라드의 주요한 노력의 성과는 1891년에 찾아왔다. 그해 8월, 윌라드와 〈유니온 시그널〉의 젊은 편집장 줄리아 에임스(Julia Ames)는 가톨릭절대금주협회 전국 집회에 참석했다. 두 사람은 서부 절제회 지도자 샬리 채핀과 함께 잠깐 시간을 보냈다. 이 대회는 워싱턴 D.C. 링컨음악회관에서 개최되었고, 성패트릭교회에서 매일 미사가 진행되었다. 윌라드는 한해 전 가을 애틀랜타 대회에서 권한을 부여받은 절제회 정식 친선 사절의 자격으로 이 대회에 참석했다.[58] 워싱턴으로 향하는 기차에서 윌라드와 에임스는 가톨릭 사제인 두 명의 사절단을 만나 '아침식사를 하며 즐거운 대화를 나누었고', 그 협회에서는 여자들이 '남자들과 동등하게 회원자격을 갖고 있다'는 사실을 알았다.[59] 무엇보다도 윌라드는 이 대회에서 대단히 좋은 시간을 보냈다. 윌라드가 말한 것처럼, 두 사람은 '훌륭한 대접'을 받았다. 윌라드와 에임스는 기분 좋은 환영을 받았으며, 연설할 기회도 얻었고 연단에 앉을 수 있는 배려도 받았다. 두 사람은 추기경 제임스 깁본스(James Gibbons)와 가톨릭대학교 총장 존 킨(John J. Keane) 주교를 만났다. 또한 장엄미사에 참석했고 '천상의 음악'에 감동을 받았다.[60] 사제들은 매력적이었다.[61]

윌라드는 틀림없이 이 새로운 현장을 기쁜 마음으로 탐험했으며, 가톨릭 공동체도 똑같은 호감을 가졌던 것으로 보인다. 〈아일랜드

가톨릭 자선 저널(The Irish Catholic Benevolent Journal)〉은 '이 대회의 가장 기쁜 사건은 WCTU 회장 프란시스 윌라드와 〈유니온 시그널〉의 편집장 에임스가 참석한 것이다'라고 보도했다.[62] 그러나 감리교인들은 격분했다. 〈프리 메쏘디스트(The Free Methodist)〉는 '로마 가톨릭의 잔인한 과거' 즉, '우리의 자유 학교들을 파괴하려던 끊임없는 노력'에 관해 언급하면서 '개신교 신자들이 마치 가톨릭 교인들이 하는 것처럼 교황과 그 가신들에게 굽신거리고 손을 비비는 행위는 참으로 이상한 일이 아닐 수 없다'고 애통해 했다. 기자는 마지막으로 '가톨릭의 비위를 맞추기 위한 아첨은 이 나라 전 지역 절제회 여성들에 의해 비난받아 마땅하다'[63]라는 한 마디 조언을 덧붙였다. 장로교 목사이며 탬머니홀(Tammany Hall)의 반대자 찰스 파커스트(Charles Parkhurst)는 윌라드와 생각을 같이 했지만, 감리교를 설득해서 그들의 의견을 지지하도록 하기는 어려울 것이라고 그녀에게 경고했다.[64]

이 일이 있은 후 윌라드는 WCTU에서 자신의 행동에 대해 변호했다. 이 집회가 있은 지 2주 후 윌라드는 〈유니온 시그널〉을 통해 입장을 밝히면서, WCTU가 전국에 있는 다른 모든 금주 단체들과 친선 관계를 수립했음에도 불구하고, 가톨릭절대금주협회만 제외된 것을 발견하고는 그 누락에 합당한 행동을 한 것이라고 설명했다.[65] 〈시그널〉은 이어서 가톨릭금주협회의 사업과 친선 관계의 중요성에 관한 쟁점들을 상세히 보도했다.[66] 비난을 잠재우고자 한 이러한 노력들은 어느 정도 성공을 거두었다. 사제 한 명과 여성 한 명으로 구성된 가톨릭친선사절단이 1891년 WCTU 대회에 참석했으며, '다소

긴' 축사를 했다.[67] 그리고 윌라드는 회장 연설 중 한 대목을 워싱턴에서의 그 짜릿했던 경험에 대해 이야기하는 데 할애했다.[68]

가톨릭 세력과의 협력에 대해 실제적으로 공공연한 반대는 연합회 내에서 나중에야 비로소 불거졌다. 점차 증대하던 불만을 가중시킨 요인 중 하나는 1895년 WCTU 볼티모어 대회가 열렸을 때, 가톨릭 사제들이 예배 순서에서 두드러진 역할을 담당한 것이었는지도 모른다.[69] 또한 1890년대 미국에서 반(反)가톨릭 정서가 다시 상승하고 있던 사실도 중요했다. 동시에 윌라드는 에큐메니컬 협력과 봉사활동을 이전보다 더 열심히 추진하고 있었다. 1895년 대회에서 윌라드는 가톨릭과 유대인 여성들을 WCTU에 참석하도록 초청하는 결의안이 통과되는 승리를 거두었다.[70] 그러나 모두가 기뻐한 것은 아니었다. 어느 저녁 집회에서 가톨릭 사제가 축도를 맡게 되었을 때, 충격을 받는 사람들도 있었다.[71] 더구나 대회 후에도 적개심과 불만이 남아있었다. 신문에 보낸 공개편지에서, 보스턴 여성들은 '가톨릭 교인들이 언론과 행동의 자유를 방해하면서 우리 단체 내에서 일으키고 있는 침략'에 대해 항의했다.[72] 윌라드는 사과하지 않았고, 일부 연합회 회원들의 직무에 대한 나쁜 감정이 적어도 1896년까지 계속되었다.[73]

전체적으로, 미국 개신교와 가톨릭 공동체들 사이에 가교를 놓으려는 윌라드의 노력은 매우 인상적인 만큼 이를 지나칠 수가 없었다. 〈시카고 트리뷴〉은 1895년 소동이 있은 지 3년 후, 윌라드의 사망에 즈음한 사설에서 윌라드의 주요 업적들 중 하나는 '기독교 및 인도주의적인 노력을 기울이는 주요 노선을 따라, 개신교와 가톨릭을 불문하고 어떤 이름을 가졌든지 모든 문화와 종교인들의 모든 계층 사이에 마음 깊은 교류를 이루어내고 열정적인 협력을 이끌어 낸' 것이라고 논평했다.[74)]

기성 교회 내에서의 윌라드의 중요한 지위와 그의 에큐메니컬한 신학적 사상들은 19세기 말 사회에서 개신교 교회가 처한 상황에 비추어 볼 때, 새로운 차원의 중요성을 가졌다. 노골적인 물질주의, 산업 기술 정보와 부유함에 대한 추구, 노동 착취, 그리고 그 시대 대다수 기구들이 가졌던 초기 농경사회 가치에 대한 경시 등으로 대표되는 황금시대는 사실상 세속적인 시대가 아니었다. 새로운 기업가 계급과 새로운 이민자 무산 계급은 그때까지만 해도 아직 충분한 윤리적 기풍을 갖추지 못한 상류 및 하류 계층을 형성했다. 미국 사회의 경향은 여전히 개신교가 압도적이었다. 신문들이 다양한 교파들의 활동에 관심을 표한 것으로도 이를 잘 알 수 있다. 작은 타운과 주요 도시들, 비종교적인 신문들조차 각 교회 강단에서 행해진 주일 설교를 인상적으로 상세하게 보도했다. 개신교 정치－교회 기관들의 정책, 교권을 장악한 유명인사 간의 다툼, 교파 내부 또는 교파 간의 교리 논쟁들－는 수십 개의 주간 또는 월간 교회간행물을 통해 미국 내 응접실에서 읽혀졌을 뿐 아니라, 일반 공공 신문들을 통해서도 숨김없이, 놀랍도록 객관적으로 때로는 매우 재치 있는 논조로 다루어졌다. 독서계는 대중의 관심을 끄는 데 있어서 거의 정치와 견줄 만하고 스포츠를 훨씬 능가하는 교회 관련 소식들로 가득했다.

프란시스 윌라드는 매우 최근까지 우리에게 남아 있었고, 그 일부는 바로 지금까지도 함께 하고 있는 미국의 신학 전통을 가졌던 장

본인이었다. 윌리엄 맥로울린(William McLoughlin)은 미국이 일부 사회비평가들이 생각하는 것만큼 유물론적이지 않으며, 미국 유물론에 대한 개혁주의 비평가들의 부단한 비판이 있었다는 것 자체가 미국 사회의 근본적인 종교적 헌신의 증거를 보여주는 것이라고 주장해 왔다.[75] 그는 심지어 성공에 대한 우리의 꿈과 더 높은 수준에서의 삶의 행복을 추구하는 것에 대한 우리의 지속적인 평가를 '새로운 에덴 또는 하늘에 있을 것이라 생각하는 하나님 나라의 도래에 대한 추구를 다양한 방법으로 더 낫게 표현한 것 뿐'이라고 보고 있다.[76] 틀림없이 이러한 세계관은 윌라드가 자신의 종교적인 신념과 새로운 사회에 대한 비전 사이의 관계를 어떻게 보았는지를 통해 잘 드러난다.

이러한 전체적인 틀 안에서의 윌라드의 영향력은 과소평가될 수 없었다. 미국 최고의 이 감리교 여자 평신도는 전국에서 당연히 가장 큰 목소리였다. 프란시스 윌라드가 총회에서 회장으로 선출되었을 때, 다수의 대중－비단 감리교인이나 여성들, 금주지지자들만이 아닌－은 윌라드의 운명을 따라가고 있었다. 가톨릭 및 유대인 공동체와의 협력을 주장했을 때, 윌라드는 1890년대에 일부 개혁가들을 비롯하여 다른 사람들이 퍼뜨리고 있던 반(反)유대주의와 반가톨릭주의의 편협한 신앙과 대조를 이루는, 즉 유대교－기독교의 근본적 일치 사상을 수많은 청중들에게 호소하는 것이었다. 윌라드는 미국 개신교 기독교의 전형이었다. 그녀는 미국 개신교가 자신의 삶의 일부분 이상으로 거의 중심에 가까웠고, 심리적으로도 그 수사법에 익숙했으며, 결코 다른 신념에로 애정을 옮기고 싶지 않았으므로 자신이 속해 있던 그 조직을 멀리하지 않았다. 윌라드의 지지자들은 때로 윌라드가 그들의 뜻과는 다른 방향으로 너무 심하게 밀고 나갈 때에는 다투기도 했지만, 윌라드를 미워하는 사람은 거의 없었으며 어느 누구도 감히 윌라드를 비난하지 않았다. 사회적 경제적 종교적 신념들이 윌라드를 그 어디로 인도할지라도, 그녀는 그리스도를 반대하는 자들과는 결코 행동을 같이 할 수 없었다.

기독교 주류에서 떠나지 않으려 했던 윌라드의 마음을 보여주는 일례는 엘리자베스 캐디 스탠턴의 〈여성을 위한 성경(The Woman's Bible)〉 계획에 대한 윌라드의 반응에서 잘 드러난다. 이 책을 내게 된 스탠턴의 동기는 〈강단의 여성〉을 저술한 윌라드의 동기와 거의 같았다. 두 여성은 여자들이 정치적 사회적 권리를 온전하게 행사할 수 없는 사회를 정당화하기 위해 성경을 인용하던 성직자들과 목사들 때문에 괴로웠다. 두 사람의 책은 여자의 지위에 관한 성경적 입장에 대한 참된 토론의 도화선이 되기를 기대했다. 그들 모두 자신의 논점을 증명하기 위해 성경 주해를 시도했다.

처음에 윌라드는 스탠턴의 계획에 매력을 느꼈다. 윌라드는 교회 내에서 여자들의 열등한 지위를 옹호하고 여자들의 동등한 정치적 권리를 정당화하기 위해 성경이 오용되고 있다는 자신의 입장을 이 책이 뒷받침해줄 것이라고 생각했다. 윌라드는 스탠턴이 자신의 사역에 적법성을 부여하기 위해 1895년에 조직한 저명한 여성들의 위원회에서 함께 일하는 데에 동의했다.[77] 그러나 윌라드가 이 사역에 동의한 것은 워싱턴D.C.의 〈여성 트리뷴〉에 실려 수많은 반대 논평에 부딪힌 스탠턴의 성경 주석을 보기 전이었다.

스탠턴은 본래 1881년에 편찬된 개역(Revised Version) 성경과 유사한 구성을 따라 새로운 여권주의적 번역본을 의도했지만, 그렇게 야심찬 계획을 위한 자료들을 다룰 수 없었다. 그래서 여성을 위한 성경은 90퍼센트의 성경 본문을 무시하고 여성에 관한 단락들에 집중하여 성경 주해의 형태로 편집한 논쟁적인 주석 시리즈였다. 그러나 스탠턴은 여기서 멈추지 않았다. 윌라드가 〈강단의 여성〉에서 성경에 충실하고 자신의 논점을 증명하기 위해 성경을 인용했던 것과는 달리, 스탠턴은 자신이 과거에 수차례 사용했던 여권론 주장을 되풀이하여 강조했을 뿐만 아니라, 남성에 관한 여성의 종속을 말하는 성경 구절을 비판하고, 그리스도의 신성과 마리아의 동정성을 부인했다. 특히 구약은 유대인 신화의 수집물에 불과하다고 단호하게 주장했다.

스탠턴은 항상 반교권주의자였으며 반교회주의자였다. 윌라드는 교회의 교권제도와 싸우기도 하고 성경의 문자적 해석을 거부하기도 했지만, 결국 근본적인 애착은 교회에 있었다. 다른 사회 복음 지지자들과 마찬가지로 윌라드는 기독교가 세상의 선을 위한 힘이었고, 사회개혁을 위한 지속적인 원동력이라고 믿었다. 스탠턴은 종교가 여성을 속박하기 위해 남성들에 의해 사용된 족쇄, 곧 여성 압제의 주요한 도구였다고 믿었다.[78] 정서적으로 윌라드와 스탠턴은 전혀 달랐던 것이다.

개신교 교권제도에 대해서는 〈강단의 여성〉도 비판을 받았다. 〈여성을 위한 성경〉 또한 혐오의 대상이었다. WCTU는 재빨리 이 위원회의 승인을 거부했으며, 윌라드도 처음의 일시적인 승인을 철회했다. 〈여성을 위한 성경〉은 윌라드가 투쟁하는 방식이 아니었다. 스탠턴은 실망하고 화가 났지만, 결국 두 사람 사이에 일종의 평화가 찾아왔다. 윌라드는 스탠턴에게 '당신은 너그러운 마음으로 우리의 어려운 입장을 이해해 주었습니다'라고 편지하면서, '그 한 가지 과제에 대해서는 우리가 함께 일하려고 노력하지 않는 게 더 낫겠습니다'라고 덧붙였다. 화해를 제안하면서 윌라드는 자신이 스탠턴에 대해 '인류의 절반을 위한 사역에서 위대한 개척자'로 생각하며 애정과 관심을 가지고 있다고 말했다.[79]

영역 원리와 그리스도에 대한 복종은 여성들에게 강력하고도 상징적인 매력이 되었다. 남북전쟁 이전부터 남편에 대한 신뢰에 주님에 대한 헌신은 무의식적으로 연결되어 있었으며, 어느 정도 영역의 원리를 더 그럴싸하게 만들어주었다. 그러나 크리스천의 복종과 영역의 원리는 두 방향으로 작용할 수 있었다.[80] 크리스천의 복종은 영역의 혼란을 낳기도 했다. 종교는 다양한 용도로 이용되었다. 남북전쟁 이전에 중산층 여성들은 자선에 깊이 매료되었다. 이 여성들은 사회가 (작지만 뚜렷한 목소리로)그 방법들을 바꾸고 정의롭고 깊은 동정을 가져야 한다고 주장했다. 이들은 혜택받지 못하는 사람들을 돕기 위해 모든 기술을 사용했다. 그러나 황금시대에는 현존하는 사회적 세력을 설명하기 위해 기독교를 강조하던 것에서 그리스도의 가르침으로 사회적 정의를 실현해내는 매체인 국가를 강조하는 것으로 바뀌었다. 개인적인 자선은 여전히 바람직한 일이었지만, 정부가 사회 변화의 주요한 도구가 되었고 사회복음운동이 태어났다.

진보사상과 결합된 사회복음은 19세기 말 개신교 교회들의 심각한 대소동과 변화에 이바지했다. 윌라드의 사상이 바로 이 변화를 반영했다고 말할 수 있겠다. 그러나 다른 많은 분야에서 윌라드는 선두에 있었고, 추종자이기보다는 지도자였다. 사회복음운동의 가장 영향력 있는 지도자였던 워싱턴 글래든(Washington Gladden)은 1886년에 마침내 〈적용된 기독교(Applied Christianity)〉를 출판했으며, 월터 라우센부쉬(Walter Rauschenbusch)의 〈기독교와 사회 위기(Christianity and the Social Crisis)〉는 1907년에야 모습을 드러냈다. 사회 복음 이념을 대중적으로 잘 다룬 찰스 셸던(Charles Sheldon)의 소설 〈천국의 계단(In His Steps)〉은 1896년에 처음 출판되었다.[81] 비록 여성들이 사회 개혁을 정당화하기 위해 오랫동안 종교를 이용하긴 했지만, 프란시스 윌라드는 기독교 윤리의 사회적 실용적 정치적 의미들을 분명히 강조했다. 윌라드는 개인의 자선과 국가가 후원하는 사회 개혁 모두를 요구했다. 이 점에서 윌라드는 사회복음의 첫 물결에 속했다.

윌라드는 그 추충자들에 의해 '당대의 사회복음 신학자'로 불렸다.[82] 한 역사가는 윌라드의 위대한 공헌은 '최초의 여권운동가들의 계몽운동 이상주의와 시골 개신교 여성들의 선교사정신'을 조화시킨 능력에 있다고 말했다.[83] 정통 개신교에 대한 확고한 애정과 그 수사법을 일관되게 사용한 것이 바로 이러한 조화를 이룰 수 있도록 했다. 19세기 말에는 기독교 문화가 팽배해서 적어도 기독교 용어가 대중적 차원에서 대부분의 사회적 경제적 정치적 사상들을 표현하는 데에 일반적으로 사용되었다. 노동조합원들이 사용하던 것을 지적한 허버트 구트만(Herbert Gutman)은 이것이 노동자의 요구들을 합법화하는 본질적인 부분이라고 보았다.[84] 과격한 비판과 노동자들의 불만은 기독교 전통에 호소하고 기독교 수사학을 사용함으로써 인정을 받았다. 일찍이 여성 사회주의자들은 경제적 급진주의를 표현하기 위해 기독교 어법을 사용했다.[85] 당연히 윌라드는 가장 두드러진 사람 중 한 명이었다. 교도소 개혁가들도 그들의 방법과 교화 철학을 정당화하고 실행하기 위해 변함없이 기독교 수사법을 이용했다. 1880년대 집회에서 미국교도소협회는 하나같이 교회에 참석했고, 모든 회의를 설교로 시작했다. 그러나 기독교 용어들로 개혁 이념을 표현한 가장 유창한 표현은 프란시스 윌라드의 입과 펜에서 나왔고, 이것이 그녀의 메시지와 호소의 으뜸가는 강점이었다.

Chapter 11. 정치가

1890년대 초, 프란시스 윌라드는 정치적 영향력의 절정에 있었다. 비록 선거권을 갖지는 못했지만, 윌라드가 이끄는 WCTU 여성들은 인상적인 입법기구를 창설하고 성공적으로 지원했다. 절제회 여성들은 법률 제정 과정을 통해 수십 개의 지방 선택권과 동의 연령 법률을 후원하고 주의 깊게 감시했다. 이 여성들의 조직적인 운동 덕분에 조지아주를 제외한 모든 주들의 공립학교에서 체계적인 금주 교육이 의무화되었다. 장애여성 또는 탈선여성들의 치료를 위한 특별시설에 관한 법률 역시 절제회의 후원으로 수많은 주에서 통과되었다. 연합회 여성들은 청원서 사용의 전문가였다. 이들은 워싱턴에서 일할 전문적인 로비스트를 고용하는 것을 비롯하여, 특별한 이익 집단이 향후 모방하게 된 다양한 로비 기술을 발전시키고 완성했다.

미국에서 가장 큰 여성단체 지도자로서 윌라드는 10년 이상 정치적인 목적을 위해 절제회와 그 조직 내에서의 지위를 이용하고 있었다. 윌라드는 1879년 일리노이주 절제회 회장 시절 처음으로 중요한 정치적 유세를 위해 연단에 올라 가정보호투표권 쟁취를 위해 강력한 압력을 가했지만 성공하지는 못했다. 윌라드는 현 체계 내에서 사용할 때 가장 효과적일 수 있는 융통성 있고 능숙한 기술을 발전시켰다. 윌라드의 능력은 정치적 문제들에 있어 본능적으로 우선순위를 정하여 실용적으로 접근하였으며, 이것은 곧 자신의 영향력을 극대화하고 자신이 중요하다고 생각하는 사회적 관심사를 촉진하기 위해 단계적인 상황을 최대한 이용하는 것이었다.

윌라드는 또한 10년 동안 다른 단체들, 즉 금주당과 벨라미의 민족주의자들 그리고 노동기사단 등과 동맹을 맺음으로써 정치적 기반을 넓혔다. 그러나 1880년대 말과 1890년 초의 경제적 사회적 격변들이 금주당과 노동기사단의 세력에 위협을 가하는 정치적 변화를 가져왔고, 그로 인해 윌라드의 정치적 영향력의 기반이 되었던 토대도 위태롭게 되었다.

두 가지 개혁운동, 즉 농민동맹과 WCTU는 1880년대에 거대한 조직을 만들어내는 데에 눈부신 성공을 거두었다. 두 운동 모두 동부해안 지대보다는 오히려 애팔래치아 산맥 서부 지역에서 시작했다. 또한 양자 모두 미국 사회가 부당하게 대우한다고 생각하는 농민들과 여성들을 조직화했다. 또한 이 운동은 급진적인 동시에 보수적이었고, 미국 사회의 근본적인 변화를 위해 노력했다.

농민동맹은 미국 농촌 지역의 경제적인 문제들, 인색한 신용 대출과 통화 수축 그리고 절망 상태가 빚어낸 산물이었다. 절제운동은 사회적이고도 개인적인 문제, 즉 알코올 남용에서 비롯되었지만, 여성들이 느낀 문제점은 여성들의 정치적 영향력이 부족하다는 것과 직접적인 관계가 있었다. 두 집단 모두 그들의 무력함에 항거하고 있었다. 이 두 운동은 파벌 경쟁을 하기보다는 오히려 개혁의 쟁점에 기초해서 지지자들을 동원한 것에서도 서로 유사했다. 낡은 정당들과 달리, 이 집단들은 남북전쟁의 큰 희생이 빚어낸 서로간의 적개심에 전혀 관심이 없었다. 이들은 다른 방법을 개척했다. 양자 모두 흑인회원을 받아들인 적극적인 조직들이었다. 1891년에 이르러 농민동맹은 43개 주와 지방에서 완벽하게 자리를 잡았다. 1880년대에 절제회의 조직화 노력은 모든 주와 지방에 미쳤고, 1890년에는 정회원만 20만 명에 이르렀다.

1880년대에 농민동맹에 소속한 농민들은 초기 절제운동가들처럼 비정치적인 것에 공언했다. 그러나 농민들은 오직 정치적인 행동을 통해서만 변화를 이룰 수 있다는 것을 곧 깨닫게 되었다. 그래서 농민동맹은 1890년 선거를 통해 정치 무대로 나서게 되었고, 상당한 성공을 거두었다. 민주당을 통한 남부 지역 활동에서 이들은 4명의 주지사, 다수의 입법부의원과 하원의원, 그리고 농민들의 요구를 지지하기로 서약한 상원의원들을 선출했다. 새로운 개혁당의 정서가 가장 강했던 서부에서는 이와 유사한 승리를 얻기 위해 독립적인 제3당들을 통해 활동했다.

반대로, 1890년에 금주당은 한때 누렸던 폭넓은 정치적 지지를 잃어버렸다. 금주가 여전히 중요한 쟁점으로서 실질적인 표를 얻을 수

⁂ 절제회 본부가 있는 시카고 템플빌딩은 연합회의 몰락과 영화를 모두 대변한다. 절제회의 재정적인 자원을 지나치게 확장한 반면, 이 건물은 그 절대적인 위풍과 권세로 미국 여성의 사기를 드높였다. (고든, 〈프란시스 윌라드의 아름다운 생애〉에서 재판됨)

있음에도 불구하고, 금주당의 전국적인 인지도는 침식되고 있었다.[1)] 성장하는 농민운동 세력이 많은 영역에서 금주당의 선거 능력을 약화시켰고, 금주당원들은 가장 큰 개혁 정당으로서의 자리를 잃게 될 위기에 처했다. 1892년, 농민운동은 금주당원을 대신하여 주요한 제3정당 세력의 자리에 올랐다. 비록 윌라드는 자신이 그 운동의 초기 지도자로서 활동하지 않은 농민동맹에 동정적이긴 했지만, 동시에 1890년에 이르러 임박한 정치적 재편성을 통하여 그동안 자신이 그토록 정성 들여 성취했던 정치적 영향력의 상당 부분을 잃을 수 있다는 것을 잘 알았다.

농민운동이 1890년 이후 인민당으로 구체화되기 시작했을 때, 그 지지 세력이 종종 광범위하게 중복되던 이 두 개혁운동 – 인민주의와 절제운동 – 을 하나로 병합하려는 시도는 불가피했다.[2)] 동맹들은 하나의 조직에서 시작하지 않았다. 그들은 각자의 당파와 경쟁자들 그리고 파벌적인 선입견을 가지고 있었지만, 1889년 개혁단체들의 세인트루이스(St. Louis) 대회로 말미암아 여러 단체들의 다양한 지부들이 하나의 연합을 위하여 나아가는 훌륭한 진보가 이루어졌다. 비록 여러 지부들이 완전한 단일 조직으로 합병할 준비가 되어 있지는 않았지만, 공통된 강령이 여러 집단들에 의해 채택되었다.

1891년 5월, 새로운 정당의 신속한 구성을 원하는 캔자스 동맹 회원들이 요구한 대회가 신시내티에서 소집되었다. 벨라미의 민족주의자들과 헨리 조지의 단일세주의자들을 비롯하여 1889년 세인트루이스 집회에 참석했던 모든 개혁 단체가 초청되었다. 금주당은 다수의 대표단을 파견했다. 윌라드는 이 대표자들에 속하지 않았지만,

금주당의 탁월한 여성 지도자 중 한 명인 헬렌 구가(Helen Gougar)와 1884년 금주당의 대통령 후보였던 존 세인트 존(John St. John)이 대회에 참석했다.[3] 미네소타 동맹 지도자이자 소설가이며 정치평론가였던 이그나티우스 도넬리(Ignatius donnelly)는 친(親)제3당 세력을 이끌었고, 결심위원회 의장직을 맡았다. 그러나 한 양조업자가 신시내티 지역 조정위원회 의장이었는데, 금주당원들이 강령에 금주 항목을 넣으려고 하자 호통을 쳐서 저지했다. 대부분의 금주당원들은 이 같은 대접에 항의하는 의미로 모임에서 탈퇴했다.[4]

신시내티 대회 이후 새로운 제3당은 더 이상 토론의 문제가 아니라 현실이었고, 그 지지의 폭은 1892년 소집된 세인트 루이스 산업협의회에서 명백히 드러났다. 윌라드는 이 새로운 당을 금주당과 합병시키고 싶었다. 윌라드는 이러한 합병에서 얻을 수 있는 모든 것을 가지고 있었다. 이 새 정당은 금주당이 각종 선거나 다수당의 정강 발표에 영향을 끼치기 위해 가지고 있던 주장들을 선점하게 될 것이었다. 또한 금주당에서 행사했던 윌라드의 영향력이 새 정당에 고스란히 옮겨질 수 있다면, 미국 정치에서 그녀의 지위는 더욱 강화될 것이었다. 그러나 성공하지 못한다면, 윌라드는 그동안 발휘할 수 있었던 영향력의 상당 부분을 잃게 될 것이었다.

만일 윌라드가 새 정당을 조종하여 그 정강에 여성참정권 문제와 금주문제를 수정된 형태로라도 받아들이게 할 수 있다면, 이제껏 가장 확고하게 헌신했던 두 가지 목표가 실질적인 후원을 받게 될 것이었다. 비록 금주당의 영향력이 1884년 이후 쇠퇴하고 있었지만,

새로운 인민당이 아무리 매력적이라고 해도 당장 금주당을 버릴 수는 없었다. 윌라드는 너무나 오랫동안 절제회 지지자들에게 권해 오고 있었다. 신시내티에서 야기된 나쁜 감정에도 불구하고, 윌라드의 유일한 소망은 자신의 정치적 입지를 유지하기 위해 금주당과 인민당을 어떻게 해서든 협력하도록 하는 것이었다. 연합이 유일한 해답이었다.

윌라드는 정치적인 문제에 관하여 자신만의 전형적인 접근 방법을 이용했다. 그녀는 개인적이고 여성스러운 태도를 취했다. 많은 개혁운동 지도자들에게 개인적인 서한을 보내 '우리가 동의할 수 있는 1892년 강령의 각 항목들을 신중하게 논의하기 위해', 그리고 '우리의 협정이 원칙들뿐 아니라 사람들에 관련해서도, 1892년 이 나라의 모든 '불평분자들'의 강령과 주장들의 전조가 되기를 바라는 소망을 가지고 그해 1월 시카고 셔먼하우스에서 비공식적인 모임을 갖자'고 제안했다.[5)]

윌라드가 보낸 편지들에 대해 돌아온 반응을 보면 당시 그가 미국 정치개혁에서 얼마나 주요한 위치에 있었는가를 알 수 있다. 비공식적인 모임을 제안한 윌라드의 개인적인 초청은 기라성 같은 지도자들 - 총 28명(남자 22명, 여자 6명) - 을 시카고로 불러 모았다. 인민당원들 가운데는 인민당 최초의 대통령 후보 제임스 위버(James B. Weaver), 이그나티우스 도넬리, 신시내티 새로운 정당의 임시 의장으로 선출된 일리노이 출신의 허버트 토베네크(Herbert Taubeneck), 캔자스주의 애니 딕스(Annie Diggs), 그리고 탁월한 민족주의자이며 훗날 인민당 실행위원회 회원을 지낸 조지 워쉬번

(George Washburn) 등이 있었다. 헨리 데머레스트 로이드(Henry Demarest Lloyd)는 독립개혁가 중의 한 명이었다. 금주당 인사들은 윌라드를 비롯하여 다른 금주운동 지도자들, 즉 금주당 의장 사무엘 디키(Samuel Dickie), 금주당 기관지 〈보이스(Voice)〉의 편집자 에드워드 제이 휠러(Edward J. Wheeler) 등이 참석했다.[6] 윌라드의 초청에 대한 이러한 열렬한 반응은 윌라드가 그들의 심금을 울렸다는 사실에 어느 정도 기인한다고 볼 수 있다.

1892년의 개혁 연합 전선을 원한 사람은 비단 윌라드만이 아니었다. 그러나 이러한 모임을 처음 주창한 사람도, 그 전략을 세운 것도 윌라드였다. 셔먼하우스 대회는 미국 개혁정치 단체들에 있어 윌라드의 영향력의 절정을 보여주었다. 또한 이 대회는 개혁 세력들이 연합을 고려하고 있던 1890~1896년 기간에 다른 어떤 시기보다 훨씬 더 성공적인 연합에 근접했다(비록 그 성공이 아주 가깝지는 않았지만).

윌라드는 시카고에서 모종의 합의를 이루어내기를 기대했다. 윌라드는 이 합의를 모든 출석자가 서명하고 세인트루이스 산업 회의에 제출되어 그 강령의 기초로 사용될 수 있는 '제안서'라고 불렀다. 또한 이것은 그해 여름 인민당과 금주당 대회가 열릴 때, 두 정당의 정강을 위해 공통되고 합의된 사항을 제공해줄 수도 있었다. 도넬리, 휠러, 윌라드를 포함하여 6명으로 구성된 위원회가 이 제안서를 작성했다. 이 대회에 제안서를 제출한 도넬리는 술집이 한 사회를 파멸시키는 도구라는 점을 강조한 알코올 조항이 모든 인민당원들에게 받아들여지지 않을 것이라고 생각해 이 조항의 수정을 요구했다.[7] 최종 문안에는 금주 혹은 알코올 거래의 국유화를 통한 알코올 개혁에 관한 벨라미의 최근 제안에 관해서는 일절 언급이 없었다. 제안서에는 단지 술집에 대한 비판만 담겨 있을 뿐이었다.[8]

여성참정권에 관하여 서부의 불만을 염려한 인민당원들은 교양을 갖춘 여성들에게만 적용되는 한정된 참정권을 수용했다. 저리 자금을 옹호하고, 부동산 투기를 비난하며, 기업 또는 개인이 소유하는 토지의 크기 제한을 요청하는 항목들도 채택되었다. 개혁 지도자들은 또한 대중교통과 통신에 대해 개인 소유 대신 국유화를 주장했다.[9]

이 제안서는 윌라드가 많은 부분은 양보한 허술한 타협안에 불과했다. 금주당원들은 특히 자신들이 신시내티에서 거절당하고 무시당했다고 느꼈기 때문에 이 제안서를 받아들일 것 같지 않았다. 온건한 반(反)알코올 조항도 독일 농민들에게 받아들여질 수 없었고, 온건한 참정권 조항도 남부 인민당원들에게 매력을 줄 것 같지 않았다. 소규모 셔먼하우스 회의에서조차 이 제안서는 만장일치의 승인을 얻지 못했다. 터버네크와 워시번은 알코올 조항에 서명하지 않았고, 디키는 모든 조항에 서명하지 않았다. 윌라드와 휠러는 금주당원들을 위한 문서에만 서명했고, 도넬리와 위버는 인민당원들을 위한 문서에만 서명했다. 나머지 다른 사람들만이 모든 조항에 동의했다. 합의된 목표들을 위한 윌라드의 투쟁 제1회전은 금주당원들의 완전한 지지를 얻을 수 없었을 뿐 아니라, 절제회의 지지를 구하기 위해 타협할 필요가 있었던 인민당원들의 마음도 끌지 못한 채 세인트루이스 대결에서는 좋은 조짐을 보이지 못했다. 양 정당은 그들의 원칙을 편의주의로 대체할 수 없었던 회원들로 구성되어 있었다.

반면에, 윌라드는 일종의 거래가 더 큰 보상을 가져다줄 것이라는 안목이 있었기 때문에, 그리고 결국은 동료들이 자신이 바라는 대로 될 것이라는 확신이 있었기 때문에 항상 편의주의적인 길을 택할 수 있었다. 이러한 접근 방법은 절제회 지지자들에게 효과가 있었다. 편의주의는 절제회가 여성참정권 조항을 받아들이고 금주당을 승인하며, 노동기사단과 연합하도록 하는 데에 사용했던 전략이었다. 다른 선택의 여지를 남겨두기 위해 자신의 입장을 전격적으로 타협하는 것이 윌라드에게 제격이었지만, 이번에는 금주당원들 중에 상당수가 받아들이기 힘든 방법이었다. 금주당원들은 모호한 개혁 이념을 위해 자신들의 첫 번째 목표인 금주를 포기할 수 없었다. 윌라드는 이들을 설득할 여유가 없었다. 세인트루이스 산업대회는 채 한 달이 못 되어 소집되었다.

윌라드는 세인트루이스에 혼자 참석하지 않았다. 미국을 방문하고 있던 영국여자절제회(BWTA) 회장 헨리 서머셋(Henry Somerset) 여사와 동행했다. 헨리 여사는 1891년 11월 보스턴에서 열린 제1회 세계여자절제대회에 참석하여, 미국 절제회의 조직 방법을 연구하고, 몇 개 주의 절제회 대회에 참석하기 위해 방문했다.[10] 헨리 여사는 따뜻한 환영을 받았으며, 윌라드와의 우정 또한 깊어져서 미국에 머무르게 되었고, 이듬해 봄까지 윌라드와 안나 고든과 함께 살면서 여행에도 동행했다.

헨리 서머셋 부인은 1851년 서머 지역 세 번째 백작이었던 존 서머스 콕스(John Somers Cocks)의 첫째 아이로 태어났다. 19세에 궁

중에 배알할 정도로 젊은 시절 대단한 미인이었던 헨리 여사는 22세에 뷰포트(Beaufort) 공작의 둘째 아들 헨리 서머셋 경과 결혼했다. 결혼은 중매에 의한 것이었다. 이사벨 콕스(Isabel Cocks)는 영지와 저택 그리고 막대한 런던 토지의 상속녀였다.[11] 둘째 아들이었던 서머셋은 본래 무일푼이었다. 결혼은 성공적이지 않았고, 윌라드와 만날 때까지만 해도 이사벨은 이미 독립을 위한 충분한 역량을 보여주었다. 전해지는 바에 의하면, 이사벨은 자신을 학대하던 남편과 별거했다. 또한 1885년에 영국 국교회를 떠나, 영국 상류층의 종교가 아닌 감리교에 입교했다. 그리고 1890년 영국여자절제회 회장이 되었다. 서머셋 여사의 전기 작가에 의하면 희생자들과 버림받은 자들에 대한 그녀의 관심이 결혼 관계의 악화 이후 사회로부터 추방당했던 자신의 경험 덕분이었다고 전한다.[12]

1891년, 헨리 여사는 영국 개혁단체 활동을 통해 마음이 맞는 안식처를 발견했다. 그녀는 자선 단체에 재산을 기부했는데, 그 가운데는 '그녀가 직접 런던의 빈민가에서 구해 내온 보호자 없는 아이들을 위한 집'도 속해 있었다.[13] 헨리 여사는 또한 윌라드를 따라다니는 동안 영국에서보다 훨씬 더 강한 정치적 성향을 발휘할 수 있게 되었다. 셔먼하우스 모임과 세인트루이스 대회의 모든 전략회의에도 참석했다. 헨리 여사는 개혁 정치가들에게 이방인으로 취급받지 않았다. 미국인들은 헨리 여사를 받아들였다. 그녀는 윌라드가 옹호하는 목표에 합당한 상류층의 품위를 지니고 있었다. 1892년 봄, 헨리 여사가 영국으로 돌아간 직후, 닐 다우(Neal Dow)는 윌라드에게 편지를 보내면서 '서머셋 여사의 미국 방문은 제 생각으로는 WCTU

에게 큰 의미로 남을 것입니다. 비록 사람들이 거의 생각하지 않고 입 밖으로 내지도 않았지만, 이 나라에는 일종의 해묵은 감정, 곧 절제운동은 '서민들에게나 잘 어울린다!'는 생각이 오랫동안 지속되어 왔습니다. 그런데 서머셋 여사가 방문하여 적극적으로 운동에 참여함으로써 이 모든 감정은 불식될 수 있을 것입니다'[14]라고 적어 보냈다. 이사벨 서머셋은 절제회에 품위를 실어주었을 뿐 아니라, 인민당원들의 정치 활동도 빛을 발하게 해주었다.

이야기의 출처가 명확하지는 않지만, 헨리 부인은 집안 하녀의 책상 위에 놓여 있던 파란 색 표지의 작은 책 〈열아홉 해의 아름다운 생애〉를 통해 처음으로 윌라드를 알게 되었다고 전한다.[15] 두 사람은 1891년 1월 무렵 서신 왕래를 하고 있었다. 두 사람을 서로에게 소개한 사람은 유명한 기독교 작가이자 절제회 리더였던 한나 휘톨 스미스(Hannah Whitall Smith)였다. 스미스와 윌라드는 서로 가까운 친구였으며, 윌라드는 종종 전국대회로 인한 피로를 풀고 휴식을 취하기 위해 필라델피아 근처에 있는 스미스 집에 머물곤 했다. 당시에 영국에 살던 미국 주재원 스미스는 헨리 여사가 마가렛 브라이트 루카스(Margaret Bright Lucas)를 이어 영국여자절제회(BWTA)의 회장이 되는 데에 도움을 주었다.

헨리 여사는 결혼 파경 이후, 상처받은 삶을 회복하는 데에 자신에게 기쁨과 흥미를 가져다준 자선사업가로서의 공적인 삶을 시작했다. 자선사업은 헨리 여사를 개혁운동에 동참하도록 이끌어주었다. 금주운동에 관심을 보인 것은 그 이후의 일이었는데, 어쩌면 부분적으로는 이기적인 동기에서 시작했을지도 모른다. 즉 금주운동은 영국 개혁 환경에서 지도자의 위치로 나아갈 수 있도록 해주는 한 방편이 되었을 것이다. 헨리 여사가 금주운동에 헌신했다는 말은 그녀의 비방자들에 의해 항상 의심을 받았다. 왜냐하면 그의 사유재산에 수많은 선술집이 포함되었다는 것과, 그래서 영국 절제회 지도자로 서명하기 전 철도 식당에서 마지막으로 포트와인 한 잔을 마셨다는 것 등이 지적되었기 때문이다. 신문들과 일부 절제회 회원들은 프란시스 윌라드와 헨리 여사가 조금씩 마시던 잔에 들어있던 투명한 액체가 포도주일 것이라고 의심하는 듯 했다. 두 사람 모두에게 금주가 운동을 위한 하나의 매개체였을지도 모르지만, 1890년대에 두 사람이 정치적 영향력을 얻는 일에 적극적인 관심을 가졌던 것만큼이나 금주를 비롯한 폭넓은 개혁 목표를 위해 헌신했다는 데에는 의심의 여지가 없다.

윌라드는 명성 있는 영국 친구, 허술한 타협안, 금주당의 미지근한 지지와 함께 세인트루이스 산업대회에 도착했다. 신시내티에서의 모욕을 기억하고 시카고 대회를 소집했던 당시 윌라드가 보여준 지도력에 화가 나 있던 헬렌 구가와 존 세인트 존은 싸울 태세를 취했다. 당연히 그들은 윌라드가 금주당의 지도력을 이어받고 당의 방향을 결정하기 위해 노력해왔다고 느꼈다.

금주당원들은 윌라드에게 협조적이지 않았지만, 이번에는 헨리 여사가 윌라드의 운동에 큰 힘이었다. 헨리 여사는 대회 내내 언론과 일반 회원 모두로부터 관심을 한 몸에 받았다. 헨리 여사는 항상 윌라드 편에 서 있었기 때문에 비록 대중의 관심이 많지는 않더라도,

윌라드를 도와 그녀의 연합 제안과 원칙들이 대중의 주목을 얻도록 하는 데 노력했다.

1892년 2월 22일, 오후에 산업대회가 소집되기 몇 시간 전인 오전에 윌라드와 금주당의 집행위원회는 세인트루이스에서 만남을 가졌다. 구가와 세인트 존은 윌라드와 에드워드 휠러가 시카고에서 제안했던 내용에 몹시 당황했다는 사실을 분명히 밝혔다. 금주당 지도자들은 윌라드와 휠러가 주류 조항을 배반하고 여성참정권을 얼버무리고 있다고 생각했으며, 여러 면에서 이것은 사실적인 평가였다. 윌라드와 휠러는 배신을 부인했고 제1회전에서 승리했다. 알코올과 여성참정권에 대한 셔먼하우스 타협안을 거부하기로 하는 결의안이 집행위원회에 상정되었지만 28대 13으로 패했다.[16] 그러나 금주당 지도부회의는 금주당이 '금주 원칙과 정책에 헌신하지 않는 어떤 정당과도 교류하지 않을 것이며, 따라서 농민운동이 주류 판매에 대한 공개적인 반대를 표명할 때에만 연합에 관해 논의할 것임'을 내용으로 하는 결의안을 채택했다.[17] 이 선언은 금주당이 세인트루이스 대회에서 철수하고 인민당원들과의 타협의 문을 닫는 것을 의미했다. 윌라드는 언론과 스스로에게 말하기를, 산업대회가 '노동 개혁자들과 금주운동 개혁자들 사이의 연합된 행동'을 수용하도록 '윌라드 자신과 다른 금주당원들이 개인적으로 신실하게 노력했던 모든 것들을'[18] 금주당의 결의안이 훼방 놓은 것은 아니라고 말했지만, 이는 애써 태연한 척한 것에 불과했다.

산업협회와 인민당원들 모두 똑같이 단호했다. 임시의장은 개회 연설에서 이 대회가 경제적인 쟁점들에 관해서만 논의를 한정하고,

'도덕 개혁'에 대해서는 충분한 시간을 가질 때까지 이를 포기해야 한다고 제안했다. 윌라드는 연단에 앉아 있었는데, 임시의장이 연설하는 동안, '그녀의 얼굴은 불쾌한 표정이 역력했다.'[19] 타협을 위한 또 다른 문도 닫혀버린 것이었다. 그러나 인민당은 당내의 모든 당원을 하나로 묶는 데에도 큰 어려움이 있다고 느꼈기 때문에, 사실 다른 곳에 화해의 손길을 내밀 여유조차 없었다. 오직 금주조항만이 금주당원들을 만족시킬 뿐이었다. 대가가 너무 컸다.[20] 금주당이 대회에서 철수했기 때문에 윌라드는 세인트루이스에서 이제 더 이상 공식적인 지위를 가질 수 없었지만, 이그나티우스 도넬리는 윌라드가 그 대회에 공식적으로 대표단을 파견하지 않은 WCTU의 사절로 남아 있기를 제안했다. 윌라드는 이에 동의했고, 대회에서도 지도자적인 역할을 계속했다. 윌라드는 정강위원회의 위원이 되었고, 부회장 중 한 명으로 선출되어 중요한 연설도 했다.

정강위원회에서 윌라드는 술집 반대 조항의 삽입을 위해 싸웠다. 윌라드는 시카고에서와 같은 수준에서 타협을 했지만, 인민당원들은 술집 반대 입장이 지지 세력을 잃는 결과를 낳을 것이라며 지나치게 예민해 했다. 언론들이 보도한 바와 같이, 인민당원들은 분명히 '백만 명의 이익을 대변하는 전국 정당이라는 지위에 아랑곳하지 않고 문을 쾅 닫고 나가버렸다.'[21] 밤샘 회의 후에도 정강위원회에 성과가 없자, 윌라드는 소수 의견으로 만인참정권과 술집 반대 조항을 전체회의 안건으로 가져왔지만, 이 회의에서도 실패했다. 여성참정권과 술집 반대 조항은 352대 238의 투표 결과로 부결되었다.[22]

윌라드는 괴로웠으며, 그 비통함의 일부가 언론을 통해 드러났다.

윌라드는 '이 조항들을 무효화하기 위해 사용된 수단들은 가장 치욕적이었다. 부정직한 방법들이 동원되었고, 수치스런 공작들이 행해졌다'고 논평했다. 윌라드는 그녀 스스로 '알코올 문제'라고 불렀던 술집 반대 조항의 부결에 대해 비난했다. 이는 독일 출신의 그린베커(Greenbacker)와 밀워키 노동기사단 조직가 로버트 쉴링(Robert Schilling)이 주도한 것이었다. 또한 윌라드는 여성참정권 조항의 부결에 대해서는 남부 동맹 지도자들의 지나친 염려 때문이었다고 말했다. 하지만 모든 금주당원들이 연합을 찬성한 것이 아니라는 사실을 과소평가한 윌라드의 잘못도 있었다.[23] 하지만 그녀는 아직 모든 것을 잃은 것은 아니라고 생각했다. 만약 6월과 7월 두 정당이 자체 대회들에서 공통된 정강에 동의할 수만 있다면, 비록 연합은 아니더라도 여전히 협력 가능성은 남아 있었다.[24] 에드워드 휠러는 개인적으로 윌라드를 위로했다. '우리는 두 정당 안에 효소를 넣어둔 것과 같습니다.' 성공은 나중에, 곧 선거 후에 찾아올 것이며, 그때가 되면 두 정당은 오직 협력만이 승리를 가져올 수 있음을 깨닫게 될 것이었다.[25]

윌라드는 아직 협력을 위한 싸움을 포기할 준비가 되어 있지 않았다. 〈유니온 시그널〉의 6월 중순경 사설에서, 윌라드는 만일 인민당이 금주와 여성참정권을 지지하는 대통령 후보를 지명한다면, 금주당은 그 후보를 금주당의 후보로 삼아야 하며, 이를 통해 개혁 진영의 표를 '하나로 결집해야' 한다고 제안했다.[26]

그해 금주당대회는 신시내티에서 개최되었다. 윌라드는 다소 누그러들기는 했지만 여전히 연합을 위해 투쟁하고 있었다. 윌라드는 '연합운동가'라는 단어가 헬렌 구가와 존 세인트 존의 화를 돋우었기 때문에 그 사용을 포기했다. 그러나 1892년 선거 이후, 그녀는 연합을 위해 밟아야 할 단계들을 촉구하는 결의안을 만들었다. 윌라드는 궁극적인 승리를 위해 휠러의 지연 전술을 채택했다. 또한 연합의 조건으로 '주류 판매 절대 금지'와 '여성참정권 부여'를 단호하게 주장했다.[27] 한 번 더 윌라드는 자신만의 오래된 전략을 사용했다. 반대 입장을 수용하면서도 – 이 경우, 결코 연합은 아니었다 – 거부당한 입장을 본질적으로 받아들이는 방식으로 애매모호한 단어들을 사용하는 것이었다. 이 전략은 실패했다. 이 대회는 절제회대회가 아니었다.

이 대회는 인민당 후보가 될 예정이었던 제임스 위버를 후보로 지명하지 않고, 오히려 두 명의 무명 금주당원들 중에서 존 비드웰(John Bidwell)을 대통령 후보로, 텍사스 남침례교 목사를 부통령으로 지명했다. 게다가 연합은 신시내티에서 그 어떤 지지도 얻지 못했다. 윌라드는 자신의 결의안이 안건으로 상정되기를 기다리며 온종일 앉아 있었지만, 소용없는 일이었다.[28] 윌라드는 7월에 인민당이 위버를 지명하기 전까지만 유효하게 될 명목상의 후보가 지명되기를 기대했지만, 그런 일은 일어나지 않았다. 윌라드는 다시 한 번 존 구가와 세인트 존의 반대에 부딪혔다. 비록 윌라드는 이 대회에 대한 어떤 비난도 삼가려고 노력했지만, 그해에 있었던 대통령 선거 운동에는 전혀 참여하지 않았다.

그해 가을 절제회대회가 소집되었을 때, '우리는 부정적이기보다는 긍정적이기 때문에 … 금주당이 가까운 미래에 인도주의적 목적에 부응하는 폭넓은 명성을 얻게 될 것이라는 신실한 소망을 가지고 있음을 선언한다'라는 내용의 사절단 결의문에서 윌라드의 영향력이 어떠했는가를 엿볼 수 있다.[29] 11월 말, 윌라드는 여전히 연합을 주장하고 있었다. 그해 가을 영국을 향해 항해하기 전 뉴욕 호텔에서 회견을 가질 때, 윌라드는 '인도주의 기치 아래 개혁 운동을 계속할 새로운 정당이 있어야만 한다. 민주당원들과 공화당원들은 길거리의 돌과 같다. 금주당과 인민당은 합병해야만 한다'고 강조했다.[30] 그러나 모든 실질적인 목적을 위해 윌라드는 1892년 여름에는 합병을 위한 투쟁을 포기했다.

그해 8월, 윌라드의 어머니는 몇 주 동안 병세가 급속하게 악화된 이후 숨을 거두었다. 윌라드는 어머니의 죽음에 깊이 슬퍼했다. 여러 해가 지나도록 어머니의 의자는 프란시스의 서재에 그대로 놓여 있었다. 어머니의 사진은 그 앞에 항상 놓여있던 신선한 꽃들로 인해 마치 위패와도 같았다.[31] 헨리 여사는 다음과 같이 애도를 표했다. '이 딸처럼 그토록 격렬한 슬픔에 잠긴 영혼을 본 적이 없다. … 그것은 마치 엄마 품에 안겨 잠들기 위해 기쁘게 손을 내밀었지만 아무런 응답도 듣지 못한 어린 아이의 슬픔 같았다.'[32] 오래전 캔커키 학교에서 윌라드는 올리버, 메리, 어머니, 아버지 등 네 명의 가족 중 어머니가 가장 중요하다고 일기장에 기록했었다.[33]

프란시스는 어머니의 생애 마지막을 함께 보내기 위해 1892년 여름 몇 주 동안 정치 활동을 중단했는데, 이것은 이해할 만하고 예상할 만한 것이었다. 윌라드가 1894년에 말한 바와 같이, 어머니의 영향은 언제나 그녀에게 평안을 주었다. 사람들이 거짓된 고소와 정치적인 책략 등으로 그녀를 비난하고 갈기갈기 찢어놓을 때, 그녀의 어머니는 '비밀로 해두렴, 얘야. 우리는 군림하기 위해서가 아니라 씨름하기 위해서 태어났단다'라고 말하곤 했다.[34] 또한 어머니는 윌라드의 행동주의를 변함없이 지지했다. 메리 윌라드는 자신의 야망과 목표를 잃어버렸지만, 프란시스에게서 그 모든 것을 넉넉하게 이루었다.

어머니의 죽음에 대한 윌라드의 애도에는 그해 여름 정치적 투쟁의 패배에서 느낀 비통함의 상징적인 요소도 담겨있었다. 윌라드는 마지막 남은 가족과 함께 자신의 영향력도 멀리 사라지는 것 같았다. 미국 정치계의 중심에까지 들어설 수 있었던 대성공에 대한 숭고한 기대를 다시는 품지 못할 것 같았다. 윌라드는 1896년 한 해 동안 개혁 정당들의 연합을 위해 끊임없이 노력했다. 그러나 이 시기에 그녀는 미국보다는 영국에 더 오래 머물렀고, 대부분의 전략들을 우편을 통해 펼쳐야 했기 때문에 활동의 장애를 겪을 수밖에 없었다. 한편으로는 어머니와의 이별의 슬픔을 달래기 위해, 다른 한편으로는 자신의 건강이 나빠지고 있었기 때문에 해외에서 더욱 많은 시간을 보냈다. 그녀의 생애에서 가장 야심찬 계획이었던 개혁 정당 창당의 실패도 윌라드의 상실감에서 똑같이 중요했다. 윌라드의 실망은 깊었으며, 이것은 영국과 해외에서의 명성이 윌라드에게 왜 그렇게 매력적이었는지를 어느 정도 설명해준다.

윌라드는 1891~1892년에 정치적 연합을 이끌어내려는 가장 중

⁂ 윌라드가 자서전에서 자신의 정치적 역할에 대한 장을 소개하기 위해 사용한 이 그림은, 그녀가 생각했던 사명에 대한 상징적인 묘사이다. 즉 금주당의 흰 장미, 평화를 위한 올리브 가지, 미국의 국기, 여성을 보호하고 그들을 인도하는 맨 앞의 방패는 윌라드와 그녀가 이끌었던 운동을 요약해준다.(윌라드, 〈50년 회상〉에서 재판)

요한 시도를 했다. 만약 인민당원들이 1892년 선거에서 전국적으로 풀뿌리처럼 흩어져 있던 절제회의 조직적인 기관들과 금주당의 지지를 얻을 수 있었다면, 그들은 틀림없이 더 큰 성공을 거둘 수 있었을 것이다. 이러한 성공은 1896년에 인민당원들을 그대로 존속시켰을까? WCTU 회원들은 투표를 할 수 없었지만, 그들의 조직적인 네트워크는 방대했고 능력도 있었다. 금주당은 백만 명 이상의 당원들을 보유했고, 견고한 지방 조직도 형성하고 있었다. 연합은 도움이 될 수 있었을 것이다. 영구적인 새로운 정당이 탄생했을지도 모른다.

연합을 이루기 위한 노력의 실패에도 불구하고, 윌라드의 역할은 특히 1892년 1~2월에, 개인적으로 큰 승리를 얻게 해주었다. 이제껏 미국 여성들 중에서 정치적인 운동의 방향을 결정하는 데에 있어서 윌라드만한 영향력을 보여준 사람은 아무도 없었다.

프란시스 윌라드가 이러한 것을 할 수 있었던 이유는 무엇일까? 윌라드는 총 수십만 명에 이르는 실질적인 지지자들을 대표했지만 이 지지자들 역시 선거권을 박탈당했으며, 전반적으로 여자들이 자신의 남자 친척들의 투표권 향방을 결정했다고 생각할 만한 어떠한 근거도 없다. 여성들은 정치적인 쟁점들에 대해 자발적으로 엄청난 시간을 투자했으며, 그들의 활동은 제3정당들에게 매우 중요했다. 이것이 분명히 그 해답 중의 하나이다.

그럼에도 불구하고 역설적으로 들릴지도 모르지만, 19세기에 가사를 중시하던 미국인들의 정서가 여성들의 정치적인 영향력을 가장 잘 설명해줄 수 있을 것이다. 미국 사회는 여성들의 도덕적 탁월함에 대해 전혀 의심하지 않았으며, 여성들이 공적인 영역으로 진출

*알코올 남용으로부터 어린이들을 구하기 위한 금주운동에 사용된 수백 개의 호소문 중의 하나.
(앤 아버 소재 미시건대학 벤틀리역사도서관의 허가를 받음)

할 때, 가정의 수호자와 자녀들의 양육자로서의 역할의 중요성을 정당화하는 데에 부여받은 깨끗하고 의로운 이미지를 가지고 있었다. 정치적 쟁점이 도덕적인 것이었을 때, 여성들이 취한 입장은 특히 자신들의 목표를 도덕적 의로움으로 포장하고 있던 남성 개혁운동가들로부터 무시당할 수 없었다. 이러한 기초가 여성들과 함께 공적인 활동 영역에 등장했으며, 그 짧은 기간 동안 여성이 자신들의 활동 무대에서 영향력을 증대시킬 수 있었던 것이다.

윌라드는 분명히 정치에서 여성들이 이렇게 인식되기를 기대했다. 1892년 〈유니온 시그널〉 사설에서 그녀는 여자들의 최근 정치활동, 즉 영국 여성들의 투표권 운동, 1892년 민주당과 공화당 앞에서 행한 수잔 안토니(Susan B. Anthony)의 참정권에 대한 증언, 여성들의 금주당과 인민당 사절단과 임원 그리고 지도자 그룹에의 참여 등을 인용하면서 질문을 던졌다. '우리가 무엇을 해야 할 것인가? 이제껏 우리가 가정과 교회 그리고 학교에서 발휘해 온 영향력이란 단지 부드러운 힘, 지적인 인내심, 지혜롭고 당당한 충고 등에 불과했다. 여성은 … 자기 영혼의 평안함을 얻어야만 한다. 즉 인신공격은 피하면서 정면으로 원칙들을 밀고 나가야 한다.'[35]

WCTU는 금주운동가들이 알코올음료 판매를 규제하는 지방 법령들을 제정하도록 하기 위해 노력하고, 초기의 절제회가 미국 국회에 첫 청원서를 제출했던 이후 줄곧 정치적인 영향력을 발휘하고 있었다. 프란시스 윌라드는 1870년대 이후 절제회의 대중적인 역할에서 여성들을 이끌었으며, 그녀와 동료들이 이루어낸 성과들은 매우 인상적이었다. 결국 절제회 여성들은 미국 수정헌법 제18조와 제19조

신설에 중요한 역할을 했지만, 이 조항들은 한 가지 문제에 대한 승리에 불과했다. 전체 사회를 변화시키려는 윌라드의 소망은 1892년 여름, 그 결정적인 시험에서 실패했다. 윌라드는 비전을 축소시키지 않았다. 하지만 그 꿈을 다시금 실현할 수 있는 데까지 가까이 가보지는 못했다.

Chapter 12. 외국 생활

1892년 어머니 윌라드의 죽음 이후, 프란시스 윌라드와 안나 고든은 이스트노성(Eastnor Castle)의 헨리 서머셋 여사를 만나기 위해 영국으로 떠났다. 언론들이 사적인 여행이라고 이름 붙인 이 방문은 기간이 짧았고, 안정과 휴식을 위한 것이었다. 윌라드는 절제회 가을 대회를 준비하기 위해 충분한 시간을 두고 미국으로 돌아왔다. 그럼에도 불구하고, 영국 방문은 윌라드의 생활 방식에 중요한 변화를 가져왔다. 1892년부터 1896년 말까지 윌라드는 에반스톤이 아닌 영국에서 진정한 가정을 꾸릴 수 있었다. 윌라드가 보낸 편지들에는 '안식처(Rest Cottage)' 대신 이스트노성 혹은 리게이트 마노(Regate Manor)라는 발송지가 적혔다. 윌라드는 세계 지도자로서의 입지를 확보하기 위한 발판으로 영국에서의 체류를 이용했다. 동시에 영국 체류는 국제적인 지위와 관련되지 않은 개인적인 필요도 충족시켜 주었다.

분명히 윌라드는 자신의 인생행로가 헨리 서머셋 여사의 행로와 교차되든 그렇지 않든 간에 자신의 활동 범위를 확장시킬 새로운 길을 모색했을 것이다. 윌라드는 1875년에 절제회 초기 전국 기관지였던 〈Our Union〉에 기고한 짧은 글에서 국제적인 금주운동 조직에 처음으로 관심을 보였다. 이듬해인 1876년 필라델피아 백주년박람회와 관련하여 소집된 절제회 회의에서 국제적인 협의회 설립을 위한 시도가 있었지만, 그 노력은 실패로 돌아갔다. 그러나 윌라드는 실제적으로 미국 WCTU의 후원을 받는 국제적인 조직가로, WCTU 세계선교사 등과 같은 다른 접근 방법을 통해 계속해서 세계적으로 발을 넓히고자 했다. 윌라드가 설명한 바와 같이 '중간에 바다가 없었다면 중국과 극동 지역 국가들은 우리나라의 일부요, 한 영토였을 것이다. 우리는 한 인류요, 한 세계이다. … 더 이상 인위적인 국경에 의해 속박되지 않아야 한다.' 그리고 우리는 '전 세계가 나의 교구이고, 선한 일을 하는 것이 나의 신앙'이라고 선언해야 한다.[1] 절제회 세계선교사의 노력은 눈부신 성공을 거두었다. 조직가들은 40여 개 국가로 여행했고, 그 중 많은 곳에서 연합회가 조직되었다.

특히 동양은 19세기 말의 많은 여성들에게 그러했던 것처럼 윌라드를 매혹했다.[2] 당대의 위대한 동양 학자들은 고대 문명의 보물들로 서양 세계를 사로잡으며 거의 황홀경에 가까운 매력을 발휘했다. 프란시스 윌라드의 소아시아 여행은 해외여행 기간 중에 분명 큰 자극을 가져다주었을 것이다. 이 19세기 여성은 동양의 매력에 흥분되었을 뿐 아니라, 후궁과 첩 제도에 대한 혐오감 그리고 아시아 여성들이 궁극적으로 여성다움을 짓밟히고 있다는 확신 등을 얻기도 했다. 미국 여성들에게 그 메시지는 분명했다. 보호와 존경의 특권이 허락된 미국 여성의 지위는 세계의 억압받는 여성들을 구하기 위해 사용되어야만 했다. 이 메시지는 남북전쟁을 전후로 개신교 선교사 협회의 수많은 선교사들에 의해 처음으로 전해졌다. 1880년대에 이르러는 이 메시지가 수십만 명의 WCTU 회원들에게도 알려졌다.

미국 여성들이 동양에 관심을 보인 것은 그들이 기독교적 가치를 무조건적으로 수용했기 때문이었다. 기독교를 통해 미국 여성들은 억압받는 자매들을 구원하고, 자신들이 뛰어난 윤리 체계로 생각하는 가치들을 그들에게도 전해주기를 소망했다. 그러나 다른 요인도 작용했다. 지배하려고 하는 제국주의의 충동과 의지도 중요했기 때문이다. 미국 여성들에게 이러한 매력은 부분적으로는 명백한 사명설(Manifest Destiny, 미국이 북미 전체를 지배할 운명을 가지고 있다는 주장 – 역자 주) 식의 해묵은 감정의 발로였다. 즉, 분명한 경계가 되고 있는 태평양 쪽을 향해 미국이 자연스럽게 이동해 왔으므로, 이제는 미국과 동양을 갈라놓은 거대한 바다 저편에 그 세력을 떨쳐야만 한다는 개념이었다. 최초의 세계조직가였던 메리 클레멘트 리비트(Mary Clement Leavitt)는 그 뒤를 이은 대부분의 절제회 사절들과 마찬가지로 동방에서 서방까지 세계 곳곳을 누비며 다녔다. 또 다른 연합회조직가 메리 알렌 웨스트(Mary Allen West)는 일본에서 전도하는 도중 목숨을 잃었다. 윌라드 본인은 영국에서 교육을 받은 인디언 여성 푼디타 라마바이(Pundita Ramabai)에게 매료되었다. 라마바이는 자국 미망인들의 격하된 신분을 위해 일하는 여성이었다.

1886년 라마바이가 기금 모금을 위해 미국에 왔을 때, 라마바이와 윌라드는 친한 친구가 되었다. 두 사람은 윌라드의 남은 생애 동안 서로 서신을 교환했다. 비록 윌라드가 극동 지역을 여행해 본 적은 없었지만, 아시아는 윌라드의 세계관에 매우 크고 중요한 부분을 차지했다. 기독교인으로서의 의무감이 전 세계에 걸친 운동에 가장 중요한 동기가 되었지만, 세계를 변화시키려고 시작한 여성들은 초기 확장 정책의 흔적이 묻어나는 서진(西進) 정책을 택하고 있었다.

1884년 윌라드는 세계 각국에서 절대 금주를 시작하도록 각 나라의 통치자들에게 요구하는 놀라운 청원서를 수 개 국어로 작성했다. 절제회 세계선교사들은 방문하는 모든 곳에서 서명운동을 벌였으며, 전 세계의 여성들이 결의안에 이름을 적어 넣음으로써 마침내 50개 국가의 약 5백만 여성들의 서명이 적힌 거대한 두루마리 형태의 결의안이 만들어졌다.

윌라드는 세계로 뻗어나갈 수 있는 다른 방식에도 관심을 기울였지만, 그것들이 국제적인 조직화에 대한 계획을 단념시키지는 못했다. 1886년 초, 윌라드는 초기에만 해도 미국의 다른 동료들보다도 더 윌라드의 계획에 무관심했던 영국여자절제회 임원들에게 세계여자절제회에 대한 관심을 심어주기 위해 노력했다.[3)] 마침내 윌라드는 성공을 거두었고 1891년 11월, 남미를 제외한 모든 대륙의 사절들(다른 나라에서 19명, 미국에서 7명)이 보스톤에 모여 세계 절제회를 조직하고, 프란시스 윌라드를 세계 회장으로 선임했으며, 근본 방침과 활동 계획에 관한 선언서를 채택했다.[4)] 이 대회의 초청장은 윌라드와 메리 클레멘트 리비트가 서명했다.

윌라드가 이사벨 서머셋을 처음 만나고 세계 절제회가 조직될 무렵, 영국 여성운동과 그 안에서의 금주운동의 역할은 변화하고 있었다. 영국의 여성권리운동은 여자학교와 대학 설립을 위한 운동이 진행된 지 약 20년 후인 1860년대부터 시작되었다. 1850년대와 1860년대에 영국의 급진주의 정치가들이 실어준 힘과, 같은 시기에 점차 증가하던 자선에 대한 관심 등이 영국 여성운동의 촉매제가 되었다. 미국에서처럼 영국에서도 자선은 받아들일 만하고 존경할 만한 공공 활동의 한 형태였다. 이는 여성들을 해방시키는 힘이 되었으며, 1857년에 설립된 영국의 〈여성 저널(Woman's Journal)〉은 개혁 여성들에게 이제 막 싹트고 있는 그들의 운동을 확산시킬 수 있는 효과적인 출구가 되었다.

19세기 중반의 20년 동안 영국 여성들은 평등권과 여성참정권을 위해 온 힘을 다했지만, 1880년대에는 그 강조점을 바꾸었다. 1870년대에 영국 여성들은 실질적으로 법적 교육적 혜택을 얻었다. 기혼 여성들의 소유권에 관한 조례가 법률화되었고, 여성들의 평등한 초등교육 수혜권이 받아들여졌으며, 최초의 여자대학이 설립되었고, 지방세 납부 여성들은 자치 도시에서 투표를 할 수 있고 학교위원회에서 봉사할 수 있는 자격을 얻었다.[5] 1884년, 사실상 모든 남자들은 선거권이 주어졌지만, 자유당이 여성참정권을 지지하지 않았기 때문에 여성들은 투표권을 위한 투쟁에서 더 이상 자유당의 도움을 기대할 수 없었다.[6] 참정권이 즉각적이고 성취 가능한 목표에서 멀어지게 되자, 영국 여성들의 운동은 다른 쟁점들로 방향을 바꾸었다. 여성참정권 및 평등권을 위한 법률 제정 운동보다는 빈곤과 공중위

* 다국어로 쓰인 청원서. 여기에는 7백만 명의 서명이 담겨 있다. (고든, 〈프란시스 윌라드의 아름다운 생애〉에서 재판)

생 등의 시급한 문제들을 비롯하여 금주, 매춘, 개인적인 순결, 성병 등과 같은 폭넓은 사회적 쟁점을 포함한 삶의 질에 관심을 갖기 시작했다. 여성들은 각 쟁점에 관한 법률적 해결을 완전히 포기한 것은 아니었다. 오히려 이제껏 추구해 온 개혁들, 예를 들어 영업시간 제한과 지방 선택권 등의 실행을 위해 국회와 지방자치의회에 계속해서 요구했다. 또한 전염병에 관한 조례(성병을 감독하기 위한 매춘의 허가와 검열을 위한)는 20세기의 마지막 20년 동안 여성들의 중요한 쟁점이 되었다. 그러나 그 중점은 여성참정권과 평등권에 대한 긴급한 관심에서 주로 사회적 쟁점들로 바뀌었다.

영국 금주운동은 1891년 프란시스 윌라드가 국제대회를 소집했을 때 이미 반세기 이전부터 진행 중이었다. 미국에서와 같이, 영국에서도 금주운동은 1820년대와 1830년대에 처음으로 상당한 지지층을 확보했으며, 그 기원은 미국의 노예제도 반대 개혁가들에 의해 맺어진 연결고리를 통해 전해졌을 것이다. 영국에서 금주운동은 사회적인 엘리트보다는 일반 대중 사이에서, 런던에서보다는 지방 도시들에서, 국교회 신도들보다는 비국교도들 가운데서 일어났다.[7)]미국의 금주운동은 19세기 중엽 사회의 지배층에게서 나타난 반면, 영국에서는 이러한 현상이 다소 늦게 나타났지만, 그렇다고 해서 영국과 미국의 운동 사이에 차별이 존재했던 것은 아니었다. 1870년대에 금주운동은 상류층들에게 받아들여졌으며, 1890년대에는 자유당과 영국 국교회 내에서 실질적인 지지를 얻게 되었다.[8)]

영국여자절제회는 WCTU가 조직된 후 1년 6개월만인 1876년 4월에 조직되었다. 영국여자절제회는 초기부터 미국 절제회와 유대관계를 가졌다. 1876년 첫 대회가 소집되자마자 필라델피아 백주년 박람회에 한 명의 대표사절을 파견했으며, 같은 해에 미국 절제회 지도자 엘리자 스튜어트(Eliza Stewart)는 지난 5개월 동안 영국 절제회의 조직화를 위해 노력하고 강연하며 노동기사단 세계대회에 참석했던 영국으로 파견되었다.[9)]

헨리 여사를 윌라드에게 소개한 미국 퀘이커교도 설교자이며 기독교 작가였던 한나 휘톨 스미스도 영-미 여성들의 금주운동 유대관계를 강화하는 데에 중요한 역할을 했다. 스미스는 1873~1874년 여성금주운동 소식을 처음 전해 들었을 때, 영국에 있는 딸을 방문하는 중에 있었다. 미국으로 돌아온 후, 스미스는 WCTU에 가입했고 펜실베이니아연합회에서 활발한 역할을 했으며, 전국 절제회 임원으로도 봉사했다. 그러나 스미스와 남편 로버트 페어설(Robert Pearsall)은 1880년대에 점점 더 많은 시간을 영국에서 보냈으며, 1888년에는 완전히 영국에 정착했다. 그 후 한나 스미스는 활동 영역을 영국 절제회에 집중했다. 그녀는 영국 절제회 실행위원회 위원이자 기록 서기 그리고 부회장으로 봉사하며, 1903년 70회 생일을 맞을 때까지 계속해서 절제회 임원으로 섬겼다.[10)]

스미스는 미국과 영국의 개혁 단체들을 자주 오가며 활동했다. 프란시스 윌라드는 이사벨 서머셋과 마찬가지로 스미스의 절친한 친구였다. 스미스의 영국 사교그룹에는 극작가 조지 버나드 쇼(Geroge Bernard Shaw), 사위였던 철학자 버트란드 러셀(Bertrand Russell), 올리버(Oliver)와 리튼 스트래치(Lytton Strachey) 부부, 그리고 또 다른 딸의 두 번째 남편이었던 미술평론가 버나드 버렌슨(Bernard Berenson) 등이 포함되었다. 미국에서 스미스와 그 남편은 필라델피아의 오랜 퀘이커 가문과 친척지간이었고, 보스턴의 지식 계층을 대부분 알고 지냈으며, 아버지가 물려준 유리병 제조 공장으로부터 종교와 개혁 운동에 관한 두 사람의 관심에 충분한 재정적 지원을 받았다. 스미스 부부는 영국과 미국에 똑같이 익숙했으며, 한나 스미스는 두 나라의 금주운동을 연합하는 데에 실질적으로 유력한 인물이었다.

대서양 너머의 개혁 사회는 금주운동보다 훨씬 더 폭이 넓었다. 적어도 19세기 중반에 시작된 개혁 운동은 작지만 영향력 있는 영국인과 미국인으로 구성되었는데, 이들은 사회문제에 대한 진보적인

⁑ 1890년의 헨리 서머셋 여사(고든, 〈프란시스 윌라드의 아름다운 생애〉에서 재판됨)

해결들을 찾고, 종종 비정통적인 견해들을 견지했다. 또한 자신들이 지지하는 개혁운동의 지도력이 도덕적이고 지적인 상류층으로부터 나오기를 기대했다.[11] 남북전쟁 이전, 노예제도 문제와 진보적인 종교 활동은 영-미국인들의 중요한 관심사항이었지만, 금주와 여성문제 역시 주목을 끌기 시작했다. 여성들은 비록 더 이른 시기에 참여하긴 했지만, 남북전쟁 이후 대서양 연안 국가 개혁 사회에서 더 큰 역할을 감당했다. 엘리자베스 블랙웰(Elizabeth Blackwell)은 1859년 영국에서 강연할 때, 여성 의사들에 대한 혁명적인 생각을 영국에 제시했다.[12] 또한 엘리자베스 케이디 스탠턴의 주요 관심은 1840년 런던의 노예제도 반대 집회에 다녀온 이후로, 적어도 부분적으로는 노예제도에서 여성문제로 바뀌었다.[13]

황금시대에 대서양 건너편의 사회에서는 동일한 의식을 가진 여성들이 자기들만의 고유한 운동에 헌신하며 점차 개혁운동을 확장해 갔다. 프란시스 윌라드와 헨리 서머셋 여사는 남북전쟁 이후 초기 상류계층의 운동을 대중화시킨 상징적인 인물이다. 1890년대 대서양을 가로지르던 개혁운동가들의 숫자는 인상적이었다. 이 개혁운동가들은 서로의 모임에서 연설을 했고, 서로의 간행물에 글을 썼으며, 서로의 투쟁에 동참했다. 윌라드와 서머셋은 대서양 건너편의 개혁사회가 금주법 제정 뿐 아니라 여성문제까지 관심을 넓힐 수 있도록 도왔다. 두 사람은 알코올 남용에 대한 해법을 찾으면서도, 여성의 성적 타락으로 생각되는 문제들과 싸웠으며, 노동문제도 다루었다. 윌라드와 서머셋은 엘리트주의, 곧 특별히 임명된 도덕적 지도력에 대한 생각을 포기하지 않았지만, 종교에 대한 개혁의 관계는 바뀌었다. 대부분의 여성들에게 종교는 그들의 이념적인 헌신의 핵심이 되었으며, 그들이 옹호하던 다른 개혁운동들에 원기를 불어넣어주는 영양소였다. 처음부터 금주운동을 지지했던 영국 국교 반대자들은 개혁운동에서 계속 중요한 역할을 감당했지만, 영국 국교도에게도 기회는 있었다. 미국에서는 감리교도와 다른 개신교 종파들이 주류를 이루었다. 그러나 미국적 환경에서 이것은 국교에 대한 반대를 표현한 것이 아니었으며, 개혁운동 세력들 속에서 모든 그룹을 찾을 수 있었다. 특히 빅토리아 시대의 종말을 향해 가면서 그 영향력이 대서양을 사이에 두고 양쪽 모두에게 흘러들어갔으며, 우리가 양쪽 사회에 있는 빅토리아 문화라고 생각하는 것들은 부르주아 복음주의로 불리는 것에 의해 특징지어졌다.[14] 윌라드와 헨리 여사는 강한 열정보다는 깊은 애정을 가지고 복음주의를 받아들였지만, 이러한 종교에 편안함을 느끼면서도 다른 여성 개혁과 마찬가지로 기성 정치와 병행할 수는 없었다.

윌라드와 헨리 여사는 연합한 대서양 공동체의 일부였을 뿐 아니라, 다른 사람들에게도 그렇게 보였다. 보스턴 친구 그랜트(C. H. Grant)는 윌라드에게 편지하기를, 어머니 윌라드가 헨리 여사와 딸의 우정을 격려하면서 '당신들이 서로 세력을 연합할 때, 그것이 두 나라 여성 모두에게 얼마나 축복이 될 것인지를 분명히 보셨다'라고 적어 보냈다.[15] 루이지애나주의 저명한 절제회 회원이며, 윌라드와 서머셋 그리고 고든의 친구였던 캐롤라인 메릭(Caroline Merrick)은 윌라드와 헨리 여사에 대하여, '이 두 역사적인 인물은 여성역사에서 매우 중요하며, 두 사람이 서로에게 필요했던 동시에 연합을 위한 이들의 노력은 세계의 개혁운동에 더욱 중요했다'고 기록했다.[16] 헨리 여사는 미국에 머무는 동안, 낯선 곳에 있다고 느끼지 않았다. 그녀는 절제회 본부 템플의 이사회에서 섬겼으며, 〈유니온 시그널〉의 통신 편집자였다. 종종 영국을 모국이라고 일컬었던 윌라드는 영국의 〈여성 시그널〉의 통신 편집자였고, 영국 절제회 부회장으로 봉사했다. 헨리 여사는 미국에 왔을 때, 축하와 존경을 받았다. 심지어 인민당도 헨리 여사를 평의회에 받아들였다. 반면, 윌라드도 영국에서 축하와 존경을 받았다.

1891년 10월말, 한나 스미스와 헨리 여사는 미국에 도착하자마자 프란시스 윌라드와 헨리 여사가 처음으로 만날 장소인 시카고로 향했다. 스미스는 자신이 '윌라드 입장에서 전율했다'[17]고 묘사했다. 그녀는 틀림없이 이 모임이 매우 중요하다고 믿었다. 영국에서 오랜 시간을 보낸 스미스는 4~5년 동안 윌라드를 보지 못했기 때문에 윌라드가 변했을지도 모르고, 자기가 윌라드를 알고 있는 것만큼 헨리 여사가 윌라드에게 매력을 느끼지 못할 수도 있다고 염려했다.[18] 그러나 스미스의 염려는 기우에 불과했다. 사실 헨리 여사는 시카고에 감동하지 않았다. 어머니에게 편지하면서 헨리 여사는 시카고가 '혐오스런 도시였으며 어둡고 끔찍했습니다. 하지만 복음전도자 드와이트 무디의 학교는 더할 나위 없이 즐거웠습니다'라고 적어 보냈다. 헨리 여사가 시카고 콘서트홀을 가득 메운 4천 명의 청중 앞에서 연설할 때 사회를 보던 윌라드를 처음 만났으며, 그녀에게 매료되어 이렇게 기록했다. '윌라드 양이 얼마나 유쾌한지 말할 수 없다. 윌라드는 참으로 독특하고 매우 세련됐으며 매력적이고 온화하다.'[19] 그녀 여생의 많은 시간을 영국에 붙잡아 두었던 두 사람의 우정은 그렇게 시작되었다.

그해 가을, 윌라드와 헨리 여사는 함께 보스턴 대회에 참석했다. 이곳에서 헨리 여사는 '꽃 중의 꽃'이었다. 모두가 헨리 여사와 악수하기를 원했다. 한번은 군중 사이로 지나가면서 거의 몸이 찢길 뻔했다.[20] 그녀는 아름답고 관용적이었으며, 사회적 직함까지 더해져 미국인들에게 문자 그대로 최고의 선망이었다. 한나 스미스는 그녀의 첫 방문에 대해 자신이 서머셋을 보호해야 했으며 '만일 그렇지 않으면 '키스와 악수 그리고 생일 메모장들에 의해' 그녀의 몸이 부서졌을지도 모른다. 모든 종류의 찬사가 쏟아졌다'라고 기록했다.[21]

이듬해 가을, 윌라드가 영국에 갔을 때에도 이러한 찬사는 마찬가지였다. 윌라드는 런던 엑세터홀에서 열린 대회에서 '우리 시대 최고의 박애주의자'로 환영받았다. 헨리 여사는 그 집회를 '이 역사적인 건물에서 이제껏 열린 모든 대회 중 가장 대표적인' 모임이라고 묘사했다.[22] 하원의원, 국교회 고위 성직자, 금주운동 지도자, 구세군 사령, 노동운동 지도자, 영국 감리교인, 침례교인, 회중교인, 퀘이커교인 등 모두가 윌라드에게 경의를 표하기 위해 모였다. 〈여성 헤럴드(The Woman's Herald)〉는 윌라드를 '절세 영웅, 여성 지도자가 되기 위해 태어난 여성'이라고 소개했고, 〈리뷰 오브 리뷰스(The Review of Reviews)〉는 '본받을 만한 인물', '최고의 여성해방 지도자'로 묘사하면서 빅토리아 여왕과 비교했다. 윌리엄 스테드(William C. Stead)는 윌라드를 무관의 '미국 민주주의 여왕'이라고 불렀다.[23]

그해 가을 영국에서 지냈던 시간은 그녀에게 개선행군이었다.

프란시스 윌라드와 헨리 여사의 관계는 서로가 동등한 협력 관계이므로, 19세기의 많은 다른 여성들 간의 관계와는 달랐다. 어느 쪽도 지배적인 역할을 하지 않았다. 두 사람 모두 대중적으로 뛰어난 명사였으며, 각각 자신의 나라에서 인정받는 지도자였다. 그리고 이제는 상대방의 나라에서 진정한 여왕으로 불리며 환영을 받았다. 두 사람은 서로가 받았던 관심과 찬사를 질투하기보다는 오히려 서로의 성공을 진심으로 기뻐했다. 훗날 이사벨 서머셋은 윌라드에 대해 '내 생애에서 가장 아름다운 우정'일 뿐만 아니라, '우리 시대의 가장 위대한 여성 박애주의자'라고 묘사했다.[24] 서머셋은 윌라드에게서 '쾌활함과 해학, 부드러운 애수와 위엄 그리고 온유함이 완전하고 신비롭게 결합되어 있음'을 보았다. '그녀(윌라드)는 마치 햇빛이 세상을 무르익게 하고 축복하는 것처럼 자신의 인생에 아낌없는 보물들을 쏟아 부어준… 사랑의 영감을 받았다.'[25] 비록 개인적으로 표현되긴 했지만, 서머셋에 대한 윌라드의 칭찬도 이와 똑같이 풍성했다. 윌라드는 이 친구를 공식적으로 칭송할 기회가 없었지만, 자신의 일기에 이렇게 기록했다. '나는 코시(Cossie)의 어깨에 놓인 머리보다 더 반듯한 머리를 본 적이 없으며, 그의 리더십보다 더 멋진 리더십을 본 적도 없다.'[26] (종종 코시(Cossie) 또는 코지(Cozzie)라고 줄여 말하던 코지모(Cosimo)는 윌라드가 헨리 여사를 개인적으로 부르던 이름이었다.) 또 다른 경우에 윌라드는 서머셋을 '정치적인 머리와 어린 아이의 가슴을 지닌 여인'이라고 말했다.[27] 또 한번은, 어머니 윌라드의 죽음을 생각하면서 '당신(윌라드의 어머니)은 하나님께서 제게 주신 또 다른 한 사람에게 제가 보호와 위로를 받으며, 친구가 되고 사랑을 받게 될 것을 알고 계셨습니다'라고 기록했다.[28] 종종 이사벨과 떨어져 있기도 했지만 그러한 이별은 고통스러웠다. 여러 일기장 중 하나의 맨 마지막 비망록 페이지에서 프란시스는 '이사벨과 내가 헤어져야만 하는 이유가 무엇인가? 우리의 사랑보다 일이 우선이기 때문이다'라고 적었다.[29] 19세기 여성들이 서로에게 주었던 칭송과 찬사 그리고 사랑은 서로를 동등하게 대하는 방식이었다.

프란시스 윌라드와 이사벨 서머셋의 우정은 대서양을 건너 그곳 사회의 여성운동에도 중대한 영향을 미쳤다. 두 사람의 친밀하고 힘을 북돋아주는 협력관계는 대서양을 사이에 두고 진행된 그들의 운동을 강화시키기도 하고 약화시키기도 했다. 두 사람이 가까이에서 함께 일하는 것을 가장 좋아했다는 사실은 각자의 고국을 오랫동안 떠나있어야 하는 결과를 낳았고, 따라서 그 이후 WCTU와 BWTA의 중요한 시점에 지도력의 공백이 발생했다. 동시에 윌라드와 서머셋은 대중 앞에 새롭고 열정적인 강사를 세움으로써 서로의 명성과 영향력을 강화시켜 주었다. 두 사람은 또한 호전적이고 논쟁적인 운동을 이끄는 전국적이자 세계적인 지도력과 함께 필연적으로 찾아온 온갖 비난으로부터 서로에게 따뜻하고 든든한 안식처가 되어주었다. 또한 헨리 여사에게는 많은 돈이 있었기 때문에 1890년대 중반 미국에 금융 위기가 찾아왔을 때 윌라드의 어려움을 덜어주었으며, WCTU의 수많은 목표를 위협하던 위기들을 타개할 방법을 찾는 데에도 큰 도움이 되었다. 역으로, 헨리 여사는 윌라드의 약점에 희생물이 되기도 했는데, 예를 들어 민중의 폭력 사용에 대한 윌라드의 무비판이 그러했다. 두 사람은 서로의 협력 관계에 큰 대가를 치르기도 하고 큰 수확을 얻기도 했다. 두 사람이 필연적으로 성공과 절망을 교차하며 중요한 역할을 감당하는 동안, 어떤 면에서 미국과 영국의 여성운동은 이들의 협력관계로 인해 서로 연합되었다.

헨리 여사에 대한 윌라드의 애정은 그녀 인생 최초의 중요한 우정은 아니었다. 베니스터 윌라드, 케이트 잭슨, 안나 디킨슨, 청년기에 만난 모든 동료가 헨리 부인보다 먼저였지만, 안나 고든과 함께 이사벨 서머셋은 1892년 어머니의 죽음 이후 프란시스에게 가장 중요한 정서적 지지자가 되었다. 안나 고든이 그 자리를 내준 것은 아니다. 안나의 역할은 사랑하는 딸, 보살펴주는 친구, 유능한 동역자로서 계속되었지만, 이제는 윌라드와 서머셋 모두에게 그러한 역할을 했다. WCTU 에반스톤 도서관에 보관되어 있는 서머셋과의 편지 보관함에는 헨리 여사가 안나 고든에게 보낸 애정 어린 많은 편지가 들어있다. 안나는 자신이 잘 섬기던 여성들의 목록(초기에 윌라드의 어머니를 포함하여)에 헨리 여사를 추가했다. 안나는 윌라드가 매일 일기를 쓰는 것에 부담을 느끼던 시기에 윌라드를 대신해 쓴 일기장에서 '헨리 여사는 큰 짐을 감당하고 있다. 내가 그녀를 도울 수 있으면 좋을 텐데'[30]라고 기록했으며, 실제로 그렇게 했다. 안나는 계속해서 '그들이 (미국 절제회 대회를 위해)헤어져야만 하는 것은 가슴 아픈 일이다. 이것은 모든 일에 슬픔을 드리우지만 프란시스는 가야만 한다고 말한다'[31]라고 적고 있다.

1893년, 이사벨이 미국에 있던 안나와 합류하기 위해 미국으로 떠나는 모습을 본(그해에 서머셋이 윌라드의 자리를 대신했다) 프란시스는 '나는 어린 안나와 그의 마음과 행동을 생각했으며, 나에게 이처럼 마음 따뜻한 두 명의 동료를 허락해주신 하나님께 감사한다'라고 적었다.[32] 열흘 후에는 '헨리 여사와 안나 고든 같은 고귀한 여성들이, 어려서부터 '선머슴' 같았고 그 상처 받은 마음이 하늘과 인류의 온 도움으로 치료받은 이 가난하고 늙은 '할머니'에게, 왜 그토록 최고의 헌신을 보여주는 것인가?'라고 덧붙였다. 안나와 떨어져 있거나 헨리 여사가 없는 동안에는 그녀 혼자 남겨졌기 때문이다.

많은 점에서 윌라드와 헨리 여사는 서로를 보완해 주었고, 공동 사역에는 서로 다른 강점들을 발휘했다. 헨리 여사는 금주당원이 아니었기 때문에 포도주를 마시는 것이 재허용되는 날이 오길 기대했다.[33] 그러나 지방 선택권과 엄격한 허가제 계획에 대해서는 지지했다. 윌라드는 1870년대 이후 확실한 신념을 가진 금주당원이었다. 비록 1890년대에는 일정한 사람들에게 안전하고 적당한 알코올 소비가 허용될 수 있다고 받아들였지만, 사회가 전체적으로 절대금주 이외의 다른 방법을 시도할 만한 상황이 아니라고 믿었다. 헨리 여사는 비록 탁월하긴 했지만 무대 공포증을 가진 강사였다. 윌라드는 연단에 섰을 때 가장 편안했으며, 헨리 여사는 수년이 넘도록 윌라드의 지도를 받아 무대 공포증을 극복하기 시작했다. 헨리 여사는 또한 윌라드로부터 조직화에 관한 실제적이고 상세한 설명을 들으면서 많은 것을 배웠으며, 윌라드는 역으로 상류 사회의 예의범절에 관하여 이 영국 부인에게서 많은 것을 배웠다. 에반스톤에서의 생활은 호화스러운 규모는 아니었지만, 헨리 여사는 이제 그것에 익숙해졌다. 역으로, 윌라드는 서머셋을 사회주의로 전향시키는 데 영향을 미쳤을지도 모른다. 1890년 윌라드는 중요한 사회경제적 변화에, 즉 벨라미식 사회주의 국가에 굳게 헌신했다. 그러나 헨리 여사는 예전에 접하긴 했으나, 프란시스 윌라드를 만난 후에야 비로소 페이비언 협회에 가입했다.[34)]

어머니 윌라드의 죽음 후 3주가 지난 1892년 8월 27일, 프란시스 윌라드와 안나 고든은 헨리 여사의 초청을 받아 영국으로 떠났다. 이 여행은 프란시스의 큰 슬픔을 달래기 위한 것이었다. 두 사람은 덴버에서 열린 WCTU 대회를 위해 적당한 때에 미국으로 돌아왔다. 헨리 여사는 두 사람과 동행했으며, 세 사람은 절제회 대회가 끝난 후 곧바로 대서양을 건너 영국으로 돌아갔다. 세 사람은 시카고의 새로운 절제회 본부 건물 템플 내에 있는 윌라드홀의 개관식에 참석하고, 윌라드의 옛 제자에게 레스트 카티지 북쪽 면을 임대하기 위해 일주일 정도만 에반스톤에 머물렀다. 1893년 가을에 안나 고든은 자신의 어머니와 함께 레스트 카티지에서 몇 주를 보냈지만, 프란시스 윌라드는 다시는 그곳에서 보름 이상 머무르지 않았다.[35)] 이후, 윌라드의 미국 내 거주지는 캣스킬스(Catskills)의 트와일라이트 파크(Twilight Park)에 있는 소박하고 작은 집이었다. 이곳은 1892년 봄 윌라드를 위해 건축되었으며, 그녀는 이곳을 '독수리 둥지'로 불렀다. 그러나 윌라드가 오랫동안 영국에 머무른 데다 점차 건강이 악화되어 이 안식처는 거의 사용하지 않았다. 윌라드가 미국에서 가장 오래 머문 곳은 뉴욕 캐스틸(Castile)에 있는 코델리아 그린(Cordelia Greene)의 요양원으로, 이곳은 여권주의자들에게 유명한 시설이었다. 여기에서 윌라드와 안나 고든 그리고 그들과 함께 한 사람들은 누구나 '얼음과 눈이 덮인' 언덕에 올라 '일일 안식처'를 함께 나누었다.[36)]

1892년 가을, 윌라드는 헨리 여사와 함께 컬럼비아세계박람회 개관식에 참석하기 위해 시카고에 머무는 동안, 또 다른 공식 임무를 수행했다. 대박람회는 아직 준비가 미흡한 관계로 원래 계획보다 1년 후인 이듬해 5월에야 비로소 공식적으로 열리게 되었다. 윌라드는 박람회가 열리는 해에 그 놀라운 광경을 보지 못했다. 그러나 여성경영자위원회 위원이었기 때문에 그 계획에 적극적으로 참여해왔다.

시카고 호수 주변의 컬럼비아박람회는 19세기말 미국 문화에서 시카고가 점차 중심적인 역할을 하게 됨을 보여주었고, 또 그것을 촉진시키기도 했다. 그 계획과 실행은 시카고 여성들의 네트워크를 위한 중요한 토론장이 되었다. 또한 이 박람회는 진정한 의미에서 여성들의 축제였다. 여성의 건물을 위한 기획위원회 위원장이었던 버다 팔머(Bertha Palmer)가 개회식 인사에서 말했듯이, '콜럼버스는 신세계를 발견했지만, 컬럼비아박람회는 여성을 발견했다.'[37)] 윌라드는 산업 여성들의 근로 조건에 관한 전시가 있어야 한다고 정성을 다해 성공적으로 주장했다. WCTU도 다국어로 쓴 거대한 분량의 청원서를 전시했다. 그러나 연설조차도 하지 않은 개관 축하 행사에 얼굴을 잠깐 비친 것 외에, 윌라드는 신여성의 업적에 대한 박람회 행사에 도움만 주었을 뿐, 선동하거나 이익을 얻기 위해 그곳에 머무르지는 않았다.

박람회가 문을 열었을 때, 윌라드는 분명 가장 유명한 미국 여성이었다. 만일 윌라드가 박람회의 많은 행사에 참석했다면, 그 박람회의 영웅인 수잔 안토니와 자웅을 겨루었을 것이다. 왜냐하면 이 박람회는 오랫동안 안토니와 인연이 없던 대중적 인기를 가져다주었기 때문이다. 하지만 윌라드는 참석하지 않았고, 그 모든 영광에 대해 전해 들은 이야기로만 만족해야 했다. 그리고 질병이 윌라드를 영국에 붙잡아 두었다. 1893년 가을, 그녀 대신에 박람회에 참석했던 헨리 여사는 윌라드에게 '수십 명씩 그리고 떼를 이룬 사람들이 여름 내내 시카고로부터 레스트 카티지까지 찾아왔습니다. 그것은 말로 표현할 수 없는 감동이었습니다'라는 소식을 전해주었다.[38] 여성들은 프란시스 윌라드를 만나기 위해 세계 곳곳에서 몰려들었지만, 윌라드는 그녀들을 만나기 위해 그곳에 갈 수 없었다.

1892년 이후, 윌라드가 미국 무대에서 사라진 것은 너무나 갑작스럽고 외형상 결정적이었기 때문에 윌라드가 영원히 미국을 떠났다는 소문이 팽배했다. 그녀는 그러한 소문을 단호하게 부인했다. '내가 영국을 나의 고국으로 삼았다는 말은 당연히 터무니없다.' 또한 윌라드는 자신이 4월에 미국으로 돌아올 것이라고 선언했다.[39] 윌라드는 오랜 해외 체류에 대해 자신과 헨리 여사가 금주운동의 새로운 역사에 공동으로 일할 계획을 세우고, 또한 자신의 어머니의 전기를 쓰기 위함이었다고 해명했다(두 번째 목적은 사촌의 상당한 도움으로 완성되었다). 게다가 윌라드는 안나 고든이 그해 겨울 동안 영국에서 어린이 사업을 조직하며 보낼 것이라고 공표했다. 세계 절제회 회장으로서 윌라드는 해외에서 시간을 보내는 것을 정당화할 수 있었다. 그러나 미국연합회는 윌라드에게 급여를 지불하고 있었으므로, 이러한 새로운 계획을 모두가 납득하지는 않았다. 윌라드의 오랜 부재를 미국 지지자들은 이해할 수 없었다.

헨리 서머셋 여사도 고국에 있지 않는 것 때문에 대가를 지불했다. 개인적인 명성에는 결코 의심의 여지가 없었고, 영국 절제회 회장 재선에서도 승리했지만, 수개월 이상 증폭된 영국 절제회 회원들의 불화 때문에 1892년 미국에서 돌아왔다. 헨리 여사는 자신이 지지하던 여성참정권 찬성 결의안에 격렬히 반대하던 실행위원회 소속 반미 보수적 절대 다수가 세계 절제회를 찬성하지 않으며, 자신이 미국에서 들여온 혁신들을 대부분 신뢰하지 않음을 알았다. 영국 절제회의 보수주의자들은 도의적 권고를 통한 절대 금주라는 단일 목표를 지지했으며, 헨리 부인이 주장하는 더욱 폭넓은 계획은 미국의 사상을 채택한 것이라고 생각했다.[40] 영국 절제회의 많은 회원들은 처음부터 헨리 여사를 불신했다. 그들은 협회 회장이 명성을 얻기를 원했다. 동시에 그 직위가 명예로운 자리가 되기를 기대했다. 그러나 그렇지 않았다.

비록 이러한 분열이 1892년 윌라드가 영국에 도착하기 이전부터 계속되었지만, 이사벨 서머셋의 오랜 미국 체류로 더욱 복잡해졌다. 이 곤경의 원인이 윌라드의 영향력이 증대했기 때문이라고 볼 수는 없었다. 문제의 핵심은 영국 연합회가 단일운동을 고수해야만 하는가, 아니면 미국 연합회가 했던 것처럼 금주운동을 중심으로 여성참정권, 노동운동, 평화, 사회적 청렴 등을 포함하는 모든 사회 개혁을 포용하는 여성 단체가 되어야 하는가에 있었다.[41]

두 가지 선택 모두 반대자들의 불평은 악화시키고, 지지자들로부터의 인기를 증가시키는 상황에서 헨리의 운동 중 상당 부분은 자신의 편에 서 있는 프란시스 윌라드와 함께 하는 싸움이었다. 1880년대 중반 이후 영국 자유당과 관련을 맺은 헨리 여사와 윌라드는 1893년 겨울과 봄 금주 단체에서 뿐 아니라 글래드스턴(Gladstone)의 정당을 지지하던 여성자유연맹의 집회에서도 연설하면서 몇 주를 보냈다. 두 사람의 겨울 여행은 '체링턴(Cherrington)의 유명한 회관에서 4천 명의 열렬하고 애정 어린 노동자 계급 청중에게' 연설하던 런던 이스트엔드(East End)에서 시작되었다.[42] 다음 달에는 계속 북쪽으로 올라가면서 리즈(Leeds)와 리버풀(Liverpool) 그리고 '거대한 자유무역회관에 청중이 빽빽하게 몰려든' 맨체스터까지 여행했다.[43] 중간에 두 사람은 뉴 코트(New Court) 회중교회에서 열린 대규모 집회를 위해 런던으로 돌아왔으며, 이후 스코틀랜드로 여행했다. 요크(York)를 경유해 런던과 리게이트(Reigate)로 돌아온 후에, 윌라드는 '일하고 또 일한다. 내가 책을 읽고 공부하며 남자와 여자 사이에서 살아남기 위한 시간을 얼마나 원하고 있는가. 하지만 갇혀 있던 나에게 헨리 여사가 열어준 것은 더 넓은 세상이다'라고 기록했다. 5월에 두 사람은 사절단으로, 안나 고든과 한나 스미스는 방문객으로 런던의 여성자유연맹에 참석했다. 이곳에서 윌라드는 다시 연설했으며 '사회적 순결' 안건이 승리할 수 있도록 도왔다.[44]

이 대회에서 청중의 매력을 끈 것 중 하나는 프란시스 윌라드였다. 그녀는 엄청난 지지를 받는 미국 여성이었다. 윌라드는 악센트와 적당한 대담함으로 영국 노동자 계급의 청중들 앞에서 강연했다. 윌라드는 열광적인 기독교 심장 지대에서 직접 얻은 복음주의 열정을 가지고 금주운동 청중에게 연설했으며, 영국의 국교에 반대하는 분리파 교회들은 윌라드의 메시지를 듣기를 열망했다. 영국 언론은 윌라드와 오랫동안 인터뷰를 나누었다. 모든 사람들이 집회마다 이 탁월한 미국 여성을 초청하여 연설을 부탁하고 싶어 했다.[45)]

기인이자 명사로서 프란시스 윌라드는 영국 절제회를 확장시키려는 이사벨 서머셋의 노력에 도움을 주었다. 그러나 이 미국 고문의 존재는 일부 영국 금주 지도자들의 마음을 불편하게 했다. 영국의 정황을 거의 알지 못하는 누군가를 헨리 여사가 그렇게도 가까이 해야만 했는가? 영국 금주 단체들의 강경한 소수파는 아니라고 대답했다.[46)] 헨리 여사는 1893년 회장 선거에서 다시 이길 수 있었지만, 총투표수 455표 중에서 69표의 다수파 표를 얻었을 뿐이었다. 패배한 소수파는 '연합회 사업에 정치를 도입하는 것은 그 조직을 분열시키고 금주운동을 파멸시킬 것이라고 선언하면서 분개하여 그 대회(와 영국 절제회)를 떠났다.'[47)]

동시에 윌라드는 자신의 행동과 부재로 인해 기존의 지지자들과도 마찰을 일으켰다. 윌라드는 영국에서 안목을 넓히고 그곳의 운동을 도왔다고 생각했을지 모르지만, 그녀에게 동의하지 않거나 그 지도력이 자신들의 야망을 꺾어버린다고 생각했던 반대자들에게는 불평의 여지를 남겨두었다. 오랜 강연 여행에서 돌아왔을 때, 윌라드는 불안한 소식을 들었다. '템플(WCTU 시카고 본부)로부터 온 전보로, 분열의 조짐을 알리는 슬픈 내용이었다. 왜 갑자기 그러한 반란이 있는 것인가.'[48)] 대서양을 사이에 둔 두 도시 각각의 위기에 주목할 필요가 있었다.

프란시스 윌라드는 예전의 위기 속에서도 살아남았다. 불과 몇 년 전에도 윌라드는 절제회가 금주당을 승인하는 문제를 두고 알렌 포스터와 여러 동료들이 분열적인 탈퇴를 했음에도 불구하고 자신의 목적을 성공적으로 이루어냈다. 그러나 지금은 신념에 관한 것이 아니었다. 그것은 인신공격과 돈에 관한 문제였으며, 상황을 더욱 곤란하게 만들었다. 1893년의 공황은 미국 절제회에 심각한 타격을 입혔다. 절제회가 간접적으로 재정적인 책임을 지고 있고 윌라드가 깊이 연루된 야심찬 본부 건물 때문에 절제회의 신용대출은 이미 지급 한도를 넘고 있었다. 상당히 큰 고급 임대 사무실 공간을 제공할 뿐 아니라, 절제회 본부와 절제회 출판협회를 위해 사용되던 템플 건물은 주로 대출한 돈으로 재정을 충당하는 법인이었다. 이 건물은 곧 자급할 수 있어야만 했다. 그러나 1893년의 공황으로 인해 템플 내 많은 임대 공간이 비어 있을 수밖에 없었다. 그럼에도 불구하고 채권은 만기가 되었고, 수년 동안 WCTU는 연합회 자체 내의 엄청난 불화를 겪으면서도 수지가 전혀 맞지 않는 예산 안에서 빚을 지지 않기 위해 노력해 왔다.

그러나 그해 6월, 공황이 있기 오래전부터 일부 연합회 임원들은 윌라드의 부재로 공백이 된 지도력을 차지하기 위해 획책을 꾸미고 있었다. 한동안 뜨거운 논쟁이 되었던 템플 계획안은 이제 도전자들의 손에 들어가 실력 행사의 도구가 되었다.[49] 충돌의 대부분은 인신공격에 관한 것이었다. WCTU 본부 내에 두 개의 당파가 생겨났다. 한쪽은 윌라드를 지지하는 자들이고, 다른 한쪽은 건축 계획을 폐기하고 그것을 지지하는 사람들 중에 속해 있는 윌라드의 친구들을 음해하려는 자들이었다. 양 진영의 의견 대립은 이념적인 것이 아니라 단순히 서로 시기하는 적대 관계였다. 공황은 모든 것을 위기로 몰아넣었다. 윌라드는 비록 일기에서 '나는 고양이와 같다. 맞으면 되받아친다'라고 논평했지만, 미국으로 돌아가지 않았고 연합회 문제들을 해결하려는 개인적인 노력도 하지 않았다. 대신 안나 고든이 갔다. 윌라드의 말에 따르면 '이곳에 너무 큰 위기가 있어서 내가 떠날 수 없다. 아! 가엾은 사람들을 위해' 가고 싶어도 갈 수 없었기 때문이다. 윌라드가 암시한 위기는 당연히 영국 절제회의 정책적인 갈등이었다. 이것은 윌라드가 이상하고 비정상적으로 우선순위를 정한 대목이었다. 사실 이 수개월 동안 윌라드의 일기는 미국에서 일어난 일들보다 영국 절제회의 새로운 사태들을 더 많이 다루고 있다.[50] 비록 윌라드가 무관심하지 않았고 고든의 소식을 간절히 기다리기도 했지만, 싸움을 진정시키기 위해 본인이 필요하다는 것을 왜 느끼지 못했을까?

윌라드를 지지하던 전국 임원들은 윌라드의 근무처가 시카고에 있다고 믿었다. 본부 직원 중의 한 사람이었던 헬렌 바커(Hellen Barker)는 윌라드의 후계자가 될 것이 분명했던 릴리언 스티븐스(Lillian Stevens)에게 편지하면서 '우리 단체의 역사에서 지금처럼 윌라드가 꼭 필요했던 때는 결코 없었습니다. 저는 진심으로 윌라드가 즉시 돌아와야 한다고 생각합니다'라고 적었다.[51] 영국의 내분이 절정에 달한 3월에, 이사벨 여동생의 남편 베드포드 공작이 죽었다. 이는 이사벨이 각종 집회와 대중 행사에서 연설을 할 수가 없었기 때문에 프란시스가 여러 차례 이사벨을 대신해야 했음을 의미했다. 하지만 2월에 갑자기 미국의 위기가 발생하고 안나 고든이 급파될 때만 해도, 이사벨의 사건은 전혀 예상치 못했던 것이었다. 윌라드는 봄이 지난 후부터 병이 났지만, 2월에는 건강했고 야심찬 여행도 막 끝마쳤을 때였다.

일기는 윌라드의 태도를 설명하는 데 큰 도움이 되지 않는다. 위기의 심각성을 고려할 때, 윌라드는 시카고 문제를 간단히 그리고 이따금 언급했을 뿐이다. 4월에 고든이 영국으로 돌아온 후 잠시 동안 일기를 대신 썼지만, 고든은 미국에서의 자신의 임무에 대해 아무런 언급을 하지 않았다. 이 이상한 침묵은 윌라드가 미국의 불화를 과소평가하고, 영국 운동의 주도권을 유지하고자 하는 헨리 여사의 활동에서 자신이 차지하는 유용성을 과대평가했음을 보여준다. 틀림없이 이사벨 서머셋의 지도력은 위태로웠다. 서머셋의 반대자들은 영국 절제회를 단일 목표 조직으로 유지하기 위한 싸움을 이기기 위해 서머셋의 반대자들은 미국에서 윌라드의 리더십에 도전했다가 실패한 알렌 포스터를 이용하기까지 했다.[52] 윌라드의 존재와 헨리 여사를 능가하는 그의 확실한 영향력은 반대자들을 더욱 자극했다. 서머셋의 운동은 항상 '외국의' 전략들을 사용함으로써 강화된 것은 아니었으며, 윌라드는 본국의 이익을 보호하기 위해 돌아올 필요가 있었다. 그러나 윌라드는 이것을 너무 늦게 깨달았다. 이번에는 자신의 개인적인 선호와 필요가 직업적인 목표나 임무와 일치한다고 착각했기 때문이었다. 그런 과정에서 윌라드는 미국에서의 명성에 위기를 초래했다. 비록 연합회 일반 회원들에게 존경을 받고 미국 내에서의 인기도 여전했지만, 그녀의 지도력은 1892년 이전에 비해 더 이상 안전하지는 못했다.

특히 그해 여름의 최악의 경제 상황이 절제회의 재정적인 안정과 그 사업들에게 위협이 되었으므로 사태는 매우 불안했다. 그럼에도 불구하고 반란은 진압되었다. 해결 방안은 1893년 대회에서 반기를 든 임원들을 교체하고, 윌라드가 없는 동안 릴리언 스티븐스가 권한을 대행하도록 임명하는 것이었다. 윌라드를 이어 절제회 회장을 승계한 스티븐스는 상처 입은 감정들을 치유할 능력이 있는 상냥하고 재치 있는 여성이었으며, 주 연합회에서 윌라드의 지위를 강화하기 위해 자신이 할 수 있는 한 최선을 다했다. 만일 윌라드가 본국으로 돌아갔더라면 그녀만의 숙련된 미덕으로 관계를 개선했을 테지만, 여름까지 윌라드는 대서양을 건너갈 수가 없었다.

1893년 윌라드는 54세였다. 비록 그녀가 지난 25년 동안 무자비하게 자신을 몰아댔지만, 만일 건강이 좋았다면 또 다른 10년 혹은 20년의 활발한 사역을 기대할 수 있었을 것이다. 그러나 1893년 봄, 그로부터 5년 후 죽음을 가져다 줄 질병으로 몹시 고생하기 시작했다. 1893년 4월의 일기에서, 윌라드는 자신이 건강하지 않으며, 혀와 목에 붉은 반점들이 재발했다고 기록하면서 처음으로 자신의 증상에 대해 언급했다. 윌라드는 그것들이 어머니가 돌아가시기 전 수년 동안 비슷한 증상들로 고통을 받았던 것의 전조가 아닐까 염려했다.[53] 수개월 전인 1892년 9월에 한나 스미스는 윌라드가 조금만 일을 해도 쉽게 피곤해했으며, 대중 앞에 모습을 드러내지 못하게 되었다고 기록했다.[54] 윌라드는 1893년 4월에 많은 연설 일정이 잡혀 있었지만 – 예를 들어, 4월 13일과 26일 사이에 9회의 약속이 있었다. – 이 일정 모두를 소화할 수 없었다. 헨리 여사와 한나 스미스가 윌라드를 대신했다.[55]

이 무렵 윌라드의 질병에 관한 소식이 시카고에도 전해졌다. 안나 고든이 4월 셋째 주 사이에 미국에서 돌아와 사우샘프턴(Southampton)에 도착해서 들은 이야기는 불길했다. 악성 빈혈이었다. 윌라드의 입과 혀의 상태는 음식을 먹기 어렵게 만들었고, 두 다리와 발목에 피부 장애를 갖게 되었다. 간혹 너무 심하게 피곤해서 집회에 가거나 공식적인 모임에 참여할 마음조차 잃어버렸다.[56] 6월에는 늑막염으로 발전한 심한 감기에 걸렸으며, 주치의는 모든 활동을 중단하도록 했다. 6월 한 달 내내 윌라드는 심한 질병에 시달렸다. 다른 사람에게 업혀서 아래층으로 내려가야 했고, 말하는 것을 포함하여 아무 일도 할 수 없었으며, 다른 사람이 읽어주는 것을 들어야만 했다.[57] 이사벨 서머셋도 몸이 좋지 않았으며, 거의 평생 동안 괴롭혔던 심한 편두통으로 고생했다. 그해 봄 날씨조차 긴장과 불쾌함의 원인이 되었는데, 왜냐하면 영국은 지난 8년 이래로 최악의 가뭄에 시달리고 있었기 때문이었다. 꼬박 8주 동안 전혀 비가 내리지 않았고, 그 이후에는 건조한 날씨를 잠시 완화시킬만큼만 내렸다. 윌라드는 아팠으며 헨리 여사도 마찬가지였다. 그리고 영국의 시골마을도 바싹 타들어갔으며 형편이 좋지 않았다. 영국 협회에서는 반동이, 시카고에서는 반란이 꾸며지고 있었으며, 미국 경제는 고통받고 있었다.

그러나 여전히 승리는 가능했으며, 윌라드의 가까운 동료들과 더 큰 사회로부터의 명성과 찬사는 윌라드의 생애에서 여전히 물결치고 있었다. 그러나 윌라드의 일기는 그녀가 어머니의 죽음과 자신의 죽음을 얼마나 깊이 그리고 자주 생각했으며, 윌라드의 생각이 다음 과업이 아닌 다른 어떤 세계로 향해 있었는지를 보여준다. 어떤 면에서 윌라드가 실제로 찾고 있던 마지막 새로운 땅은 내세였다.

윌라드는 죽음 이후의 삶에 대해 항상 생각했으며 또 다른 세계, 즉 천국의 실재를 믿었다. 영원한 생명에 대한 이러한 관심은 어머니의 죽음으로 인해 새롭게 자극을 받았다. 윌라드는 1주기 때에 어머니의 죽음을 상세하게 회상했다. 또한 윌라드의 일기는 어머니가 계신 곳과 그 분의 실재 그리고 프란시스의 현재 삶과 활동과 감정들에 대해 어떻게 생각하실지 등에 관하여 윌라드가 얼마나 자주 사색했는지를 보여준다. 또한 그녀는 '나의 생각은 미래의 삶에 훨씬 더 많이 가 있다'라고 기록했으며,[58] 며칠 뒤에는 '나는 어머니가 틀림없이 하나님과 당신이 가장 사랑했던 사람들과 함께 계신다고 생각한다. – 단지 내가 알 수만 있다면!'[59]이라고 기록했다.

어머니에 대한 이러한 사색은 심령론에 대한 윌라드의 관심과 관련있다. '어느 날 바다 위의 배들과 낙원의 나그네들에게 전달될 것이다.'[60] 많은 점에서 내세에 대한 윌라드의 관심은 죽음에 대한 병적인 선입견이라기보다는 오히려 심령의 교류에 관한 평생 동안의 호기심의 연장이었다. 또한 윌라드는 다른 사상들, 즉 스펜서의 철학, 다윈의 이론, 단일세 또는 벨라미의 민족주의 등을 탐구했던 것과 똑같은 방식으로 사후 세계에 대해 사색하고 탐구했다. 그러나

1893년 이후 건강이 현저하게 악화되자, 호기심보다는 간혹 기다리는 마음으로 사후 세계를 고통 없는 새로운 세계로 바라보기 시작했다. '정말로 곧 나와 이사벨과 안나는 죽을 것이고, 모든 안식과 모든 평화가 우리에게 임할 것이다. 그리고 나는 정말로 우리가 다른 별과 다른 사역과 다른 가치로 들려 올려질 것이라고 믿는다.'[61]

죽음을 기다리는 태도 이면에는 다시 육체적인 힘을 되찾아 평생을 바쳐온 사역의 범위를 확장하고 넓히고자 하는 강하고 굳센 의지도 있었다. 윌라드는 일을 사랑했다. 그 기쁨을 잃어버렸을 때, 윌라드는 '어쩐지 내 모습은 뼈다귀를 잃어버린 개처럼 보인다. 일은 나에게 살이 많이 붙은 뼈다귀였다'[62]고 기록했다. 윌라드에게는 일하지 않는 것이 힘들었다. 그런 점에서 좋지 않은 건강은 윌라드가 야망이 사라지고 더 이상 일을 강요당하지 않는 사후 세계에 대해 관심을 갖도록 해주었다. 그해 여름, 스위스에서 휴식을 취하며 질병과 싸우는 동안, 윌라드는 '한 여성이 이끄는 완전한 혁명이 성공을 거둔 후, 그 여성이 미국 대통령이 되는 이야기를 소설로 쓰고 싶은' 꿈을 꾸었다.[63] 하나 이상의 뼈를 물 수만 있다면 윌라드는 매우 행복했을 것이다. 코건 도일(Cogan Doyle)과 마찬가지로, 윌라드는 이따금 사후 세계로 여행을 떠나 그 세계가 어떤지 살펴보고, 어머니와 여동생 메리, 그리고 자신이 어쩔 수 없이 미지의 세계로 떠나보낼 수밖에 없었던 다른 많은 사람들을 찾아보고 싶었을 것이다. 또한 마치 영국으로 건너가 그곳에서 유명인사요 세계적인 지도자로 새롭게 인정받았던 것과 같이, 미국의 대통령과 '완전한 혁명'을 이끄는 지도자가 되고 싶어 했을 것이다.

건강 회복을 위해 윌라드가 기울인 초인적인 노력들은 살고자 하는 그녀의 의지를 잘 보여준다. 자전거 타기는 1890년대에 대유행이었으며,[64] 윌라드는 이것을 받아들였다. 실제로, 그녀는 당대의 많은 개혁가들처럼 운동과 식이요법을 선한 개혁운동의 일부로 생각했다. 윌라드는 오래전에 세발자전거를 타보았는데, 1892년 여름에 다시 타기를 시도했다. 그러나 검증되지도 않은 새로운 '대유행'을 받아들일 사람이 아니었다. 그래서 1893년 가을, 의사의 추천을 받아 건강과 체력 회복을 위한 방법으로 두발자전거를 타기 시작했다.[65] 자전거 타기는 쉽지 않았다. 자주 넘어졌고 친구들의 도움이 필요했다. 운동이 이미 부서진 몸을 다시 세워줄 것은 아니었지만, 윌라드는 1896년까지 열심히 했다. 몸이 가장 좋지 않은 이 시기까지 윌라드는 상당히 먼 거리를 달렸다.[66] 자전거에 대한 윌라드의 헌신적인 사랑은 주목을 끌었다. 〈뉴욕 월드(The New York World)〉는 윌라드가 자전거를 탈 때 입은 복장에 관해 '짙은 남색 블레이저코트와 블라우스, 바닥에서 약 15센티미터 정도 올라가는 치마, 알프스 모자와 자전거용 부츠'라고 보도했다.[67] 윌라드의 소책자 〈바퀴 안의 바퀴(A Wheel within a Wheel)〉는 베스트셀러가 되었고, 앉아만 있던 많은 여성들에게 자전거 타기의 동기를 부여했다.

윌라드는 또한 미용체조의 선구자가 되었으며, 작은 체육관과 체조교사가 리게이트에 마련되었다.[68] 또한 그녀는 식이요법을 시도했는데, 쇠약해진 몸과 체력을 회복하기 위해 일반적인 식단 대신 가벼운 식사를 했다. 1893년 여름 스위스 여행도 '회복'을 위한 것이었다. '하나님의 생기와 회복의 포도즙으로 채워진 잔과 같은 이 골

짜기에서 두 시간 동안 걸었다.'[69] 그러나 종종 윌라드와 헨리는 걸을 수 없어서 다만 햇볕을 받으며 발코니에 누워 있어야 했다. 헨리 부인에게는 편두통이, 윌라드에게는 고열과 설사가 재발했다.

쇠약해진 몸을 고치고자 하는 노력이 1893년의 가장 시급한 일이었지만, 해외에 거주하는 동안 윌라드의 새로운 인생에 더 밝은 면들도 있었다. 4월 초에 윌라드의 조카들과 올케 메리가 그녀와 오랫동안 함께 있기 위해 베를린으로부터 방문했다. 헨리 서머셋 여사가 이들을 리게이트에서 2주 동안 환대한 후, 조카들과 올케는 그달 말에 장대한 이스트너 캐슬로 인도를 받았다. 메리의 아들 프랭크는 4월 중순경에 합류했다. 프랭크는 이제 23세였고, 무분별한 청년의 행동을 할 시기는 지나갔다. 프랭크는 〈센추리(Century)〉와 〈동시대 리뷰(Contemporary Review)〉에 여러 작품을 기고했으며, 이제 곧 베를린대학을 졸업할 예정이었다. 그의 고모는 프랭크를 '사려 깊고 지성적인 젊은이'라고 불렀다.[70]

같은 달에, 윌라드는 허버트 스펜서(Herbert Spencer)뿐 아니라 '과학적 사회주의자 시드니 웹과 그의 아내 베아트리체 포터(Beatrice Potter)를 만났다.'[71] 그 어느 때보다 더 넓고 지적인 세계가 윌라드에게 열리고 있었다. 미국의 동료들처럼 영국의 개혁자들도 그들의 통합적인 철학의 한 부분으로 금주를 옹호했다. 리차드 팬커스트(Richard Pankhurst)는 노동운동에 참여하기 전에는 금주 옹호자였다. 시드니 웹은 런던 빈민가에서 초기 사역을 하던 중 금주운동가로 전향했다.[72] 윌라드는 영국 사회주의자들의 사상이 자신이 헌신한 벨라미의 민족주의 국가관과 비슷하다는 것을 알게 되었을 뿐 아니라, 페이비언주의자들도 금주에 대한 윌라드의 열정에 공감하고 있었다.

1893년 프란시스 윌라드는 페이비언주의자들과 거의 비슷했지만, 헨리 여사는 전향되어야만 했다. 1893년 스위스로 휴가를 떠나기 전, 두 사람은 사회주의를 함께 연구하기로 동의했다. 종종 우편물에 회신을 해야 하는 성가신 업무 때문에 몸이 아프고 부담도 되었지만, 두 사람은 그해 여름 사회주의를 연구하고자 하는 계획을 세우고, 그룬덴발트(Grundenwald)에 있는 동안 페이비언협회에 가입했다.[73] 그러나 '사회주의자들의' 책을 읽고 난 후, 윌라드와 서머셋은 영원한 세계를 믿지 않는 사회주의자들을 혐오하게 되었다고 선언했다. '이사벨과 나는 이교도가 아니라 기독교 사회주의자이다.'[74]

또한 윌라드는 항상 편안한 생활을 즐기긴 했지만, 매우 잘 살았던 적은 없었다. 미국의 금융 위기가 깊어지면서 미국에서 급료가 거의 지급되지 않더니, 1893년는 절제회 대회에서 의결하여 아주 적은 액수인 6백 불로 임시 삭감되었다. 헨리 여사는 관대한 친구였으며, 따라서 헨리의 금전과 사회적 관계들을 도왔다. 스위스에서 두 사람은 본래 독일 황제를 위해 지어진 숙소에 머물렀다.[75] 리게이트에는 비서들과 도우미들을 위한 '작은 철제집'이 지어졌다. 그녀들은 대략 서너 명이었으며, 그들의 월급은 이사벨 서머셋이 지급했다.[76] 윌라드는 런던 생활을 할 수 있을 만큼 건강해지자 귀족 대접을 받았다. 1893년 5월, 윌라드는 웨일즈 왕자, 글래드스턴 여사, 다른 몇몇 귀족과 왕실 가족과 함께 나란히 왕립과학연구소 개관식에 참여했다. '각종 제복과 마차들이 늘어선 놀라운 광경을 뭐라 표현할 수가 없었다.'[77] 오랜 기간의 영국 체류는 확실한 보상을 가져다 주었다.

1893년 가을이 되었을 때, 리게이트 가족들이 직면한 큰 문제는 1893년 WCTU 대회에 집중되어 있었다. 윌라드가 충분히 건강해져서 각종 집회에 참석하고 연례 정기회의의 사회를 맡을 수 있을 것인가?[78] 사실, 6월 초에 이 문제는 두 도시 모두에서 논의되고 있었다. 윌라드의 주치의는 1년 동안 어떠한 대중적인 활동도 절대로 허락하지 않았지만, 6월에 윌라드는 여전히 어떻게든 대회에 참석할 수 있기를 기대하고 있었다. '내가 귀국할 수 있을까? 이사벨이 갈까? 지금은 내가 갈 수 있을 것 같다. 내가 나아지기를 기다리지만 두 가지 가능성 모두 열려 있었다.'[79] 건강 회복은 순조롭지 않았다. 다시 악화되었고, 8월말에 주치의는 윌라드에게 절대 외출 금지 명령을 내렸다. 그러나 윌라드는 '본국에 있는 여성들이 내가 대회의 큰 소동을 맡아 처리할 수 없다는 사실을 이해하지 못할 것'이라고 염려했다.[80] 그럼에도 불구하고 윌라드는 회장 연설 원고를 작성하기 위해 노력했고, 마침내 그것을 힘들게 완성했다. 그러나 윌라드는 글에 힘이 없고 '쓸모없다'고 느꼈으며, 이 원고에 대해 항상 '나의 형편없는 연설'이라고 불렀다.[81]

비록 헨리 여사가 실제로 이 연설문을 읽긴 했지만, 이 연설은 윌라드의 가장 탁월한 연설이 될 뻔 했다. '복음적 사회주의'라 칭한 부분은 경제 정의가 실현될 수 있는 새로운 사회 질서에 대한 윌라드의 강렬한 청원을 담고 있었다. 전체적으로 이 연설은 '무엇이든 하라 정책'이라는 표제가 붙어 있었다. 윌라드는 수년 전 성공을 거두었던 오래된 주제를 다시 언급하면서 연설문을 시작했다. 즉, '편향된 운동은 편향된 지지를 낳는다. 미덕들은 마치 사냥개처럼 단체로 사냥한다'라는 문구였다. 그러나 윌라드는 WCTU 회원들이 이해할 수 있고 좋아할 만한 방식으로 자신의 페이비언 사상을 주장하려고 노력했다. 윌라드는 '모든 기독교 신자 안에 사회주의자가 존재하고, 모든 사회주의자 안에 기독교 신자가 존재한다'라고 기록함으로써 연합회가 기독교에 헌신되어 있는 점을 이용하려고 했다. 윌라드는 '두 종류의 사회주의가 있다. 하나는 주고 하나는 받는다. 즉 하나는 네 모든 것이 내 것이라고 말하고, 다른 하나는 내 모든 것이 네 것이라고 말한다'라고 지적했다. 윌라드는 국가가 '협력' 의식을 발전시키고, '모든 당파가 연합된 서로 친밀한 사회를 구성함으로써 누구든지 음식과 의복 또는 안식처가 없거나, 혹은 육체적으로나 정신적으로 최선을 발휘할 수 없는 냉혹한 상황에 속박될 여지가 없도록 하라'고 호소했다.[82)]

1893년 세계 절제회 대회와 미국 대회 모두가 시카고에서 10월에 개최될 예정이었다. 윌라드는 두 단체의 회장이었다. 8월말 안나 고든은 대회를 조율하고 지지 기반을 구축할 뿐 아니라, 윌라드의 제안을 실행하고 그녀가 대서양을 가로질러 꾸준히 보낸 질문에 대답하는 일 등을 비롯하여 대회를 준비하기 위해 미국으로 떠났다. 9월초, 윌라드 일행은 헨리 여사도 참석하기로 결정했다. 헨리 여사의 아들이 뉴욕에 있었는데 그 아들이 여사에게 미국을 방문해 달라고 요청한 사실은 헨리 여사가 시카고에 나타나는 것을 충분히 합리화시켜 주었다.[83)] 프란시스가 사우샘프턴에서 헨리 여사를 배웅할 때,

이사벨은 임항열차에 올라 프란시스에게 자신이 대신해서 가는 것이라고 말했다. 왜냐하면 프란시스가 '아픈지 건강한지를 불문하고 절제회 회원들은 당신이 돌아오게 내버려두지 않을 것이기 때문이에요. 그래서 내가 그대(여성운동)를 위해서 그리고 내 아들을 보기 위해서 가는 것이에요'라고 말했다.[84] 많은 의미가 담긴 메시지였다. 이사벨 서머셋은 소중한 친구 프란시스가 곁에 있기를 원했다. 하지만 '대의'에 중요한 영향을 미칠 대회 결과에 대해서도 깊이 관심을 가지고 있었다. 윌라드는 진심으로 집회에 참석해서 지지자들을 재건하고, 그들을 새롭고 신나는 비전에 헌신하기를 원했다. 두 여성에게 쉬운 해결책은 윌라드가 미국 회장직을 사임하고, 영국에서 친구와 함께 세계 운동을 지휘하며, 이제껏 항상 멀리했던 약간의 여유와 여가를 즐기는 것이었다. 그러나 윌라드와 헨리 여사는 개혁 운동에 너무도 헌신했기 때문에 쉬운 길을 택할 수 없었다.

미국 운동의 지배권을 다시 장악하기란 쉽지 않을 것이다. WCTU 내에서 윌라드 편에 서 있던 사람들은 누구나 그 어려움을 충분히 알고 있었다. 윌라드가 시카고에 나타났다면 표적이 됨과 동시에 일을 처리할 수도 있었을 것이다. 수뇌부들이 일을 진행할 것이며, 임원들 일부가 사임할 예정이며, 템플 사무실 빌딩의 어지러운 재정 상황이 설명될 것이었다. 윌라드 지지자들은 이러한 문제가 회장의 부재로 인해 훨씬 더 신속하게 다루어질 수 있을 것으로 생각했다. 하지만 정관에 따르면, 윌라드가 참석하지 않을 경우 시카고의 반대파 중의 한 명인 캐롤라인 뷰얼(Caroline Buell)이 전국연합회 통신서기로서 의장이 될 것이었다.[85]

윌라드는 헨리 여사가 없는 3주 동안 한나와 로버트 스미스 부부와 함께 머물렀다. 스미스의 또 다른 손님은 프란시스와 함께 하기 위해 보스턴에서 방문한 안나의 여동생 베시 고든(Bessie Gordon)이었다. 틀림없이 이 모든 사람들은 시카고 대회의 새로운 사태가 윌라드를 당황스럽게 하고, 윌라드의 건강마저 위협할 수도 있음을 염려했다. 윌라드에게 적절한 도움을 주기 위한 모든 노력이 기울여졌다.

스미스 집에 모인 사람들에게는 실제적인 염려가 있었다. 10월 20일, 대회에 모인 WCTU 사절단은 습관에 따라 성경 본문을 인용하여 5통의 전보를 보내왔다.

> 하지만 아무 소식이 없다! 한나는 이것과 관련해서 직접 한 사람에게 편지를 보내 '성경 본문은 줄이고 더 많은 정보'를 보내라고 이야기하겠다고 말한다. … 세계(대회)의 결과와 주주총회에서의 R(라스톨) 여사의 운명에 대해 알면 좋으련만 한 마디도 없다. 나는 카시(마틸다 칼스, 템플 법인 회장)와 안나에게 만일 그해에 나에 대한 변절이 없고, 템플과 카시에 대한 반대가 지도자들이 '질서 유지'를 위해 내쫓기로 제안한 어떤 이들(임원들)을 보호하려고 하는 일정한 형식을 취하지 않는다면, 내 추측이 맞게 되는 것이라고 말했다. 내가 글을 쓰고 있는 거의 동시에 '템플이 승리함'이라는 또 다른 전보가 날아왔다. 이것은 금년에 템플에서 발생한 부당한 분규와 관련해 많은 것을 의미한다. … 나는 그 모든 것을 가슴 아프게 느끼고 있으며 그

것을 이해한다고 생각하지도 않는다.[86)]

윌라드나 안나 고든은 반대자들을 누른 것에 대해 어떤 개인적인 기쁨을 느끼지 않았다. 면직 당한 임원들이 대회가 끝난 후 본부를 떠날 때, 고든은 윌라드에게 '에스더 푸우(Esther Pugh), 칼리 캐롤라인 뷰얼, 엘리스(Alice G.)가 짐을 꾸려 급히 나가는 것을 보는 것이 몹시 가슴 아픕니다'라고 편지했다.[87)] 프란시스 윌라드는 1893년 한 해 동안 '너 자신을 잊어라' 그리고 '다른 사람들이 바르게 살려고 노력하고 있다고 믿어라'라는 두 구절을 좌우명으로 정했으며,[88)] 시련의 시기에 이 두 가지를 성실하게 이행했다. 템플 지지 선언이 있은 다음 날, 윌라드가 단 10명의 반대표로 회장에 재선되었음을 알리는 전보가 날아왔다. '놀라운 것은 반대표가 더 이상 없었다는 것이었다.'[89)] 열흘 후 윌라드 개인과 그가 지지한 사안들이 승리했음을 알리는 내용의 편지와 신문이 도착했다. 헨리 여사는 대회가 끝난 직후 본국으로 출발했다. 안나 고든은 새로운 임원들과 직원들이 업무에 익숙해질 때까지 시카고에 머물렀다.

1893년 기독교 여자 절제회는 윌라드의 약점과 장점에 대한 신랄한 평가로 소멸될 수 있었으며, 쓰라린 개인적인 반목들이 난무하는 장이 될 수도 있었다. 현명한 템플 사업이 오히려 조직을 분열시킬 수 있었다. 오랜 부재 때문에 윌라드 본인의 책임이 있었던 지도력의 위기도 치명적인 것이 될 수 있었다. 그러나 헨리 여사는 안나 고든과 다른 사람들의 큰 도움을 입어 이 무서운 재난을 피하고 오히려 이 대회를 바꾸어 놓아서 WCTU의 본부인 템플 본부가 여성들의 증가하는 힘과 세력의 실질적인 기념비가 되게 하고, 윌라드가 비록 활동적이지는 않지만, 존경받는 미국 절제운동의 성 프란시스로 인정받도록 했다.

이 대회에서 헨리 여사의 역할은 영-미 관계의 강점들을 강조하는 것이었다. 헨리 여사는 세계 절제회 대회에서 윌라드를 대리하여 의장이 되었으며, 따라서 거의 자동적으로 미국 절제회 실행 위원회 위원과 전국 대회 사절이 되었다.[90] 윌라드에 대한 서머셋의 영향력이 증가하는 것에 관한 불평이 있었지만 그리 심각한 것은 아니었다. 지지 세력이 압도적이었다. 한편, 대부분의 사절들은 헨리 여사의 미모와 매력에 사로잡혔다. 윌라드는 이보다 훌륭한 대리인을 선택할 수 없었을 것이다. 헨리 여사는 위엄 있고 수수했으며, 침착하고 인정이 있었다. 윌라드는 '이제 아름다운 템플과 조화를 이룰 헨리를 생각하는 것은 참으로 좋은 일이다'라고 기뻐했다.[91]

이 대회 후, 윌라드는 부분적으로 성공한 개혁운동에 투자했던 정력의 많은 부분을 건강을 회복하는 데에 쏟았다. 또한 영국과 미국 양쪽 모두의 간행물들을 위해 많은 집필을 했으며, 〈위대한 어머니(A Great Mother)〉를 완성했으며, 〈바퀴 안의 바퀴(A Wheel within a Wheel)〉의 집필을 시작했다. 〈50년 회상(Glimpses of Fifty Years)〉이 1894년에 출판되었으며, 〈나의 행복한 반세기(My Happy half Century)〉와 〈무엇이든 하라(Do Everything)〉는 1895년에 영국판으로 출간되었다. 또한 다국어로 쓴 청원서 계획을 활발하게 진행했으며, 헨리와 자신이 다른 동료 여성들과 함께 이 감동적인 규모의 서명을 각국 지도자에게 보여주고 그들에게 금주운동에 대한 관심을 불러일으키기 위한 멋진 세계 여행 계획을 세웠다. 윌라드는 이를 위해 증기선을 빌리는 것까지도 알아보았다.[92] 만일 건강이 회복되기만 했다면, 윌라드는 이 사명을 완수했을 것이다. 비록 헨리 부인은 다국어로 쓴 청원서에 대한 윌라드의 헌신적인 애정이 순박하다고 생각해 열정을 덜 가졌지만, 이 청원서의 홍보 가치에 대한 윌라드의 신념은 진심이었다.

1894년 봄이 다가오자 프란시스 윌라드는 고국으로 돌아갈 준비를 했다. 이제 가장 오랜 기간의 영국 체류가 끝나가고 있었다. 윌라드는 5월에 열린 BWTA 연례 정기회의에 헨리 여사와 나란히 참석했으며, 윌라드에 대한 석별의 선물 증정 순서가 회의의 한 부분을 차지했다.[93] 그 후, 윌라드는 콕(Cork)과 더블린(Dublin)에서 연설하고 한 주 동안 아일랜드를 방문한 후, 6월 13일 튜토닉(The Teutonic)호를 타고 리버풀에서 출항했다. 윌라드는 잠시 에반스톤을 들러 캣스킬스(Catskills)의 작은 집으로 갈 예정이었다.[94] 윌라드는 이제 더 이상 미국에 대한 책임들을 회피할 수 없음을 알았다.

Chapter 13. 귀환

1894년 6월 뉴욕항에 도착했을 때, 프란시스 윌라드는 다소 염려를 하면서도 환호하는 친구들과 지지자들의 환영을 받았다. 거의 2년 동안 미국을 떠나 있었던 윌라드는 매우 허약해 보였다. 〈시카고 트리뷴〉은 그녀가 '좌담가로서 거의 비할 바 없는 탁월함과 여자로서의 부드러움을 전혀 잃지 않았다'고 보도하면서, 애석하게도 '윌라드의 두 뺨에서 건강한 혈색은 사라졌다'고 덧붙였다.[1)] 뉴욕 갈보리 침례교회에서 열린 WCTU의 '귀국 환영' 집회에 노동기사단의 터렌스 파우덜리, 구세군의 모드 밸링턴 부스(Maud Ballington Booth), 뉴욕여성참정권협회의 릴리 더버로 블레이크(Lillie Devereux Blake)가 참석해 그녀에게 경의를 표했다. 그러나 이러한 경의는 윌라드의 현 문제들을 해결해주지 못했다.

윌라드의 곤경 중 일부는 건강 때문에 더욱 악화되었다. 또 다른 것들은 절제회 안팎의 정치에서 비롯되었다. 그 어떤 것도 쉽게 해결되지 않았다. 또한 윌라드는 자신의 가장 중요한 역할인 국제 지도자로서 영국에 살 수도 없었으며, 미국 최고의 여성으로서 계속 활동할 수도 없었다. 미국 여성들은 윌라드의 귀환을 기뻐했지만, 오랜 부재 기간을 인내해준 자신들의 노력에 그녀가 수고와 관심으로 보답해주기를 기대했다.

한 달 간의 힘겨운 여행이 눈앞에 있었다. 먼저 캐나다 금주 여성들에게 연설하기 위해 보스턴과 포틀랜드를 경유하여 몬트리올로 올라갔다. 그후, 옛 친구들을 만나고 WCTU 사업을 돌보면서 에반스톤과 시카고 지역에서 거의 보름을 보냈다. 7월 25일 윌라드와 안나 고든은 캣스킬스의 독수리 둥지에 도착하여 11월 대회까지 많은 시간을 그곳에서 보냈다.[2] 윌라드는 예전의 스케줄을 따라갈 만큼 건강하지 않았다. 수많은 초청이 쇄도했지만, 실망과 오해를 낳으면서 그 부탁들을 거절해야만 했다. 윌라드는 더 이상 자신을 다그칠 수 없었지만, 그렇다고 해서 묵과할 수도 없었다. 이후 3년 동안 윌라드의 인생은 육체적 한계와 의무들 사이에서 위험한 줄타기를 해야만 했다.

윌라드가 직면한 문제들 중에는 절제회 WCTU의 독특한 정치적 역할이 있었다. 미국에 돌아온 윌라드는 연합회 내에서 정당과의 관계를 둘러싼 논쟁이 증가하고 있음을 알았다. 1893년 1월 초, WCTU 회원들은 윌라드가 금주당을 버리고 노동기사단에 대한 지지를 포기했다고 불평했다. 예전에 윌라드가 터렌스 파우덜리로부터 보낸 편지의 한 부분인 '만일 그들(기사단)이 권력을 잡은 것을 보면 기뻐할 것이다'라는 대목이 이러한 비난을 뒷받침하기 위해 널리 인용되었다. 영국에서 윌라드는 〈유니온 시그널〉을 통해, 비록 자신이 금주당이 결국 기사단을 포함하는 중추적인 정당이 될 것을 믿었지만, 노동자가 자본가들과 나란히 힘을 가질 수 있게 되면 기쁠 것이라는 의미였을 뿐 정치적 운동을 의미한 것은 아니었다고 답변했다. 더욱이 윌라드가 편집 정책을 감독했던 〈유니온 시그널〉은 개혁운동 세력들과 정당들의 연합을 계속해서 주장했다. 1893년 11월의 한 사설은, 아마도 윌라드가 쓴 것으로 보이는데, '현 정치적 상황에서 가장 희망적인 특징은 개혁 세력들의 연합이다. … 현재의 급박한 사정이 곧 공화당이나 민주당도 아니고 인민당이나 금주당도 아닌, 모두에게 최선의 통합이 될 하나의 기치 아래 모두를 연합시킬 것이다'라고 제안했다.[3] 절제회가 정치적인 역할, 즉 사실상 급진적이고 정치적인 역할을 해야 한다는 윌라드의 주장은 1890년대에 지지자들 사이에서 또 다른 문제를 더했다. 많은 절제회 여성들은 미국 사회의 근본적인 변화를 위해 운동하는 것을 탐탁지 않게 생각했다.

덜 본질적인 문제들도 한 몫 했다. 1894년 여름 윌라드가 돌아왔을 때, 절제회 내에는 사소한 질투와 논쟁이 무성했다. 그 해는 절제회를 탄생시킨 개혁운동과 더불어 절제회 창립 20주년이었으며, 성공적으로 성숙한 단체들에서 당파가 존재하는 것은 당연했다. 연합회는 실제로 누가 창립자였는지에 관한 논쟁으로 가득했다. 엘리자 스튜어트(Eliza Stewart)와 워싱턴 코트 하우스(Washington Court House) 진영은 일반적으로 힐스버로우의 엘리자 톰슨 수녀(Mother Eliza Thompson)가 창시자라고 받아들이던 주장에 이의를 제기한 반면, 어떤 이들은 뉴욕 프레도니아(Fredonia) 여성들의 노력이 비록 실패로 끝나기는 했지만 그 시작이었다고 주장했다. 명성과 지위의 문제는 WCTU가 세계에서 가장 잘 알려진 최대 여성 기구였기 때문에 이 20주년의 해를 결코 가볍게 여기지 않았다. 그러나 가엾은 윌라드는 모든 사람의 주장을 그대로 둔 채 어느 한쪽으로 편향되지 않으면서 모든 사람의 친구가 되어야만 했다.

템플 사무실 빌딩에 초점을 맞추었던 반대는 그것이 어떤 실패를 겪었다 하더라도 결코 완전히 사라지지는 않을 것이었다. 이 문제는 1894년 대회에서 다시 수면 위로 떠올랐다. 동시에 윌라드의 옛 친구이자, 연로하지만 여전히 사랑받는 절제회 최초의 세계 선교사 메리 클레멘트 리비트는 공개적으로 윌라드의 흠을 잡으며 윌라드가 개인적으로 불성실하고 사악하다고 비난했다. 윌라드의 귀국은 화합과 호의로 환영받지 못했다!

윌라드를 기다리고 있던 또 다른 문제는 1893년 대회에서 얻은 성과를 통합하여 WCTU의 리더십을 다시 확보하는 것이었다. 윌라드는 합법적으로 권한을 부여받은 부회장이 필요에 따라 회장의 임무를 수행하고 자신의 부재 시 절제회를 이끌도록 하는 것이 이 문제를 해결하는 방법이라고 생각했다. 윌라드는 자신의 성실한 친구인 메인주의 릴리안 스티븐스를 후보자로 생각하고 있었지만, 대리인을 세우는 데 반대가 없을 것이라고는 기대하지 않았다. 집행권이 있는 부회장 임명은 절제회 정관 수정을 요구했다. 수정의 목적은 절차를 수월하게 하기 위해 이미 작년 대회 때 공지되었다. 이제 이 계획을 실행하기 위한 전투를 한바탕 치러야 하고, 반드시 이겨야만 했다.

그러나 린치의 문제가 가장 괴롭고 고질적인 어려움이었다. 1890년대에는 남부에서 10년 간의 혹심한 인종 억압이 있었다. 인종차별법(Jim Crow Laws), 격리, 린치 그리고 인종 간의 악화된 비극이 급속하게 증가하고 있었다. 백인 자경단이 날뛰고 있었고, 1892년 흑인에 대한 린치 사례는 최근 몇 년 간의 상승 이후 정점에 달했다. 윌라드는 영국 안식처에 있는 동안에도 이 급증하는 문제에 대해 알고 있었으며, 정치적 파장을 일으킬 것임에도 불구하고 자신의 입장을 밝히지 않을 수 없었다. 윌라드의 청원으로 WCTU는 1893년 반(反)린치 결의안을 통과했다. 그리고 윌라드는 회장 연설에서 '유색 인종과 백인들 사이의 적개심이 그 어느 시기보다 살기등등하고, 여자와 어린이를 유린한 자들을 또 다시 유린하는 무서운 복수가 행해지는 올해만큼, 유색 인종에 대한 우리의 의무가 이토록 매우 진지하게 다가온 적은 없었습니다'[4]라고 논평했다. 윌라드의 언어는 모호하고 화려했지만, 그것은 스스로 어느 입장에도 설 수 없는 불확실한 처지에 있음을 보여주었다. 윌라드는 린치를 비난했지만, 린치가 흑인들의 백인 여성 강간에서 비롯되었다는 주장을 사실로 받아들였다. 윌라드는 진보적인 북부의 시민권 옹호자들과 남부의 백인 동료들에게 동시에 반응하고 있었다.

린치가 정점에 달한 1892년, 소신문 〈멤피스 자유 언론(The Memphis Free Speech)〉이 발행되고 흑인 교사이며 언론가인 이다 웰스(Ida Wells)는 린치를 반대하고 흑인 남성들을 변호하는 용감하고 감동적인 개혁운동을 시작했다. 그 결과, 웰스 자신은 자경단의 복수를 경험했다. 신문 사무실은 파괴되었고, 웰스는 멤피스를 떠나

도망칠 수밖에 없었다. 그러나 그는 오히려 더 힘을 얻어 반(反)린치 운동을 계속했으며, 백인 급진주의자들은 윌라드와 그의 운동을 주목하면서 윌라드에게 매우 난처한 방법으로 그녀의 입장을 표명하도록 강요했다. 1890년대 가치 있는 운동들의 개혁가이며 투사로서의 거대한 명성에도 불구하고, 윌라드의 순결함에 도전하고 그녀가 자신을 변호하기 위해 쩔쩔매도록 만들 수 있었던 것은 이다 웰스의 탁월한 능력이 어느 정도였는지를 짐작케 한다. 윌라드는 이 전투에서 상처를 입지 않을 수 없었다. 웰스는 또한 통계 수치를 바꾸어 놓는 데에도 성공했다. 백인 급진주의 사회가 자경단원 활동에서 린치에 대한 혐오감을 분명히 하자, 린치의 횟수가 감소하기 시작했다.

웰스 운동의 주된 무기는 무고한 흑인 피해자들을 변호하여 반(反)린치 감정을 자극하는 것이었다. 웰스는 흑인 남자들과 백인 여자가 동거한 것은 강간이라고 부르면서 백인 남자가 흑인 여자를 성폭행하는 것은 무시하는 이중 잣대에 대해 반대했다. 소책자 〈남부의 공포(Southern Horrors)〉에서 웰스는 흑인 남자를 유혹한 후에 그를 강간으로 고발한 백인 여자의 사례를 담았다. 또한 웰스는 계속해서 '남부 도처에 그러한 사례들이 즐비하다'고 주장했다.[5] 이것은 절제회 여성들을 동요시키고 당황하게 만든 충격적인 고발이자 여성에 대한 공격이었으며, 특히 남부 백인 여성에 대한 공격이었다. 비록 윌라드가 야만적으로 정의를 짓밟은 린치에 대해 명백하게 비난했지만, 백인 여성들이 인종 간의 성관계를 아무렇지 않게 생각했다는 사실을 용납할 수 없었던 절제회와 생각을 같이 했다. 웰스는 아픈 곳을 건드렸으며, 윌라드는 자신이 평생 지지해 온 흑인운동과 웰스가 불러일으킨 반감을 서로 조화시키지 않으면 안 되었다. 윌라드는 그런 대로 일을 처리했지만, 절대적인 확신이 없던 개혁가들은 도덕적 힘을 발휘하거나 아니면 잃어버리거나 해야만 했다.

웰스는 곧 많은 지지자와 언론의 주목을 끄는 유명 강사가 되었다. 웰스는 린치와 '종종 그러한 불법을 야기한 말할 수 없는 폭행들'을 모두 정죄한 윌라드와 절제회의 이중적인 태도에 크게 혹평했다.[6) 1895년 웰스는 영국에 초청받았으며, 이곳에서 영국 개혁가들에게 떠받들어졌을 뿐 아니라 윌라드에 대한 비난을 멈추지 않았다. 또한 자신은 백인 여성들이 '먼저 인종 간의 이상한 짓을 시작했다'고 말한 적이 없다고 부인하면서, 윌라드가 자신을 잘못 이해했다고 비난했다. 이 점에서는 웰스가 옳지 않았다. 웰스는 그러한 말을 한 적이 있다. 틀림없이 장황하게 변명했지만, 그럼에도 불구하고 그러한 용어를 사용했다. 그러나 웰스는 유능하고 공격적인 비평가였고, 윌라드는 웰스의 공격으로 인한 손상을 피할 수 없었다. 수많은 전투적인 개혁가들에게는, 윌라드가 특히 영국에서 인종문제에 관하여 모호한 말을 사용하는 것처럼 보였다. 1895년 2월, 다른 편의 사람들 중에서는 프레드릭 더글라스, 윌리엄 로이드 게리슨, 줄리아 워드 휴가 윌라드에게 보내는 공개서한을 출판하여 웰스의 비난으로부터 윌라드를 변호하고 윌라드가 평생 동안 흑인운동을 지지했음을 확증했다.[7) 그러나 린치 문제는 헨리 여사를 곤경에 빠뜨리기 위한 반대자들에 의해 사용되면서 계속해서 영국을 뜨겁게 달구었다.

윌라드와 절제회는 인종문제 논쟁에 휘말렸을 때 이중으로 상처를 입었다. 연합회는 흑인 지부를 조직하는 시기를 눈앞에 두고 있었고, 흑인들을 전국대회에 참석시켰으며, 각 부서 부장 자리에 그들을 임명했다. 흑인과 백인이 함께 전국연합회 회원이 되었고, 공동 대회에서 만났으며 〈유니온 시그널〉의 칼럼도 함께 썼다. 절제회는 남북전쟁 직후, 그리고 1890년대에 더 광란의 인민주의 폭동이 일어나 인종 차별 문제를 밀어내기 전에 조직되었다. 시기는 적절했다. 더욱이, 절제회는 19세기 말 대부분의 여성 단체들이 그랬던 것처럼 북부 혹은 남부에서 결코 배타적인 백인 단체가 아니었다. 하지만 다소간 인종 차별이 있었다. 다수를 차지하는 남부 백인 회원들의 편견이 많은 면에서 배려되었다. 절제회는 평등권 주창자들을 만족시킬 수도 없었고, 남부 백인 지지자들의 비위를 계속 맞출 수도 없었다. 그러자 10년이 흐른 뒤, 인종에 관한 절제회 정책들은 필연적으로 미국과 영국의 평등권 주창자들에 의해 맹렬한 공격을 받았다. 연합회는 급격한 변화를 추구하는 세력으로 비쳐졌기 때문에, 그 개혁의 끝자락을 깨끗하게 유지하도록 기대되었다. 동시에 중산층 백인 여성이 압도적이었던 절제회는 백인 여성들이 피해자인 인종 간 강간 가능성에 특히 과민하게 반응하는 경향이 있었다.[8)]

역사적인 절제회 창립 20주년 기념대회는 1874년 첫 절제회 대회가 개최되었던 클리블랜드에서 열렸다. 이 대회는 언론에 의해 널리 알려지고 호의적으로 보도되었다. 1890년대 절제회는 미국 사회에서 의사 결정을 위한 중요한 수단이자 세력이었다. 클리블랜드 대회에 관한 신문 보도들은 전국의 정치적인 집회에 관한 보도와 다르지 않았다. 유명한 사절단의 개인적인 이야기들, 윌라드와 다른 전국 임원들의 기자 회견들, 전국적인 쟁점에 대한 연합회의 견해 등을 비롯하여 전국의 주요 신문으로부터 윌라드가 스크랩하여 모아 놓은 기사들은 대중 매체들이 절제회 대회를 얼마나 진지하게 주목했는지를 보여준다. 절제회는 그에 부응하게 대회를 준비했다. 지도부는 내부의 말다툼을 이용하여 자신의 개인적인 목표를 달성하려는 일부 질투심 많은 여성들에 의해 이 신중하고 정성 들인 계획이 위기에 처하지 않기를 소망했다.

정치적 활동에 관한 문제가 1894년 절제회 대회의 격렬한 쟁점이 되었다. 금주당을 완전히 승인하는 문제에 대한 토론이 격렬해지면서 불화를 일으켰다. 윌라드는 '의사봉을 휘두르며 어쩔 수 없이 거의 모든 체력을 소진했다.' 그리고는 '나는 여러분이 질서를 유지하도록 내가 할 수 있는 모든 것을 다 했습니다. 나머지는 여러분이 스스로 행해야만 합니다'라고 말하고는 잠시 자리에 앉았다.[9] 1894년 대회는 금주당을 다시 승인했지만, 그 승인만으로는 폭넓은 기반의 개혁 연합을 꿈꾸는 윌라드의 소망을 이루기에 충분하지 않았다. 윌라드는 더 큰 목표를 포기하지 않았다. 윌라드는 금주당원과 인민당원을 동등한 숫자로 불러 모으기 위해 연합회가 전국 모든 지부에 정치 분과를 만들어야 한다고 주장했다. 윌라드는 세력의 결집을 위해 예전에 가정보호라는 개념에 호소했던 것과 같이, 이번 계획을 '가정보호연합회'라고 불렀다. 그리고 위텐마이어가 찬성하지 않으려 하던 여성참정권운동을 연합회 내에서 벌였을 때와 같이, 윌라드는 일반 대중의 지지를 기대했다. 개혁운동 지도자들을 통합하려는 시도가 실패했기 때문에, 이제는 이러한 목표가 일반 회원들의 단체 행동이 있을 때에만 성취될 수 있다고 생각했다. 윌라드는 1896년 선거를 위해 시작할 준비가 되었다.[10] 지역 활동으로 인민당원들과 금주당원들을 불러 모으기 위해 가정보호모임을 설립했던 1892년과 같이, 윌라드는 신년 메시지를 통해 회원들에게 부탁했다. 윌라드는 이 '요청이 다른 어떤 것보다 내 마음 깊은 곳에 있다'고 확신 있게 주장했다.[11]

연합 개혁 정당에 대한 윌라드의 지속적인 지지는 절제회나 금주당원들의 폭넓은 환영을 받지 못했다. 개인의 도덕성을 강조함과 동시에 개혁 문제들로 확장시키려던 절제회 운동을 단일 주장 운동으로 전환시키려는 정서가 유력했다. 웨스트버지니아의 한 금주당원은 윌라드가 '전국의 죄악을 소멸'하는 등과 같은 다른 쟁점들을 똑같이 강조하는 것에 대해 비난했다.[12] 탁월한 금주당 지도자이며 강사였던 조지 베인(George Bain) 대령은 금주당의 일부 지도자들이 '은화 자유주조를 따라 곁길로 나가고 금주운동보다는 다른 쟁점에 더 관심이 있는' 바람에 금주당의 운동이 자신의 친구들이 있는 하원에서 큰 상처를 입고 있다고 윌라드에게 불평했다. 폭넓은 정치 문제 관여에 대한 반대는 WCTU 내에서도 증가하고 있었다. 모두가 윌라드의 더 큰 비전을 공유한 것은 아니었다. 일리노이주 연합회장 루이스 라운즈(Louise Rounds)는 주 대회에서 회장 연설을 통해 절제회의 강점이 애석하게도 약화되고 있다고 논평했다. '나의 판단에 따르면, 우리 단체(절제회)가 필요로 하는 것은 우리가 합법적으로 요구할 권리도 없고, 우리 사역의 기반을 형성하는 두 가지 방침, 즉 개인의 절대 금주 및 금주령을 촉진시키는 것이 아닌 모든 계획을 주저하지 않고 후회 없이 잘라내는 것입니다.' 라운즈는 윌라드의 오랜 친구이며 동료였지만 그것 때문에 할 말을 못 하지는 않았다. '이것은 어떤 거대한 야망을 뒤집을 수도 있지만, 많은 다툼과 쓰라림을 끝낼 수도 있다.'[13] 심지어 윌라드의 고향에서도 에반스톤 인덱스(The Evanston Index)가 이 대열에 합류했다. 윌라드는 '깊이 생각할 시간도 갖지 않은 채 은화 자유주조를 서둘러 승인했고,' 이것은 '윌라드가 인류를 개혁하길 바라는 여성들에게 강요한 어리석은 생각 중 하나'였다. 절제회와 금주당 모두에서 표면화된 단일 주장 세력이 1896년 대통령 선거 때까지 두 단체에서 우세했다.

윌라드는 승계 문제를 처리하는 데에는 보다 성공적이었다. 정관 수정안은 회장에게 대리자를 임명할 권한을 주자는 내용이었다. 토론은 활발했다. 반대자들은 템플 사무실 빌딩 논쟁의 선동자이며 연합회 출판협회 회장인 마틸다 카스가 윌라드의 지명자가 될 것을 염려했다. 그러나 윌라드는 새로운 집행 부회장이 각 주 회장들 가운데서 선출될 것이라고 발표함으로써 반대자들을 진정시켰다. 카스는 그 후보에 들지 못했다. 정관 변경에 대해서는 실제적인 싸움이 없었고, 수정안은 쉽게 통과되었다.

전체적으로, 이 대회는 윌라드의 개인적인 승리였다. 그녀의 오랜 해외 체류가 조직통수권을 만회할 수 없을 만큼 와해시키지는 않았다. 신문들은 윌라드의 리더십에 호의적으로 반응했다. 〈뉴욕월드(The New York World)〉는 '미국인 대다수가 주류 판매 금지에 관한 윌라드의 견해를 실현 불가능한 것으로 생각하지만, 윌라드 본인은 도처에서 참된 존경을 받고 있다'고 보도했다.[14] 한 플로리다 대표는 윌라드의 '아름다움과 눈부심, 지혜와 온유함이 햇살처럼 온전히 충만되고 따뜻했다'라고 기록했다. 윌라드는 '일반 회원들을 조율하고 성마른 자들을 달래고 안심시키며, 정말 그 호칭대로 머리가 되기 위해 그곳에' 있었다.[15]

아무튼 윌라드의 건강은 대회 기간 동안 잘 견뎌주었고, 원할한 업무를 수행하는 데 필요한 힘을 낼 수 있었다. 그러나 집회가 끝날 때마다 자주 몸이 아팠다. 보스턴에서는 기관지염으로 고생했다. 윌라드는 오랜 동료 메리 우드브리지(Mary Woodbridge)의 장례식조차 참석할 수 없었다. 약속들이 연이어 마지막 순간에 취소되었다. 1895년 1월과 2월, 이사벨 서머셋이 프란시스를 대신하여 많은 여행을 했다. 그해 3월, 윌라드와 서머셋 그리고 안나 고든은 당초 계획했던 것보다 한 달 일찍 세계 대회를 준비하기 위해 영국으로 돌아갔고, 그 덕분에 프란시스는 쉴 수 있었다.

절제회 대회부터 영국 귀환 때까지 두 가지 문제가 윌라드의 큰 관심을 끌었다. 첫째, 워싱턴의 클리블랜드 대통령에게 다국어로 쓴 청원서를 증정할 기회가 찾아왔고, 윌라드는 이 행사를 위해 많은 청중과 최대한의 홍보를 확보하길 소망했다. 둘째, 전국여성협의회 3주년 집회가 1895년 2월에 워싱턴에서 개최될 예정이었다. 윌라드는 실행위원이었고, 그곳에서 연설할 예정이었다.

윌라드는 전국여성협의회 설립을 도왔고, 절제회는 1888년 이후 이 협의회의 중요한 지지자가 되어 왔다. 윌라드는 이 협회의 초대 회장이었으며, 이제 미국의 뛰어난 여성들 대부분이 수도에 참석하게 되는 이 대회에서 국회와 대통령에게 다국어로 쓴 청원서를 증정

하고 싶어 했다.[16)]

개인적인 서신에서는 '귀염둥이(the pet)'라고 불렸던 이 청원서는 절제회 전국 통신 서기 캐서린 스티븐슨에 의해 그 엄청난 양이 워싱턴으로 옮겨져 왔다. 이틀 간의 기념집회가 있은 후, 클리블랜드에게 이 청원서가 증정되었다. 윌라드는 여느 때처럼 아팠으며, 헨리 여사도 그러했다. 그래서 기념식은 두 사람 없이 진행되었다. 대들보에서 늘어뜨린 굵은 꽃줄에 매달린 청원서들이 중앙 무대를 장식한 가운데, 안나 고든이 대회장을 가득 메운 4천 명의 회중 앞에서 윌라드의 연설문을 읽었다. 헨리 여사와 윌라드는 대통령에 대한 증정식에 참석할 수 있을 만큼 간신히 몸을 회복하여 세계 절제회와 미국 절제회 임원들과 함께 증정식을 거행했다. 클리블랜드는 세계 금주를 위한 이 다채롭고 거대한 청원을 조심스럽고 점잖게 받아들였다. 그러나 대통령의 모호한 말투는 사절단의 눈을 속일 수 없었다. 사절단들은 대통령의 답변이 '전체적으로 호의적이면서 현저하게 신중하다'고 생각했다.[17)]

프란시스 윌라드와 안나 고든 그리고 이사벨 서머셋은 1895년 3월에 영국으로 출항하여 그해 9월까지만 영국에 머물렀다. 6월 중순, 영국 절제회 집회가 런던에서 개최되었다. 영국 금주 여성들을 위한 이 대회는 영국 전역 500개 지부, 10만 명의 회원을 대표했다. 하지만 대회가 직면한 가장 큰 쟁점은 반(反)린치 결의안이었다. 영국 절제회는 린치에 관여할 현실적인 이유가 없었다. 그러나 린치에 초점이 맞추어진 것은 헨리 여사의 반대자들이 윌라드가 흑인 인권에 관한 문제에서 솔직하지 못했다는 점을 부각시킴으로써 윌라드와 친밀한 관계에 있던 헨리 여사에게 주목을 끌게 했다. 이는 윌라드와 헨리 여사 모두를 곤란에 빠뜨리려는 간접적인 방법이었다.

이 시기에 이다 웰스 또한 영국에 머무르면서 헨리 여사의 적들과 긴밀하게 연합하고 있었다. 린치에 관한 절제회의 입장에 찬성하거나 반대하는 편지가 1895년 2월 한 달 동안 영국 신문사 편집장들 앞으로 날아들었다. 영국 절제회와 세계 대회가 다가오면서 그 운동에는 가속이 붙었다. 헨리 여사에게 고통스럽게도, 영국 〈여성 시그널(The Woman's Signal)〉의 유급 직원이었던 플로렌스 발가니(Florence Balgarnie)가 윌라드와 절제회의 린치 입장에 대한 공격을 주도했다. 게다가 영국 절제회의 내부 다툼이 불에 기름을 끼얹었다. 헨리 여사는 절제회를 납득시킬 만한 능력이 있었고, 영국과 세계 대회는 미국의 대회와 유사한 결의안들을 채택했다. 서머셋과 윌라드는 그 결의안이 린치를 명백하게 정죄했다고 생각했다. 그러나 개혁 신문들은 만족하지 않았다. 영국의 〈크리스천 월드(The Christian World)〉는 '세계 기독교 여자 절제회의 회원들 중에 린치를 옹호하는 자들이 틀림없이 있다는 사실은 말할 수 없이 비통한 일이다. 이 옹호자들이 미국의 절제회를 관리하면서, 〈여성 시그널〉을 기관지로 삼고 있다는 사실 또한 비극이다'라고 보도했다.[18] 또 다른 사설은, 윌라드는 '흑인계 미국인들과 남부 백인들과의 관계에 관한 문제에 대해 기회주의자이다. 쉽게 말하면, 윌라드는 자신이 '그들에게 속하지는 않지만' '그들과 함께' 있다고 양쪽 모두를 설득하려고 노력한다'라고 비난했다.[19] 이러한 의견은 어느 정도 진실이 담겨 있다. 윌라드는 흑인 인권 옹호자들 뿐 아니라 자신의 지지 세력인 남부 백인 여성 모두를 확보하기 위해 노력했다. 윌러엄 로이드 게리슨, 프레드릭 더글라스, 줄리아 워드 휴 등은 윌라드가 '유색 인종 운동에 헌신적이었고', 세계 절제회 혹은 전국 절제회 어디에도 피부색에 따른 차별이 있지 않았다고 주장하면서 윌라드를 방어하고자 했다. 헨리 여사는 마침내 영국 절제회 회원들의 문제에 대한 개인적인 성명서를 발표했다. 미국 평등권 지도자들의 지지 편지들이 그 성명서에 포함되었다. 헨리 여사와 플로렌스 발가니가 교환한 편지는 영국 절제회의 실질적인 쟁점이 권력 투쟁이었음을 입증한 유력한 증거를 담고 있었으며, 한나 스미스와 교환한 편지가 이것을 명확하게 해주었다.[20] 결국 소동이 점차 진정되었지만, 그에 따른 신랄한 말들은 1895년 여름휴가 동안의 휴식과 휴양에 결코 도움이 되지 않았다.

영국에서의 여름이 비록 평온하지는 않았지만, 윌라드는 세계 대회를 위해 증기선을 빌려 영국에 도착한 미국 사절단을 기쁘게 맞이했다. 사절단은 윈저와 이스트노 캐슬을 유람하고 리게이트 마노에서 호화로운 접대를 받았다.[21] 윌라드는 세계 대회를 주재한 후, 그해 가을 미국으로 돌아왔다. 윌라드가 따뜻하고 유쾌하게 회중을 둘러보면서 평소의 '매력있는 연설을 했을 때, 모든 사람이 그 장대한 축하행사의 위엄과 영감에 감동을 받았다.' 윌라드의 남부 지지자들 중 한 명이 평가했듯, 이 광경은 '가정을 지키고 여성다움을 고양하는 열정을 불러일으키기에 충분하며 또한 도움이 되는 연설이었다.'[22]

대회가 끝난 직후, 윌라드는 불안한 몸 상태로 위험한 시도였던 마지막 남부 여행을 시작했다. 거의 모든 면에서 이 여행은 성공적이었지만, 더 이상 그녀는 대중 집회에서 연설을 함으로써 남부 청중들을 몰아 부치거나 또는 한 용감한 여성이 불러 일으켰던 편견을 다시 직면할 필요가 없었다. 미시시피 잭슨에 도착했을 때, '1881년에는 왓슨 판사가 자신의 돈을 들여 나를 태워다주고, 호텔 휴게실에는 돼지가 있었던 것과는 너무도 달리, 정거장에 마차가 대기하고 있었고, 남성과 여성들의 위원회 – 도처에 하얀 리본을 단 사람들이 있었고, 주지사의 아내도 위원회에 속해 있었다. – 가 있었으며, 언론도 가장 친절하게 보도해주었다.'[23] 〈채터누가 타임즈(The Chattanooga Times)〉는 '공단 옷을 입은 사교계의 점잖은 여인이 재봉사 여점원과 나란히 앉았다. 구두 수선공과 점원이 은행가와 변호사를 밀치고 지나갔다. 사람이 드나드는 오른쪽 발코니 맨 앞줄에는 수많은 흑인 여자 아이들이 흩어져 앉아 강연이 진행되는 동안 꾸벅 꾸벅 졸고 있었다'고 보도했다.[24] 윌라드가 연설한 자리에는 흑인들이 여전히 다수를 차지했다. 또한 많은 여행 중에는 터스키기(Tuskegee)로의 여행도 포함되었다. 이곳에서 윌라드는 부커 워싱턴(Booker T. Washington)의 인도를 받아 학교를 방문하고 학생들에게 연설했다. '나는 내가 할 수 있는 최선을 이야기했고, 모든 학생들과 악수했다.'[25] 윌라드는 미국 사회에서 교육받은 흑인들의 운명을 걱정했다. 윌라드와 안나 고든이 또 다른 학교에서 흑인 아이들에게 연설한 후에, 윌라드는 일기에 '저들은 교육을 받을 때 측은한 사람들이다(윌라드는 그들의 운명이 슬플 것이라는 것을 의미했다). 인생이 가혹하게 보임에 틀림없다. 만일 내가 저들의 입장이라면 나는 아프리카로 돌아갈 것이다'[26]라고 기록했다. 윌라드는 아프리카 이민이 미국 흑인들에게 얼마나 무익한 해결책인지 전혀 알지 못했다.

수잔 안토니도 윌라드에게 걱정을 끼쳤다. 안토니는 여성참정권에 관한 주 선거가 있을 무렵인 1896년 가을에 샌프란시스코에서 개최될 예정인 차기 WCTU 전국대회가 '금주법 반대' 투표에 위협이 되고, 여성참정권 가능성에 불리하게 영향을 미치게 될 것을 염려했다. 윌라드는 역으로 WCTU 대회가 여성참정권에 긍정적인 영향을 줄 것으로 보았다. '그러나 수잔은 '단호했고', 나는 좋은 감정을 위해 우리가 바꾸어야 한다'고 생각했다.[27] 그리고 윌라드는 다른 전체 임원들에게 확신을 심어주었다. 캘리포니아 WCTU는 협력하기 위해 열심히 노력했지만 여성참정권 운동에서는 두드러지지 않았다. 공교롭게도, 그해 절제회 연례 모임은 캘리포니아에서 열리지 않고, 그곳에서 멀리 떨어진 세인트루이스에서 개최되었다. 이 시기에 윌라드의 불만은 WCTU 지지자들에 관한 것이었다. 윌라드는 '하얀 리본을 맨 여성들이 지금보다 조금 더 예민한 마음을 가지면 좋겠다. 하지만 여성들은 너무 오랫동안 생각만 해왔다!'[28]라며 흔치 않은 불평을 내던졌다.

1890년대 중반, 프란시스 윌라드와 지지자들, 동료 및 동맹자들과의 문제는 불안한 연합을 결성하려고 시도하던 정치 지도자에게 색다른 일이 아니었다. 그렇게 활동 범위를 넓히려는 동안 윌라드는 어떤 방식으로든 논쟁을 피할 수 없었다. 윌라드는 여러 번 모호한 말들을 사용했다. 자신의 손실을 방어했고, 때로는 개인적이며 정치적인 권력을 유지하기 위해 약자들을 희생시켜 자신을 보호했다. 그러나 그녀는 원대한 목표를 향한 비전을 잃지 않았고, 자신의 기본적인 입장에 대해 심하게 타협하지 않았다. 다른 모든 윤리적인 정치가들처럼, 윌라드는 자신이 믿는 주장들을 더 가능하게 해줄 영향력을 얻기 위해 권력에 집착했다. 윌라드는 WCTU 내부의 싸움에서 미국 WCTU를 떠날 수도 있었지만, 싸우는 편을 선택했다.

2월말 어느 쓸쓸한 날, 윌라드는 일기장에 자신이 겪은 '시련들'의 목록을 만들었다. 이 목록에는 WCTU 창립식에서 벌어졌던 내부 싸움을 비롯한 여섯 가지의 시련뿐만 아니라, 흑인 지지자에 관한 문제부터 템플의 반대자에 관한 어려움 등이 전부 포함되었다. 그러나 윌라드는 '마음 쓰지 말라. 힘닿는 데까지 평화를 지켜라. 그리고 우리 갈 길의 방향을 지켜라'라고 마무리했다.

윌라드와 안나 고든이 1896년 4월 영국으로 출항하기 전에 절제회 전체 임원들은 시카고에서 모임을 갖고 가을 모임을 위한 최종 계획안을 만들고, 남은 회기 동안의 절제회 업무 계획을 세밀하게 세웠다. 윌라드는 노스웨스턴 캠퍼스와 '넓고 푸른 호수에서 매우 가까운' 에반스톤 집에서 케이트 잭슨과 함께 추억에 잠기며 향수에 젖은 일주일을 보냈다. 케이트 역시 아픈 두 다리 때문에 투병하고 있었는데, 프란시스와는 달리 육체적인 문제 때문에 우울해 했다. 프란시는 또한 '부드럽지만 용감하고 상냥하며 세련되고 세계주의적'이라고 생각한 소녀 시절의 친구 애드 브리햄(Ad Brigham)을 만났다. 윌라드는 모든 옛 기억들과 만나고 있었다. 시카고 지역을 떠난 윌라드는 뉴욕 처치빌에 있는 친척들을 방문한 후, 워싱턴 D.C.로 갔다. 이곳에서 윌라드는 조타 케이크 볼드윈과 함께 머무르면서 두세 번의 연설을 했다. 윌라드는 이듬해 여름과 가을에 이 순례 여행을 반복하면서 인생의 여러 시기에 자신에게 친밀하고 사랑스러웠던 사람들을 한 번 더 만날 생각이었다. 영국의 러브콜이 있었지만 그녀의 고국은 분명 미국이고, 윌라드는 그것에 만족했다.

Chapter 14. 죽음

뉴욕 치커링(Chickering) 회관에서 열린 화려한 작별 파티 이후, 프란시스 윌라드와 안나 고든은 1896년 4월 22일, S. S. 파리(S. S. Paris)호를 타고 영국으로 출항했다.[1] 영국 및 미국 국기와 꽃으로 뒤얽힌 장식과 앉을 자리가 없을 만큼 많은 사람들이 몰려든 회관에서 행해진 '마지막 연설보다 더 훌륭했던' 15번의 연설은 미국에서 윌라드의 명성이 아직 살아있음을 강하게 느끼게 해주었다.[2] 동시에, 윌라드는 이사벨 서머셋과 7개월간 떨어져 있다가 다시 영국으로 돌아갈 것에 대해 생각하고 있었다. 윌라드는 그해 이른 봄에 '또한 코시, 그는 내 마음의 중심에 고이 간직되어 있는 모든 사람들 가운데 가장 소중하고 능력 있는 친구이다. 코시는 나와 함께 있을 것인가? 우리는 아직도 한 줄기에 붙어 있는 두 개의 버찌와 같은가? 나는 그것을 위해 기도한다'[3]라고 읊조린 적이 있었다. 윌라드가 이 항해를 떠날 때, 운동이 아닌 관계들이 가장 먼저 마음속에 떠올랐다.

프란시스 윌라드와 안나 고든이 영국에 처음 도착했을 때, 떨어져 있던 여러 달 동안 전보와 편지 그리고 지지 요청들이 끊임없이 대서양을 건너오던 것과 같이 모든 것이 잘될 것처럼 보였다. 이사벨 서머셋은 한나 휘톨과 다른 친구들과 함께 윌라드와 고든을 마중하기 위해 사우샘프턴 부두에 나와 있었다. 윌라드 일행의 첫날 밤은 런던 번화가에 있는 헨리 여사의 타운하우스에서 보냈고, 윌라드는 '여기에 있는 것이 마치 숨을 쉬는 것과 같이 자연스러운 것 같다'라고 기록했다. 다음날 윌라드 일행은 리게이트 영지로 이동했다.

윌라드 일행이 1892년부터 1895년까지 여러 달을 보낸 리게이트에는 주거 시설의 변화가 있었다. 비록 이곳에는 많은 사람들이 함께 있었지만, 더 이상 프란시스와 이사벨은 한 지붕 아래 있지 않았다. 헨리 여사의 아들이 지난 겨울 결혼을 했고, 리게이트의 주 저택인 프라이어리(Priory)는 젊은 부부를 위한 시설로 개조되었다. 헨리 여사는 프라이어리에 자신을 위한 거처를 남겨 두었지만, 윌라드와 고든 그리고 수행자들은 이제 리게이트의 두 번째 저택인 카티지(Cottage)에 살았다. 이사벨은 아침 식사를 하거나 차를 마시기 위해 카티지에 왔고, 프란시스는 프라리어리에서 열리는 화려한 사교 모임에 종종 초대를 받았다(그러나 항상 간 것은 아니다). 프란시스와 이사벨은 이제 따로 떨어진 집을 사용했다. 다시 이루어진 이 만남은 윌라드가 생각했던 것보다 덜 화려했을지도 모른다. 재회의 기쁨 이면에 작은 실망의 선율이 흘렀다. 헨리 여사는 많은 자선 사업과 조직 업무로 너무나 바빴고 고민하느라 여념이 없었기 때문에, 또 다시 질병과 싸우게 된 윌라드는 비록 물리적으로는 항상 친구 곁에 있었지만 이제는 그녀의 얼굴을 더 적게 볼 수밖에 없었다. 또한 헨리 여사의 종교적인 성향에도 변화가 생겼다. 유명한 영국 금주 지도자 캐논 알버트 옴 윌버포스(Canon Albert Orme Wilberforce)의 훈계가 이사벨 서머셋을 젊은 시절 믿었던 영국 국교회로 돌아가도록 했다. 윌라드가 없는 동안 헨리 여사는 침실을 나누어 기도실을 만들었고, 매일 아침 이 방에서 기도를 했다.[4)]

윌라드는 영국 국교회의 의식들을 수용하기가 어려웠다. 윌라드는 일찍이 '의식주의의 모든 형식이 나에게는 참으로 맞지 않는다!'라고 일기장에 털어놓은 적이 있었다.[5)] 윌라드는 자신이 '맘보 점보(Mumbo Jumbo, '미신적 우상'이라는 의미 – 역자 주)'라고 부른 영국 고교회파에 마음이 편치 않았고, 이사벨의 퇴행 때문에 마음이 어지러웠다. 국교회는 윌라드 안에 있는 감리교를 괴롭혔다.[6)]

게다가 두 사람의 관계에 또 다른 실질적인 변화가 찾아왔다. 1896년에는 윌라드가 헨리 여사에게 의존했던 것에 비해 헨리 여사는 윌라드를 덜 의존했다. 두 사람의 관계가 역전되었다. 윌라드는 돈과 재정적인 지원을 다른 사람에게 신세지는 것으로 인해 심한 괴로움을 받지는 않았지만, 악화된 공황과 그 이후의 불황이 미국 절제회의 예산을 심하게 삭감했던 1893년부터는 헨리 여사가 윌라드의 실질적이고도 유일한 재원이었다. 그 이후 윌라드가 받은 모든 자금은 윌라드와 고든이 미국에서 보낸 막간을 위해 필요했다. 그러나 헨리 여사에 대한 윌라드의 재정적인 의존은 처음부터 두 사람

⁑ 1895년 리게이트 영지 카티지의 응접실에 앉아 있는 윌라드(고든, 〈프란시스 윌라드의 아름다운 생애〉에서 재판)

사이에 존재했고, 윌라드는 자신의 적은 예산이 부유한 친구들의 도움으로 보충되는 것에 익숙해졌다.

한편, 예전에는 윌라드가 개인교사의 역할을, 그리고 헨리 여사는 제자의 역할을 맡았었다. 1892년 영국에 처음 갔을 때만 해도, 윌라드는 신선한 새 얼굴이었을 뿐 아니라, 영국의 여성 금주운동이 필요로 하는 무궁무진한 기술과 계획, 원칙들까지 미비한 수준의 영국 금주운동에 제공해주었으며, 이것은 감사한 일이었다. 훈련방법과 조직화의 방식, 심지어 영국 출판물인 〈여성 시그널〉의 이름까지 모두 미국의 것들을 모방했다. 그러나 1896년에 윌라드는 이 친구에게 처음보다 덜 절대적이었다. 두 사람의 관계는 그렇게 미묘하게 변했다. 윌라드는 이것을 받아들이기 어려웠을지도 모른다.

윌라드의 악화된 건강도 두 사람의 관계에 영향을 끼쳤다. 첫 영국 여행 동안, 윌라드는 드와이트 무디나 퀘이커교도 피어설 스미스(Pearsall Smiths)가 그랬던 것처럼, 대중적인 연단에서 대단한 성공을 거두었다. 만약 미국인들이 영국 귀족 사회를 끊임없이 흠모하는 성향을 가지고 있었다면, 19세기의 영국인들에게도 동일하게 미국인의 비법, 창의성, 곧은 민주주의 정신을 동경하는 성향이 있었을 것이다. 어떤 면에서 미국인들은 영국인의 분신이었다. 미국인들은 자신들을 영국과 분리시켰는지 모르지만, 다른 어떤 사회도 미국만큼 영국 중산층 지식인들의 사고 체계를 자신들의 신념 체계의 근본적인 기조(즉, 일반인을 위한 안전한 사회)로 가감 없이 받아들인 경우는 없었다. 미국인들이 영국인들에게 매혹되었던 것만큼 영국인들은 미국인들에게 매혹되었다. 건강이 쇠약해질 때까지 윌라드는 영국을 휩쓸었다. 이제는 어쩔 수 없이 보다 비공식적인 역할을 해야만 했다.

영미 관계는 여전히 잘 이루어지고 있었고, BWTA의 두 부회장 프란시스 윌라드와 한나 휘톨 스미스는 영국여자절제회 내 평의회에서 여전히 중요했다. 그러나 헨리 여사는 더 이상 초기 시절의 확신 없고 소심한 지도자가 아니었다. 1896년 6월 이사벨이 영국 절제회의 연례 정기회의를 주재하는 것을 지켜본 후, 윌라드는 '사랑스런 코시는 사회를 보는 업무에서 훌륭하게 성장했다. 코시의 요청으로 내가 곁에 앉아 도움을 주었던 1894년 이후 코시가 얼마나 성장했는가(윌라드는 1893년 미국 절제회 및 세계 절제회에서의 헨리 여사의 대성공을 잊고 있었다). 그리고 얼마나 품위 있는 지성으로 당당하고 확신 있게 걸어 나와 청중을 이끌고 있는가. 청중은 해마다 코시를 더욱 사랑하고, 코시는 사랑으로 그들을 지도한다'라고 논평했다.[7] 이사벨 서머셋은 분명히 자신의 전문 분야에서 스타였다.

비록 윌라드는 종종 1894년부터 1896년까지 영국에 있는 편이 나았다고 굳게 믿었지만, 이 기간 동안 미국에서의 체류는 여러 면에서 대 성공이었다. 윌라드는 자신의 미국 내 직무들을 당당하고 열정적으로 수행했다. 1896년 남부 여행도 충분히 만끽했다. 미국에서 윌라드는 자신이 누구인지 정확하게 알게 되었고, 지지자들의 의향을 직관적으로 이해했다. 대체로 지지자들은 순종적이었지만, 만일 그렇지 않을 경우에는 그들을 잘 다룰 준비가 되어 있었다. 윌라드는 미국의 금주운동과 여성운동의 여왕이었고, 경쟁자들은 결코 오래 가지 않았다. 영국에서는 윌라드의 처지가 안정되지 않았다.

1895년, 프란시스 윌라드와 이사벨 서머셋은 새로운 주장을 채택했다. 1894년 말과 1895년 초의 중동 선교사들을 통해 나온 보고에 따르면, 반(Van) 호수 서쪽 끝 주변의 동 터키에서 아르메니아 기독교인들의 대대적인 학살이 일어났다. 아르메니아는 가장 오래된 기독교 국가였는데, 하나의 국가로서 아르메니아인들은 3세기 말에 기독교를 받아들였다. 그러나 16세기에 이르러 대부분의 아르메니인들은, 비록 그 동안도 간헐적으로 박해를 받고 기독교인들로서 무슬림 사회에서 항상 차별을 받아 왔지만, 오스만투르크 족에게 멸망당하였고, 이 제국 내에서 생사가 걸린 경제적인 역할인 상인들과 금융업자들이 되었다. 그러나 술탄 아마드 알하미드 2세가 아르메니아의 점차 증대하는 민족주의자들의 활동에 대한 체계적인 멸종 계획에 착수한 1894년에 아르메니아의 위기는 증가했다.[8] 살해당한 아르메니아인의 숫자는 대략 250만 명 인구 중 2만5천에서 30만 명 정도로 다양하게 추정되었다. 더욱 많은 아르메니아인들이 제1차 세계대전 기간 중인 1915년에 대학살로 살해될 것이었지만, 1894년 대량 학살은 현대 사회에서 조직적으로 전체 마을을 박멸하고 그야말로 집단 학살을 행한 최초의 사건이었다. 대량 학살을 벌인 방법의 잔인성은 서방 세계에 공포와 혐오감을 더해주었다.

1895년 봄, 프란시스 윌라드는 학살을 막기 위해 미국과 영국 정부가 공식적인 조치(경제 제재나 혹은 함포에 의한)를 취할 것을 요구하며 미국과 영국을 휩쓸고 있던 대중운동에 참여하였다. 그해 5월, 윌라드와 헨리 서머셋은 런던의 성제임스홀에서 열린 아르메니아 문제 관련 대규모 집회에 참석하여 두 사람 모두 연단에 앉았으며, 헨리 여사는 연사들 중 유일한 여성이었다.[9] 6월에, 아르메니아 여성 레베카 크리코리안(Rebecca Krikorian)은 터키에 있는 미국 선교사에 의해 줄곧 참석을 권유받아 오던 중에 런던에서 열린 세계 WCTU 대회에 참석했다. 윌라드는 그해 가을 미국 절제회 정기 대회에 참석하도록 크리코리안을 초대했으며, 크리코리안은 아르메니아인 구제를 위해 강연과 모금을 하면서 1년 동안 미국에 머물렀다.[10]

아르메니아 문제와 난민 구제는 미국 여성들의 통절한 관심사였다. 이교도 쿠르드인들과 터키인들에 의해 집에서 내몰리고 보호받지 못한 채 무방비 상태로 방치되며, 학살과 강간을 입고 있는 기독교 여성들에 대한 생각이 여성들의 종교적 편견 뿐 아니라 자매애의 결속에 대한 헌신도 자극했다.[11] 선한 기독교 여성들은 아르메니아 여성들과 어린이들을 위해 중재에 나설 선한 기독교 국가를 기대했다.

1890년대의 여성들은 정치적 수완도 완성했었다. 다시 한 번, 여성들은 자신들의 마음을 끈 운동을 위해 이 '영향력'을 사용할 준비가 되어 있었다. 인권 문제는 여성들에게 특별한 매력을 가지고 있었고, 여성들은 터키인들에 대한 응보와 아르메니아인들을 위한 구제를 주장하기 위한 로비 활동을 신속히 구성하자는 데에 마음을 모았다. 10년 동안 미국 여성들은 전 세계의 정치적인 문제들에 관심이 있었다. 비록 다국어로 쓴 청원서가 여러 면에서 순박한 행동이었을지도 모르지만, 그것 또한 세계 협의회가 영향력을 행사해주기를 요청한 여성들의 단호한 조치였다. 1887년 절제회는 평화와 중재를 위한 부서를 신설했다. 이제 여성들은 자신의 신분을 인권의 투사라고 생각했다.

여성 교인들은 아르메니아 문제를 위한 조치를 취해 줄 것을 큰 소리로 요구했고, 절제회 여성들도 마찬가지였다. 1896년 1월, 미국 절제회는 아르메니아 구제를 위한 예산을 국회에 청원했다.[12] 1896년 전국절제회대회 중 가장 큰 모임인 주일 오후 모임에 6천 명의 회중이 참석한 가운데, 아르메니아 문제를 다루었다.[13] 윌라드는 대서양 양편으로부터의 관심을 촉구했다. 연설뿐만 아니라, 윌라드는 에드윈 블리스(Edwin Bliss)의 〈터키와 아르메니아 잔학 행위(Turkey and the Armenian Atrocities)〉의 서문을 썼다. 또한 윌라드는 아르메니아 위기에 관한 프레데릭 그린(Frederick Greene)의 소책자에 기록된 대량 학살 기록의 진정성을 증언한 스무 명의 저명한 미국인 중 한 사람이었다. 1896년 2월, 윌라드는 '내가 상상할 수 없는 교회에 솔즈베리(Salisbury) 경이 어떻게 갈 수 있을까?'라고 물었으며, 6월에는 페르시아, 아르메니아, 터키에서 방금 돌아온 윌라드 하워드(Willard Haward) 기자를 리게이트 영지의 오찬 손님으로 초대했다. 프란시스는 '우리는 잔혹 행위에 관한 하워드의 책에 크게 자극받았다'라고 전했으며, 금주 여성들이 아르메니아 구제를 위한 모금을 도와야 한다는 하워드의 제안을 즉석에서 받아들였다.[14)]

1896년 늦여름, 윌라드와 헨리 여사는 노르망디에서의 자전거 여행을 기대하며 프랑스로 휴가를 떠났다. 그러나 궂은 날씨 때문에 자전거를 탈 수 없었다. 두 여성은 파리로 돌아왔으며, 이곳에서 동지중해로부터 배를 타고 마르세유로 들어오는 아르메니아 난민들의 숫자가 늘고 있다는 것과 그들을 보호할 시설이 턱없이 부족하다는 것을 알게 되었다. 프랑스 정부는 최소한의 수용소와 식량만을 지급하고 있었다. 윌라드와 헨리 여사는 개인적인 구조 노력을 기울이기로 결심했다.[15)] 헨리 여사가 자금을 출연하여 두 사람은 루이스 14세 시절에 지은 버려진 병원을 프랑스 당국으로부터 인수하여 부엌을 설비하고 3백 명 난민들을 위한 안식처를 마련했다. 두 천사는 넉넉한 상류계급의 아량으로 난민들의 셔츠와 옷을 만들 수 있는 옷감을 나누어주었다.[16)] 윌라드와 헨리 여사는 구세군의 도움을 받았으며, 1896년 가을 런던으로 돌아온 후에는 안식처의 운영을 구세군에게 넘겨주었다. 한편, 두 사람은 대륙과 영국 그리고 미국에 기능성 숙박소를 조직하고, 약 500명의 난민들을 수용할 수 있는 가정을 물색했다. 그 중 하나가, 리게이트 영지에 약 20명의 아르메니아인들이 머물면서 헨리 여사와 직원들의 보호를 받는 것이었다.[17] 그해 가을 이후, 영국여자절제회의 유력한 인물인 로라 옴 챈트(Laura Orme Chant)는 불가리아로 파견되어 세계 절제회의 도움을 받아 집 잃은 수많은 아르메니아인들을 위해 식량, 의복, 의료적인 돌봄뿐 아니라 800명의 난민을 수용할 수 있는 또 다른 피난처를 조직했다. 다국어로 쓴 청원서는 국제무대에 구체적인 영향력을 발휘하기 위한 금주 여성들의 초기 노력이었다. 아르메니아 문제는 이 여성들에게 특별한 기회와 책임을 가져다주었다.

많은 면에서 마르세유의 모험적 시도는 프란시스 윌라드보다는 헨리 부인의 행동주의적 일처리 방식에 가까웠다. 헨리 여사는 언제나 사회 문제 해결을 위한 직접적인 접근방식을 택했다. 헨리 여사는 개인적으로 리게이트 근처 자신의 소유지에 탈선 여성들을 위한 자선 피난처를 운영하고 자금을 공급했다. 영국 귀족 사회의 일원으로서 자선은 헨리 여사의 타고난 환경이었다. 윌라드의 접근 방식은 훨씬 덜 개인적이었다. 윌라드는 자신이 직접 나누어줄 돈이 없었다. 그래서 입법적인 해결, 정치적인 행동, 혹은 자선단체들의 절제회 후원들을 모색했다.

비록 미국이 아르메니아인들을 향해 엄청난 동정을 가지고 있었지만, 많은 미국 신문들은 자국을 아르메니아인들을 위한 '쓰레기 처리장'으로 만드는 것에 대해 일반적인 국수주의적 경고를 쏟아냈다.[18] 또한 미국으로 향하는 난민들이 되돌려 보내질 수도 있다고 위협하는 미국과 영국 신문들도 있었다. 10월말이 되어서야 비로소 리게이트의 아르메니안 옹호자들은 미국으로 보내진 난민들이 실제로 입국을 허락받았고, 옹호자들의 노력 – 엄청난 반대에도 불구하고 – 이 성공을 거두었다는 것을 알게 되었다.[19)]

미국과 영국에서 윌라드와 많은 다른 개혁 여성들에게 아르메니아 위기는 상징적인 운동이었다. 19세기 말 미국 여성들은 전 세계 여성 가운데서 자신들이 특히 안전하며 큰 혜택을 누리는 지위에 있다고 생각했다. 해외 선교사를 후원하던 한 세대 동안 이들은 비기독교 국가들에서 행해지는 여성들의 타락과 성적 착취 등을 두려운 마음으로 바라볼 수 있게 되었다.[20)] 다른 많은 미국 여성과 같이, 윌라드는 그녀들이 특별히 미국 사회가 지켜주는 축복된 지위를 누리고 있다는 자신의 신념을 일찍이 표현했었다. 1869~1871년 유럽과 중동을 여행하는 동안 윌라드는 그곳에서 받은 훌륭한 대접에 감동할 뿐, 자신의 마음을 바꿀 만한 어떠한 것도 발견하지 못했었다. 터키에서 일어나고 있던 일은 윌라드의 우주론에 잘 맞았다. 1895년 세계 절제회 런던 대회 연설에서, 윌라드는 '아르메니아에서 여성들에게 범해진 잔혹한 행위는 남성들의 성숭배와 남성들에게 허용된 일부다처 및 첩 제도가 빚어낸 당연한 결과이다'라고 주장했다. 1896년 미국 절제회 대회에서 즉석연설을 했을 때(아르메니아 구제 노력으로 인해 의례적인 연설을 준비하지 못했다), 윌라드는 아르메니아인들이 자신이 주장하는 사상의 표상이라고 설명했다. '하얀 리본의 정신, 곧 가정생활의 신성함, 한 여자에 대한 한 남자의 신실한 정조를 지구상의 그 어떤 나라보다 잘 보여주는 사람들이 아르메니아인입니다. 모하메드가 남성을 타락시키고 사랑을 욕망으로 대체하며, 첩 제도를 통해 여자를 남자의 속박된 노예로 전락시켜 버린 사악한 종교를 만들어내기 훨씬 이전부터 그들은 이렇게 신실하게 살았습니다.'[21] 더 이상 이슬람은 윌라드의 호의적인 관용의 대상이 아니었다. 더 이상 윌라드는 '하나님은 우리에게 한 번이 아니라 무수히 많이, 한 가지 방법이 아니라 다양한 방법으로 말씀하셨습니다'라는 주장을 하지 않았다.[22] 마르세유 사건이 있기 전인 1896년 초, 윌라드는 일기에 이렇게 적었다. '내 모든 인생에서 어떤 것도, 심지어 남북전쟁조차도 저 순교자 나라의 운명처럼 내 영혼을 격분시키지 않았다.'[23] 1896년, 학대받는 여성들과 윌라드의 관계는 에큐메니즘에 대한 윌라드의 관심보다 우선되었다.

윌라드는 해외에서 행복했고 지지하고픈 의미 있는 운동도 찾았지만, 미국의 운동은 포기할 수 없었다. 윌라드가 정치 개혁 연합 촉진자로서의 역할을 계속했던 것이 하나의 예이다. 1896년 윌라드는 여전히 강력한 제3정당을 기대했지만, 정치적인 목표들에 대한 지지를 조직화할 수 있는 능력은 점차 악화되는 건강과 미국에서의 부재로 인해 매우 불리한 입장이 되었다. 인상적일 만큼 자주 대서양을 건너 오가던 편지들에서 윌라드는 정치적인 입장을 구체화하려고 노력했지만, 미국을 떠난 상황에서 금주당 협의회나 더 원대한 개혁 연합 운동에 많은 영향력을 발휘할 수 없었다.

금주당은 계속 반대 입장을 고수했다. 1895년 12월 시카고 대회에서, 실행위원회는 정당의 명칭을 금주당에서 가정보호당으로 바

⁂ 콘스탄티노플 대량 학살을 피해 나온 아르메니아 난민들(고든, 〈프란시스 윌라드의 아름다운 생애〉에서 재판됨).

꾸라는 절제회의 제안에 어떤 반응도 하지 않았다. 가정, 곧 여성들에게 소중하고 기꺼이 받아들일 수 있는 영역을 보호하는 것과 정치적인 행동을 합병하려던 윌라드의 1880년대 위대한 사상은 더 이상 큰 무게가 없었다. 금주당원들은 단일 주장 목표를 향하여 끊임없이 매진하여 마침내 1918년에 승리를 거두었고, 윌라드는 패배했다.

1896년 금주당 내에서도 화해할 수 없는 분열이 일어났다. 단일 목표를 주장하는 진영은 당이 금주운동만을 지지해야 한다고 주장하면서, 1880년대와 1890년대 초에 더 광범위한 개혁 정강 때문에 당이 성공할 수 없었다고 비난했다. 윌라드는 다양한 목표를 주장하는 자들에 대해서는 호의적이었지만, 세인트 존과 함께 이 정당을 이끌고 있던 헬렌 구가에 대해서는 좋아하지도 않고 신뢰하지도 않았다. 단일 목표 주장 세력이 금주당에서 승리를 거두자, 다양한 목표를 주장하던 수백 명의 회원들은 금주당을 탈퇴하고 국민당을 창당했다. 윌라드와 절제회를 포섭하기 위한 전략으로 이 정당은 당의 표어를 '가정보호'라고 정했다.

윌라드는 난감한 상황에 직면했지만 어떤 노선을 정할지 주저하지 않았다. 윌라드는 가까운 친구이며 절제회 부회장이었던 릴리언 스티븐슨에게 편지를 보내 새로운 정당의 여성 지도자들과 관련을 맺는 것은 '부메랑 혹은 미친개처럼 정신없이 쫓아다니는 것과 같다'고 했다. 윌라드는 수년 전 수잔 안토니가 '구가는 손대는 것마다 망가뜨린다'고 말했던 것을 기억했다.[24] 하지만 윌라드는 공개적으로는 이러한 말을 할 수가 없었다. 그래서 절제회의 유니온 시그널은 '당분간은 적어도 각자 어느 당이 '금주 원칙을 가장 구체적으로 실현하고 우리 가정을 가장 확실하게 보호하는지' 결정해야 한다'고 논평했다.[25]

이것은 위험한 방향이었고 윌라드도 그것을 알았다. 주와 지방 절제회들은 국민당이나 금주당 중 어느 한 쪽에 가담할 것이었고, 그로 인해 절제회는 크게 분열될 수 있었다. 윌라드는 자신의 조직이 손상당하지 않도록 하기 위해 더 큰 금주운동을 포기할 준비가 되어 있었다. 윌라드는 자신의 능력과 영향력의 진정한 원천을 알고 있었다. 여성들에 대한 지도력이야말로 미국의 공적인 영역에서 윌라드의 지위의 기반이 되었다. 그러나 이 문제는 그리 단순하지 않았다. 주 절제회들은 이미 어느 한쪽에 가담하고 있었다. 신속한 결정이 필요했다. 그래서 금주당원들을 대표하는 두 정당에 대해 중립적인 태도를 취할 것을 촉구하는 메시지를 모든 주 회장들에게 발송했다. 절제회 여성들은 양 정당 모두에 동료들이 있었으므로, 어떤 결의안이나 공식적인 발언 또는 어느 한쪽 만을 찬성하는 결정은 세인트루이스 전국 대회 이후에 이루어져야 한다고 경고했다.[26] 윌라드는 절제회를 다루는 면에서 최고의 정치가였다. 거의 실수하지 않았다. 심지어 멀리 병상에서도 그 노련한 솜씨는 병들지 않았다.

1896년 가을, WCTU 전국대회에서 윌라드는 절제회의 판단을 이끌기 위해 출석할 예정이었다. 사실 선거가 이미 끝난 시기일 테고, 승인의 문제는 공허한 쟁점이 될 것이라 생각했다. 그 무렵 비록 프란시스 윌라드가 관여하지는 않았지만 가지각색의 연합이 일어났다. 인민당원들이 윌리엄 제닝스 브라이언(William Jennings Bryan)의 입후보를 찬성하여 민주당에 가입했다. 농민운동이 근본적으로 미국 정치의 대세에 합류했고, 금주당원들 사이의 싸움은 작은 국지전에 불과했다. 회장연설에서 윌라드는 그 해 대통령 후보였던 브라이언과 윌리엄 맥킨리(William McKinley) 모두에 대해 긍정적인 평가를 내렸고, 새로운 대통령 당선자에게 '가장 신실한 충성과 호의'를 맹세했다.[27]

이 모든 새로운 정황들은 세인트루이스 절제회 대회에서 정당 승인에 관한 논쟁을 막을 수 없었다. 두 개의 금주당은 여전히 절제회 내에 강경한 당원들을 가지고 있었기 때문에, 윌라드의 강력한 불승인 입장만이 분열을 막을 수 있었다. 1897년, 윌라드가 주재한 마지막 대회에서 윌라드는 다시 한 번 이 입장을 확인했다. 윌라드는 여성들이 활발한 정치적 역할을 하는 것을 보고 싶었지만, 그 과정에서 지지자들의 근본적인 일치를 위태롭게 하고 싶지는 않았다. 프란시스 윌라드와 헨리 서머셋 여사가 1896년 가을 마르세유로부터 돌아왔을 때, 프란시스는 멋진 황금색 공단 커튼이 걸려 있는 리게이트 프라어리의 둥근 천장 방 침대에 눕혀졌다. 비록 지난 4월 영국에 도착한 이래 줄곧 건강이 좋지 않았던 것은 사실이지만, 아르메니아 구제 노력은 윌라드에게 너무나도 버거웠다. 간혹 '자전거를 타고 외출하거나 체육관에 가거나 편지를 쓸 만큼 좋아졌지만,' '약한 후두와 혀는 불덩이 같았으며', '얼마나 오랫동안 이 고통을 겪고 있는가, 그리고 이것이 사람을 얼마나 지치게 하고 힘없게 하는가'라고 불평했다.[28] 때로 강연 계획을 세우기도 했지만 어쩔 수 없이 대부분을 취소해야 했고, 그해 6월에는 더 이상 그러한 약속을 하지 않겠다고 맹세했다.[29]

같은 해 여름, 윌라드에게 대만족을 가져다줄 공적인 행사들이 열렸다. 1896년 7월, 국제 사회주의자 및 노동자 대회(International Socialist and Labor Conference)가 런던에서 개최되었다. 이 대회에 참석하여 페이비언들과 유럽 사회주의자들과 교제하는 사람 중에 샬롯 길먼(Charlotte Gilman)이 있었다.[30] 윌라드는 이 대회에서 비슷한 역할을 하고 싶었을 것이다. 윌라드와 안나 고든은 이 대회 전에 있었던 대 런던 평화 시위와 행진에 관객으로 참석했지만, 그 작은 여행에서 체력을 소진해 일주일 동안 일기를 쓸 수 없었다.[31] 6월 초에 열린 영국 절제회 전국 대회가 윌라드를 더욱 악화시켰다. 런던 대회에 전 기간 참석하는 것은 견딜 수 없는 부담이었을 것이다.

회복되기보다는 오히려 더 소진된 프란시스 윌라드는 세인트루이스에서 개최될 전국 대회를 며칠 앞두고 1896년 11월 7일에 뉴욕에 도착했다. 윌라드는 여행 기간 내내, 심지어 영국 해협을 건너는 큰 배에서도 뱃멀미를 했다. 최악의 항해였다. 안나는 간병인 이사벨이 프란시스와 동행할 것을 고집해서 따라나섰지만, 여행 내내 그저 무기력하게 선실에 누워만 있었다. 그러나 두 여성은 세인트루이스까지 함께 갔으며, 윌라드는 일촉즉발의 대회를 열정적으로 주재하여, 정당 승인에 관한 격한 쟁점을 성공적으로 비켜갔고, 아르메니아에서의 수고에 대해 박수갈채를 받았으며, 조건을 붙여 템플 사무실 빌딩 계획안을 비준하도록 했다. 대회는 끝났다. 그리고 윌라드는 뉴욕 카스틸의 코델리아 그린 박사의 요양원에 쓰러졌다. 이곳에서 윌라드는 1897년의 봄을 지내고 남은 생애 대부분을 이곳에서 보냈다.

안나 고든은 환경의 변화가 윌라드의 건강을 회복시켜줄 것이라 여기며, 카스틸 외의 다른 곳에서도 언제나 윌라드 곁에 있었다. 그해 4월, 프란시스는 애틀랜타에서 케이트 잭슨과 함께 3주간을 보냈고, 5월에는 뉴욕의 데모레스트 부부를 며칠 동안 방문했다.[32] 뉴욕시와 뉴저지에서 두 번의 중요한 연설을 잘해냈고, 그 후 캠브리지 친구들과 잠시 머무른 후 보스턴 근처에 있는 안나의 집에서 얼마간 머물렀다. 그리고 회장 연설을 작성하기 위해 뉴잉글랜드 휴양소로 이동했다. 종종 혀가 너무 아파서 이야기할 수 없었고, 자주 구토도 했다. 하루 일곱 번 식사를 했지만 체력을 유지하는 데에 소용이 없었다. 자주 소식하는 것이 심장에 대한 부담을 피하는 데 도움이 되었을지 모르지만, 채식주의 습관이 빈혈을 더욱 악화시켰던 같다.

철분 보조 식품과 다량의 비타민 B12를 구할 수 없던 시절에 빈혈은 간과 붉은 살 고기를 먹음으로써 치료할 수 있었는데, 이것들은 윌라드의 식단에 들어있지 않았다.

헨리 서머셋 여사는 영국에 있었고, 그녀 역시 병이 들어 여행할 수 없었다. 1897년 1월, 윌라드는 웨스트민스터에서 마차 사고를 당했으며, 2월에는 옆구리의 종기 수술을 받았다. 또한 심장질환도 앓고 있었다.[33] 이사벨은 미국 절제회 버팔로 집회와 세계 절제회 토론토 대회에도 참석하고 싶었지만, 그해 9월 이스트노 캐슬에서 릴리언 스티븐스에게 편지하여 프란시스에게는 아직 소식을 알리지 않았지만 병이 너무 악화되어 여행을 할 수 없다고 알렸다.[34] 윌라드와 절제회 내에 있는 대규모 지도자 그룹과의 관계에서 볼 때는 이사벨의 부재가 유리했다. 헨리 서머셋 여사는 더 이상 호의적이지 않았으며, 윌라드는 자신이 승인한 방향으로 절제회를 유지하는 데에 큰 어려움이 있었다.

윌라드는 1896~1897년 동안 휴식, 규정식, 주의 깊은 운동 등 그린 박사의 처방을 성실하게 따르면서 바다와 산의 맑은 공기, 새로운 사람들, 그리고 옛 친구들을 찾아 건강을 회복시켜줄 온천 여행을 했다. 언제나 지위에 따른 업무들이 붙어 다녔다. 사설과 기사들이 펜 끝에서 흘러 나왔다. 많은 편지들로 템플 사무실 빌딩 업무를 처리했다. 전국여성협의회 내슈빌 대회에 관심을 기울였다. 윌라드는 캐나다에서 열릴 세계 절제회 모임과 버팔로에서 열릴 미국 절제회 때문에 전국여성협의회 대회에 참석할 수 없었다.[35] 또한 저명한 여성참정권 및 금주운동 지도자였던 안나 하워드 쇼(Anna

Howard Shaw)를 협의회에 보내고 싶지 않았다. 왜냐하면, 토론토와 버팔로에서 금주운동 여성들에게 협의회의 관점을 설명해줄 사람으로 꼭 필요하기 때문이었다.[36] 언제나 그랬던 것처럼, 공적으로나 사적으로 윌라드는 한 해 동안 서신 왕래에 매여 있었다. 굳은 의지로 질병을 이겨낸 드문 경우를 제외하고, 연약한 육체가 힘겨운 삶과 싸우는 동안에는 윌라드의 마음과 펜이 수많은 공적인 업무들로 분주했다.

1897년 또 다른 큰 싸움이 대서양을 지나 미국으로 건너왔다. 1890년대 말, 프란시스와 헨리 서머셋 여사는 영향력의 범위를 대서양 양편을 아우를 만큼 확장했지만, 자신들의 취약한 영역도 동일한 범위까지 확장되어 있었다. 영국 군대의 성병 예방을 위한 성병방지법(Contagious Diseases Acts)이 영국에서 다시 논쟁이 되었다. 1864년에 처음 통과된 이 법률은 영국 수비대 주둔 도시들과 항구도시들에서 사병들의 성병을 관리하기 위해 입안되었다. 이 법률은 1870년대에 이르러 조세핀 버틀러(Josephine Butler)가 매춘 허가에 대한 여성들의 혐오감에 기초한 조직화된 여성운동을 이끌면서 처음으로 반대에 부딪혔다. 규제와 검열을 통한 매춘의 암묵적 허용이 영국 개혁가들에게 혐오의 대상이 되자, 이 법률은 프란시스 윌라드가 영국에 거주하기 전인 1886년에 폐지되었다.

인도에 파견된 영국 군대를 성병으로부터 보호하기 위해 이제 규제의 원칙이 다시 고개를 들기 시작했으며, 헨리 여사는 이것을 귀환하는 병사들로부터 전염될지도 모르는 영국 여성들을 보호하기 위한 것으로 생각했다. 그러나 영국 여성운동의 호전적인 진영은 이 법률(지금은 병영법이라고 불리는)을 완전히 다르게 보았다. 병영법은 이 여성들에게 자신의 몸을 파는 행위에 관한 법을 허용하는 것으로써 여성 비하의 전형이었다.[37] 1897년 헨리 여사는 영국 절제회 실행위원회에서 행한 연설에서 단속을 찬성하는 입장을 공개적으로 표명했다.[38] 절제회 회원들은 마침내 이 문제에 관하여 회원들이 서로 의견이 다르다는 데에 동의했다. 그러나 한나 휘톨 스미스에 따르면, 헨리 여사에게 반대하는 많은 여성들은 자기들 스스로도 요구한 자유를 기꺼이 헨리 여사에게도 인정했다.[39]

헨리 여사의 성병방지법 지지는 미국의 대적들이 공격하기 좋은 구실이 되었다. 프란시스 윌라드가 헨리 여사와 영국 무대에 관심을 기울이는 것을 못마땅하게 생각하던 적대자들의 질투심은 이제 논쟁거리가 되는 법적인 문제에서 그 출구를 찾았다. 대서양 너머와 관련한 문제는 한 가지 이상으로 불거졌다. 윌라드에게는 성병방지법과 유착한 여성운동을 펼쳤다는 불명예가 씌어졌으며, 이 문제에 관해 헨리 여사를 가장 지독하게 비난한 무리 중에 미국인들도 들어있다고 전해져 왔다.[40] 다른 한편, 헨리 여사는 반(反)린치 결의안의 표현을 둘러싼 미국인들의 논쟁에 연루될 수밖에 없었는데, 적대자들은 헨리 여사를 괴롭히기 위해 이 문제를 집요하게 추궁했다. 대서양은 개혁 공동체 혹은 여성문제와 관련된 논쟁들이 일어났을 때에는 작은 호수에 불과했다.

윌라드는 전염병 법령에 대한 헨리 부인의 태도는 비록 이해할 수 있는 동기들로 영감을 받았지만 실수였고, 그녀는 그것에 동의하지 않았으며, 만약 두 사람이 함께 있었다면 그녀는 그것에 반대하여 논쟁했을 것이라고 어쩔 수 없이 인정했다.[41] 그 논쟁의 한 가지 결과는 토론토 대회에서 세계 절제회 회장으로 헨리 서머셋 부인의 선출에 대한 미국의 나쁜 감정이었다. 이것은 프란시스 윌라드가 주재한 마지막 세계 집회였다. 그녀는 그해 회장직에서 은퇴했다. 헨리 부인이 그녀를 계승할 예정이었지만, 서머셋의 입후보를 저지하고 전염병 법령에 대한 헨리 부인의 태도를 비난하는 유세가 그해 여름에 시작되었다.[42] 윌라드는 회장 연설에서, 이자벨 서머셋의 입장을 동정적으로 설명했지만, 이를 '중대한 실수'[43] 라고 부르면서 그 문제를 정면으로 대처했다. 공개된 싸움은 집회 자체에서 폭발하지 않았고, 서머셋은 쉽게 당선되었다.

이 문제에 대한 헨리 부인과 윌라드의 불일치는 진심이었다. 일찍이 6월, 윌라드는 영국에서 엘리자베스 블랙웰에게 그녀가 헨리 부인을 방문해서 마음을 바꾸도록 충고해줄 것을 재촉하며 편지했다. '그녀(이자벨 서머셋)는 당신과 나만큼 개혁에 오래 있지 않았고, 플로렌스 나이팅게일(Florence Nightingale)이 '건너가고' 그 의견에 대한 다른 숙녀들을 그녀가 주목하기 쉽고, 그녀가 존중하는 남자들의 그 어떤 목적도 그녀가 역전시키지 않을 때, 노련한 개혁가들에게 슬픔일 수 밖에 없는 견해를 그녀가 취했어야 했다는 것은 많은 놀라움이 아니다.'[44] 헨리 부인은 1898년 1월, 그녀의 지지를 마침내 철회했다. 그녀의 전기 작가는 이러한 변심을 공개된 싸움이 그녀의 신념의 역전보다는, 윌라드의 생명을 단축할 것이라는

그녀의 걱정 덕분으로 돌린다.[45)]

만약 윌라드가 1897년 10월 주재했던 세계 대회가 쉽지 않았다면, 뒤따른 미국 절제회의 버팔로 대회는 틀림없는 난장판이었다. 또 다시 템플 사무실 빌딩의 운명이 타는 듯한 불일치의 중심을 제공했고, 오직 연합회 밖에서 모금한다는 윌라드의 개인적인 서약이 템플 계획을 완전히 포기하지 못하게 했다. 윌라드는 이 약속을 성취할 만한 어떤 입장도 되지 못했지만 약속은 약속이었고, 템플의 가장 중요한 후원자인 그녀의 오랜 친구 마틸다 카스에 대한 그녀의 절개는 흔들리지 않았다. 그녀는 간절히 영국으로 돌아가고 싶었지만, 그보다 먼저 템플 목적을 위해 부유한 뉴욕 친구들의 후원을 얻도록 시도해 보아야만 했다.

프란시스 윌라드와 안나 고든은 대회 후 절제회 사업의 미결 상태를 해결하고, 긴 영국 체류 생활을 준비하면서 시카고에서 12월을 보냈다. 그러나 뉴욕 모금 노력이 우선되어야만 했다. 1898년 1월 초 그들은 그 소유주의 손님들로 뉴욕 엠파이어호텔의 1층 햇볕이 잘 드는 스위트룸에 자리 잡았다. 강변 거리(Riverside Drive)와 중앙 공원(Central Park)에 근접해서 그랜트 묘지의 멀리 북쪽까지 즐거운 오후 마차 여행이 가능했다. 친구들이 사교적인 방문으로 들렀지만, 어떤 모금 활동도 시도되지 않았다. 프란시스는 '엄청난 권태와 부자연스러운 무기력'[46)]을 불평했다. 그녀는 크리스마스 시기에 릴리안 스티븐스에게 자신은 '조금도 강건하지 않고' 또한 '멋진 고요를 유지하고 있다'[47)]고 고백했다. 또한 비록 지금은 규칙적으로 직무를 계속하지만, 곧 엄청난 피곤을 호소하기 시작했다.

그달이 가기 전에 윌라드는 앓아누웠고, 2월 5일 일어나 앉아 마지막으로 사업 편지 한 통을 구술했다. 안나 고든은 윌라드가 급성 질병의 발작이 나타나자 그녀 스스로 회복될 것을 기대하지 않았다고 말했다. 이러한 확신이 기록을 직접 준비하는 마지막 노력을 하도록 윌라드에게 영감을 주었음이 분명하다. 그녀가 운명하기 약 일주일 전, 또 다른 친구였던 〈뉴욕 트리뷴〉의 기자가 취재 방문을 위해 호출되었다. 그녀의 방문 기사에서 그 기자는 윌라드가 자신의 도착을 갈망했고, 불가피한 하루 연기에 조바심했으며, 레이스로 장식된 청록색 실내복을 입고서 햇볕이 잘 드는 내민창에서 일어서다 앉다 했다고 언급했다. 윌라드는 그곳에 도착하는 데 그토록 시간을 지체한 기자를 꾸짖었고, 어떤 이름도 지명하여 부르지 않았다. 단지, 이전에 그녀를 비참하게 만들었던 행실, 과거에 그녀를 손상시키려고 시도했던 사람들에 관하여 이야기했다. 그러나 '최근에 모든 아픔과 불쾌한 물의들은 사라졌다. … 사랑의 힘이 보이지 않는 곳에서 모든 개개의 사소함을 넘치게 했다.' 자신에 대한 냉혹한 험담에 대한 또 다른 언급에서 윌라드는 기자에게 언제 그때가 올 것인지 거리낌 없이 말하도록 부탁했고, 그녀는 '그럴 거지요. … 나는 당신에게 말할 게 아주 많아요. 너무 늦기 전에 아주 많은 것을'[48]이라고 대답했다. 명백히 윌라드는 죽어가고 있었고 기록된 어떤 논쟁에 대해서도 그녀의 편이기를 바랐다. 총명한 정치가이자 공인이었던 윌라드는 세계 연대기에서 그녀에게 알맞은 지위를 스스로 확보하려는 마지막 시도를 하고 있었다.

윌라드는 또한 어린 시절로 돌아갈 필요가 있었다. 그녀의 성공은

⁂ 1898년 2월 23일, 윌라드의 장례식을 위해 장식된 템플빌딩 내 윌라드홀의 연단
(고든, 〈프란시스 윌라드의 아름다운 생애〉에서 재판됨)

고향을 등지지 않고 함께 간 것에 의존했다. 뉴잉글랜드의 훈련과 지적인 정밀, 품행과 영혼에 대한 감리교의 전심전력 모두가 그녀 인생을 부드럽게 펼쳐지게 했다. 그녀는 자신의 어린 시절에 그녀의 목적을 관리할 장점을 찾아냈다. 그러므로 그녀는 자신의 '죽음'에 가족과 친구들을 모았다. 뉴욕시에 살던 윌라드의 질녀, 캐더린 윌라드 볼드윈은 단골손님이었고, 그녀의 선택된 후계자인 릴리안 스티븐스가 안나 고든에 의해 그녀 곁으로 호출되었다. 다른 절제회 임원들과 친구들이 때때로 참석했다. 바로 그 최후까지, 프란시스는 감정에 대한 그녀의 변하지 않는 욕구에 충실했다. 그녀는 안나와 함께 단둘이 있길 부탁했고, 그녀 여동생인 메리가 운명했던 그 밤

처럼, 메리와 함께 규칙적으로 실천했던 작은 의식을 반복했다. '나는, 우리가 잠자러 가려고 했을 때 농장에서의 시절보다 훨씬 전에 메리와 내가 서로에게 말해주곤 했던 것을 말하고 싶다. 나는 메리에게 '나는 너의 용서를 구하며, 너에게 감사한다'고 말했고, 그러면 그녀도 '나도 아낌없이 언니를 용서하며 기꺼이 받아들인다'고 말했다. 그 다음 우리는 용서와 감사의 상냥한 말들로 바뀌곤 했다.'[49] 자신의 임종의 날 윌라드는, 전국 절제회 비서인 클라라 호프만(Clara Hoffman)에게 '나는 어머니와 함께 몰래 기어들었고, 그곳은 같은 아름다운 세상이며 같은 사람들이다'고 말했다. 그녀는 이자벨의 마지막 해외 전보를 위해 조금 더 오래 깨어 있었다. 잠든 후 그녀는 '하나님과 함께 있는 것이 얼마나 아름다운가'[50]라며 눈을 뜬 채 낮게 속삭였다. 윌라드는 1898년 2월 17일 자정에 운명했다. 어쩌면 그녀가 평소 말했던 것처럼, 단지 옮겨갔을지도 모른다.

윌라드는 빅토리아 시대의 도덕 체계와 현대 세계의 가교 역할을 한 스스로의 독특한 능력에 충실했다. 세상을 변화시킬 그녀의 개혁 운동에도 불구하고 그녀는 자신이 살았던 것처럼 죽었고, 우정과 가족 그리고 하나님, 그녀의 소녀 시대의 도덕적인 덕목들에 충실했다. 윌라드는 자신이 살았던 그 시대의 두 보수적인 방벽인 가정과 교회의 사회적인 변화를 위한 진취적 기상을 정박시켰다. 또한, 가정의 인정된 보호자로서, 여성들의 관심과 전진하기 위한 그녀의 기반으로서, 금주에서 복음적인 교회의 관심을 이용했다. 그녀는 그것에 의해 미국 중산층의 배경에 맞는 급진적인 사상들을 많이 실행했다. 이 때문에 그녀는 사랑 받았고, 또한 머잖아 잊혀졌다.

프란시스 윌라드는 19세기를 이해했고, 진보와 감정에 대한 탐닉을 스스로의 목적을 위해 이용할 줄 알았다. 그녀는 빅토리아 시대 개혁가들의 목표에 동의했다. 완벽하게 정돈된 사회, 지성과 교육의 찬미, 개인과 나라 간의 평화적이고 정당한 관계 촉진, 풍부한 감정을 통해 자신이 소중히 여긴 개혁의 촉진을 당대 사회 안에 매끄럽게 담아내는 것의 중요성을 이해했다. 여성다운 여성이자 대중적 인물로, 하지만 그 공언한 가치들로 인해 그저 편안하고 걱정 없는 여성의 영역을 넘어 그녀가 살아냈던 삶처럼 윌러드는 그렇게 운명했다.

NOTE & INDEX

주석·참고문헌 & 색인

Frances Willard

A BIOGRAPHY BY **RUTH BORDIN**

⁑ 주석 · 참고문헌 ○○○

서문

1) 원래의 자료들은 절제회 전국 본부인 윌라드기념도서관의 여자기독교절제회 자료 안에 있다. 이들 거대한 자료들은 *Temperance and Prohibition Papers,* microfilm ed.으로 이용할 수 있다. 서류들의 기술을 위해서 Jimerson, Blouin, Isetts, *Guide to the Microfilm Edition of the Temperance and Prohibition Papers*를 보라. 마이크로필름 판의 추가본, 절제회 연속물이 앤 아버(Ann Arbor), 미시간대학, 벤틀리역사도서관의 미시간 역사 수집에 의해 준비되었다. 달리 언급되지 않으면, 원본보다는 마이크로필름 판이 이 책에서 주로 사용되었다.

2) Hannah Whitall Smith 자료는 학자들에게 자료의 사용을 기꺼이 허락해준, 영국 옥스퍼드의 그녀의 손녀 Barbara Strachey Halpern이 소유하고 있다.

3) Rachel Strachey, *Frances Willard.*

4) Willard, *Glimpses of Fifty Years.*

5) Anna A. Gordon, *The Beautiful Life of Frances Willard and The Life of Frances E. Willard.*

6) Earhart, *Frances Willard.*

7) Lee, *Evangelical Domesticity;* Bordin, *Woman and Temperance.*

8) Wienner, *Politics of Alcoholism.* 머리말에서 Anselm, Strauss.

9) Hannah Smith To Olive [Schreiner], 28 March 1898, Hannah Whitall Smith Papers.

제1장 평가

1) 안나 고든, 〈프란시스 윌라드의 생애〉, 281~282 (이하 고든, 〈윌라드〉).

2) 〈유니온 시그널〉, 1898년 2월 24일, 2.

3) 고든, 〈윌라드〉, 287. 윌라드 장례식 묘사는 고든의 기록과 1898년 2월 *Chicago*

Tribune 과 *New York Times* 보도에 주로 기초한다.

4) 고든, 〈윌라드〉, 278.

5) *Temperance and Prohibition Papers*, microfilm ed., WCTU series, reel 27, frame 108 (이제부터 WCTU series).

6) Editorial, *California Christian Advocate,* 1898, WCTU series, reel 27, folder 114, frame 110. 이 윌라드 서류철은 그녀 죽음에 관해 오려낸 신문들의 포괄적인 수집을 포함한다.

7) Beveridge의 연설은 고든, 〈윌라드〉, 309.에서 다시 게재된다.

8) 〈유니온 시그널〉, 22 August 1889, 3.

9) 1879년 7월23일 연설. Powderly의 자서전, *The Path I Trod*, 344.

10) Harrison, *Drink and the Victorians*, 395~396.

11) Teichman, *Alice Roosevelt Longworth*, 114~115.

12) Buhle, *Women and Americam Socialism*, 64.

13) Earhart, *Frances Willard*.

14) Grant, *Domestic Experience and Feminist Theory*, 221.

15) 지금까지 가정생활의 원칙이 많은 여성 역사가들에 의해 탐구되어 왔다. 중요한 논문은, 물론 Welter의 *The Cult of True Womanhood*이다.

16) Scherman의 *American History*는 이러한 관점에 대한 첫 진술 가운데 있었다. 보다 최근의 분석은 Sweet, *The Minister's Wife*, chap.2.에서 찾을 수 있다.

17) 다른 사람들 가운데 Smith-Rosenberg, *Religion and the Rise of the American City;* Berg, *Remembered Gate;* Cott, *Bonds of Womanhood;* Ryan, *Cradle of the Middle Class*를 보라.

18) Mari Jo Buhle은 프란시드 윌라드가 가정으로부터, '전쟁을 종식하며 정부를 개혁하는 것'을 포함하여, '여성은 인간 조건의 모든 면을 정화하기 위해 손을 뻗을 수 있다'는 생각을 대중화했다는 데 동의한다. *Woman and American Socialism,* 117.

19) *Literary Digest,* 26 February 1898(p. 248), 19 March 1898(p. 355), 12 March 1898(pp. 319~320) 에서 발췌한 것으로, 이들 인용들은 *Brooklyn Eagle, the Chatham, Ontario, Evening Banner, the Living Church* (Protestant Episcopal) 그리고 *Evangelical Messenger*로부터이다.

20) Presidential address, 1882 convention, *Minutes of the National Woman's Christian*

Temperance Union, 67, WCTU series, reel I(이후 *Minutes*).

21) Hill, *Charlotte Perkins Gilman*, 3.

22) Dubois, *Radicalism of the Woman Suffrage Movement*, 63~71.

23) Epstein, *Politics of Domesticity*, 132~133, 147.

24) Buhle, *Women and American Socialism*, 117.

25) Harding, *Family Reform Movements*. 하딩은 현대적 정황에서 가정의 조직을 위한 두 가지 탁월한 전략을 본다. '여성의 생활과 정체성을 정의할 때' 가정의 역할을 축소하는 여권주의자의 전략과, '여성의 생활과 정체성을 정의할 때 가정의 역할'을 찬양하고 보호하는 반여권주의자의 전략. 윌라드는 이들 표면상 양립할 수 없는 목표들을 결합시킬 수 있었다.

26) Bordin, *Woman and Temperance*, 120~121.

27) 1876년, 일리노이주 절제회 대회에 제출된 결의문, Earhart, *Frances Willard*, 153. 연설은 Gordon, *The Beautiful Llife of Frances Willard*, 119에서 약간 다른 어순으로 인용된다.

28) Willard, *Women in the Pulpit*, 65. Hardesty, *Minister as Prophet? Or as Mother?* I: 88~101. 나는 어머니로서 여성이 윌라드의 목표였다는 하데스티의 의견에 동의하지 않는다. 그녀는 대신에 여성들을 앞으로 밀기 위해 여성다움의 언어를 사용했다.

29) *Cincinnati Commercial*, 25, October 1882, Scrapbook II, WCTU series, reel 31, frame237.

30) Richard L. Douglass 의 증언, *Ann Arbor News*, 27 February 1979, A-11에서 보도됨. See also Weiner, *Politics of Alcoholism*.

31) Norman Clark의 *Deliver Us from Evil*은 새로운 금주 학문의 첫 일반 작품이었다. Blocker, *Retreat from Reform and Alcohol, Reform, and Society*; Engelmans, Intemperance; Rorabaugh, *The Alcoholic Republic*; Tyrrell, *Sobering Up* 등을 보라. Lender와 Martin의 *Drinking in America*는 금주와 알코올 문제에 관한 가장 최근의 일반적인 역사이다. 알코올의 사회적 역사에 관한 학문 간 국제회의가 버클리 캘리포니아대학에서 1984년 1월에 열렸다. *The Alcohol and Temperance History Group Newletter*는 금주 역사가들의 급속하게 증대하는 그룹 내 통신을 촉진하기 위해 수년 동안 발행되었다. *American Psychologist 38*(October 1983)의 모든 쟁점은 알코올과 관계된 문제들과 알콜 중독에 대한 현대 연구에 할애되었다. *Time*誌(20 May 1985)는 그것의 표지와 중요한 기사를 미국의 절제하는 새

로운 음주 습관들에 바쳤다.

32) Rossi의 *A Biosocial Persective on Parenting*은 대체적으로 여권론자들에 의한 여성 역할의 이러한 새로운 검토를 시작한 것으로 보인다.

33) Stacey, *The New Conservatie Feminism.* Stacey는 이 새로운 여권운동에 동정하지 않는다. 그녀는 오늘의 여권론 운동이 '확신의 위기'로 고통받으며, '여성운동에 심각한 도전을 제기한 반발'에 직면했다고 본다(p. 59).

34) '어머니의 투쟁' 구절은 금주운동 여성들의 지도력을 묘사하기 위해 상원의원 Henry William Blair에 의해 사용되었지만, 이는 공공 분야에서 모든 여성의 개혁 활동에도 지칭되었다. Blair, *The Temperance Movement,* 504를 보라. Friedan은 *The Second Stage,* 243에서 '여성다운 양식'으로 기술한다.

35) *The Second Stage*, 164. 1985년 Friedan은 여성들은 '가족 가치와 종교적인 원칙들을 당연히 포기하지 않아야만 하며', '남녀 사이의 차이를 긍정해야만 한다'고 계속 강조했다. Betty Friedan, *How to Get the Women's Movement Moving again, New York Times Magazine,* 3 November 1985.를 보라.

36) Presidential Address, 1894 convention, *Minutes*, 177, WCTU series, reel 4.

제2장 출생

1) 윌라드, 〈50년 회상〉, opposite p. xvi(이후 *Glimpses*).

2) Ibid., 1~2.

3) Ibid., 9~10. 레이(Ray)가 변함없이 레이첼(Rachel)에 대해 사용되었던 것처럼, 프랑크(Frank)는 프란시스(Frances)에 대한 흔한 애칭이었다.

4) *Anna A Gordon, The Beautiful Life of Frances Willard,* 18~20(이후 고든, 〈아름다운 생애〉).

5) 프란시스 윌라드의 가계에 대한 자료는 *Glimpses*, 2~5; *Temperance and Prohibition Papers,* microfilm ed., WCTU series, reel 26, folder 113, frame 450ff. (이후로 WCTU series); Earhart, *Frances Willard,* 12~23에서 발견할 수 있다.

6) *Glimpses,* 666.

7) Anna A. Gordon, *The Life of Frances E. Willard* (이후 고든, 〈윌라드〉).

8) *Glimpses,* 666.

9) Diary of Frances Willard, 24 January 1856 (이후로 Diary). 필자는 원본 일지들과 일기들을 언급했고, 인용들은 *Temperance and Prohibition Papers*, microfilm ed. 증보보다는 차라리 원본에서 되어진다.

10) Typed note by Willard, WCTU series, reel 26, folder 113, frame 640.

11) 윌라드는 아버지의 극도의 자제와 그녀의 부성애의 기피에 관하여 어머니에게 질문하자, '그는 소심하고 몸이 편치 않았다'고 했다. 이것은 많은 것을 설명해준다. Willard note, WCTU, series, reel 26, folder 113, frame 640.

12) *Glimpses*, 4.

13) Diary, 8 March 1863.

14) 고든, 〈아름다운 생애〉, 180.

15) *Glimpses*, 73, 180, 660~661.

16) 이제 열람할 수 있는 이들 일지는 어머니 윌라드의 교수 기법들을 확증한다.

17) *Glimpses*, 25.

18) Diary, 25 October 1860, p. 64.

19) 고든, 〈윌라드〉, 10.

20) Ibid., 9.

21) *Glimpses,* sections I, II, III.

22) M.R.R. to Anna Gordon, 14 March 1898, WCTU series, reel 27, frame 83; *Glimpses,* 12; 고든, 〈윌라드〉, 42.

23) 고든, 〈윌라드〉, 42.

24) *Glimpses,* 54.

25) Ibid., 75~77.

26) Diary, 1855.

27) *Glimpses,* 84~88.

28) Diary, 7 January 1855.

29) Ibid., 1 March 1855.

30) Ibid., 22 March, 19 July, 25 October 1885; *Glimpses,* 25.

31) Diary, 22 March 1855.

32) 특별히 농업의 관찰에서 풍부하고 모든 농장 활동에 그녀의 예리한 관심을 보여주는 1855년 일지를 보라.

33) *Glimpses,* 42.

34) Ibid., 43.

35) See below, pp. 38~42.

36) *Glimpses,* 54.

37) Ibid., 43.

38) Diary, Fall 1855.

39) Diary, 21 February 1855.

40) Diary, 28 September 1855.

41) *Glimpses,* 51~52.

42) Diary, 1 January 1855.

43) Ibid., 27 June 1855.

44) Ibid., 31 October 1855.

45) Ibid., 6 November 1855; *Glimpses,* 69~70.

46) Ibid., 4 December 1855; see also *Glimpses,* 69.

47) Diary, 6 August 1855.

48) 서부 주들의 훈련된 교사 단체에게 제공할 재단법인 비교파적인 여성 교사들이 단과대학을 위한 비쳐의 계획의 토론을 위해서 Skla, *Catherine Beecher*를 보라.

49) *Glimpses,* 659.

50) Diary, 22~23 July 1857.

51) Ibid., 27 April 1857.

52) *Glimpses,* 97.

53) 노스웨스턴 여자단과대학에 대한 보다 자세한 토론은 Earhart, *Frances Willard,* 41~45에 나온다.

54) *Glimpses,* 116. 이들 삽화들의 몇몇은 Mary Willard diary, 19, 30 April 1858에서 언급된다.

55) 메기 홀리(Maggi Hawley)는 프란시스의 특별한 친구였다. 그들은 수년 동안 친밀하게 지냈다.

56) Willard, *Evanston: A Classic Town,* 48, 68~69.

57) Mary Bannister Willard, *Glimpses,* 99~100. 노스웨스턴에서의 첫 학기에 대한 어떤 일기도 이용할 수 없다.

58) Mary Bannister Willard, quoted in ibid., 100. 노스웨스턴대학은 이 시절 남녀공학이 아니었다.

59) '말괄량이와 사춘기 갈등,' 350~372에서, 오브라이언(O'Brien)은 여학생으로서, 윌라드는 허울만 있는 여자다움이 아닌 도전받는 남성의 권위와 가정 모두를 정당화한, 기독교여자절제회 지도자로서 그녀의 역할을 후에 단호함으로 여성다움의 특성들을 결합시켰다고 믿는다. 나는 윌라드가 여성의 역할에 대한 그녀의 확대에서 개인적인 갈등에서 상대적으로 자유로웠으며, 메리 힐 윌라드는 그녀가 손을 뻗도록 격려하는 데 도움이 되었다는 점에 동의한다.

60) 윌라드와 성별의 문제에 대한 토론을 위해 제4장을 보라. 헬렌 호로위츠(Helen Horowitz)는 Alma Mater, 65~68, 166~67, 191~93 에서 학생 그룹을 상세히 토론한다.

61) Mary Bannister Willard, quoted in *Glimpses,* 100.

62) Diary, 29 May 1859.

63) Ibid., 10, 12 June 1859.

64) 윌라드 집안의 예배 형식은 일기에서 분명하게 나타난다. 윌라드는 *Glimpses,* 621~25, 629 에서 집안의 경건을 약간 과장했을지도 모르지만, 에반스톤에 도착했을 때까지는 감리교에 대한 그들의 경건회에 관하여 어떠한 의심도 없었다.

65) Diary, 28 March 1858.

66) 노스웨스턴 총장의 〈윌라드에 대한 회상〉 William Jones, quoted in *Glimpses,* 121.

67) Diary, 4 April 1859.

68) *Glimpses,* 112.

69) Reprodued in ibid. , 112~3.

70) Ibid., 622~23.

71) Diary, 17 January 1860.

72) Ibid., 20 January 1860.

73) 이 책 1권에서 정치적 사회적 경제적인 남녀평등을 세우기 위한 법적이고 사회적 변화를 지지하는 사전적 의미에서 '여성해방론' 용어를 사용한다.

74) 19세기 영역의 교리에서, 아내는 가정과 자녀들의 양육자로 여겨졌지만, 남편은 그의 아내의 임금과 때때로 그녀의 상속받은 재산을 소유하는 법적인 권위를 가졌다. 그는 빈번하게 자녀들의, 때때로 그들이 태어나기 전에 유일한 법적인 후견을 맡았다. 남편은 가정의 수장으로 여겨졌고 공적인 영역에서 가족을 대표했다. 비록 남자와 여자 모두 시민이지만, 오직 남성만이 투표를 하고 공직을 가지며 공무에 참여할 수 있었다.

75) Diary, 26 May 1859.

76) Ibid., 1 June1859.

77) Diary, quoted in Mary Bannister Willard's sketch in *Glimpses*, 104. 나는 이 구절을 일기 자체에서 동일시할 수 없었다. 그것은 틀림없이 1859년에 쓰였으며, 두 권의 분량으로 충분히 다루어지지 않는다.

78) Diary, 26 May 1859.

79) 윌라드의 친필 원고, June 1859, WCTU series, reel 26, folder 112, frame 250.

80) Diary, 9 August 1859.

제3장 선택

1) 윌라드, 〈50년 회상〉, 124 (이후 *Glimpses*로 인용).

2) Diary of Frances Willard, 17 February 1861(이후 Diary로 인용).

3) Ibid.

4) *Glimpses*, 134.

5) Ibid. 146; Diary, Fall 1860. 그 학교 교장은 조시아가 전에 감독위원회에서 봉사했던 제인스빌의 시각장애인들을 위한 위스콘신학교의 이전 감독관이었다.

6) Diary, 28 September 1860.

7) Ibid., 27 September 1860.

8) Ibid., 8 October 1860. *Glimpses*, 148~49, 151의 기사는 훨씬 더 삭제되어 있지만 이 기록과 병행한다.

9) *Glimpses*, 146.

10) Diary, 21 November 1860; *Glimpses*, 157.을 보라.

11) Diary, 26 December 1860.

12) Ibid., 1859~60.

13) Ibid., 30 April 1859.

14) Ibid., 8 October 1860.

15) Ibid., Fall 1860. 윌라드가 1898년 운명했을 때, 이 남성은 그가 40년 전에 알던 프란시스에게 그녀의 안색은 사랑스러웠고, '아름다운 청동색의 격조 높은 그녀의 머리털, 날씬하고 가냘픈 모습은 모든 움직임에서 우아한, 그것이 타고난 것이어서 학습된 우아함이 아니었다'고 기록했다. Frank Nichols to Mrs. Grow, *Temperance and Prohibition Papers,* microfilm ed., WCTU series, reel 27, folder 114, frame 274(이후 WCTU series로 인용).

16) Diary, 5 December 1860.

17) Ibid. 11 May 1861.

18) Ibid. 18 May 1861.

19) Ibid. 5 June 1861.

20) James R. Joy in Johnson and Malone, *Dictionary of American Biography,* 526.

21) *Glimpses,* 162.

22) Diary, 17 December 1862.

23) Ibid., 4 September 1861.

24) See Stowe, *The Thing Not Its Vision.*

25) Diary, 21 February 1862.

26) Ibid., 27 February 1862.

27) *Glimpses,* 645.

28) Diary, 23 January 1863.

29) Ibid., 31 March 1862.

30) Diary, 9 June 1867.

31) 이 구혼은 다음 일기들에서 발견된다. October 1886 and April, May, June 1867.

32) Willard to M.H. Willard, 3 March 1869, WCTU series supplement, reel 5.

33) *Glimpses,* 645.

34) Diary, 24 January 1855.

35) Ibid, 7 November 1860.

36) 프란시스 윌라드는 이들 사건을 그녀의 *Evanston: A Classic Town,* 176~179. 한 장에 묘사하고 있다.

37) *Glimpses,* 131~132.

38) Ibid., 163, 688.

39) Diary, 26 April 1862.

40) *Glimpses,* 687~688.

41) See below, p. 42. Diary, 20 April 1862; *Glimpses,* 163~64; Willard, *Evanston: A Classic Town,* 74.

42) *Glimpses,* 169.

43) Ibid., 171.

44) Diary, 2 September 1862; *Glimpses,* 169.

45) Diary, 14, 18 September 1862.

46) Ibid., 1 January 1863.

47) Interview with Wilard in *Review of Reviews* (U.K.), 15 October 1892, clipped in scrapbook 57, WCTU series, reel 39, frame 302.

48) Glimpses, 186~187. 솔로몬(Solomon)은 *In the Company of Educatd Women,* chaps. 2, 3에서 여성들 교육에 대한 신학교의 공헌을 이해와 지성으로 토론한다.

49) Quoted in Anna A. Gordon, *The Life of Frances E. Willard,* 53.

50) Diary, 1 January 1863.

51) Ibid., 3 January 1863.

52) Ibid., 9 July 1863

53) *Glimpses,* 188.

54) Diary, January-August 1866; *Glimpses,* 188. See also circular letter of Willard to the American Methodist Ladies Centenary Association, 1866, WCTU series, reel 11, frame, 187.

55) *Glimpses,* 190.

56) Diary, 16 October 1866.

57) 케이트 잭슨의 질투의 증거는 이 시대 일기들과 윌라드의 어머니에 대한 편지들에서 찾을 수 있다(Special WCTU Correspondence File, Willard Memorial Library – 이후 Special WCTU File 로 인용). 케이트는 역시 프란시스의 리마 구혼자도 질투했다.

58) Willard to Mary Hill Willard, November – December 1868, 20 January 1869, Special WCTU File.

59) Smith Rosenberg, *The Female World of Love and Ritual*, 8~9.

60) Vicinus, *One Life to Stand Beside Me*. 프리드만(Freedman)은 *Separatism as Strategy*에서 보다 공적인 태도로 그 문제에 접근한다.

61) Motz, *Michigan Women and Their Kin*.

62) 디킨슨 – 안토니 관계의 묘사를 위해, Anthony, Susan B. Anthony, 176 ff.; Lutz, Susan B. Anthony.를 보라.

63) Cook, *Female Support Networks*, reprinted in Cott and Pleck, *A Heritage of Her Own*, 430~444. 아드리안 리치(Adrienne Rich)는 〈강제적인 이성애와 여자 동성애의 존재(Compulsory Heterosexuality and Lesbian Existence)〉에서 육체에 제한되지 않고 기쁨과 일의 공유를 포함하는 여자 동성애 연속체를 여성들이 나아가고 나오는, 그래서 여성들 모든 삶의 일부인 연속체에서 보았다.

64) 레이라 루프(Leila M. Rupp)는 '나의 놀람을 상상해보라(Imagine My Surprise)'로, 성적인 행동보다는 정체성이 결정적인 요인임을 주장한 최초의 사람들 가운데 있다. Newton, *The Mythic Mannish Lesbian*.

65) 여성 개혁운동에서 여성 지원 조직들에 의해 수행된 역할들의 토론을 위해, *Davis, American Heroine*, 91; O'Neil, Everyone Was Brave, 141~142; 그리고 특히, Freedman, *Separatism as Strategy*, 512~29를 보라. 프리드만은 1920년대 여성들이 그들이 소망했던 남성 세계로의 완전한 통합을 위해서 협력적인 우정을 여성들이 포기했을 때 기초를 상실했다고 암시한다.

66) Diary, February, March 1867.

67) *Glimpses*, 246~247.

68) Diary, 6 January 1868.

69) Ibid., 12 May 1868; *Glimpses*, 250.

70) 절제회 시리즈의 스크랩북은 메리 힐 윌라드에 의해 처음 모아 정리되었고, 윌라드의 비서진들의 다른 일원에 의해 결국 1890년대에 도움을 받은, 안나 고든에게 후에 맡겨진 과업이었다. 유럽 여행 동안 쓰인 기사들은 scrapbook 2, reel 30에서 발견할 수 있다. 20권의 일기 역시 유럽 여행을 포함한다.

71) Scrapbook 2, WCTU series, reel 30, frames 68~69.

72) Ibid., frames 72~74.

73) Diary, 7 February 1870. 윌라드의 이집트 일기는 *Glimpses*의 기록보다 훨씬 덜 낭만적이다. 그러나 몇몇 여행 일기들은 물 얼룩 혹은 서둘러 연필로 썼기 때문에 거의 읽기 어려우며 꽤 지저분하다.

74) Diary, 1 February 1870, p. 122.

75) Ibid., 9 March 1870, pp. 13, 18~19.

76) Ibid., p. 249. 메어리 이어하트는 그녀에게 유럽 경험이 없었다면 윌라드는 무명 교사로 남았을 것이라고 믿었다. Earhart, *Frances Willard,* 96.

77) Diary, 27~28 November, 3 December 1867; 2 April 1868.

78) Ibid., 11 March 1869.

79) *Glimpses,* 269.

80) Undated Fragment [1870], WCTU series, reel 11, frame 40ff.

81) Diary, 20 March 1868.

82) Ibid., 12~13 March 1869.

83) Willard to Caroline I. Whitely, 28 April 1871, WCTU series, reel 11.

제4장 헌신

1) Stratton, *Autobiography of Haven,* 175~179. 노스웨스턴의 여자단과대학 이야기는 윌리암슨(Williamson)과 와일드(Wild), *Northwestern,* 23~30.에서 말해진다. 프란시스 윌라드는 단과대학과의 관계에 대한 그녀의 설명을 다음에서 말한다. *Evanston: A Classic Town,* 56~65, 그리고 *Glimpses of Fity Years,* chaps. 8~10(이후 *Glimpses*로 인용). Scrapbook 3, reel 30, *Temperance and Prohibition Papers,* microfilm ed., WCTU series(이후 WCTU series로 인용)는 윌라드와 여자단과대학과의 관계에 주로 바쳐지며, 그리고 〈시카고 트리뷴(ChicagoTribune)〉은 그들에게 일어났던 사건들을 보도한다. 이 기간 동안은 그 어떤 일기도 존재하지 않는다.

2) Stratton, *Autobiography of Haven,* 176.

3) 계단 카펫 이야기는 공식적인 기록이었고, 그래서 *Glimpses,* 198에 나타난다. 메리 힐 윌라드에 대한 윌라드의 편지들, 10 September 1864, 9 March 1870은 유럽에 있는 동안 그 직업에 대한 그녀의 관심을 보여준다. WCTU series supplement, reel 5.

4) *Chicago Journal,* February 1871, clipped in scrapbook 3, WCTU series, reel 30, frame 79. 윌라드는 당연히 단과대학 총장의 직함을 가진 최초의 여성이 되었다. 예를 들면, 바사르대학(Vassar College)은 1914년까지 남성이 총장을 지냈다.

5) *Glimpses,* 202.

6) Ibid., 203.

7) Ibid., 205.

8) Williamson and Wild, *Northwestern,* 25.

9) *Chicago Tribune,* 11 April 1871.

10) *Chicago Journal,* 1871, clipped in scrapbook, 3 WCTU series, reel 30, frame 79.

11) *Glimpses,* 205.

12) Williamson and Wild, *Northwestern,* 28.

13) 1870년 가을까지 7개 주립대학 – 아이오와, 위스콘신, 캔자스, 인디애나, 미네소타, 미시건, 미주리 – 이 여성의 입학을 허락했다. 물론, 오벌린은 이미 1837년에 여성들을 받아들였다. 여성의 대학 입학 허용은 주로 주의회의 압박에 의한 것이었으며, 대학 이사회와 교수들은 이를 마지못해 수용했다. McGuigan, *A Dangerous Experiment,* 29~31을 보라.

14) 예를 들면, 1870년에 미시건(그 당시 대략 1천 명의 학생 수를 가진 미국에서 가장 큰 대학)은 문학부에 13명, 의학부에 18명, 법학부에 2명의 여성만이 있을 뿐이었다. Ibid., 31. 그 당시, 노스웨스턴은 단지 279명의 학생들만 있었는데, 그 중 38명이 대학 과정을 선택한 여성들이었다.

15) *Glimpses,* 206.

16) Louise Hart to Nettie Cowles Kent, 22 September 1923, Kent Family Papers.

17) Anna A. Gordon, *The Life of Frances E. Willard,* 61~62 (이후 고든, 〈윌라드〉로 인용).

18) *Glimpses,* 116. Chapter II.

19) Ibid. 208~209.

20) James Alton James, *History of Northwestern,* unpublished typescript, chap.8, p.10, quoted in Williamson and Wild, *Northwestern,* 28.

21) 1873년 이들 여성은 에밀리 헌팅톤 밀러(Emily Huntington Miller), 메리 윌라드(Mary Willard), 제니 윌링(Jennie Willing), E. M. 그린리프 (E. M. Greenleaf) K. G. 퀴일 (K. G. Queal)이었다. *Chicage Evening Mail,* 25 June 1873, clipped in scrapbook 3, WCTU series, reel 30, frame 130.

22) Ibid.

23) Ibid. 윌라드는 봉급이 2천4백 불에 이를 때까지 매년 2백 불의 증가액을 받을 예정이었다. 그녀는 미국에서 가장 높은 봉급을 받은 여성 교육자 중의 한 명이었음이 분명하다.

24) Williamson and Wild, *Northwestern,* 28.

25) 오려낸 미확인 기사(아마도 Evanston Index), June 1873, in scrapbook 3, p. 59, WCTU series, reel 30.

26) Stratton, *Autobiography of Haven,* 175.

27) *Chicago Tribune,* 22 March 1871, clipped in scrapbook 3, WCTU series, reel 30, frame 80.

28) *Glimpses,* 226.

29) Ibid. 229~231.

30) Ibid. 231. 사폴리오 (Sapolio)는 인기 있는 세탁 외판원이었다.

31) Scrapbook 3, WCTU series, reel 30, frame 100에서 오려낸 미확인된 기사. 엘리자베스 캐디 스탄톤은 복잡한 규칙들에 연루되었다. See below, Chap VII.

32) 술레(Soule)와 윌라드 사이의 대비는 윌리암슨(Williamson) 과 와일드(Wild), Northwerstern, 30 에서 토론되고 있다.

33) *Glimpses,* 232.

34) *Chicage Tribune,* 24 June 1874, 2.

35) *Glimpses,* 232.

36) 1874년 6월 13일자 윌라드의 교직원에 대한 작별 원고 초고는, WCTU series, reel 11, frame 218ff.에서 발견될 수 있다. *Glimpses,* 233~236의 이 서류에 대한 윌라드의 설명은 원본과 거의 동일하다.

37) *Glimpses,* 239.

38) Rorabaugh, *The Alcoholic Republic;* Tyrrell, *Sobering Up;* Dannenbaum, *Drink and Disorder.*

39) Dannenbaum, *Origins of Temperance Activism.*

40) 크루세이드(Crusade)의 평가와 기록 그리고 그 운동의 참고 문헌을 위해 Bordin, *Woman and Temperance,* Chap. 2를 보라. Epstein, *Politics of Domesticity,* chap. IV; Blocker, *Give to the Winds Thy Fears.*

41) *Chicago Tribune,* 14~16 March 1874.

42) *Glimpses,* 336.

43) Ibid., 334~336.

44) 1874년 3월 14~16일 〈시카고 트리뷴(Chicago Tribune)〉은 성공하지 못한 청원운동과 대규모 집회들 그리고 그 주위로 편성된 행진들을 제1면 보도를 통해 상세히 제공했다. 3월 16일 행진 이야기는 전체 칸(columns)의 6개 이상에 달했다.

45) *Glimpses,* 31~32 에서 윌라드는 그녀 가정의 금주 고수를 소중히 여기지만, 1881년 어머니에게 '아버지는 언제 담배를 끊었는가? 당신은 맥주나 알코올을 함유한 사과 주스를 사용한 적이 있는가? 그리고 당신은 언제 코담배를 끊었는가?'라고 물었다(10 October 1881, WCTU series, reel 12). 비록 항상 절제했지만, 윌라드의 부모는 그들의 견해에서 극단적이지 않았다.

46) Ibid., 219.

47) 예를 들면, 1876년 행한 그녀 강연에 대한 신문 기사에서 오려낸 것을 보라. *Everybody's War,* scrapbook 4, WCTU series, reel 30, frames 203, 207.

48) *Glimpses,* 128, 551.

49) *The New Chivalry,* ibid., 576.에서 전재됨.

50) Ibid., 589.

51) Willard, *Evanston: A Classic Town,* 366~367.

52) *Glimpses,* 692.

53) Hibben, *Henry Ward Beecher;* Waller, *Beecher – Tilton Adultery Scandal;* Clifford Clark, *Henry Ward Beecher,* chap.10.

54) 여성들의 국회의 역사, *Papers Read at the Fourth Congress of Women,* 121~123.

55) 몇 가지 이유로 윌라드는 그 연구 논문을 그녀 스스로 읽지 않은 것으로 보인다. *The Woman's Journal,* 1 November 1873, 352는 협회의 실행위원회에 선출되었고, 그녀 자신의 연구 논문이, 또 다른 에반스톤 사람 캐롤라인 코빈에 의해 읽혀졌음을 보도한다. *Glimpses*

에서 윌라드는 그 일부가 전재된 그녀의 연구 논문이 '학교 관리(p. 218)'에 나와 있다고 진술한다.

56) 대회 관리위원회는 각 주의 부회장과 지도자로 구성되었다. Julia Ward Howe, *Reminiscences*, 386. 하우이는 수년 동안 대회의 회장이었다.

57) *Glimpses*, 337. 부울은 후에 1925부터 1933년까지 여자기독교절제회 회장이었던 엘라 알렉산더, 절제회 지도자와 결혼했다.

58) See ibid., 337. 윌라드는 *Chicago Post and Mail*, 14 September 1874를 위해 쓴 속달편에서 그 모임을 기록하고 있다. Scrapbook 4, WCTU series, reel 30, frame 166.

59) *Glimpses*, 338.

60) Ibid.

61) 고든, 〈윌라드〉, 88~89.

62) *Glimpses*, 339.

63) Ibid. 그녀는 아마도 오쳐드 비치에서 만났던 헨리 듀런트에 의해 웰리슬리(Wellesley)의 직을 제의받은 것 같다. Ibid. 526.

64) 고든, 〈윌라드〉, 100~101. 윌라드가 노스웨스턴에서 금주를 위한 개혁운동으로 사직했던 전설이 후에 발전할 것이었다. 때때로 윌라드는 그녀의 자서전에서처럼, 기록을 사실대로 서술하려고 시도했다. 다른 때에 그녀는 왜곡을 환영한 것처럼 보였다. 1892년(아래 p.198을 보라) 런던의 거대한 대규모 집회에서 세계여자기독교절제회 회장으로 그녀를 소개하는 동안, 헨리 서머셋 여사는 '그녀가 미국의 대학과 연결된 최초의 여자단과대학의 찬란한 학장직을 고의로 포기하고, 무일푼인데다 홀로 그리고 예상 밖의 사직은 윌라드 여사 인생에서 결정적인 순간이었다. 왜냐하면 그녀의 정신은, 그들이 집과 술집 사이의 거리를 다리 놓은 것처럼, 여성들의 발자국 소리의 율동을 감지했기 때문이다' 고든, 〈윌라드〉, 195에서 인용됨.

제5장 직업

1) 윌라드, 〈50년 회상〉, 342(이후로 *Glimpses*로 인용됨).

2) 프란시스 윌라드의 회계 장부, 1874~1875, *Temperance and Prohibition Papers*,

microfilm ed., WCTU series, reel 11, frame 281ff.(이후 WCTU series로 인용됨). 잭슨이 금주운동에 동정하지 않았다는 이어하트의 가정은 틀린 것처럼 보인다. Earhart, *Framces Willard,* 81.

3) Journal in *Glimpses,* 344.

4) 윌라드의 아버지는 노예제도 반대의 공화당원, 그 후 자유 토지 당원이자 최후로 링컨 지지자였다. 윌라드의 초기 어린 시절의 오벨린(Oberlin) 지역은 노예제도를 강하게 반대했다.

5) Journal in *Glimpses,* 345.

6) Ibid., 345~346.

7) See Chapter Ⅳ, p. 42.

8) 오려낸 미확인 기사, 6 February 1875, in scrapbook 4, WCTU series, reel 30, frame 172.

9) *Glimpses,* 342~343.

10) Memorandum book, 1874, WCTU series, reel 11, frame 281ff.

11) Ibid. ; *Glimpses,* 343~348

12) Mrs. C. H. Case to Willard, 11 February 1875, WCTU series, reel 11.

13) *Chicago Trubune,* 16 October 1874. 윌라드 자신은 교육자로서 1873년에 있었던 것보다 그녀의 금주 역할에서 1874년 대회에서 덜 환영받았다고 분명히 믿었다(*Glimpses,* 348). 그러나 그녀의 임원 선출은 이것과 모순되는 것처럼 보일 것이다.

14) *Minutes of the Natonal Woman's Christian Temperance Union,* 1874 convention, 34~35.

15) Ibid., 36~37.

16) Willard to Wittenmyer, 12 December 1874, WCTU series, reel 11.

17) Willard to Wittenmyer, 29 December 1874, ibid.

18) Willard to Wittenmyer, 16 September 1875, ibid.

19) Willard to Wittenmyer, 8, 25 October 1875, ibid.

20) Willard to Wittenmyer, 11 December 1874, ibid.

21) Willard to Wittenmyer, 19 January 1875, ibid.; Bordin, *Woman and Temperance,* 49~50을 보라.

22) Willard to Wittenmyer, 9 April 1875, WCTU series, reel 11.

23) Willard to Wittenmyer, 14 April 1875, ibid.

24) *Historical Statistics of the United States* (U. S. Government Printing Office, 1960), 91.

25) 결국 이 간행물은 〈아워 유니온(Our Union)〉이 되었다. 1883년 그것은 〈유니온 시그널(Union Signal)〉이 될 〈시카고 시그널(Signal)〉과 합병되었다.

26) 오려낸 미확인 기사, July 1875, in scrapbook 4, p. 60, WCTU series, reel 30.

27) 서신 왕래, 여름, 가을 1875, WCTU series, reel 11.

28) 서신 왕래, 9~10 October 1876, ibid.

29) Memorandom, 1875, ibid. frame 423ff.

제6장 휴식기

1) James and James, *Notable American Women,* I:475~476, 그리고 Willard and Livermore, Woman of the Century, 241~242에 디킨슨(Dickinson)에 관한 개략이 있다.

2) Correspondence, April~May 1871, *Temperance and Prohibition Papers,* microfilm ed., WCTU series, reel 11(이후 WCTU series로 인용됨).

3) Diary of Frances Willard, 17 May 1863(이후 Diary로 인용됨).

4) Diary, 5 March 1866.

5) 윌라드, 〈50년 회상〉, 570(이후 Glimpses로 인용됨).

6) 1876년 안나 디킨슨은 그녀가 손수 쓴, '가시 면류관(A Crown of Thorns)'으로 보스톤에서 첫 출연했다. 그녀는 유명한 여배우, 페니 데이븐포트(Fanny Davenport)를 위해, 그녀가 유일하게 성공한 연극작품 '아메리칸 걸(The American Girl)'을 썼다.

7) 이 단락의 인용들은 Willard to Wittenmyer, 26 June 1875, WCTU series, reel 11를 참조했다.

8) Dickinson to Willard, 20 July 1875, ibid. 적어도 이 기간 동안, 윌라드에 대한 디킨슨의 모든 편지는 보존되었던 것으로 보이며, 〈절제와 금지에 관한 문서(Temperance and Prohibition Papers)〉의 마이크로필름 판을 통해서 이용할 수 있다. 국회도서관의 안나 디킨슨 자료들은 윌라드로부터 디킨슨에게 보낸 그 어떤 편지도 포함되어 있지 않다. 또한 현재

남아있지도 않다.

9) Dickinson to Willard, 7 August 1875, WCTU series, reel 11.

10) 예를 들면, 디킨슨이 신문들의 비판적 주목으로 야기된 정신 질환 발작으로 인해 고생했던 1890년대, 윌라드는 디킨슨과 그녀의 가족을 위해 후원을 아끼지 않았다.

11) WCTU series, reel 27, folder 114, frame 53. 로버트 엘. 커녹(Robert L. Cunnock)이 그녀의 교사였다. R. L. Cunnock to Anna Gordon, 2 April 1898, WCTU series, reel 27, frame 54. 윌라드는 평소 목소리 훈련에 꾸준한 관심을 가지고 있었다. 1897년, 그녀는 극적인 표현인 '프랑스인 델라코트(Frenchman Delacourte)' 체계를 연구하고 있었다. Willard to Clara Colby, 4 June 1897, Clara Colby Papers.

12) 오려낸 미확인 기사, 1876, in scrapbook 4, WCTU series, reel 30, frame 207.

13) Scrapbook 4, WCTU series, reel 30.

14) Vincent to Willard, 6 June 1877, WCTU series, reel 11. Vincent, John Heyl Vincent, 122~123, 146 을 보라. 빈센트는 윌라드가 반복된 강연을 하도록 불러내기 위해 노력하고 있던, 1877년 윌라드에게 편지했다: '나는 당신이 올여름 쇼토카에 있길 간절히 원합니다. 당신은 내가 당신을 모실 자격이 없다고 생각합니다. 당신은 내가 여성 강연자들을 너무 심하게 제한하고 무시해서 내가 예외 없이 그들에 의해 야단을 맞는 게 당연하다고 생각합니다. 윌라드 양, 당신은 예외가 아닙니까? 당신은 여성다우면서도 말하는 데 있어 여전히 단호하지 않습니까?' Vincent to Willard, 7 January 1877, WCTU series, reel 11.

15) Scrapbook 4, p. 103, WCTU series, reel 30.

16) Livermore to Willard, 20 November 1876, WCTU series, reel 11.

17) 핀들레이(Findlay)의 〈드와이트 엘. 무디(Dwight L. Moody)〉는 무디에 관한 가장 최근의 전기이다. Johnson and Malone, *Dictionary of American Biography,* 7: 103~106의 무디에 관한 개략은 로렌스 시. 로쓰(Lawrence C. Wroth)에 의해 쓰였다.

18) *Glimpses,* 354~355; *Chicago Tribune,* 23 September (p.9), 24 September (p.8) 1876; Diary, 6 August 1867.

19) *Glimpses,* 356~357.

20) *Boston Journal,* 날짜 미상, scrapbook 6, WCTU series, reel 30, frame 350에서 오려낸 기사. 윌라드의 부흥회 연설들의 하나가, *Our Union,* May 1877, clipped in WCTU series supplement, reel 3에 전체 보도되어 있다.

21) *Chicago Tribune,* 27 May 1877; Scrapbook 6(frame 347ff.) and 7 (frame 398), WCTU series, reel 30.

22) *Glimpses,* 358~359.

23) Willard to Emma Moody, 5 September 1877 (초고), WCTU series, reel 11. 이 편지는 근본적으로 변하지 않고, *Glimpses,* 359~360에 나타난다. 무디와 그녀와의 관계는 Willard to the editor of the *Chicago Alliance,* 14 July 1877 그리고 Willard to the editor Boston Advertiser, 25 July 1877, clipped in scrpbook 59, WCTU series, reel 11, frame 377에서 토론된다. 그 스크랩북은 또한 Boston Globe로부터 오려낸 기사들을 포함하고 있다.

24) Willard to Emma Moody, 5 September 1877 (초안), WCTU series, reel 11.

25) Emma Moody to Willard, 20 August 1877, ibid.

26) Willard to Vincent, 27 September 1877, Frances Willard Papers, Schlesinger Library of Women's History, Radcliffe College.

27) *Glimpses,* 361.

28) Ibid. 358.

29) *Glimpses,* 363.

30) Willard and Livermore, *Woman of the Century,* 326.

31) *Glimpses,* 676.

32) Gordon to Mary Hill Willard, 16 November 1880, WCTU series, reel 11.

33) Cook, *Female Support Network.*

34) Diary, 27 October 1893, scrapbook 6, WCTU series, reel 30. 1867년 올리버는 프란시스에게 커다란 재정적 곤란에 처했다는 긴 편지를 썼다. 그러나 그녀는 그가 용감하고 진실되고 우리 역시 슬퍼하는 그의 큰 위험에서 자유롭다고 논평했다(Diary, 18 April 1867). 평소와 같은 이러한 낙관은 잘못되었다. 왜냐하면 프란시스 일기는 1867년 6월 10일 다음처럼 기록하고 있기 때문이다. '올리버 아내에게서 내 가슴을 세게 때리는 편지 한 통을 받았다.' 이 편지는 오마하(Omaha)에 있으면서 '하나님께서 나의 약함에 자비를 베푸시고 나의 도움으로 오시길' 소망한다고 기록한 올리버의 편지를 동봉하고 있었다. 1866년부터 1868년까지의 윌라드의 일기는 종종 올리버의 문제를 언급하고 있지만, 보통 간접적인 방법을 썼다. 1982년, 올리버 윌라드가 덴버에서 스키트 사격 동안 한 사람을 우연히 쏘았다는 소문의 사실 여부를 내가 직접 추적할 수는 없다. 그 결과로 생긴 감정적 외상이 너무 격

렬해서 그는 음주를 했고, 그로부터 많은 근심거리들이 시작되었다. 이 사건에 관련된 어떠한 기록도 그 기간 동안 〈록키 마운틴 뉴스(Rocky Mountain News)〉에 나타나지 않는다. 프란시스의 유럽 여행 동안, 올리버와 그의 가족은 에반스톤으로 다시 이사했고 그가 '충분히 그의 자제심으로 지탱되었다'고 전한, 어머니 윌라드와 함께 잠깐 머물렀다. M. H. Willard to F. Willard, 14 July 1868, Evanston file, Willard Memorial Library.

35) *Glimpses,* 366.

36) Ibid., 367.

37) Ibid., 503~504.

38) Chicago Post, 17 May 1878, clipped in scrpbook 8, WCTU series, reel 30, frame 498.

39) Chicago Post, 27 April 1878, clipped in scrapbook 6, WCTU series, reel 30, frame 372.

40) 오려낸 미확인 기사, 27 April 1878, in scrapbook 8, WCTU series, reel 30, frame 439~440.

41) *Glimpses,* 505.

42) Marzolf, *Up From the Footnote,* chap. I. 대도시 일간 신문을 출판했던 또 다른 여성은 〈뉴 올리안즈 데일리 피카이윤(New Orleans Daily Picayune)〉의 엘리자 포이트반트(Eliza Poitevant, 그녀의 남편 사망 후)였다. 그녀는 1876~1878년, 그녀가 그 신문의 사업 경영자와 결혼할 때까지 그 직을 유지했다. 포이트반트는 편집자였으나 사업 문제들을 처리하려고 시도하지는 않았다. Ibid. 18.

43) *Glimpses,* 506.

제7장 승리

1) 윌라드, 〈50년 회상〉, 351(이후 *Glimpses*로 인용함). 대부분의 같은 내용이 윌라드의 *Woman and Temperance,* 450에 나타난다.

2) Willard to Wittenmyer, 27 May 1876, *Temperance and Prohibition Papers,* microfilm ed., WCTU series, reel 11(이후 WCTU series로 인용함).

3) *Zion's Herald,* August 1876, clipped in scrapbook 4, p. 101, WCTU series, reel 30.

4) Ibid.

5) Anthony to Willard, 18 September 1876, WCTU series, reel 11.

6) Anthony to Willard, 28 September 1876, ibid.

7) *Glimpses,* 401.

8) 윌라드는 그녀의 자서전에서 뉴욕시의 1877년 7월 4일 강연에서 '가정보호'를 처음 사용했다고 기록했다(ibid.). 그러나 그 구절은 1876년 대회의 결의안을 초안할 때 사용되었다(*Minutes of the National Woman's Christian Temperance Union,* 1876 convention, 119 이후 *Minutes*로 인용함). 또한 그녀는 1876년 11월 비쳐교회에서 열린 그녀의 강연 제목을 '가정보호'로 달았다(clipping in scrapbook 4, p. 103, WCTU series, reel 30). *Glimpses*에서 윌라드의 연대기는 신뢰할 수 없다.

9) *Woman's Journal,* 14 October 1876, I.

10) 윌라드 연설, quoted in ibid. 그녀의 가정보호 연설의 한 원고는 Willard, *Woman and Temperance,* 451ff.에 나타난다.

11) 1890년대 본래의 참정권운동이 사회적 편의의 흐름대로 변화하던 시절, 절제회는 자연권 주장을 채택했었다. Bordin, *Woman and Temperance,* 57~58, 120~121, 204(n.14). 여성들에게 특별한 금주투표권을 준다는 생각은 긴 역사를 가지고 있다. 예를 들면, 스탄톤과 안토니는 1853년 메인(Maine)주 법의 통과를 위한 호소에서 그것을 사용했다. DuBois, *Stanton and Anthony,* 41.

12) WCTU series, reel 27, folder 116, frame 343. 비록 그녀가 그 책의 어디에서도 이 연대기에서 편집한 것처럼 자료를 사용하고 있지 않지만, 윌라드는 종종 비서에게 직접 구술한 1889년 *Glimpses*을 쓰는 동안 이 서류를 준비했을지도 모른다.

13) See above, Chapter V, p. 62.

14) *Chicago Tribune,* 25 November (p.7), 26 November (p.4), 27 November (p.2), 29 November (p.3) 1873.

15) *Woman's Journal,* August 1876, clipped in scrapbook 4, p. 99, WCTU series, reel 30.

16) 1876년 일리노이주 절제회 대회에 제출된 결의안, quoted in Earhart, *Frances Willard,* 153; Anna A. Gordon, *The Beautiful Life of Frances Willard,* 119.

17) Clipping from Newark newspaper, October 1876, in scrapbook 4, pp. 121~23, WCTU series, reel 30.

18) *Glimpses,* 352.

19) Buhle, *Politics and Culture in Women's History*

20) 이 개념의 공식을 위해 DuBois, *Politics and Culture in Women's History*를 보라.

21) *Minutes,* 1876 convention, 114.

22) Banner, *Elizabeth Cady Stanton,* 45; Griffith, *In Her Own Right.*

23) Anthony and Harper, *History of Woman Suffrage,* 4: 124~127, 140~142.

24) *The Morning and Day of Reform,* 24 November 1877, clipped in scrapbook 7, WCTU series, reel 30, frame 404.

25) Livermore to Stone, 11 November 1877, 전국여성참정권협회 문서들.

26) *Minutes,* 1877 convention, 162.

27) 윌라드는 처음에 분명하게 물러났지만, 그 후 다른 두 여성이 역시 회장에 지명되었을 때 회장 경쟁에 다시 들어섰다. 윌라드는 그녀가 위텐마이에 반대하여 결코 양면 경쟁의 일부가 되지 않을 것임을 맹세했다고 설명했다. *Chicago Tribune,* 27 October 1877, 3.

28) 윌라드는 위텐마이어와 그녀의 차이점을 *Glimpses,* 368~369에서 토론한다.

29) Willard to Wittenmyer, 8 September 1878, WCTU series, reel 11.

30) *Minutes,* 1878 convention, 27~35. 공식적으로 윌라드를 지지한 주 연합회들은 참정권 감정의 오랜 요새, 메사추세츠 뿐만 아니라 중서부의 아이오와, 일리노이, 인디애나, 미네소타였다.

31) *Minutes,* 1878 convention, 35.

32) Mary Lathbury in Willard, *Woman and Temperance,* 33.

33) 윌라드의 *Woman and Temperance,* 362~370, 그 운동의 전체 기록을 담고 있다.

34) *Chicago Tribune,* 7 March 1879, 6.

35) Clipping from Lewiston, Marine newspaper, 24 September 1881, in scrapbook 5, WCTU series, reel 30, frame 305.

36) *Washington Evening Star,* 26 October 1881, clipped in scrapbook 5, ibid.

37) Willard, *Evanston: A Classic Town,* 13~14.

38) Lillian Whiting in the Boston Times-Democrat, 2 August 1891, clipped in scrapbook 57, p. 63, WCTU series, reel 39.

39) Davis, *American Heroine,* xi, 200~201. 데이비스에 따르면, 윌라드와 애담스는 같은

기법을 많이 사용했다.

40) *Toronto Citizen,* 1881, clipped in scrapbook 5, WCTU series, reel 30, frame 303.

41) Presidential address, Minutes, 1880 convention, 24.

42) *Minutes:* 1879 convention, 11~18; 1880 convention, 9~25.

43) *Minutes,* 1881convention, 43.

44) Ibid. 51.

제8장 명성

1) *Glimpses of Fifty Years*(이후 *Glimpses*로 인용함)에서, 윌라드는 이 모험적 사업을 1878년으로 기입했지만 (pp.362~363), 슬레이톤(Slayton)과의 서신 왕래 시기는 1879년 11월이었음을 지적한다 (*Temperance and Prohibition Papers,* microfilm ed. WCTU series, reel 11-이후 WCTU series로 인용함).

2) *Glimpses,* 372~373.

3) 프란시스 윌라드의 일기, 4 April 1881(이후 Diary로 인용함). 일기들은 전체적으로 *Glimpses*보다 남부 여행의 그림을 연한 장밋빛으로 채색한다.

4) Gordon to Mary Hill Willard, 18 March 1881, WCTU series, reel 12.

5) Diary, 1896.

6) 살리 차핀(Sallie Chapin)이 편집자에게 보낸 편지, *Our Union,* 1881, clipped in scrapbook 5, WCTU series, reel 30, frame 285.

7) *Evanston Index,* 16 July 1881, ibid., frame 289 에서 재판됨. 여성설교가들은, 거의 흔치 않지만 남북전쟁 전 남부에 규칙이 있었다 하더라도, 전쟁 후 그 역할은 여성들에게 급격하게 쇠퇴하였다. Sweet, The Minister's Wife.

8) Willard to Gordon, from Kentucky, 24 November 1884, ibid., reel 13.

9) *Glimpses,* 373.

10) Presidential address, *Minutes of the National Woman's Christian Temperance Union,* 1881 convention, lxxv(이후 *Minutes*로 인용함).

11) *Glimpses,* 373.

12) Gordon to Mary Hill Willard, 8 November 1881, WCTU series, reel 12. 여성운동을 위한 여행의 도식으로 나타낸 묘사를 위해, Anna Howard Shaw Papers, box 18, folder 420. 을 참조하라. 쇼(Shaw)는 여성참정권을 위해 남부 다코타(Dakota)에서 유세 중이었고, 기차가 늦었을 때 그녀는 수동차를 탔으며, 숨 막힐 듯이 더운 폭 8피트 길이 7피트 방에서 잠을 자려고 애쓰는 동안 빈대와 생쥐들을 쫓아냈다. 한편 뉴잉글랜드 연안을 따라 펼쳐진 해수욕장에서 자신들을 부채질하는 부유한 동부의 여성참정권론자들을 생각했다.

13) 'A Card from Miss Willard,' 〈유니온 시그널〉, 14 March 1884, 3.

14) Willard to Gordon, 19 March 1885, WCTU series, reel 13. 고든은 이 여행에 윌라드와 함께 있지 않았다. 윌라드는 또 다른 절제회 간부와 동행했다.

15) 어느 시카고 잡지의 프란시스 윌라드와의 인터뷰, Our Day, May 1896, 258, clipped in scrapbook 71, WCTU series, reel 42, frame 530. See also corresponsence, December 1888–January 1889, WCTU series, reel 15.

16) *Minutes,* 1889 convention, cxxviii. 기독교여자절제회 발행 협회의 보고.

17) Lathbury to Willard, 2 April 1883, WCTU series, reel 13.

18) 그녀가 설교할, 여성들의 권리에 대한 변호는 물론 처음은 아니었다. Hardesty, *Woman Called to Witness,* 162~164는 여성들의 사역을 변호하는 19세기 미국인 논문들의 부분적인 목록을 담고 있다.

19) 〈강단의 여성(Woman in the Pulpit)〉은 Hardesty, *Minister as Prophet? Or as Mother?,* I: 88~101에서 분석되고 있다.

20) 〈위대한 어머니(A Great Mother)〉에 대한 자료를 위해 에반스톤 절제회 도서관의 scrapbook 35를 보라.

21) 윌라드는 〈여성들을 위한 직업들(Occupations for Women)〉을 헬렌 윈슬로(Helen Winslow)와 살리 화이트(Sallie White)와 협력하여 출판했다. 그 중요성에 대한 평가를 위해, Frankfort, Collegiate Women, 90~91을 보라.

22) 회장 연설, *Minutes,* 1886 convention, 79.

23) *New Orleans Daily Picayune,* 23 September 1886, clipped in scrapbook 30, WCTU series, reel 39, frame 8.

24) Willard to Mrs. A. G. Thorp, 11 July 1890, WCTU series, reel 16. '하늘 응접실'과 윌라드 집의 나머지는 전국 절제회에 의해 에반스톤에 박물관으로 보존되고 있고, 그녀의 장

서는 그녀가 놓아둔 대로 선반 위에 있다.

25) Willard's column 〈유니온 시그널〉, 25 February 1885, 6.

26) Diary, 29 November 1893.

27) Gordon, *The Life of Frances E. Willard,* 9에서 인용함.

28) *Glimpses,* 695~696.

29) Memoir of Judge S. H. Beauchamp, 1898, WCTU series, reel 27, folder 114, frame 55.

30) Reminiscences(회고록) of Joseph L. Walker, 1898, WCTU series, reel 27, folder 114, frame 125.

31) Sarah K. Bolton, Some Successful Women, Wide Awake, February 1887, clipped in scrapbook 57, p. 18, ibid.

32) Scrapbook 19, WCTU series, reel 33, frame 333.

33) Diary, 26 April 1867.

34) Gordon to Mary Hill Willard, 3 October 1882, WCTU series, reel 12.

35) Marie Mayfield, *Frances Willard as Woman and Worker, New Orleans Men and Matters 2* (March 1896): 3, clipped in scrapbook 71, WCTU series, reel 42, frame 468.

36) 서신왕래, April 1883, WCTU series, reel 13을 보라.

37) Willard to Mary Hill Willard, 7 April 1883, ibid.

38) Charles Bunting to Willard, 7 June 1889, WCTU series, reel 16

39) Rubby to Anna Gordon, 14 December 1888, WCTU series, reel 15.

40) Willard to Mary Hill Willard, 26 March 1887, WCTU series,reel 14.

41) 이어하트(Earhart)의 〈프란시스 윌라드(Frances Willard)〉는 관련된 서신 왕래의 완전한 기록을 담고 있으며(pp.312~319), 조카들은 그 일기들과 서신들에서 충분히 토론되고 있다. 안나 고든은 윌라드에 대한 그녀의 전기에서 가족 문제를 언급하지 않는다.

42) 오려낸 미확인 기사, scrapbook 71 WCTU series, reel 42, frame 360.

43) Chamber–Schiller, *The Single Woman.*

44) Willard to Mary Hill Willard, 3 July 1880, WCTU series, reel 12.

45) Willard to Dickinson, 6 October 1875, WCTU series, reel 11.

46) *New York Times,* 20 October 1888, 2.

47) Willard to Mary Hill Willard, 20 October 1888, WCTU series, reel 15.

48) Fisk to Mary Hill Willard, 22 October 1888, ibid. 〈더 뉴욕 타임즈(the New York Times)〉 역시 입석 외 만원이었고, 많은 사람들이 거절되었다고 보도했다(21 October 1888, 6).

49) Memoir of Mary Hill Willard, WCTU series, reel 11, frame 329ff.

50) 그 대회는 *Glimpses,* 454~457에 기술되어 있다. 이에 대한 스크랩북은 에반스톤의 윌라드기념도서관에 있으며, 서신 왕래에도 기록되어 있다. The New York Times, 20~24 October 1888.

51) *New York Times,* 24 October 1888, 2. 이들 갈등에 대한 토론을 위해 Chapter IX, and Bordin, *Woman and Temperance,* 125~129를 참조하라.

제9장 개혁가

1) *Minutes of the National Woman's Christian Temperance Union,* 1880 convention, 18(이후 *Minutes*로 인용함).

2) Ibid., 9~25.

3) Lyman Abbott to Willard, 22 January 1879, *Temperance and Prohibition Papers,* microfilm ed. WCTU series, reel 11(이후 WCTU series로 인용함).

4) See Bordin, *Woman and Temperance,* 99~100. Freedman, Their Sister's Keepers는 여성 죄수들과 비행자들과의 사업을 위한 여성 단체들의 특별한 호감을 상세히 토론한다.

5) *Woman and Temperance,* chap. 6에서, 그녀의 이 용어 사용이 어떻게 여러 해 이상 바뀌었는지 이해하기 힘들다.

6) 회장 연설, *Minutes,* 1882 convention, 64~66.

7) Furner, *Advocacy and Objectivity,* chap. I Haskell, *Emergence of Professional Social Science.*

8) 회장 연설, *Minutes,* 1882 convention, 634.

9) Ibid., 50.

10) 이 설계들은 Looking Backward에서 벨라마이(Bellamy)의 준비들과 *Woman and Economics*에서 샤로테 퍼킨스 길만(Charlotte Perkins Gilman)의 접근보다 더 선행한다.

Hayden, *Grand Domestic Revolution.*

11) 회장 연설, *Minutes,* 1883 convention, 51~52.

12) Pivar, *Purity Crudade,* 51. 파이버(Pivar)의 책은 절제회에 의해 행해진 역할을 포함하여 전 사회적 순결운동에 대한 최고의 기록이며, 승낙 연령 법률들에 대한 포괄적인 정보도 제공한다(pp. 141~143). 그러나 파이버(Pivar)는 초기 절제회 여성들이 사회적 순결 개혁운동에 의해 거절되었다고 진술한다(p. 85). 필자는 이것이 틀렸다고 믿는다.

13) *Minutes,* 1883 convention, 39; 윌라드, 〈50년 회상〉(이하 *Glimpses*로 인용함), 418~442; Bordin, *Woman and Temperance,* 110. Epstein, *Politics of Domesticity,* 125~128은 사회순결운동과 관련된 윌라드의 입장을 상세하게 토론한다. 엡스타인(Epstein)은 윌라드에게 그 계획에 대한 과도한 칭찬을 주고 회원 주도엔 충분치 않게 준다.

14) *Glimpses,* 419; *Minutes,* 1885 convention, 62.

15) 윌라드 회장 연설, 1885, *Glimpses,* 20에서 인용함.

16) Pivar, *Purity Crusade,* 132~134; Rachel Strachey, *The Cause,* 218~221.

17) Frances Willard Papers, Schlesinger Library of Women's History, Radcliffe College.

18) 회장 연설, Minutes, 1885 convention, *Glimpses,* 421에서 인용.

19) Epstein, *Politics of Domesticity,* 125, 128.

20) *Glimpses,* 611~612, *How to Win,* 젊은 여성들을 위한 충고의 윌라드 책.

21) 왜 사회 개혁들이 남성 통제를 강화시키는 것으로 귀착될 수 있었는지의 토론을 위해, Vicinus, *Sexuality and Work,* 143, and Walkowitz, *Prostitution and Victorian Society,* 210~213.

22) DuBois and Gordon, *Seeking Ecstasy on the Battlefield.*

23) Vicinus, *Sexuality and Work,* 151.

24) *Minutes,* 1885 convention, 37~39.

25) 19세기 여성들에 의해 사용된 '영향력 빌려주기'의 개념은 Douglad, *The Feminization of American Culture,* chap.2에서 토론된다. 디글라스(Douglas)는 이러한 영향력의 실천을 광고와 소비자보호운동의 근원으로 보며(p.80), 또한 여자들이 권력을 사용할 수 있었던 방법으로 본다. 엘렌 두보아(Ellen DuBois)는 남북전쟁 이전의 도덕적 개혁 단체들을 뉴욕의회에서 반(反)유혹 법을 촉진하기 위해 그들의 탄원서 사용에서 정치적 영향력의 최초 수행자로 간주했다. 두보아는 탄원을 특별한 활동으로 봤고, 이를 통해 그들의

여성다움을 손상시키지 않고도 여성들에 의해 추구될 수 있는 것으로 믿었다. 그녀의 선집 서론을 보라. *Stanton and Anthony*, 6~7.

26) Bordin, *Woman and Temperance*, 124~125; *Glimpses*, 382.

27) 회장 연설, *Minutes*, 1882 convention, lxxxiv.

28) *Minutes*, 1882 convention, 28.

29) 분리와 절제회에 대한 그 효과의 토론을 위해, Bordin, *Woman and Temperance*, 123~131을 보라.

30) *Glimpses*, 437~453.

31) Fink, *Workingmen's Democracy*.

32) 〈유니온 시그널〉, 3 June 1886, 20; Powderly, *Thirty Years of Labor*, 601.

33) 헤이마켓 사건에 대한 고전적인 연구는 1938년 처음 출판된 David, *History of the Haymarket Affair*이다. 1984년 출판된 Avrich, *Haymarket Tragedy*는 가장 최근의 기록이다.

34) Foner, *History of the Labor Movement*, 2: 61~64.

35) Destler, *Henry Demarest Lloyd*, 156~157; Jernigan, *Henry Demarest Lloyd*, 19~20; Thomas, *Alternative America*, 207~214.

36) Fink, *Workingmen's Democracy*, 19.

37) *Glimpses*, 522~525; Archie Jones, *Elizabeth Flynn Rodgers*, in James and James, Notable American Women, 3, 187~188; Ann D. Gordon, *Alzina Stevens' Long Road to Hull House* Lawrence Hobbs to Willard, 3 January 1887, WCTU series, reel 14.

38) 회장 연설, *Minutes*, 1886 convention, 85~87.

39) Ibid. 85.

40) *Minutes*, 1886 convention, 85~87.

41) 이 연설은 *Glimpses*, 413~415과 scrapbook 12, WCTU series, reel 31, frame 478~480에서 재판된다.

42) Powderly to Willard, 12 December 1885, WCTU series, reel 14.

43) 〈유니온 시그널〉, 3 February (p.1), 10 February 1887, 4.

44) *Glimpses*, 423; 윌라드의 칼럼, 〈유니온 시그널〉, 17 February 1887, 4.

45) Earhart, *FrancesWillard*, 75.

46) Willard to Mary Hill Willard, 22 February 1887, WCTU series, reel 14.

47) Stone to Willard, 28 March 1887, correspondence file in the Willard Memorial Library, Evanston.

48) 회장 연설, *Minutes*, 1887 convention, 91.

49) 〈유니온 시그널〉, 22 December 1887, 5.

50) Willard to Lloyd, 4 January 1894, Henry Demarest Lloyd Papers.

51) Smith–Rosenberg, *Religion and the Rise of the American City*.

52) See Rothman, *Discovery of the Asylum*.

53) 예를 들면, *Walden II*(New York: MacMillan Company, 1948)와 *Beyond Freedom and Dignity*(New York: Alfred A. Knopf, 1971)에서 세계 문제들을 행동심리학을 통해 해결할 수 있다고 말한 B. F. Skinner는 우리는 이 문제들을 진실로 해결하려는 것이 아니며, 현재는 매우 비관적이라고 말한 것으로 *New York Times*(15 September 1981, 21)에 인용되었다.

54) Leach, *True Love and Perfect Union*, 337에서 인용함. 리치(chap. II)는 19세기 말 여성개혁가들에 대한 포괄적인 분석을 제시하며, 나는 그의 체계적 논술에 깊이 신세지고 있다. 또한 1981년 6월 16~18일, 바사르칼리지(Vassar College), 여성사 제5회 버크셔협의회(Berkshire Conference)의 엘리자베스 캐디 스탄톤(Elezabeth Cady Stanton)에 대한 회의에서 주디 파피크리스투(Judy Papichristou)와 그녀의 논평에 신세를 지고 있다.

55) Lasch, *The New Radicalism in America*, xiii~xiv는 큰 정부에 대한 이들 헌신은 그 이후에 왔다고 믿었다. 라쉬(Lasch)는 미국 개혁가들이 1900년경 국가 통제주의자 해법들을 받아들였다고 보았다.

56) *Glimpses*, 18.

57) Bellamy to Willard, 24 October 1887 and 3 January 1888, WCTU series, reel 15.

58) Buhle, *Women and American Socialism*, 74~82는 벨라미주의(Bellamyism)와 여성운동의 관계에 대한 가장 훌륭한 기록을 가지고 있다. Leach, *Looking Forward Together*는 필수적으로 민주적이고 평등주의였던 운동을 위해 주장된 궁지의 벨라미주의를 강조한다. 민족주의 운동에 대한 최근의 포괄적인 연구 *Authoritarian Socialism*에서, 리포우(Lipow)는 벨라미를 20세기 전체주의의 선구자로 간주한다. 리포우의 연구는, 그가 여성에 대한 운동의 중요성 혹은 운동의 성장에서 여성들의 중요성을 분석하지 않거나 설명하지 않았다는 사실로 훼손되었다. *Alternative America*에서, 토마스(Thomas) 역시 19세기 말 대안 운동에

서 여성들의 중요성을 거의 주의하지 않았다.

59) Leach, *Looking Forward Together.*

60) Wallace to Willard, 17 Decmber 1889, WCTU series, reel 16. 벨라미는 1888년 8월 7일 윌라드에 대한 편지에서 포도주와 담배에 대한 그의 승인을 변호했다(WCTU series Supplement, reel 5). 벨라미 자신은 술고래였지만, 그녀의 여성 신봉자들은 이러한 약점을 알지 못한 것으로 보인다(Thomas, *Alternative America,* 153~154). 한편, 윌라드는 그의 음주관 때문에 유진 뎁스(Eugene Debs)를 결코 지지할 수 없었다.

61) Bellamy to Willard, 1 February 1889, WCTU series, reel 16.

62) See below, Chapter, XI.

63) 회장 연설, *Minutes,* 1889 convention, 95~98, 116.

64) 비록 그것이 시카고의 여성을 상세히 말하지는 않았지만, 19세기 마지막 25년에 시카고에 대한 가장 간략한 묘사 중 하나는 Wade, *Graham Taylor,* chap.3에서 발견될 수 있다.

65) *Woman's Journal,* 20 September 1890, 304.

66) Ruegament, *Chicage Women Reformers*는 특별히 여성 클럽에 관해 매우 세세하게 시카고 여성들의 연락망을 탐구한다. 시카고 자선에 대한 최근의 포괄적인 연구는 *McCarthy's Noblesse Oblige*이다.

67) See above, Chapter IV, p. 56.

68) Ann D. Gordon, *Alzina Stevens' Long Road to Hull House.* 노동자 운동에서 시카고 여성의 간략한 토론을 위해 Buhle, *Women and American Socialism,* 71~73을 역시 보라. 더 많은 기술은 Tax, *Rising of the Women,* chaps.2~3에서 발견할 수 있다.

69) 엘리자베스 모건에 대한 정보는 Ritter, *Elizabeth Morgan,*와 Scharnaw, *Elizabeth Morgan*에서 발견할 수 있다. *Glimpses,* 522~25에도 엘리자베스 모건의 개략이 들어있다.

70) Ibid.

71) Ibid.

72) Leila C. Bedell to Willard, 12 June 1888, WCTU series, reel 15.

73) 〈유니온 시그널〉, 11 October 1888, 8. 〈유니온 시그널〉은 연맹과 동맹의 조직에 대한 가장 훌륭한 자료 중 하나이다.

74) 〈유니온 시그널〉, 1 March－5 April 1888; Willard's address, 1891, scrapbook 70, WCTU series, reel 37.

75) See below, Chapter X.

76) 〈유니온 시그널〉, 23 August 1888, 1; Tax, *Rising of the Women,* chap.4.

77) 〈유니온 시그널〉, 11 October 1888, 8. *Chicago Tribune,* 7 October 1888(pp.4, 25)은 이 모임을 상세히 보도했고 윌라드 연설을 축어로 재생했다.

78) 〈유니온 시그널〉, 1 November 11888, 1.

79) 일리노이주 여성동맹(IWA) 사업의 토론을 위해 Buhle, *Women and American Socialism,* 72; Tax, *Rising of the Women,* chap.4를 보라.

80) DuBois, *Limitations of Sisterhood,* Leach, *True Love and Perfect Union.*

81) 사설, 〈유니온 시그널〉, 12 April 1888, 4.

82) Goldmark, *Impatient Crusader,* 22.

제10장 그리스도인

1) 윌라드의 초기 종교적인 반항과 그녀의 개종에 관한 기사를 위해 앞 쪽 제3장을 보라.

2) Willard to Dora Smith, 20 January 1864, Dora Smith Papers.

3) Diary of Frances Willard, January – March 1866(이후 Diary로 인용함).

4) Garrison, *Forty Witnesses,* 97~98 에서 윌라드의 간증. 거룩부흥집회들에 대한 두 개의 최근 기사는 Jones의 *Perfectionist Persuasion*과 Dieter의 *Holiness Revival*이다.

5) Diary, January – March 1866.

6) 앞 쪽의 제5장을 보라.

7) Willard to Mary Hill, 1 June 1882, *Temperance and Prohibition Papers*, microfilm ed. WCTU series, reel 12(이후 WCTU series로 인용함).

8) Diary, 6 July 1857.

9) Ibid., 23 March 1862.

10) Cones to Willard, 14 April 1888(WCTU series, reel 15), 콘스가 시카고에 있을 예정이었을 때 윌라드와 함께 모임을 준비했다.

11) Willard to Clara Colby, 4 June 1897(Clara Colby Papers)는, 비록 그들이 많았지만 베산트(Besant)와 그녀의 사상에 대한 관심의 깊이를 표현하고 있다. 19세기 미국 대중에

대한 심령학의 매력에 대한 철저한 분석을 위해 Moore, *In Search of White Crows*, pt. 1을 보라.

12) Proterfield, *Feminine Spirituality*, 106~107.

13) Ibid., chap.6.

14) New York: Harper ad Brothers. 탁월한 감리교 평신도이며 다윈(Darwinia) 이론의 초기 지지자인 윈첼은 이성이 진리의 유일한 기준이며, 신의 계시는 이성적인 입증에 종속되어야만 한다고 주장했다. 이 책에서 그는 다윈의 이론에 대한 믿음을 고백한다.

15) Winchell to Willard, 7 September 1878, WCTU series, reel 11.

16) *Glimpses of Fifty Years*, 627~628(이후 *Glimpses*로 인용함).

17) 회장 연설, *Minutes of the National Woman's Christian Temperance Union*, 1893 convention, 77~78, 114~115(이후 *Minutes*로 인용함). 19세기 말에, 기독교는 놀랍게도 타종교들을 수용하고 있었다. 아마도 이러한 수용의 전형은 1893년 콜롬비아박람회의 종교의 세계 국회로 이루어졌다. 1880년대와 1890년대 미국 개신교의 최근 분석을 위해 Szasz, *Divided Mind of American Protestantism*을 보라. 세계 교회 주의 도전에 대한 보수적인 반응은 20세기 초까지 침묵했다.

18) Anna A. Gordon, *The Life of Frances E. Willard*, 149~151에서 인용함.

19) Ibid., 266.

20) 예를 들면 James, *Women in American Religion*은 그녀의 서론에서 첫 진술로 이 사실을 이용한다.

21) Ibid., 10.

22) Willard to Mary Hill Willard, 10 May 1880; Willard to General Conference, 14 May 1880; Gordon to Mary Hill Willard, 17 May 1880; F. J. Stanlev to Mary Hill Willard, 18 May 1880. WCTU series, reel 12.

23) Chicage Inter Ocean, *Cincinnati Gasette*와 *Illinois Signal*(다른 신문들 가운데)로부터 오려낸 기사들이 srcapbook 14, pp.34~36, WCTU series, reel 32에서 발견될 수 있다.

24) *Illinois Signal*, May 1880, clipped in scrapbook 14, p. 36, ibid.

25) *Daily Christian Advocate*, 16 May 1880, clipped in scrapbook 14, WCTU series, reel 32, frame 328.

26) *Glimpses*, 616~617.

27) Gordon to Mary Hill Willard, 27 May 1880, WCTU series, reel 12.

28) 회장 연설, *Minutes,* 1880 convention, 13.

29) 〈강단의 여성〉에 대한 분석을 위해 Hardesty, *Minister as Prophet? Or as Mother?*, I: 88~101. 나는 어머니로서의 여성이 윌라드의 목표였다고 말하는 하디스티의 견해에 덜 확신한다. 윌라드는 때때로 그 언어를 사용했지만, 그녀의 전체적인 태도는 새로운 방법들로 여성들을 촉구하는 것이었다.

30) *Woman in the Pulpit,* chap.1.

31) Ibid., 45.

32) Gordon to Mary Hill Willard, 5 October 1887, WCTU headquarters file, Willard Memorial Library, See also *Glimpses,* 617.

33) Hamilton to Willard, 12 March 1888, WCTU series, reel 15.

34) 1888년 감리교 신문에서 오려낸 광범한 기사들은 절제회 본부, 윌라드기념도서관의 스크랩북 38에서 찾아 볼 수 있다. 불행히도 이 스크랩북은 마이크로필름 판이 완성된 후에 발견되었다.

35) *New York Times,* 29 April 1888, 11.

36) Ibid., 3 May 1888, 9.

37) Willard to Gordon, 30 April 1888, WCTU series, reel 15.

38) Willard to Gordon, 4 May 1888, ibid.

39) 메어리 이어하트(*Frances Willard,* 300~301)는 윌라드가 불쾌하고 상처 입히는 싸움에 그녀 자신을 개인적으로 드러내는 것을 피하기 위해 그녀 어머니의 질병을 이용했다고 믿었다. 나는 동의하지 않는다. 윌라드는 분명히 그 싸움을 직접 지휘하며 뉴욕에 있기를 원했지만, 그녀의 의무감이 스스로 어머니 곁에 있어야 한다고 생각했다고 믿는다. *Glimpses*에서 그녀는 감독들이 개회하는 날 여성에 대한 그들의 적대감을 보여준 후 '그 논쟁과 아무 관계가 없게 될 것이다'(pp. 620~621)라고 주장했지만, 그녀의 서신 왕래는 그녀 감정에 대한 이와 같은 해석과 모순된다.

40) *New York Times,* 29 April 1888, 11.

41) Ibid., 1 May 1888, 4.

42) Ibid., 4 May 1888, 9.

43) Ibid., 8 May 1888, 9. 흥미롭게도, 최초 여성 사절이 영국 총회(1894)에서 선출되었

을 때, 그녀는 섬기기에 적임인 것으로 수용되었다. *Woman's Journal,* 22 June 1895, 196.

44) *New York Times,* 8 May 1888, 9.

45) Elwood Starr Harris in Johnson and Malone, *Dictionary of American Biography,* 2: 231~232.

46) 회장 연설, *Minutes,* 1888 convention, 42~45.

47) 〈유니온 시그널〉, 19 February 1891, 13.

48) 사설, ibid. 16 April 1891, 8; *Woman's Journal,* 25 April 1891. 그러한 비판의 예들은 *Pacific Methodist Advocate*와 Zion's Herald의 오려낸 기사에 나타난다. Scrapbook 50, WCTU series, reel 37, frame 157

49) Clippings in scrapbook 38, 윌라드기념도서관, 절제회 본부.

50) *Christian Advocate,* 24 September 1891.

51) 교회 협의회에서 여성의 지위에 대한 감리교 내에 투쟁의 분석을 위해, Keller, *Creating a Sphere for Women,* 246~260. 켈러는 비록 그녀가 1888년 윌라드의 경험을 자세히 토론하지 않았지만, 이러한 맥락에서 교회 정치에 참여하기 위한 여성들의 오랜 싸움을 토론한다.

52) Bordin, *Upon This Rock;* Blocker, *Give to the Wind Thy Fears.*

53) Diary, 2 July 1855.

54) *Zion's Herald,* August 1876, clipped in scrapbook 4, WCTU series, reel 30.

55) 〈유니온 시그널〉, 10 November 1881, 2에 보도됨.

56) 윌라드의 컬럼, ibid. 3 March 1887, 4.

57) Livermore to Mrs. Smith, 30 July 1888, National Woman Suffrage Association Papers.

58) 그 대회는 이 문제를 직접 표결하지 않았다. 대신, 그들이 '영향력 있는 기관'이라고 불렀던 것에 절제회 운동을 소개하기 위해 일반 간부들에게 권한을 부여했다. *Minutes,* 1890 convention, 18.

59) Willard to Gordon, 4 August 1891, WCTU series, reel 16. 이 편지는 잘못 놓여 있으며, 1890년 서신 왕래의 날짜 밑에 찾아질 수 있다.

60) Willard to Gordon, 5 August 1891, WCTU series, rel 17; *Washington Post,* 6 August, 1891.

61) Willard to Gordon, 6 August 1891, WCTU series, reel 17.

62) Clipping, September 1891, in scrapbook 56, p.70, WCTU series, reel 56.

63) Clipping, 4 November 1891, in scrapbook 56, pp.75~76, WCTU series, reel 38.

64) Parkhurst to Willard, 17 August 1891, WCTU series, reel 17.

65) 〈유니온 시그널〉, 20 August 1891, 5.

66) Ibid. 27 August (p.5), 3 September (pp.2~3) 1891.

67) *Minutes,* 1891 convention, 96.

68) Ibid., 181~182.

69) See ibid., 1895 convention, 22, 38.

70) Ibid., 50.

71) Ibid., 38.

72) *Bridgeport Evening Farmer,* 29 November 1895, clipped in scrapbook 70, WCTU series, reel 42, frame 143.

73) Katherine Stevenson to Willard, 7 January 1896, WCTU series, reel 23.

74) *Chicago Tribune,* 3 March 1898, 8.

75) McLoughlin and Bellah, *Religion in America,* xvi.

76) Ibid.

77) Scrapbook 13, WCTU series, reel 32는 '여성의 성경'을 취급하며 다른 자료들뿐만 아니라 광범하게 오려낸 다양한 기사들을 담고 있다. '여성의 성경'의 토론을 위해 역시 Banner, *Elizabeth Cady Stanton,* 161~165과 Griffith, *In Her Own Right,* 210~213를 보라.

78) BuBois, *Limitations of Sisterhood,* Banner, *Elizabeth Cady Stanton,* 157.

79) Willard to Stanton, 1 August 1895, scrapbook, vol. 2, Elizabeth Cady Stanton Papers, Vassar College Library. 윌라드와 수잔 안토니는 이후 오랫동안, 각자의 종교에 대한 견해를 존중하기로 동의했다. 그들의 불간섭주의를 확인하기 위해, 안토니는 '당신과 내가 ?나의 친애하는?그녀가 옳다고 아무도 모른다는 … 이 점에 함께 충실하자.' Anthony to Willard, 23 May 1888, WCTU series, reel 15.

80) Welter, *The Feminization of American Religion.*

81) Miller, *Frances Elizabeth Willard*는 사회 복음 운동에 대한 윌라드의 관계를 분석한다.

82) Buhle, *Women and American Socialism,* 64.

83) Ibid.

84) Gutman, *Work, Culture and Society,* chap. 2.

85) Buhle, *Women and American Socialism,* xvi.

제11장 정치가

1) 1890년대 금주당에 대한 토론을 위해 Blocker, *Retreat from Reform,* 68~92 를 보라. 블록커는 19개 주의 지방 선거에서 그들의 대통령 후보에 대해 단지 약 250,000표를 얻었던 때(1892년)에 그들의 운동에 대해 1,676,603표를 얻었다는 금주당원들의 주장을 지적한다(p.69). 그러나 성장하는 농민운동 세력이 그들의 대열을 침식하고 있었다.

2) 인민주의에 대한 2편의 가장 포괄적인 연구들은 여성, 금주당원 그리고 인민당원을 포함하는 개혁 연합을 조직하려는 1890년의 시도에 전혀 주목하지 않는다. 굳윈(Goodwyn)의 〈민주주의의 약속(Democratic Promise)〉은 금주당원들과 인민당원들을 불러 모으기 위한 1891~1896년의 노력을 토론하지 않는다. 인민당의 공식적인 조직과 대통령 후보자 명부의 참가로 이끌었던, 1891~1892년의 책략에 대한 그의 기사는 뒤 이은 성.루이스 산업 대회와 1892년 1월 시카고 양쪽 모두에서 인민당원들에 대한 윌라드와 금주당원들의 교섭 개시를 무시했다. Hicks, *The Populist Revolt,* chap.8은 신시내티 대회에 금주당원들의 참석을 언급하며, 윌라드가 성.루이스에 작은 절제회 대표단을 인솔했다고 보도했지만 이들 발전을 충분히 토론하지 않는다. 그러나 블록커는 금주당에 대한 그의 연구 *Retreat from Reform*에서 금주당원들과 새로운 당 사이의 연합을 준비하기 위한 노력을 상세히 묘사한다.

3) 윌라드의 문서들은 그녀가 왜 참석하지 않았는지를 지적하지 않는다. 금주당의 가장 활동적인 여성지도자, 헬린 구가(Helen Gougar)는 윌라드의 한 가지 문제를 반대로 이해했다. 그들은 서로를 동경하지 않았다. 구가는 윌라드를 거기에 원하지 않았을지도 모르며 그렇다면 그녀는 초청되지 않았을 것이다. 혹은 윌라드가 너무 바빴을지도 모른다. 그 해 그녀는 어떤 일기도 쓰지 않았기 때문이다.

4) *Chicage Tribune,* 20~21 May 1891, 1~2.

5) Willard to Henry Demarest Lloyd, 22 October 1891, Henry Demarest Papers; Willard Correspondence, Fall 1891, *Temperance and Prohibition Papers,* microfilm ed. WCTU

series, reel 17(이후 WCTU series 로 인용함).

6) *Chicago Tribune,* 28 January 1892.

7) Ibid. 도넬리의 전기 작가는 단지 이 모임을 언급한다. Ridge, *Ignatius Donnelly,* 294를 보라. 윌라드와 도넬리는 그가 프란시스 베이컨(Francis Bacon)이 셰익스피어(Shakespeare)의 희곡들을 저술했다는 것을 증명하기 위한 *The Great Cryptogram*의 출판에 대해, 그녀가 그에게 편지했던 1889년 4월에 서신을 처음 왕래하기 시작했다. Willard correspondence, April 1889, WCTU series, reel 16. 비록 그들이 도넬에게 보낸 윌라드의 편지들을 담고 있지만, 미네소타역사학회의 도넬리 기록은 그 대회에 대한 빛을 던지지 않는다.

8) *Chicago Tribune,* 28 January 1892, 2; Blocker, Retreat from Reform, 54.

9) *Chicage Tribune,* 28 January 1892, 2; Blocker, Retreat from Reform, 55.

10) Hannah Whitall Smith to Willard, 2 February 1891, WCTU series, reel 17.

11) Fitzpatrick, *Lady Henry Somerset*은 헨리 여사에 대한 주요한 전기 연구이며 가장 많은 세부사항을 포함한다. 당연히 헨리 여사를 잘 알고 있던 안나 고든 역시 〈프란시스 윌라드의 생애〉(이후 고든, 윌라드로 인용함)에서 헨리 여사와 윌라드와의 관계를 기술했다. 윌라드의 스크랩북에 서머셋에 관해 오려낸 많은 기사들이 있으며, Hooper, *Reigate*는 족보 정보와 그 가족의 소유 재산에 관한 자료를 제공한다. 헨리 여사는 헌신적인 자선 사업가이자 개혁가 그리고 영국과 미국 양쪽 모두에서 상당한 영향력을 행사한 정치 활동가였다. 그녀는 그 영향력을 정당하게 평가한 새로운 전기를 받을 만하다.

12) Fitzpatrick, *Lady Henry Somerset,* 100~107.

13) *Our Message* (Boston), April 1892, clipped in scrapbook, 55, pp. 49~50, WCTU series, reel 38.

14) Dow to Willard, 3 May 1892, WCTU series, reel 18.

15) 고든, 〈윌라드〉, 188~189.

16) Blocker, *Retreat from Reform,* 56. 금주당 집행위원회 의사록은 성.루이스 협의회와 그곳에서 진행된 연합을 위한 책략을 언급하지 않는다. 의사록, 금주당 집행 위원회, 23 February 1892, *Temperance and Prohiition Papers,* microfilm ed. Prohibition Party series, reel 1.

17) *Chicago Evening Post,* 26 February 1892, and *Springfield (Ill.) Liberator,* 23

February 1892, clipped in scrapbook 54, pp75, 77, WCTU series, reel 38; Blocker, *Retreat from Reform,* 57.

18) *Chicago Tribune,* 24 February 1892, 2; *Chicago Interocean,* 23 February 1892, clipped in scrapbook 54, p.72, WCTU series, reel 32.

19) *Chicago Tribune,* 23 February 1892, 10.

20) 블록커는 이 평가에 동의한다. *Retreat from Reforms,* 56.

21) *Chicago Tribune,* 25 February 1892, 2.

22) Ibid.; Blocker, *Retreat from Reform,* 56~58; 〈유니온 시그널〉, 3 March 1892, 8. Scrapbook 54, pp. 71~76, 95, WCTU series, reel 38은 이 싸움의 상세한 설명을 담고 있다.

23) *Chicago Evening Post,* 26 February 1892, clipped scrapbook 54, p.75, WCTU series, reel 38.

24) 〈유니온 시그널〉, 3 Marrch 1892, 8.

25) Wheeler to Lady Henry Somerset, 4 March 1892, scrapbook 71, WCTU series, reel 42, frame 473.

26) 〈유니온 시그널〉, 16 June 1892, 1.

27) Ibid., 7 July 1892, 8~9.

28) Ibid., 7 July 1892, 8~9에서 윌라드 본인이 그 대회 기사를 기록했다.

29) *Minutes of the National Woman's Christian Temperance Union,* 1892 convention, 57.

30) *New York World,* 17 November 1892, clipped in scrapbook 57, WCTU series, reel 39, frame 276.

31) *Chicago Herald,* 18 July 1894, clipped in scrapbook 71, WCTU series, reel 42.

32) Preface by Lady HenrySomeret to 고든, 〈윌라드〉, xi.

33) See above, p.19.

34) *Chicago Herald,* 18 July 1894, clipped in scrapbook 71, WCTU series, reel 42.

35) 〈유니온 시그널〉, 7 July1892, 9.

제12장 외국 생활

1) Anna A. Gordon, *The Life of Frances E. Willard,* 153에서 인용함

2) Brumberg, *Zenanas and Girlless Villages.* 사이드(Said)는 *Orientalism*에서 서양 세계에 대한 동양의 매력을 분석한다.

3) Margaret Lucas, president of the BWTA, to Willard, 25 January 1887, *Temperance and Prohibition Papers,* microfilm ed. WCTU series, reel 14(이후 WCTU series 로 인용함).

4) 〈유니온 시그널〉, 14 November 1891, 2.

5) 영국에서 여성들의 운동에 대한 최고의 종합적인 다룸은 여전히 1920년대 영국의 뛰어난 두 여권론자의 작품이다. Rachel Strachey의 *The Cause, Group Movements in the Past*와 *Millicent Garrett Fawcett and Vera Brittain's Lady unto Woman. Separate Spheres*에서, Brian Harrison은 비록 반대쪽에서지만, 그 운동에 대한 보다 최근의 그림을 제공해준다.

6) Rachel Strachey, *The Cause,* 277~279.

7) Harrison, *Drink and the Victorians.*

8) J. R. Greenway, *Bishop, Brewers, and the Liquor Question,* 저자에 의해 사용 가능하게 된 미간행 논문 Harrison, *Drink and the Victorians,* 101, chap.2, and Winskill, *The Temperance Movement,* vol.1.

9) Francis P. Weisenburger in James and James, *Notable American Women,* 3: 376~377.

10) 한나 스미스의 생애와 업적에 대한 기록은 Logan Pearsall Smith의 *Unforgotten Years and Philadelphian Quaker* 그리고 Barbara Strachey의 *Remarkable Relations*에 나타난다. 한나 휘트올의 문서들은 영국, 옥스포드의 Barbara Strachey [Helpern], 그녀의 증손녀가 소유하고 있다.

11) 디슬드와이트(Thistlethwaite)의 *America and the Atlantic Community*는 영-미 관계에 대한 고전적인 평론이다. 비록 그가 훨씬 이전의 시기를 취급했지만, 디슬드와이트가 '인도주의 노력에 대한 영-미 세계'에 관해 말해야만 하는 것의 많은 부분은 역시 그 세기 후에 적용된다. 홀(Hall)의 평론 'The Victorian Connection'은 잘 발전된 영-미 공동체에 대한 가장 훌륭한 최근 기록이다. 홀 역시 훨씬 이전의 시기와 집단에 전념하지만, 역시 그가 지적하는 많은 특징은 그 세기 동안 계속 나타난다. 마르쿠스(Marcus)의 'Transatlantic

Sisterhood'는 여성참정권에 대한 후기의 대서양 너머의 관계를 토론한다.

12) Rachel Strachey, *The Cause,* 166~169.

13) Banner, *Elizabeth Cady Stanton,* 23~27.

14) Daniel Walker Howe, *Victorian Culture in America* 4.

15) Grant to Willard, 18 April 1896, WCTU series, reel 24.

16) Merrick, *Old Times in Dixieland,* 148.

17) Smith, *Philadelphia Quaker,* 113.

18) Ibid.

19) Lady Henry to Countess Somers, 2 November 1891, quoted in Fitzpatrick, *Lady Henry Somerest,* 172.

20) Smith, *Philadelphia Quaker,* 115.

21) Ibid. *Philadelphia Quaker*에 재생되고 발췌된 이 편지의 원본은 한나 휘트올 스미스의 문서 안에 있다.

22) Lady Henry Somerset, Introduction to Anna A. Gordon, *The Beautiful Life of Frances Willard,* 15(이후 Gordon, Beautiful Life로 인용함).

23) *Woman's Herald,* 17 December 1892; *Review of Reviews* (U.K.), 15 October 1892; *Pall Mall Gazette,* September 1892, clipped in sccrapbook 57, WCYU series, reel 39.

24) Lady Henry Somerset's Introduction to Anna A. Gordon, *The Life of Frances E. Willard,* ix, x(이후 고든, 〈윌라드〉로 인용함).

25) Ibid., x, xiii.

26) Diary of Frances Willard, 8 January 1893(이후 Diary 로 인용함).

27) Ibid., 1 November 1893.

28) Ibid., 7 January 1893.

29) Ibid., 1896.

30) Ibid., 18 August 1896.

31) Ibid., 18 October 1896.

32) Ibid., 9 October 1893.

33) Fitzpatrick, *Lady Henry Somerset,* 184.

34) Diary, July–August 1893.

35) *Chicage Evening Post,* 8 November 1892, clipped scrapbook 57, pp. 133~134, WCTU series, reel 39; Diary, 1 January, 13 October 1893.

36) 고든, 〈아름다운 생애〉, 272(그린(Greene)에 관한 미간행 원고를 나와 공유한 리자이너 모란즈(Regina Moranz)에 감사한다).

37) 팔머(Palmer)의 연설은 *Chicago Tribune,* 2 May 1893에 전체로 재생되었다. 그 박람회에서 여성의 역할에 대한 일반적인 기사를 위해 Badger, *The Great American Fair*를 보라.

38) Diary, 2 November 1893. 이 기재사항은 10월 26일로 그 페이지의 놓일 장소가 틀려 있다.

39) *Chicago Evening Post,* 8, 14 November 1892, clipped in scrapbook 57, pp. 1331~34, WCTU series, reel 39.

40) Fitzpatrick, *Lady Henry Somerset,* 184~190. 그녀의 미국 친구들에 대한 한나 스미스의 회람 편지, #62, 26 May, 6 June 1892, Hannah Whitall Smith Papers.

41) 1893~1894년, 영국 절제회 사업 계획에 대한 주석판은 두 가지 관점을 서술하고 있다. WCTU series, reel 19, frame 78.

42) Diary, 16 January 1893.

43) Ibid., 24 January 1893.

44) Ibid., 28 May – 1 June1893.

45) 1893년 영국 제도를 통한 윌라드의 개선 여행을 상세히 보도하는 신문 기사를 위해 scrapbook 57, WCTU series, reel 39를 보라.

46) 예를 들면, 1893년 2월 14일자 그녀의 일기에서 윌라드는 영국 절제회에서 해내고 싶어 했던 불합리한 함축들이 만들어지고 있다고 기록하고 있는데, 필자는 이것이 그녀가 그 지도력을 떠맡는 것을 의미한다고 추정한다.

47) *Chicage Tribune,* 4 May 1893, 5; Winskill, *The Temperance Movement,* 4: 260.

48) Diary, 18 February 1893.

49) 템플(the Temple) 위기와 부수적인 인간 갈등에 대한 상세한 기사를 위해 Bordin, *Woman and Temperance,* 1401~48를 보라.

50) Ibid., January – April 1893.

51) Barkerto Stevens, 25 February 1893, WCTU series, reel 19.

52) Katherine Stevenson to Willard, 8 April 1893, ibid.; *Chicage Tribune,* 4 May 1893, 5.

53) Diary, 9 April 1893. 윌라드는 좋지 않은 건강 때문에 1890년 대회의 어느 하루 일정에 모습을 드러내지 않았다. 그녀의 젊은 친구와 동료인 줄리아 아미스의 죽음 후, 윌라드는 12월말과 1891년 1월초의 상당 기간 동안 아팠다. 그러나 나중에는 그녀의 질병이 두 번 다 완전히 회복된 것으로 보였고, 1893년까지의 그녀 활동을 심하게 제한하지 않았다.

54) Hannah Smith circular letter, 30 September 1892, Hannah Whitall Smith Papers.

55) Memorandom, April 1893, WCTU series, reel 19, frame 1186; Hannah Smith to Willard, 20 April 1893, WCTU series, reel 19.

56) Anna Gordon to Mary Woodbridge et al., 26 April 1893, WCTU series, reel 19.

57) Diary, June 1893.

58) Ibid., 23 July 1893.

59) Ibid., 6 August 1893.

60) Ibid., 4 May 1893.

61) Ibid., 22 September 1893.

62) Ibid., 14 August 1893.

63) Ibid., 21 July 1893.

64) Higham, *American Culture in the 1890s,* 80~81.

65) Correspondence, Summer 1892, WCTU series, reel 18.

66) Diary, 6 September 1896.

67) Clipped in scrapbook 75, p.29, WCTU series, reel 44.

68) 한나 스미스의 손녀인 레이첼 스트레치는 초기 윌라드 일기의 여백에 재미있는 논평을 했다. 스트레치는 1863년 2월 21일자 내용 위에(윌라드는 그 시기에 24세였고, 피츠버그에서 학생들을 가르치고 있었다), '프란시스는 휴식과 운동을 취하지 않음을 관찰했다. 아! 참 딱하다'고 기록했다. 스트레치는 아이로서 영국에 있는 윌라드를 알았고, 그녀의 질병과 운동, 휴식과 식이요법을 통해 그 행로를 바꾸려는 윌라드의 의미 있는 시도들을 목격했다.

69) Diary, 19 July 1893.

70) Ibid., 3, 12 April 1893.

71) Ibid., 3 April 1893. 웹 부부는 그들이 결혼하기 전, 적어도 1890년 이래 페어살 스미스(Pearsall Smith) 부부의 친구들이었다. Webb, *My Apprenticeship,* 410.

72) Harrison, *Drink and Victorians,* 395~396.

73) Diary, 1 August 1893. 일기는 두 여성이 당시 점진주의에 가입한 것에 관하여 분명히 했다. 그러나 1894년 3월 21일, 에드워드 R. 피즈(Edward R. Pease)는 안나 고든에게, 비록 윌라드는 그 협회의 회원이지만, 헨리 여사는 '기일대로 그리고 정식으로' 가입되지 않았다고 편지했다. Special WCTU Correspondence File, Willard Memorial library.

74) Diary, 24 July 183. 점진주의협회는 1883년 설립되었다. 존 스튜워트 밀(John Stuart Mill)의 자유주의 전통은 물론 그 운동에 대한 마르크스주의(Marxism)의 강한 초기 영향이, 세계적인 사회 민주주의의 주류에 점진주의를 놓았던, 사회주의자 입장을 명확히 포용하는 그 회원들에게 책임이 있었다. McBriar, *Fabian Socialism,* chap. 1; Mackenzie and Mackenzie, *The First Fabians* 참조

75) Diary, 1 August 1893.

76) Ibid., 13 May 1893.

77) Ibid., 10 May 1893.

78) 그녀의 일기들을 관람하기 전까지는 윌라드가 얼마나 아팠는지, 1893년 대회의 부재 이유로 편찮은 건강이 변명이었는지 분명하지가 않았다(Bordin, *Woman and Temperance,* 141~142). 그 문제는 윌라드의 건강 상태의 심각성을 숨기기 위해 서신 왕래와 신문 기사 등 고무적인 보도로 인해 내용이 복잡해졌고, 그녀는 오로지 최상의 컨디션에서만 많은 여행을 했다. 신문에 그녀에 관한 기사가 간혹 등장했지만, 더 이상 그녀는 대중 앞에서 말하거나 그들과 만나지 않았다.

79) Diary, 26 July 1893.

80) Ibid., 5 September 1893.

81) Ibid., 5, 22 September 1893.

82) *Minutes of the National Woman's Christian Temperance Union,* 1893 convention, 104~105(이후 Minutes로 인용함).

83) Diary, 3 October 1893. 한나 스미스의 딸이며 버트란드 러셀의 첫 부인인 알리스 스미스(Alys Smith)가, 아들이 허드슨(Hudson)만 근처에서 사냥하기 위해 미국에 머물렀던 헨리 여사와 동행했다.

84) Ibid., 7~8 October 1893.

85) 안나 고든과 윌라드 그리고 헨리 여사의 서신 왕래, September, October 1893,

WCTU series, reel 20; Diary, September, October 1893.

86) Diary, 20 October 1893.

87) Anna Gordon to Willard, 29 October 1893, WCTU series, reel 20.

88) 1893년 일기의 여백 면.

89) Diary, 21 October 1893.

90) Minutes, 1893 convention, 17.

91) Diary, 5 November 1893.

92) Ibid., 2 December 1893.

93) Memorandum, April 1894, WCTU series, reel 21.

94) Willard to Brother Fitch, 24 April 1894, ibid.

제13장 귀환

1) *Chicago Tribune,* 21June 1894, 2.

2) Correspondence, June–September 1894, *Temperance and Prohibition Papers,* microfilm ed. WCTU series, reel 21(이후 WCTU series로 인용함).

3) 〈유니온 시그널〉, 5 January 1893, 1; 16 November 1893, 8~9.

4) Presidential address, *Minutes of the Natonal Woman's Christian Temperance Union,* 1893 covention, 138(이후 Minutes 로 인용함).

5) Wells–Barnett, *On Lynchings*(Southern Horrors, pp. 7~8).

6) Ibid., *A Red Record,* chap. VIII.

7) 그 서한은, 그가 후에 서명을 철회했던 웰스의 비난을 거부하며 게리슨(Garrison)에게서 윌라드에게 보낸 전보를 담고 있는 scrapbook 13, WCTU series, reel 32에 있다. 이 스크랩북(frame 218ff.)은 린치 논쟁에 관한 서신 왕래, 오려낸 기사들 외에 다른 자료들을 담고 있다.

8) 대회 문제들은 1894년 서신왕래, WCTU series, reel 21에서 토론된다. 대회에 관한 신문의 보도는 scrapbook 11, reel 31에 있다.

9) *Cleveland Leader,* 22 November 1894, clipped in scrapbook 70, pp. 6~7, WCTU

series, reel 42; *Minutes,* 1894 convention, 49~51.

10) Presidential address, *Minutes,* 1894 convention, 104.

11) 〈유니온 시그널〉, 27 December 1894, 4.

12) T. R. Carksadon to Willard, 2 February 1895, WCTU series, reel 21.

13) *Illinois Watch Tower,* 15 October 1895, clipped in scrapbook 70, WCTU series, reel 42, frame 191.

14) *New York World,* 18 November 1894, clipped in scrapbook 70, p. 2, WCTU series, reel 42.

15) *Florida Reporter,* January 1895, clipped in scrapbook 70, WCTU series, reel 42, frame 14.

16) 〈유니온 시그널〉, 7, 14, 21 March 1895.

17) Undated memorandom, 1895 correspondence, WCTU series, reel 21, frame 455.

18) *Christian World,* August 1895, clippedin scrapbook 13, WCTU series, reel 32, frame 455.

19) *Bonds of Brotherhood,* June 1895, clipped in ibid.

20) Hannah Smith to her daughter, 13 March 1895, Hannah Whitall Smith Papers. Scrapbook 13, WCTU series, frame 218ff.는 오려낸 기사들뿐 아니라 이러한 투쟁에 관계된 서신 왕래도 담고 있다. 윌리암 로이드 게리슨에 대한 윌라드 자신을 변호하는 편지는 게리슨 가족 문서에 있다.

21) *Woman's Journal,* 25 May 1895, 163.

22) *The Kentucky White Ribbon,* November 1895, clipped in scrapbook 70, WCTU series, reel 42, frame 148.

23) Diary of Frances Willard, 2 March 1896(이후 Diary로 인용함).

24) *Chattanooga Times,* 20 December 1895, clipped in scrapbook 72, WCTU series, reel 42, frame 77.

25) Diary, 22 February 1896.

26) Ibid., Palatka, Fla. 12 February 1896.

27) Diary, 15 March 1896.

28) Ibid., 1 March 1896.

제14장 죽음

1) Diary of Frances Willard, 27 February, 19 April 1896(이후 Diary로 인용함).

2) Ibid. 19 April 1896. See also clippings, scrapbook 72, *Temperance and Prohibiton Papers,* microfilm ed. WCTU series, reel 43(이후 WCTU series 로 인용함).

3) Diary, 1 March 1896.

4) Ibid., 1 May 1896.

5) Ibid., 14 October 1893.

6) Ibid., 28 June 1896.

7) Ibid., 4 June 1896.

8) 랑(Lang)의 〈아르메니아(Armenia)〉는 아르메니아인의 역사와 문화, 종교에 대한 최근의 간결한 이야기이다. 그린(Greene)의 〈터키의 아르메니아 위기(Armenian Crisis in Turkey)〉는 아르메니아 문제에 관한 영향력 있는 현대 이야기이다. 그린은 수년 동안 반(Van)의 선교사였다.

9) Scrapbook 75, WCTU series, reel 44는 아르메니아 문제와 이를 위한 윌라드의 활동에 헌납되었고, 많은 미국과 영국 신문에서 오려낸 기사들을 담고 있다. 〈여성의 저널(the Woman's Journal)〉 또한 런던항의서(1 June 1895, 174~175)를 다루었다.

10) Scrapbook 70, WCTU series, reel 42, frame 254, correspondence, April 1896, ibid. reel 24; *Minutes of the National Woman's Christian Temperance Union,* 1895 convention, 54(이후 Minutes로 인용함).

11) Brumberg, *Zenanas and Girlless Villages*와 *The Ethnological Mirror.*

12) 〈유니온 시그널〉, 23 January (p.1), 30 January (p.9) 1896; *Woman's Journal,* 8 February 1896, 44.

13) 〈유니온 시그널〉, 26 November 1896, 4.

14) Ibid., 10 July 1896.

15) Correspondence, September 1896, WCTU series, reel 24; Diary, Fall 1896.

16) 마르세유 구제 노력에 대한 자세한 이야기는 scrapbook 75, WCTU series, reel 44의 다양한 신문들에서 오려낸 기사를 통해 말해진다. 안나 고든은 그녀의 기념 책, 〈프란시스 윌라드의 아름다운 생애〉(이후 고든, 〈아름다운 생애〉로 인용함)에 '아르메니아의 통곡에

대답하기'라는 표제를 붙인 장을 가지고 있다. 1896년 윌라드의 일기는 그 노력을 매일 묘사한다.

17) Diary, 22 October 1896.

18) 이러한 감정을 표현한 신문 중에는 *Detroit Tribune*(29 September 1896), *Buffalo Times*(24 September 1896), *Rochester Chronicle*(28 September 1896)이 있다.

19) Diary, 20~21, 31 October 1896.

20) 세계 곳곳의 많은 여성들의 지위에 반해, 미국 여성들의 혜택 받고 있는 지위에 대한 인식과 해외 선교사 활동과의 관계 분석을 위해 Brumberg, *Zenanas and Girlless Villages*를 보라. Patricia R. Hill, *The World Their Household*는 선교사 운동의 최근 기사이며, 여성 선교사들에 전념한다.

21) 고든, 〈아름다운 생애〉 266에서 인용함.

22) 회장 연설, *Minutes,* 1893 convention, 114~115.

23) Diary, 10 January 1896.

24) Willard to Stevens, 29 June 1896, WCTU series, reel 24.

25) 〈유니온 시그널〉, 11 June 1896, 1.

26) Stevenson to state presidents, 1896, WCTU series, reel 24. 윌라드와 시카고 사무실 사이의 또 다른 서신 왕래, 1896, ibid.를 보라.

27) *Minutes,* 1896 convention, 72.

28) Diary, 5 June 1896.

29) Ibid., 11 July 1896.

30) Mary Hill, *Charlotte Perkins Gilman,* chap. 3.

31) Diary, 26 July 1896.

32) Gordon to L. M. N. Stevens, 6 May 1897, WCTU series, reel 24.

33) Gordon to L. M. N. Stevens, 1 January 1897; Willard to L. M. N. Stevens, 15 February 1897 Bessie Wilberforce to Willard, 9 March 1897. Ibid.

34) Lady Henry to L. M. N. Stevens, 7 September 1897, ibid.

35) Willard to Mary Lowe Dickenson, 1 December 1896, ibid.

36) Willard to Show, 7 June 1897, Anna Howard Show Papers.

37) 아주 다른 관점을 취하는 전염병 법령에 대한 두 편의 최근 연구는 Walkowitz,

*Prostitution and Victorian Society*와 McHugh, *Prostitution and Victorian Social Reform*이다. 왈코위츠는 전염병 법령을 가난한 자들의 삶을 조정하기 위한 빅토리아 시대 개혁가들의 열정의 일부로 취급하고, 그들의 중요성을 여권론자 쟁점으로 강조한다. 법령에 대한 여권론자 입장을 강조하는 대신, 맥휴의 연구는 성병 발병률의 사실상의 감소와 예방 의학을 위한 운동에서 그 입장을 지적하는 것에 관심이 있다. 허가를 내주는 것에 대한 여권론자의 반응에 대한 토론을 위해 또한 DuBois and Gordon, 'Seeking Ecstacy on the Battlefield' 14~15를 보라.

38) 전염병 법령에 대한 헨리 여사 입장의 가장 자세한 기사는, 비록 크게 동정적이긴 하지만 여전히 Fitzpatrick, *Lady Henry Somerset*, 198~209에서 발견될 수 있다.

39) Hannah Smith circular letter, 28 May 1897, Hannah Whitall Smith Papers.

40) Fitzpatrick, *Lady Henry Somerset*, 198~209.

41) 고든, 〈아름다운 생애〉, 180~187은 전염병 법령 논쟁을 계산에 넣은 몇몇 중요한 연설들과 서류를 재생한다.

42) Open letter, Mary C. Leavitt, 27 September 1897, WCTU series, reel 24, frame 578.

43) 고든, 〈아름다운 생애〉, 182.

44) Willard to Blackwell, 21 June 1897, Blackwell Family Papers, Schlesinger Library, box 3, folder 87.

45) Fitzpatrick, *Lady Henry Somerset*, 207~209. 고든, 〈아름다운 생애〉 202~203은 헨리 여사가 그녀의 변경된 태도를 약술한 편지를 재생한다. 리비트(Leavitt)는 헨리 여사에 대한 그녀의 복수를 중지하지 않았다. 그녀는 여전히 1898년 여름, 세계 회장으로서 그녀의 사임을 요구하면서도 식탁에서 포도주를 대접하며, 술집들을 소유하고 있다고 헨리 여사에 대한 비난을 변경하였다(〈유니온 시그널〉, 1 June 1898, 8). 리비트는 당시 67세로, 안타깝게도 지난 몇 년 동안 매우 이상하고 과대 망상적인 방법으로 연합회의 지도력을 흐리고 있었다. 그녀의 태도는 윌라드와 동료들을 화나게 했다기보다는 슬프게 했던 것으로 보인다. 아무튼 그녀 문제는 상당한 걱정거리였다.

46) 고든, 〈아름다운 생애〉 284. 비록 고든의 저술이 출판 당시 절제회의 필요들로 맞추어져 있지만, 윌라드의 최후 병고에 관한 상세한 기술은 훌륭한 기본 자료가 된다.

47) Willard to L. M. N. Stevens, 24 December 1897, WCTU series, reel 24.

48) Bushy와의 인터뷰 타자 원고(아마도 〈뉴욕 트리뷴〉의 여성부 편집자, 웨스트오버

알덴(Westover Alden) 여사), WCTUseries, reel 27, folder 114, frame 175ff.

49) 고든, 〈아름다운 생애〉, 291. 이러한 습관은 윌라드, 〈50년 생애 회상〉, 55~56; *Nineteen Beautiful Years,* 223~24; 그리고 Diary에 언급된다.

50) 고든, 〈아름다운 생애〉, 292.

색인

"고운 것도 거짓되고 아름다운 것도 헛되나
오직 여호와를 경외하는 여자는 칭찬을 받을 것이라"

잠언 31장 30절

"CHARM IS DECEPTIVE, AND BEAUTY IS FLEETING;
BUT A WOMAN WHO FEARS THE LORD IS TO BE PRAISED."

PROVERBS 31:30

세계기독교여자절제회의 원칙 선언문

우리는 장차 그 나라가 임하실 것을 믿으며, 그를 섬기는 것이 가장 큰 자유임을 믿는다. 이는 자연과 은혜 안에 뿐 아니라, 우리 회원들 속에 새겨진 그의 법은 "완전하며, 영혼을 변화시키기 때문이다."

우리는 황금률을 믿는데, 이는 각 사람의 삶의 습관은 다른 모든 사람에게 본이 되며 유익하여야 함을 가르친다.

그러므로, 우리는 아래와 같은 선서를 만들고, 우리 스스로 채택하고, 우리와 함께 공통된 위험과 공통된 소망을 가진 형제들도 매일 생활에 합리적이고 도움 되는 교훈들을 실천할 것을 요청한다.

선 서 문

"나는 엄숙히 이렇게 약속한다. 하나님께서 나를 도와주심으로, 모든 알코올성분이 든 술을, 증류되었거나, 발효되었거나, 맥주이거나 막론하고, 음료수로 마시지 않을 것과, 또한 어떠한 형태로든지 아편을 복용하지 않을 것과, 그리고 모든 정당한 방법을 동원하여 이러한 것의 사용과 유통을 저지할 것을 약속한다."

이 선서문의 합리성을 확신시키고 시행하기 위하여, 우리는 젊은 세대를 교육하며, 더 나은 여론을 조성하며, 음주하는 사람들을 신앙적이고, 도덕적이고, 과학적인 모든 가능한 수단을 동원하여 변화시키고자 하는 우리의 목적을 선포한다. 우리는 순결하고 건강한 삶의 법칙을 제멋대로 범하지 않도록, 하나님의 은혜로 말미암아 변화시키시는 능력을, 우리 스스로와 우리가 위해서 일하는 모든 사람들을 위해서 유의하자. 마지막으로 우리는 그리스도의 복음에 기초한 이 모든 원칙들이 사회의 규범과 나라의 법의 테두리 안에서 시행되도록 노력하고 기도할 것을 선서한다.

이 목적을 위해서, 곧 인간의 몸 다음으로 창조주께 가장 사랑스러운, 성령의 전이신 가정을 보호하고 성결하게 지켜, 여성과 남성이 동등한 순결함으로, 동등한 자유함과 평화로, 더 이상 저주가 없는 축복받은 고지에 다다를 수 있게 하고자 하는 이 거룩한 노력에, 우리는 기독교 국가의 모든 선한 여성들과 마음을 합하고 손을 맞잡아 탄원한다.

우리는 이 성스러운 주장에 뜻을 같이 하는 모든 여성들이 충성의 표시로 흰 리본을 달 것과, 정오 기도시간에 그들의 마음을 우리와 같이 하나님께 바칠 것과, 그들의 표어로, "하나님과 가정과 나라를 위하여"를 채택할 것과, 앞서 말한 원칙의 선언문과 우리 계획들의 요약과 목적에 우리와 함께 충성할 것을 요청한다.

보스턴, 페널 홀에서 채택된 우리 규약의 서문

1891년 11월 11일

프란시스 윌라드

1판 1쇄 발행 2008년 11월 30일
1판 4쇄 발행 2016년 7월 1일

지은이 루스 보딘
옮긴이 한동수
펴낸이 김정주
펴낸곳 ㈜대성 JCR
본부장 김은경
기획편집 이향숙, 김현경, 양지애
영업마케팅 조남웅
경영지원 장현석, 박은하

등록 제300-2003-82호(등록일 2003년 5월 6일)
주소 서울시 용산구 후암로 57길 57 (동자동) ㈜대성
대표전화 (02) 6959-3140 | **팩스** (02) 6959-3144
홈페이지 www.daesungbook.com | **전자우편** daesungbooks@korea.com

ISBN 978-89-92758-38-3

이 책의 가격은 뒤표지에 있습니다.

이 도서의 국립중앙도서관 출판시도서목록(CIP)은 e-CIP
홈페이지(http://www.nl.go.kr/cip.php)에서 이용하실 수 있습니다.
(CIP제어번호: CIP2008003254)